FRAGMENTOS
DAS
MEMÓRIAS DO
PADRE
GERMANO

Amalia Domingo Soler

Padre Germano

AMALIA DOMINGO SOLER

FRAGMENTOS
DAS
MEMÓRIAS DO
PADRE
GERMANO

Comunicações obtidas pelo médium sonâmbulo
do C.E. "A Boa Nova", da ex-vila de Grácia

COPIADAS E ANOTADAS
POR
AMALIA DOMINGO SOLER

Copyright © 1909 *by*
FEDERAÇÃO ESPÍRITA BRASILEIRA – FEB

1ª edição – Impressão pequenas tiragens – 6/2025

ISBN 978-85-7328-442-3

Todos os direitos reservados. Nenhuma parte desta publicação pode ser reproduzida, armazenada ou transmitida, total ou parcialmente, por quaisquer métodos ou processos, sem autorização do detentor do *copyright*.

FEDERAÇÃO ESPÍRITA BRASILEIRA – FEB
SGAN 603 – Conjunto F – Avenida L2 Norte
70830-106 – Brasília (DF) – Brasil
www.febeditora.com.br
editorial@febnet.org.br
+55 61 2101 6161

Pedidos de livros à FEB
Comercial
Tel.: (61) 2101 6161 – comercial@febnet.org.br

Adquirindo esta obra, você está colaborando com as ações de assistência e promoção social da FEB e com o Movimento Espírita na divulgação do Evangelho de Jesus à luz do Espiritismo.

Dados Internacionais de Catalogação na Publicação (CIP)
(Federação Espírita Brasileira – Biblioteca de Obras Raras)

G373m   Germano, Padre (Espírito)
         Memórias do Padre Germano / Comunicações obtidas pelo médium sonâmbulo do C. E. "A Boa Nova", da ex-vila de Grácia; copiadas e anotadas por Amalia Domingo Soler; Tradução de Manuel Quintão. – 1.ed. – Impressão pequenas tiragens – Brasília: FEB, 2025.

576 p.; 21 cm

ISBN 978-85-7328-442-3

1. Germano, Padre. 2. Espiritismo. 3. Obras psicografadas. I. Domingo Soler, Amalia, 1835–1909. II. Federação Espírita Brasileira. III. Título.

CDD 133.93
CDU 133.7
CDE 80.02.00

Sumário

13 | Prefácio

17 | O Remorso

25 | As Três Confissões

37 | O Embuçado

55 | Julgar pelas Aparências

73 | A Fonte da Saúde

89 | O Melhor Voto

103 | O Patrimônio do Homem

127 | As Pegadas do Criminoso

149 | A Gargalhada

- 161 | A oração das crianças
- 177 | O primeiro passo
- 189 | O amor na Terra
- 205 | O bem é a semente de Deus
- 223 | A mulher sempre é mãe
- 235 | Para Deus nunca é tarde
- 249 | O melhor templo
- 257 | Uma vítima de menos!
- 273 | O verdadeiro sacerdócio

291 | Clotilde!

315 | Recordações

335 | A água do corpo e a água da alma

349 | Na culpa está o castigo

367 | O último canto

385 | Um dia de primavera

407 | Uma procissão

433 | Os encarcerados

461 | Os votos religiosos

483 | $\mathcal{O}$ INVEROSSÍMIL

497 | $\mathcal{A}$ BEIRA-MAR

509 | $\mathcal{U}$MA NOITE DE SOL

515 | $\mathcal{Q}$UARENTA E CINCO ANOS

527 | $\mathcal{O}$S MANTOS DE ESPUMA

533 | $\mathcal{V}$INDE A MIM OS QUE CHORAM

549 | $\mathcal{U}$M ADEUS

557 | $\mathcal{R}$ECORDAÇÕES

Prefácio

Aos 29 de abril de 1880 comecei a publicar, no jornal espírita A Luz do Porvir, as Memórias do Padre Germano — uma série de comunicações que, sob a forma de novela, nem por isso deixam de instruir deleitando. O Espírito Padre Germano foi relatando alguns episódios de sua última encarnação terrena, consagrada à consolação dos humildes e oprimidos, ao mesmo tempo que desmascarava os hipócritas e falsos religiosos da Igreja Romana.

Tal proceder, como era natural, lhe acarretou inúmeros dissabores, perseguições sem tréguas, cruéis insultos e ameaças de morte, ameaças que, por mais de uma vez, e por pouco se não converteram em amaríssima realidade. Vítima dos superiores hierárquicos, assim viveu desterrado em obscura aldeia, ele que, pelo talento, bondade e predicados especiais, poderia ter conduzido a seguro porto, sem perigo de soçobro, a arca de São Pedro.

Mas, nem por viver em recanto ermo da Terra, obscura foi sua existência. Assim como as ocultas violetas exalam delicado perfume entre as heras que as sobrepujam, assim a religiosidade dessa alma exalou o sutil aroma do sentimento, e com tanta fragrância, que a essência embriagadora pôde ser aspirada em muitos lugares da Terra.

Muitos foram os potentados que, aterrados pela ideia de crimes enormes, correram pressurosos à sua presença, prostrando-se humildes ante o humilde sacerdote, para que fosse intermediário entre eles e Deus.

O Padre Germano arrebanhou muitas ovelhas desgarradas, guiando-as pela senda estreita da verdadeira religião, que outra não é senão a do bem pelo bem, e amando — não só o bom, que por excepcionais virtudes merece ser amado ternamente, como também o delinqüente — enfermo d'alma que, em gravíssimo estado, só com amor se pode curar.

A missão desse Padre em sua última encarnação foi, de fato, a mais bela que porventura possa ter o homem na Terra; e visto como, ao deixar o invólucro carnal, o Espírito prossegue no espaço com os mesmos sentimentos humanos, pôde ele sentir, liberto dos seus inimigos, a mesma necessidade de amar e instruir o próximo, buscando todos os meios de completar tão nobilíssimos desejos.

À espera de propícia ocasião, encontrou, finalmente, um médium falante puramente inconsciente, ao qual dedicava, contudo, esse achado: — importava que tal médium tivesse um escrevente capaz de sentir, compreender e apreciar o que o médium por si dissesse.

A isso me prestei eu, de boa vontade, e no veementíssimo intuito de propagar o Espiritismo, trabalhamos os três na redação destas "Memórias", até 10 de janeiro de 1884.

Não guardam elas perfeita ordem com relação à existência do Padre, sendo que, tão depressa relatam episódios *verdadeiramente dramáticos da sua juventude, como deploram o isolamento da sua velhice; em tudo, porém, que diz o Padre Germano, há tantos sentimentos, religiosidade e amor a Deus; admiração tão profunda das leis eternas e tão grande adoração à Natureza, que, lendo estes fragmentos, a criatura mais atribulada se consola, o mais céptico espírito conjetura, comove-se o maior criminoso, cada qual procurando Deus a seu modo, convencido de que Ele existe na imensidade dos céus.*

Um dos fundadores de A Luz do Porvir, o editor João Torrents, teve a feliz ideia de reunir em volumes as Memórias do Padre Germano, às quais adicionei algumas comunicações do mesmo Espírito, por ter encontrado nelas imensos tesouros de Amor e de Esperança — esperança e amor que são frutos sazonados da verdadeira religiosidade por ele possuída de muitos séculos. Sim, porque para sentir e amar como ele, conhecendo ao mesmo tempo tão profundamente as misérias da Humanidade, é preciso haver lutado com a fonte nunca estanque das paixões, com a tendência dos vícios, com o estímulo indômito das vaidades mundanas.

As grandes e inveteradas virtudes, tanto quanto os múltiplos conhecimentos científicos, não se improvisam porque são a obra paciente dos séculos.

E sejam estas linhas — humilde prólogo às Memórias do Padre Germano — as heras que ocultam o ramo de violetas, cujo delicadíssimo perfume há de ser aspirado com prazer pelos sedentos de justiça e famintos de amor e verdade.

Grácia, 25 de fevereiro de 1900

AMALIA DOMINGO SOLER

O REMORSO

Qual não foi meu prazer e com que beatífico enlevo celebrei, pela primeira vez, o sacrifício da missa!

Nasci para a vida religiosa, contemplativa e calma.

Quão grato me era ensinar a doutrina às criancinhas!

E como me deleitava ouvir-lhes as vozes infantis, desafinadas umas, arrastadas outras, débeis ou vibrantes, todas, porém, agradáveis porque eram puras como suas almas inocentes.

Oh! as tardes, as tardes da minha aldeia, recordo-as sempre! Quanta ternura, quanta poesia naqueles momentos em que deixava o querido breviário e, acompanhado do fiel *Sultão*, me encaminhava ao cemitério, a fim de, aos pés da cruz de pedra, rogar pelas almas dos fiéis que ali dormiam!

Os pequenos seguiam-me a distância, esperando-me à entrada da casa dos mortos; e quando, terminada a oração, dali saía, da mansão da verdade, recordando as palavras de Jesus, dizia: "Vinde a mim as criancinhas!" Um bando de rapazitos rodeava-me então, carinhosamente, a pedir que lhes contasse histórias. Sentava-me à sombra de velha oliveira, *Sultão* estendido a meus pés. Os meninos começavam por entreter-se, puxando-lhe as orelhas, e o velho companheiro sofria, resignado, aquelas demonstrações de infantil agrado e alegre travessura. Quanto a mim, deixava-os brincar, comprazendo-me com a convivência daquelas inocentes criaturas, que me encaravam com ingênua admiração, dizendo-se uns aos outros:

— Brinquemos à ufa com o *Sultão*, que o Padre não ralha... E o pobre do meu cão deixava-se arrastar por sobre a relva, merecendo finalmente, em troca da condescendência, que todos os pequenos lhe dessem um pouco da merenda. Depois, restabelecida a calma, sentavam-se todos em torno, a escutarem atentos o caso milagroso que eu lhes contava.

Sultão era sempre o primeiro a dar sinal de partida. De pé, inquietava a pequenada com saltos e correrias, e assim voltávamos aos lares pacatos. Dias, meses de paz assim decorreram; de paz e de amor, sem que me lembrasse que havia crimes no mundo.

Morto, porém, o Padre João, tive de substituí-lo no curado e novos encargos vieram perturbar o sono das minhas noites e o sossego dos meus dias.

Jamais indaguei de mim mesmo o motivo por que sempre me recusava a ouvir em confissão os pecados de outrem.

Parecia-me, contudo, carga demasiado pesada o guardar segredos alheios. Minha alma, ingênua e franca, acabrunhava-se ao peso das próprias culpas, e temia de aumentá-las com aquela sobrecarga. A morte do Padre João veio obrigar-me a tomar assento no tribunal da penitência, ou antes, por melhor dizer, da consciência humana.

Então... a vida horrorizou-me!

Quantas histórias tristes!... Quantos erros!... Quantos crimes!... Quantas iniqüidades!...

Uma noite... — jamais a olvidarei — preparava-me para repousar, quando *Sultão* se levantou inquieto, olhou-me atento e, firmando as patas dianteiras na borda do leito, parecia dizer-me no seu olhar inteligente: "Não te deites que aí vem gente." Passados cinco minutos, ouvi o tropel de um cavalo e, dentro em pouco, já o velho Miguel vinha dizer que um senhor desejava falar-me.

Fui-lhe ao encontro: *Sultão* farejou-o sem denotar o mínimo contentamento, conchegando-se a mim em atitude defensiva.

Isto posto, examinei o visitante. Era um homem de meia-idade, olhar sombrio e triste semblante, que me disse:

— Padre, estamos sós?

— Sim. Que quereis?

— Quero confessar-me.

— E por que me procurais e não a Deus?

— Deus está bem longe de nós e eu necessito de uma voz mais próxima.

— E vossa consciência não vos fala?

— Precisamente por lhe ouvir a voz é que vos venho procurar. Vejo, agora, que me não enganaram quando me disseram que éreis inimigo da confissão.

— É verdade: o horror da vida me acabrunha e não me apraz ouvir outras confissões, salvo das crianças, cujos pecados fazem sorrir os anjos.

— Padre, ouvi-me, pois é obra de caridade dar conselhos a quem o pede.

— Falai então, e que Deus nos inspire.

— Prestai-me toda a atenção. Faz alguns meses, junto aos muros do cemitério da cidade de D..., foi encontrado o cadáver de um homem com o crânio espedaçado. Pesquisas fizeram-se, em vão, para encontrar o assassino; ultimamente, porém, apresentou-se ao Tribunal de Justiça um homem que se confessou autor do crime. O juiz da causa sou eu e a lei o condena à pena última, atento à sua confissão. Não posso, contudo, condená-lo...

— Por quê?

— Porque sei que é inocente.

— Como, pois, se ele se confessa culpado?

— Posso jurar e juro, não foi ele o assassino.

— Como o sabeis?

— Simplesmente porque o assassino... fui eu.
— Vós?
— Sim, Padre; é uma história longa e triste. Direi, apenas, que me vinguei por minhas mãos, dependendo do meu segredo a honra dos meus filhos; mas a consciência não pode, agora, transigir com a sentença capital de um homem por ela reconhecido inocente.
— Acaso sofrerá o desgraçado de alienação mental?
— Não; tem um cérebro perfeito. Apelei mesmo para o recurso escapatório da loucura, mas a ciência médica desmentiu-me.
— Não tenhais, portanto, remorso em condená-lo, pois os remorsos de outro crime o inspiram nessa resolução. Ninguém oferece a cabeça à justiça, sem que tenha sido um assassino. Ide tranqüilo desafrontar a justiça humana, porque os remorsos desse infeliz se encarregarão de executar a justiça divina. Conversarei com esse homem inditoso, dir-lhe-ei, para tranqüilidade vossa, o que ora me confiastes. E quanto a vós, não torneis a esquecer o quinto mandamento da lei de Deus, que diz: — *Não matarás.*

~

Fui ouvir o infeliz; meus pressentimentos não me enganavam; e quando, na suprema hora, lhe disse: "Fala, que Deus te ouve", ele, banhado em lágrimas, exclamou:

— Padre, como é triste a existência do criminoso! Dez anos há que matei uma pobre moça e há tantos sua sombra me persegue! Ainda agora, aqui está ela entre nós dois! Casei-me, na persuasão de que, vivendo acompanhado, perderia o pavor que me definhava lentamente, mas, quando acarinhava minha esposa, eis que a outra se interpunha entre nós, a ocultar com o semblante lívido o semblante da minha companheira! Ao ter esta o primeiro filho, afigurava-se-me ser a outra a parturiente, pois era aquela, ainda, que mo apresentava. Viajei, lancei-me a todos os vícios, ou me arrependia e passava o tempo nas igrejas; mas, na tasca ou na igreja, era sempre ela que eu via, ora a meu lado, ora velando o rosto das imagens. *Ela* e sempre *ela*! Não sei por que não tive a coragem do suicídio, e assim tenho vivido, até que, não se encontrando o assassino desse pobre homem, dei graças a Deus, visto como poderia morrer, inculcando-me autor do crime.

— Mas, por que não confessastes o crime anterior?

— Porque sobre ele não há provas convincentes. Tão habilmente pude ocultá-lo, que não ficou o mínimo vestígio. O que os homens não viram, entretanto, vi-o eu... *Ela* aqui está, parecendo olhar-me com menos rigor. Vede-a vós, Padre? Não? Ah! que desejo tenho de morrer para não mais vê-la...

Ao subir ao patíbulo, acrescentou:

— Lá está *ela* no lugar do carrasco... Padre, rogai a Deus para que não mais a veja após a morte, se é que os mortos se veem na eternidade...

Para sossego do juiz homicida, repeti-lhe quanto dissera o outro Caim, e, ao terminar a exposição, ouvi-lhe estas palavras:

— Padre, que vale a justiça humana comparada à divina?! Para a sociedade, o assassino desse homem está vingado, o réu descansa, talvez, na eternidade... Mas eu, meu Padre, quando e como descansarei?...

Um ano depois, o juiz entrava para um manicômio, do qual não mais sairia, e eu... — depositário de tantos segredos, testemunha moral de tantos crimes, confidente acabrunhado de tamanhas iniqüidades — vivo opresso ao peso dos pecados humanos.

Ó tranqüilas tardes da minha aldeia! onde estais? Minhas orações já não ressoam junto à cruz de pedra... E, onde aqueles meninos que brincavam com *Sultão*? Este morreu, também ele; os meninos cresceram... fizeram-se homens e, quem sabe, alguns deles criminosos...

Dizem-me bom; muitos pecadores vêm contar-me suas faltas e eu vejo que o remorso é o único inferno do homem.

Senhor! inspira-me, guia-me no caminho do bem e, já que me entristeço das culpas alheias, dá que não desvaire, recordando as minhas...

Que homem haverá neste mundo que não tenha remorso?

As três confissões

Querido manuscrito, fiel depositário dos íntimos segredos de minha alma, depois de Deus, foste tu o meu fiel confessor — o espelho do meu ser. O mundo não me conhece; tu, sim; e eis que a ti me apresento tal como sou, com as minhas fraquezas e remorsos. Para contigo, sou homem, para a sociedade, sou sacerdote.

Muitos me julgam impecável! Deus meu, por que me pedirão o impossível?

Por que exigir do ungido do Senhor a força do gigante, quando não passa de pigmeu igual aos seus semelhantes?

Como são absurdas as leis sociais! Mas eu o ignorava e passei anos e anos contente da sorte. Celebrar missa, doutrinar crianças, passear com o dedicado e velho *Sultão*, embevecido em piedosas leituras, era todo o meu encanto.

Uma só nuvem de tristeza me toldava o pensamento, no desempenho do sagrado ministério; uma só coisa me acabrunhava e enlouquecia: era quando havia de receber a confissão dos pecadores. Quando me sentava ao confessionário, olhar angustioso a fitar o rosto dos penitentes, ouvindo-lhes as culpas e segredos, terríveis por vezes, então, sofria mil mortes por segundo. Dali saía como a fugir de mim mesmo, corria como louco e, na solidão dos campos, rojava-me por terra, pedindo a Deus me extinguisse a memória. Às vezes, essa prece era ouvida e calmo sono de mim se apoderava, até que *Sultão*, encarregado de me despertar, suavemente me puxava pela batina.

E eu despertava abatido, como se tivesse padecido febre intensa; recordava, confusamente, mil fatos estranhos e voltava a casa onde o velho Miguel, inquieto, me aguardava.

Jamais o tumulto das grandes cidades me fascinou; preferi sempre a placidez da minha aldeia. Recusei viver na grande cidade de N..., mas, ainda assim, como se tal houvera de ser a minha expiação, seus principais habitantes buscavam o cura aldeão e mulheres de alta linhagem, e homens de posição social eminente vinham à igreja humilde, para que eu lhes ministrasse a bênção nupcial. Eu olhava esses casais juvenis, sorridentes de ventura, sem dar de mim nem perguntar-me por que sentia agudas dores de cabeça e de coração; mas o certo é que, quando eles se retiravam, ficando eu só, no templo, afigurava-se-me ser este um sepulcro e meu ser um cadáver nele enterrado.

Cuidadosamente, abstinha-me de comunicar estas impressões a alguém, para que o vulgo e os colegas invejosos não dissessem que o diabo me tentava, sabendo eu que Satanás não existia.

Educado no mais rigoroso ascetismo, sem ter conhecido mãe, que falecera ao dar-me à luz, filho do mistério, cresci no seio de uma comunidade religiosa como flor sem orvalho, como pássaro sem asas e obrigado a obedecer cegamente, sem direito a réplicas. Disseram-me enfim:

— Serás ministro de Deus e fugirás da mulher, porque Satanás dela se vale para perder o homem...

Entreguei-me à leitura, li muito e compreendi, posto que tarde, que o sacrifício do sacerdote católico é contrário às leis naturais. Compreendi, mais, que tudo quanto violenta as leis de Deus é absurdo; mas... calei-me. Invejei os reformadores e não me atrevi a segui-los; quis bem cumprir a delicada missão e sacrifiquei-me nas aras da instituição a que pertencia. No dia em que completei 35 anos, os meninos da aldeia invadiram-me o jardim e todos, à porfia, me entregaram ramalhetes de flores, frutos, leite, mel e manteiga. Quando mais contente me encontrava, quando entre esses filhos adotivos suspirava intimamente pela família que não pudera constituir, eis que me entregam uma carta, vinda da cidade de N... Nessa carta, a diretora de um colégio de meninas nobres me anunciava sua visita na manhã seguinte, acompanhada de quinze educandas que deveriam receber meus conselhos espirituais e acercarem-se da mesa do Senhor, a fim de participarem do festim eucarístico.

Sem saber por que, o coração pulsou-me precipitado; algo de triste se me desenhou na retina, e, posto que procurando dominar-me, passei melancólico o resto do dia.

Na manhã seguinte, extensa fila de carruagens rodeou o templo modesto da minha aldeia, enquanto formosas raparigas de 12 a 14 anos, qual bando de pombas que colhessem voo, entravam pela nave risonha da igreja cristã, cujos altares se adornavam de flores perfumosas, pois era justo que se confundissem as rosas do prado com as brancas açucenas do jardim da vida. Gentis raparigas, sorrisos do mundo, esperanças do homem, para que viestes à minha aldeia?

Olhei-as a todas, mas só vi uma: era pálida, negros cabelos, andar flexuoso como o lírio dos vales.

Ao prosternar-se no confessionário, o perfume dos brancos jasmins que lhe engrinaldavam a fronte penetrou-me o cérebro e tonteou-me.

Ela fitou-me fixamente, e, com voz plangente, disse:

— Padre, quando uma pessoa se confessa faz-se-lhe preciso dizer tudo que pensa ao confessor?

— Quando o pensamento é mau, sim; quando bom, não.

— E amar é mau?

A tal pergunta, não soube de pronto responder-lhe; fitei-a e não sei o que li no seu olhar; com a mão no coração para conter-lhe as pulsações, disse-lhe, então, com gravidade:

— Amar é bom, mas nem sempre: deve-se adorar a Deus, deve-se amar os pais e o próximo; mas há no mundo outras paixões que tu não compreendes e são, todavia, pecaminosas.

— Pois eu amo a Deus, a meus pais e a meus irmãos, mas amo também a um homem...

— És ainda muito jovem para amar a qualquer homem...

— Sei que para o coração não há idades e um ano faz, já, que amo esse homem.

Mudo, em vez de a interrogar, eu não queria saber o nome daquele homem; ela, porém, continuou:

— Um ano faz que se casou minha irmã Adélia, desejando a bênção de um santo, e fostes vós que lha destes.

— Eu?!

— Sim, tendes fama de justo; pois bem, acompanhei minha irmã e, desde esse dia...

— Que houve?

— Penso em vós, e, para que tornasse a vos ver e vos falar, fui das que mais se empenharam por este ato, a fim de vos perguntar se é pecado pensar em vós.

Que teria passado então comigo? Não sei. Inutilmente cerrei as pálpebras; aquela menina feiticeira, aquela jovem apaixonada, cheia de ingenuidade e de encantos, era a síntese de um mundo de felicidade, todavia impossível para mim.

Sua voz acariciava-me, falava-me à alma, porém tive forças para conter o sentimento, dizendo-lhe:

— Minha filha, não podes amar a um sacerdote, porque este é um homem que não pertence ao mundo; roga a Deus te livre dessa alucinação, pede-lhe que te perdoe como eu mesmo te perdôo.

E cego, vergado ao peso de emoções desen-contradas, saí do confessionário, pedindo a Deus não mais vê-la, para não sofrer. Mas... ai de mim! era só ela a quem eu via.

A menina pálida dos cabelos negros ficou-me gravada na mente, e durante muito tempo os jasmins da sua fronte perturbaram com o seu perfume o meu sono e as minhas orações.

Oito anos mais tarde, apressado cavaleiro chegava à minha aldeia, pedia para ver-me e dizia:

— "Vinde, Padre, pois minha esposa está moribunda e não quer outro confessor senão vós." Segui-o, e, sem saber por que, pensava na menina pálida dos cabelos negros. Chegados a um palácio, entrei em régia alcova, na qual se erguia luxuoso leito envolto em amplas cortinas de púrpura; nele arquejava, quase exânime uma mulher.

Uma vez a sós com ela, disse-me:

— Olhai-me bem! Não me reconheceis?

Meu coração adivinhara, se bem que nunca houvesse esquecido; mas, ainda assim, tive ânimo para dizer-lhe:

— Pois que os homens nada valem, será Deus quem vos há de reconhecer em seu reino.

— Pois eu — replicou — não me esqueci; faz hoje oito anos que vos declarei o meu amor, e, como dizem que vou expirar, quis dizer-vos ainda uma vez que, sobre tudo e todos, na Terra, eu vos amei.

Fitei-a por momentos, contemplei aqueles olhos radiante de paixão e, abençoando-a em pensamento, fiz com a destra uma cruz, como querendo pôr algo entre nós.

Depois, retirei-me daquela casa mortuária, fugindo de mim mesmo e voltei para a aldeia, onde deveria curtir em silêncio aquele amor, que não tinha o direito de fruir.

Dois anos depois, a peste assolou a vizinha cidade e muitas famílias procuraram em minha aldeia uns ares mais salubres.

Trouxeram-lhe, porém, a epidemia; e o campanário tocou a rebate sua voz melancólica, como para dizer aos campônios que a morte ali estava entre eles. Não obstante, novos emigrantes vieram e entre eles o duque de P..., com a esposa e numerosa criadagem. No dia seguinte, dentro de poucas horas, morria o Duque, chegando eu tardiamente para prestar-lhe os socorros da religião. Então, chorando silenciosamente, veio a mim uma mulher! E eu retrocedi estupefato, porque essa mulher era ela — a menina pálida dos cabelos negros que eu supunha morta há dois anos!

Ela tudo compreendeu e, com voz triste, falou: — "Deus é infinitamente bom; creio que desta vez morrerei mesmo, seguirei na campa o meu marido. Fostes vós quem recebeu minha primeira confissão e talvez tenhais de receber também a última; um segredo, apenas, guardei em toda a vida; um pecado só hei cometido, se é que amar seja pecado."

Os indícios da febre contagiosa já se lhe estampavam no pálido semblante e eu parti como louco, mendigando à Ciência a vida da mulher que tanto me havia amado e a quem eu tanto amara; a Ciência, porém (graças a Deus), não ouviu a súplica imprudente. A jovem Duquesa daí a dois dias expirava, dizendo-me: — "Quero que me enterrem aqui nesta aldeia e neste cemitério, para estar junto de vós, morta, já que o não pude estar em vida."

Que mistérios encerra o coração humano!

Eu, ao cobrir-lhe de terra a sepultura, julguei-me quase feliz...

Egoísta que é o homem!

Quando a pálida menina dos cabelos negros, coroada de brancos jasmins, cheia de inocência e de amor, me ofertara a taça de vida, recusei o néctar da felicidade, abandonei-a ao homem que deveria conduzi-la ao altar; quando a dama opulenta, no seio da família, me afirmou que morreria, amando-me, deixei-a entregue aos seus, àqueles que poderiam receber-lhe o último suspiro e prestar ao seu cadáver a homenagem ostentosa das pompas mundanas; mas, quando aquela mulher desamparada, ou antes, rodeada de estranhos que lhe temiam o contágio; quando essa mulher, digo, me pediu sete palmos de terra da minha aldeia, vendo eu que ninguém poderia arrebatar-me suas cinzas — uma vez que por escrito declarara não fosse seu corpo jamais exumado da cova que pretendia — oh! então... então recebi suas últimas palavras com transportes de arrebatamento.

Foi sua primeira confissão dizer que me amava e foi sua última confissão repetir que esse amor constituíra todo o culto da sua vida.

Nem um instante me separei dos seus despojos, e como entre os meus aldeães aterrados nenhum se prestasse a substituir o coveiro, também dizimado nessa mortandade espantosa, fomos, eu e Miguel, abrir a cova e nela depositar o cadáver da pálida mulher.

Miguel retirou-se, *Sultão* deitou-se a meus pés, e então entreguei o coração às venturas do amor.

Porque, amando um cadáver, já não transgredia os sagrados mandamentos.

E chorei a juventude; lamentei a fraqueza de ter aceito e feito votos, em vez de me filiar à Igreja Luterana, que me permitiria casar com aquela menina pálida de negros cabelos, constituindo grata família aos olhos do Senhor. Algumas horas, apenas, me fizeram compreender o que havia vinte anos procurava decifrar, e suspirei por uma dita que raro se encontra na Terra.

Pois eu que soubera tantos segredos; eu que vira tantas mulheres desmascaradas confiarem-me suas infelicidades e desvios; eu que vira tanta inconstância, apreciava no seu justo valor o imenso amor daquela mulher que me viu quatro vezes e só viveu por mim, por meu amor!

Ah! com que prazer lhe cobri de flores a sepultura!

E com que deleite as cultivava!

O coração do homem é sempre criança!

Um dia, um só que fosse, não deixava de lá ir ao cemitério!

E era este todo o encanto da minha vida!

Invernos muitos, passaram; a neve cobriu aquele túmulo, como cobriu de flocos brancos a minha cabeça; mas o coração, esse tive-o sempre jovem!

O calor desse puríssimo sentimento manteve nele, sempre, o fogo santo do maior dos amores!

Mãe, irmã, esposa e filhos, tudo sintetizei naquele ser, pois é justo retribuir de sobra as dádivas sacrossantas do amor.

Se alguma coisa progredi neste mundo, a ela o devo, à menina pálida dos cabelos negros!

Foi junto da sua campa que compreendi o valor da Reforma Luterana, e regando as plantas que lhe davam sombra foi que se me dissiparam as sombras da imaginação.

Conheci, mais, quão pequena era a igreja dos homens e grande o templo universal de Deus.

Amor! sentimento poderoso, força criadora... sois a alma da vida, porque vindes de Deus!

Sacerdotes sem família são como árvores secas, e Deus não quer a esterilidade do sacrifício e sim o amor universal!

O EMBUÇADO

Senhor! Senhor! Que grande culpado fui na minha precedente existência! Certo estou de ter vivido ontem e de que viverei amanhã, pois de outro modo não posso explicar a constante contrariedade do meu viver.

Mas Deus é bom e justo e não quer a perda da mais ínfima das suas ovelhas; entretanto, o espírito se cansa, como cansa o meu, de tanto sofrer.

Que fiz no mundo senão padecer? Vindo à Terra, minha pobre mãe morreu ou, quem sabe, obrigaram-na a emudecer.

Quem me amamentou? Ignoro e nem mesmo recordo que mulher alguma me embalasse o berço.

Meus primeiros sorrisos a ninguém fizeram sorrir.

Hábitos negros, eis o que vi ao redor do leito, ao despertar.

E nem uma carícia, uma palavra de ternura ecoava-me aos ouvidos; por condescendência única, espaçoso jardim e os pais do meu fiel *Sultão* (formosíssimos "terra-novas"), meus exclusivos companheiros.

Às tardes de verão, pela sesta, meu maior prazer era dormir, cabeça pousada na paciente *Zoa* que ali permanecia imóvel por todo o tempo do meu repouso.

E foram essas todas as alegrias da minha infância. Se ninguém me castigou, também ninguém jamais me disse: — "Estou satisfeito contigo."

A pobre *Zoa*, somente, lambia-me as mãos e apenas *Leão* puxava-me pelas mangas do fato e disparava a correr, como que me convidando a fazê-lo também. E corríamos, e então... eu sentia nas veias o calor da vida.

....

Ao deixar essa reclusão, ninguém derramou uma lágrima. Apenas me disseram que cumprisse meu dever. Como lembrança da infância e juventude, deram-me *Sultão*, pequenino ainda.

Foi assim que se me abriu, menos triste, uma nova era, melancólica embora. Justiceiro, fui a dedo apontado por meus colegas como elemento perturbador, e, por isso, insularam-me numa aldeia onde passei mais de metade da existência.

Mas, quando a calma se ia apoderando de mim; quando a mais doce nostalgia me estarrecia em mística meditação; quando minha alma gozava algumas horas de enlevo moral, eis que da cidade próxima me chamavam, ora para abençoar um casamento, ora para confessar um moribundo, ora para assistir a agonia de um condenado.

Assim, contrariado sempre, jamais pude conceber e realizar um plano, por insignificante que fosse.

Entretanto, fui um ser inofensivo que amou as crianças, que consolou os desgraçados, que cumpriu fielmente os votos contraídos.

Por que, pois, essa luta surda? Por que essa contínua contrariedade?

Se meu espírito não tem o direito de individualizar-se, além desta existência, por que Deus, amor imenso (que no todo é amor), me destinou a esta horrível soledade?

Não, não; meu próprio tormento me diz que já vivi alhures.

Não reconhecer meu passado fora negar o meu Deus!

E eu não posso negar a vida! Quanto, porém, tenho sofrido!

Uma única vez pude fazer minha vontade, desenvolver a energia do meu espírito, e por sinal que fui bem feliz então.

Senhor! Senhor! as forças de minha alma não podem inutilizar-se no curto prazo de uma existência terrena. Certo, viverei de futuro, voltarei à Terra e serei dono da minha vontade.

E eu te proclamarei, Senhor, não entre homens mais ou menos adstritos a formalismos vãos! Proclamarei tua glória nas academias, nos liceus, nas universidades, em todos os templos do saber, em todos os laboratórios da Ciência; serei um dos teus sacerdotes, dos teus apóstolos, sem fazer, contudo, outros votos que não os de seguir a lei do teu Evangelho.

E amarei, porque tu nos ensinas a amar; constituirei uma família, porque nos dizes: — "crescei e multiplicai-vos"; vestirei os órfãos, assim como vestes os lírios dos vales; agasalharei os peregrinos, como agasalhas os pássaros na fronde das árvores.

Difundirei a luz da tua verdade, como difundes o calor, espargindo a vida com teus múltiplos sóis na infinidade dos teus universos! Oh! sim, eu viverei, porque, se não vivesse amanhã, negaria tua justiça, Senhor!

Não posso ser um simples instrumento da vontade de outrem.

Para que, a ser assim, me dotarias de razão e livre-arbítrio?

Se tudo preenche seu fim na Criação, minha iniciativa deve preencher um fim; mas, a verdade é que nunca me contentam as leis da Terra.

Ao confessar criminosos de morte, quantas vezes me assomava o desejo de arrebatá-los para minha aldeia, repartindo com eles o meu escasso alimento!

Quantos monomaníacos! Quantos espíritos enfermiços me confiaram secretos pensamentos, tendo eu ocasião de ver que, as mais das vezes, havia neles mais ignorância que maldade.

Uma noite, já deitado, *Sultão* junto do leito, como de costume, enquanto meio desperto, meio adormecido, eu pensava na querida morta, na menina pálida dos cabelos negros, o cão começa a uivar surdamente e, patas apoiadas no travesseiro, parecia dizer-me, com os olhos inteligentes, que escutasse.

Presto atenção e nada ouço: pego *Sultão* pela orelha e por minha vez lhe falo: — "Tu sonhas, companheiro." Mas, neste comenos, ouço longínquo rumor que se aproxima, e dentro em pouco o galopar de muitos cavalos abalava o casario da aldeia.

Fortes pancadas na reitoria e já Miguel entrava apressadamente, falando atarantado: — "Senhor, vêm prender-vos. Um capitão de gendarmes quer falar-vos e vem acompanhado de muita gente."

— Que entre, respondi-lhe; e daí a pouco o capitão, de rude porém franco semblante, dizia:

— Desculpai-me Vossa Reverendíssima o virmos em hora tão imprópria perturbar o vosso sono; mas, tendo-se evadido, há dias, um preso que deveria seguir a cumprir sentença em Toulon, e não tendo surtido efeito outras diligências, vimos ver se acaso o encontramos no recôncavo destas montanhas. E como estamos informados de que Vossa Reverendíssima tem um cão a cujo apurado faro nada escapa, venho pedir que mo empresteis, a ver se ele me põe na pista do fugitivo. Disseram-me, também, que Vossa Reverendíssima tem o cão em grande estima, mas pode ficar certo de que nada sucederá de mal ao bravo animal.

Olhei fixamente para *Sultão* e convidei o comandante a repousar umas duas horas em meu leito, até que o dia clareasse.

— Muito antes que saia o Sol — acrescentei —, eu me incumbo de o despertar.

— Tenho ordem de não perder um minuto e não o perderei.

Eu, que não desejava fosse descoberto o desgraçado fugitivo, olhava insistentemente para *Sultão*, o qual, por fim, pareceu compreender meu pensamento. Movendo a cabeça em sinal de assentimento, foi ele mesmo buscar a coleira que lhe servia às grandes jornadas. Ao afivelar-lhe, o capitão olhava-o enternecido, dizendo: — "Que formoso animal!"

Momentos depois, partia a comitiva, enquanto eu me ficava rogando a Deus para que o fiel *Sultão* não descobrisse rastro algum.

Na tarde seguinte, mal-humorado, voltava o capitão, dizendo:

— Trago-vos más notícias: não só não encontramos o bandido, como também perdemos o vosso cão. Em momentos que paramos para descansar, ele desapareceu, o que aliás muito lastimo, porque na verdade é um animal que não tem preço. Inteligente que é! Há duas horas poderíamos aqui estar, se não houvéssemos retrocedido para procurá-lo.

Depois de cear comigo, o capitão lá se foi prestar contas da diligência, enquanto eu, sem saber por que, não me inquietava com a ausência de *Sultão*.

Deixando entreaberta a porta do jardim, subi ao quarto e pus-me a ler, até que às 9 horas se me apresentou ele.

Tirei-lhe a coleira enquanto mil carícias me fazia, e depois, apoiando a cabeça em meus joelhos, entrou a uivar, puxando-me pelo hábito. Depois, ia até à porta e voltava a fitar-me; deitava-se no chão, cerrava os olhos como morto, levantava-se e novamente me fitava, como querendo dizer que o seguisse.

Pensando, então, no criminoso fugitivo, disse de mim para mim: — "Seja o que for e como for, levarei algumas provisões."

Tomei de um pão, uma cabaça de vinho e outra com água aromatizada, uma lanterna que tive a precaução de ocultar sob a capa e, de manso, sem fazer o mais leve ruído, sai pela porta do jardim, que deixei fechada.

Miguel, esse, dormia profundamente.

Uma vez no campo, todo o meu ser vibrou de especial emoção e detive-me alguns momentos a render graças a Deus, por me conceder aqueles instantes de completa liberdade.

Não só me sentia mais ágil, como até enxergava melhor.

A noite era de primavera, formosa; as múltiplas estrelas eram quais exércitos de sóis que celebrassem no céu a festa da luz, tão brilhantes os eflúvios luminosos que enviavam à Terra. Dir-se-ia que a Natureza se associava comigo na prática de uma boa obra.

Tudo sorria e minha alma sorria também. *Sultão*, contudo, mostrava-se impaciente e perturbava a minha meditação puxando-me pela capa. Acompanhei-o e não tardou desaparecêssemos em fundos barrancos perto do cemitério. O cão guiava-me, tendo à boca a ponta da bengala, uma vez que a luz da lanterna parecia extinguir-se na escuridade daquelas brenhas. Enveredamos por larga fenda, ao fundo da qual havia uma pirâmide de galhos secos, formando um parapeito coberto de folhagens, e atrás dele se me deparou um homem, morto na aparência, tal a sua insensibilidade.

Quase nu, hirto, gelado, tinha no entanto um aspecto horroroso.

Meu primeiro cuidado foi depor no solo a lanterna, o pão, o vinho e a água; depois, com grande esforço, consegui tirá-lo de detrás da pirâmide, arrastando-o para o meio da furna.

Uma vez esticado o corpo, cabeça descansada sobre um montão de folhas, *Sultão* começou a lamber o peito do desgraçado, enquanto eu, embebendo o lenço na água aromática, aplicava-lho às fontes, molhava-lhe o rosto, e a destra, sobre o coração, em breve sentia débeis e demorados suspiros. *Sultão*, também ele, não poupava meios de o chamar a si. Assim que, lambia-lhe as mãos, cheirava-lhe o corpo, roçava pela dele a sua cabeça, até que o moribundo abriu os olhos para de novo cerrá-los, suspirando angustiosamente.

Assentado então, tomei-lhe a cabeça nos meus joelhos, suavemente, rogando ao Senhor a ressurreição do pecador.

Deus ouviu-me: o enfermo abriu os olhos e, vendo-se afagado, olhou-me com profundo assombro, bem como a *Sultão*, que lhe aquecia os pés com o calor do próprio corpo.

Cheguei-lhe aos lábios a cabaça de vinho, dizendo-lhe: — "Bebe."

Ele não se fez rogado: bebeu avidamente, fechando de novo os olhos como para coordenar as ideias.

Depois, procurou erguer-se, no que o auxiliei, e passando-lhe o braço à cintura, com a cabeça a descansar-me no ombro, ofereci-lhe um pedaço de pão, dizendo:

— Faze um esforço e come.

Fê-lo febrilmente e, havendo outra vez bebido, perguntou:

— Quem és?

— Um homem que te ama muito.

— Que me ama muito! Como! se ninguém jamais me amou?

— Mas amo-te eu e tanto que pedi a Deus não te encontrassem os teus perseguidores, pois és decerto aquele que deveria ser recolhido ao presídio de Toulon.

A estas palavras, o fugitivo, possuído de violento tremor, olhou-me fixa, desconfiadamente, e com voz roufenha acrescentou:

— Não me enganes que caro te custará; sou um homem de ferro.

A estas palavras, seguiu-se um esforço para levantar-se, mas eu o detive, dizendo:

— Nada receies, porquanto quero salvar-te; confia em mim e dia virá em que renderás graças a Deus. Agora, dize-me, por que te encontras aqui?

— Porque, conhecendo perfeitamente estas montanhas, ao fugir da prisão tinha por certa a minha segurança, oculto em qualquer destas furnas. Não contava, porém, com a fome e não sei que outra enfermidade me assaltou, pois parecia que me esfacelavam o peito a marteladas. Apenas pude encafuar-me ali onde me encontraste, cobrindo-me com os ramos mais à mão. Depois... depois de nada mais me lembro, a não ser que morto estaria se não se dera a tua intervenção.

— Sentes-te com forças para caminhar?
— Agora, sim; não sei mesmo como tal sucedeu. Como já disse, fui sempre de uma robustez de ferro...
E levantou-se agilmente.
— Arrima-te, pois, a mim e saiamos daqui. Como te chamas?
— João.
— Escuta, pois, João: faz-de-conta que nasceste esta noite para te tornares grato às vistas do Senhor.

Guiados por *Sultão*, saímos da furna que fazia muitos ziguezagues; passamos as escarpas e, ao sentir-me em terreno plano, estreitei o braço do companheiro, dizendo-lhe:
— João, contempla este espaço e bendiz a grandeza de Deus.
— Para onde vamos? — replicou.
— À minha casa onde, aliás, te ocultarei no meu oratório, lugar no qual ninguém jamais penetra. Ali descansarás e depois conversaremos.

João deixou-se conduzir, até que chegamos ao jardim da reitoria, muito antes do amanhecer. Levei-o para o santuário; improvisei uma cama, fazendo-o repousar e, conservando-o por espaço de três dias nesse esconderijo, tratei-o com carinho. Ele olhava-me, parecendo não compreender nada do que ocorria. Na terceira noite de repouso na aldeia, lá nos fomos eu, ele e *Sultão*, o inseparável, para uma ermida abandonada por morte do respectivo ermitão, havia muitos anos. Ante o altar derruído, sentamo-nos numa pedra, enquanto *Sultão* se estendia a meus pés.

João era uma figura repulsiva, de catadura feroz; estava como aturdido, a olhar-me de soslaio, não obstante mostrar-se satisfeito com o meu proceder.

Momentos havia em que seus olhos me fixavam com tímida gratidão. Dispus-me a submetê-lo à minha vontade e disse:

— Ouve, João. Julgo-me feliz por te haver salvado de morte certa, pois, certo, de fome morrerias. Entregue por mim à Justiça de Toulon, certo, também, mil mortes por dia sofrerias. Conta-me, pois, a verdade.

— Da minha vida pouco há que contar: minha mãe foi prostituta e meu pai ladrão; na quadrilha que capitaneava como tal, havia um italiano muito sagaz, que de pequeno me ensinou a ler e a escrever, assegurando que eu daria um bom falsificador de firmas e documentos, o que efetivamente se verificou, pois me tornei bom calígrafo, e falsário, às vezes.

"Há dez anos amei uma mulher e a mesma confissão que a ela fiz, aqui lha faço; ela, porém, de família honestíssima, repeliu-me indignada. Supliquei-lhe me atendesse; prometi levá-la para a América e lá regenerar-me. Tudo em vão.

"Dizia que me odiava e que acabaria por entregar-me à Justiça se continuasse a importuná-la; foi então que jurei matá-la, o que fiz mais tarde. Daí veementes suspeitas contra mim e a minha condenação a galés perpétuas, com trabalhos forçados, ultimamente, por esse delito e outros atropelos."

— E nunca pensaste em Deus?

— Sim, quando amei a Margarida, por sinal que a Deus implorei lhe abrandasse o fero coração; quando, porém, minha louca paixão não deu outro resultado que o seu assassínio; quando vi outros homens de boa família casados e respeitados, rodeados de filhos e do mundo venerados, ao passo que eu arrostava com o desprezo social e a perseguição da justiça; quando vi que minha mãe expirava no cárcere, enquanto meu pai se suicidava para fugir dele, então, odiei o mundo e o Deus que me fizera nascer na mais baixa esfera social.

— Mas, agora, que pensas fazer?

— Não sei.

— Quererás, acaso, permanecer algum tempo nesta ermida? Eu te trarei diariamente alimentação, roupa, livros, cama, o necessário enfim, e farei constar que um nobre, arrependido de licenciosa vida, deseja entregar-se à penitência por algum tempo.

"Sob o manto da religião poderás, tranqüilamente, viver aqui algum tempo; ninguém te perturbará o repouso e, para que não sejas eventualmente reconhecido, quando saíres por essas montanhas, envergarás o hábito com a capucha sobre o rosto, apenas com o orifício dos olhos, que eu mesmo rasgarei. À noite, quando todos dormirem calmamente, poderás sair em liberdade para, do cimo dos montes, elevares tuas preces a Deus, alando o Espírito nas asas da Fé.

"Recusado este pálio de salvação, não terás mais que uma vida desgraçada e uma morte violenta; se, no entanto, ouvires meus conselhos, tua alma se regenerará; teu Espírito se engrandecerá fortalecido pelo arrependimento e, quando, finalmente, fores um homem; quando do teu passado só restar a vergonha e o remorso de haver delinqüido, eu te proporcionarei outro meio de vida para que te tornes útil à sociedade. Aqui, é claro, só podes permanecer enquanto necessitares ser útil a ti mesmo, ao passo que, para amares a Deus, se faz preciso amares também os homens e com eles trabalhares. Já agora, deixo-te aqui e voltarei amanhã para que me dês conta da tua resolução."

Sem responder, João quis lançar-se a meus pés, mas recebi-o antes em meus braços, estreitei ao coração o desgraçado e assim permanecemos longo tempo. Lágrimas benditas repontaram, pela vez primeira, daqueles olhos secos, ameaçadores, enquanto eu lhe dizia:

— João! eis que já te batizaste esta noite nas tuas próprias lágrimas. Perdes, assim, o nome do criminoso e doravante te chamarás: *O Embuçado*.

Meus votos foram coroados do melhor êxito, pois, decorridos dois meses de retiro, já *O Embuçado* me parecia outro homem. Apoderou-se dele um tal ou qual misticismo, que eu, por minha vez, procurei fomentar o mais que pude, uma vez que para certos espíritos o formalismo é necessário. Onde falta a inspiração, a rotina faz prodígios; e onde não há fé, a superstição a engendra, a questão é sujeitar e acostumar a alma a uma vida temente a Deus. Àquele que não pode amar o Eterno, faz-se mister que o tema, que lhe reconheça o poder, sorrindo ou gemendo.

Importa despertar na Humanidade a ideia do reconhecimento para com Deus, e, conforme o progresso do espírito, assim se devem empregar os meios.

Em João, a solidão, a meiguice, o repouso, o respeito, operam maravilhosamente sobre o seu espírito enfermo, revoltado pelo desprezo da sociedade: — o repúdio de uma mulher fê-lo assassino; mas o respeito por seu infortúnio e por sua obcecação leva-o a render culto a Deus, tremendo, humilhado, ante a sua grandeza.

Todas as tardes, após a visita ao cemitério, subia a vê-lo e muito me deleitava contemplá-lo na sua soledade.

Ao pensamento me assomavam, então, os po--bres detentos derreados de fadiga, maldizendo a existência, esquecidos de Deus, em confronto com aquele criminoso arrependido, bendizendo a cada instante a misericórdia do Onipotente.

Certificando-me de que aquele espírito poderia novamente entrar no convívio social, proporcionei-lhe meus escassos recursos para que pudesse tomar passagem em um navio que conduzia trinta missionários ao Novo Mundo.

Recomendando-o ao chefe da Santa-Missão, ao abraçá-lo em despedida, disse-lhe: — "Meu filho, trabalha; constitui família e cumpre com bondade a lei de Deus!" Jamais olvidarei o olhar que me dirigiu, olhar que recompensou todas as amarguras da minha vida.

～

Quatro anos depois, recebi de João uma carta, na qual, depois de historiar mil episódios, dizia:

— "Padre, meu Padre, já não vivo só, pois que liguei meu destino ao de uma mulher. Tenho casa e tenho esposa; em breve, também terei um filho, que batizarei com o vosso nome. Ah! quanto vos devo, Padre Germano!

"Se me houvessem entregado à Justiça, morreria amaldiçoando o mundo e quanto nele existisse; concedestes-me tempo para penitenciar-me; reconheci a onipotência de Deus, até que lhe roguei misericórdia para os desgraçados autores de meus dias.

"Bendito seja, pois, quem não me extorquiu a herança que a seus filhos dá o Criador.

"Tanto vale ao homem dispor de tempo... mas de tempo consolador, que não horas malditas, nas quais o condenado se curva e trabalha azorragado pelo látego do capataz.

"Perdura-me na memória a ermida de *O Embuçado* e eu não quis perder o nome que me destes. Quando nascer meu filho, ensiná-lo-ei a bendizer vosso nome, e, abaixo de Deus, vos adoraremos todos: ele, minha mulher e o vosso humilde servo — *O Embuçado*."

Esta carta, guardá-la-ei na campa, como lembrança preciosa da única vez em minha vida em que obrei com inteira liberdade.

Bendito sejas, Senhor! bendito sejas tu, que por instantes me permitiste o teu vicariato na Terra, pois, só amando e protegendo o ignorante, cumpre o sacerdote a sua sagrada missão.

Feliz que sou, Senhor! Feliz por me permitires dar vista a um cego, agilidade a um entrevado, voz a um mudo! E ele te lobrigou e alçou-se a Ti, dizendo: "Perdoa-me, Senhor!" E Tu lhe perdoaste, pelo muito que amas os humildes e arrependidos.

Feliz que sou, contemplando mentalmente, ao longe, nas florestas do Novo Mundo, essa humilde família ao cair do crepúsculo, quando, de joelhos em terra, erguem todos uma prece pelo pobre cura da aldeia.

Graças, Senhor, pois que, não obstante longe de mim, pude constituir uma família.

Julgar pelas aparências

Senhor! Senhor! quando me chegará o dia de deixar este vale de amarguras?

Medo tenho eu de permanecer na Terra; o reflexo das experiências sociais oculta-me os abismos do crime, nos quais receio precipitar-me.

Quando alguém, desconhecido, se prosterna ante mim e me conta a sua história, sinto frio n'alma e, angustiado, exclamo: "Um segredo a mais! Novas responsabilidades, além das muitas que me acabrunham!"

Acaso serei perfeito? Terei mais luzes que outrem, para que assim me obriguem a servir de guia a uns quantos cegos do entendimento?

Por que essa distinção? Se tenho pensado como eles e como eles tenho tido paixões mais ou menos sopitadas; se me vi obrigado a fugir do contato mundano para que o coração cessasse de rugir, então, para que este empenho em pretender que a frágil argila se faça forte como as rochas de granito?

Povos ignorantes que viveis entregues ao arbítrio de alguns míseros pecadores, não sei quem mais digno de compaixão: se vós, que vos enganais acreditando-vos grandes, se nós outros que nos vemos pequenos...

Senhor! Senhor! por que haveria eu de nascer para a casta sacerdotal?

Por que me obrigaste a guiar pobres ovelhas, quando não posso guiar-me a mim mesmo?

Senhor! certo, terás outras moradas, porque na Terra a alma pensadora se asfixia ao contemplar tanta hipocrisia e tanta miséria.

Quero marchar por bom caminho, e, sem embargo, em todas as sendas encontro precipí-cios que me atraem.

O sacerdote... O sacerdote deve ser sábio, prudente, observador, reto no seu critério, misericordioso na justiça, severo e clemente, juiz e réu ao mesmo tempo! Que somos nós na realidade?

Homens falíveis, fracos e pequenos. Meus companheiros me abandonam por me recusar, a exemplo deles, proclamar-me impecável.

Dizem que prejudico os interesses da Igreja... Porventura a Igreja de Deus necessitará dos míseros dons dos filhos do pecado?

Certo, ao templo do Eterno não fazem falta as oferendas de metais corruptíveis; com o incenso das boas obras, praticadas por almas generosas, perfumam-se os âmbitos imensos da Basílica da Criação.

Senhor! inspira-me. Se mau é o caminho que trilho, tem piedade de mim, já que meu único desejo é adorar-te na Terra, amando e protegendo meus semelhantes e continuando a amar-te noutros mundos, nos quais as almas estejam, por suas virtudes, mais próximas de Ti.

Estou aturdido, porque geral reprovação recai sobre mim; porque dois seres, apenas, no presente, me bendizem.

Perdoa-me, Senhor, se culpável tenho sido! Mas... como duvidar?

Se estás comigo, se és a mesma verdade, como hás de tolerar o erro? Tu não queres templos de pedra, porque tens um templo na consciência humana! Por mim, não te erigiriam soberbas abadias, nas quais umas quantas mulheres haveriam de rezar por hábito, acusando-te outras de injusto, porque em teu nome se viam sacrificadas na quadra mais bela da vida, em plena juventude.

Conventos! conventos! antecâmaras do sepulcro! Nos teus claustros se vive sem viver, quando Deus criou a Terra para todos os seus filhos.

Relembra-me a infância: vejo monges silenciosos, cadáveres galvanizados, múmias insepultas, e sinto n'alma muito frio...

Nos conventos cumpre-se o prescrito pela ordem monástica e vive-se contrariando a lei natural... Se os votos enfraquecem, acaso se engana por isso o mundo e falta-se ao juramento contraído?

Nunca prometa o homem mais do que racionalmente pode cumprir.

O cérebro escalda-me; as ideias em ebulição violenta parecem querer romper-lhe os moldes estreitos. Necessito retratar-me: necessito ver es--tereotipado no papel o meu pensamento e tu, manuscrito querido, serás meu confidente. Dir-te-ei por que sofro, contar-te-ei como, no refúgio da minha aldeia, me perseguem e espezinham as lutas da vida.

Vinte anos há que me vieram buscar para ouvir em confissão um rapaz nobre, o opulento barão de G..., agonizante. Quando penetrei no aposento do moribundo, uma dama ricamente vestida achava-se ajoelhada junto do leito. O enfermo, ao ver-me, imperiosamente lhe ordenou que se retirasse e, ao ficarmos sós, ei-lo que descarrega a consciência, dizendo-me:

— Não posso jurá-lo, mas estou quase certo de que morro envenenado; e creio ser minha mulher a autora desse crime; deixo uma filha que não sei se é minha filha, mas o que está feito está feito; não quero escândalo após a morte, certo de que, de qualquer forma, Deus me vingará. Assim, não quero também deserdar uma criatura à qual não sei se me prendem quaisquer laços, e que, além disso, é inocente. Tenha Deus misericórdia da vítima e dos assassinos...

E, assim, expirou-me nos braços aquele desgraçado, sem atrever-se, na dúvida, a condenar.

A jovem viúva deu as maiores demonstrações de dor e gastou avultadas somas em luxuosas e repetidas exéquias.

Tempos depois, contraiu segundas núpcias, sem que por isso deixasse de mandar celebrar, todos os anos, ofícios memorativos do primeiro marido.

Freqüentemente vinha ouvir missa, quando os pássaros dizem — "glorificado seja o Senhor" — e permanecia isolada, rezando com fervorosa devoção.

No verão, não faltava à missa matutina, vivendo perto da aldeia, em magnífica herdade. A filha, mais crescida, recebeu de minhas mãos o pão da vida e eu, sempre que a via, lembrava-me da confissão do pai.

A inocente Raquel penalizava-me, porquanto nas suas confissões infantis se queixava de que a mãe nenhum carinho lhe fazia, pelo que, ofendida, também não podia prezá-la.

E eu, que fui sempre infenso à confissão de quem quer que fosse, desejava ouvir da baronesa de G... a sua história, pois que meu coração pressentia algo terrível naquela mulher.

Para o mundo era ela um modelo de virtudes e pouco a pouco chegou a fazer-se tão devota, que passava horas e horas na igreja da aldeia.

Raquel foi crescendo, levando vida de completo insulamento. A infeliz queixava-se de que a mãe não a estimava, chegando às vezes, em momentos de cólera, a dizer que a odiava. Os irmãos, seguindo um tal exemplo, também a maltratavam e só o padrasto se lhe mostrava carinhoso.

Este, porém, era um homem de tímido caráter, absolutamente dominado pela esposa; e Raquel era, em suma, a vítima de todos eles.

Para todos os seres há, entretanto, um dia de sol; e assim foi que Raquel veio um dia dizer-me que amava e era amada, que um jovem escultor lhe pedira que a ele se unisse pelo casamento. Temia, contudo, que a mãe se opusesse, pois presumia que a destinavam para esposa de Cristo, posto que preferisse a morte ao claustro. E pedia-me proteção, a fim de não ser sacrificada, acrescentando que cederia a sua herança de bom grado, contanto que a deixassem unir-se ao eleito do seu coração.

Pois que ao forte cumpre proteger o mais fraco, prometi a Raquel salvá-la da cilada, que, segundo afirmava, lhe estavam preparando.

Não eram infundadas as suas suspeitas, nem tardou corresse o boato de que a exemplar baronesa de G... ia reconstruir um antigo mosteiro e que uma das noviças da nova comunidade seria a primogênita da devotíssima fundadora.

Quando o soube, escrevi à Baronesa para que me concedesse uma entrevista no presbitério, ao que ela acedeu prontamente.

Não era a primeira vez que eu encarava fixamente uma mulher; a ela, porém, encarei-a para ler em seus olhos o que lhe esfervia no coração, aliás, eu não acreditava que a extrema devoção por ela patenteada fosse resultante de grande fervor religioso, e infelizmente não me enganei.

Chegada que foi à Igreja, convidei-a a sentar-se e, sentando-me à sua frente, disse-lhe:

— Sempre me tenho esquivado de receber con--fissões de quem quer que seja, mas a força das circunstâncias me obriga, hoje, a vos pedir em nome da religião que professo, em nome do Crucificado, que me façais uma confissão.

— Não vim preparada para esse ato — respondeu — uma vez que não fiz exame de consciência.

— Não é necessário, senhora, pois tais coisas são pura formalidade; para dizer o que sente, precisa o pecador apenas de boa vontade. Não há quem não tenha memória capaz de recordar todos os erros cometidos na vida.

A Baronesa empalideceu, deixou escapar um suspiro e nada respondeu.

— Dizem que ides reconstruir o arruinado mosteiro de Santa Isabel...

— É verdade: quero que a juventude tenha um novo albergue, para fugir às tentações do mundo.

— Dizem, mais, que vossa filha Raquel será uma das primeiras noviças da nova comunidade...

— Sim, pois em parte alguma se encontrará melhor que ali.

— Mas, já consultastes a vontade de vossa filha?

— Os filhos bem-educados têm obrigação de querer o que querem os pais.

— Uma vez que se não contrariem suas inclinações particulares e que seu organismo e temperamento possam adaptar-se ao gênero de vida que se lhes queira impor. No caso de Raquel, criatura débil e enfermiça, encerrá-la num convento equivale a condená-la a uma morte prematura.

— Parece-vos? A mim não me parece seja tão débil; antes acredito que o que lhe falta é a sujeição de um convento.

— Pois eu penso que Raquel é uma sensitiva e neste sentido quis falar-vos, uma vez que me incumbe a sagrada obrigação de velar por ela. É verdade que sois sua mãe corporal, mas eu sou o guia da sua alma; fui eu quem lhe pôs na boca o pão da vida espiritual, quem lhe falou de Deus, tanto quanto sou o confidente dos seus angélicos segredos. E assim é que sei que a alma dessa menina não se compadece com a vida do claustro.

— Pois eu, a bem dizer — replicou a Baronesa com acentuada contrariedade —, desde que ela nasceu, fiz voto de que não pertenceria ao mundo; e o voto feito deve cumprir-se.

— Esse voto, porém, não tem valor, uma vez que a Deus prometestes um ser que vos não pertencia. Na verdade, não sabíeis o que pensaria, de futuro, a vossa filha, e Deus não quer o sacrifício, mas unicamente a felicidade de seus filhos.

— E que maior felicidade do que servi-lo e amá-lo?

— Mas, acaso não se poderá servi-lo e amá-lo em todas as paragens da Terra, sem escravizar uma pobre rapariga, que, à semelhança das flores, necessita de ar e Sol para viver?

— Não pareceis um sacerdote — disse com enfado.

— Por que não? Será porque não cuido de explorar vossa devoção, opondo-me a que levante o mosteiro, e, principalmente, a que Raquel não faça parte da comunidade? Mas eu sei perfeitamente que a alma dessa menina não nasceu para a aridez do claustro; ela é meiga, carinhosa, expansiva; é um ser por Deus destinado a modelo das mães de família.

— Pois eu a consagrarei a Deus, e a Deus somente servirá.

Nesse momento, não sei o que se passou em mim; senti-me engrandecido, revestido de tal ou qual poder espiritual; acreditei-me, por instantes, um enviado de Deus, sem saber que anjo me inspirou. Uma força estranha, uma potência desconhecida transfigurou meu ser, para que deixasse por momentos de ser o paciente e resignado pastor que sorria à travessura das suas ovelhas; o peito arfava-me com violência inusitada; parecia que mãos de fogo se me apoiavam à fronte: zumbiam-me aos ouvidos palavras mil, confusas, incoerentes. Com a destra estendida, ergui-me preso de terror e espanto inexplicáveis, parecendo ver sombras de noviças que fugiam em debandada. Acerquei--me da Baronesa, pousei-lhe a mão no ombro e com voz cavernosa, antes eco de sepulcro, disse-lhe:

— Escutai a um ministro de Deus, e ai de vós se vos atreverdes a mentir.

Ela fitou-me e não sei o que teria lido nos meus olhos que lhe fez baixar os seus, dizendo com voz trêmula:

— Que quereis? Tenho-vos medo...

E a infeliz pecadora começou a tremer.

— Nada temais, pois quero apenas o vosso bem, ou antes, não sei quem o quer, visto que alguém murmura ao meu ouvido o que vou dizer: — Vossa devoção, vosso misticismo, vosso fervor religioso têm uma base: sabeis qual seja?

— Qual? — repetiu com voz sufocada.

— O remorso!

— Que dizeis? — balbuciou, tremendo.

— Repito-o — repliquei em tom acentuadamente intencional. — A causa do vosso fanatismo religioso é o remorso. Há vinte anos recebi a confissão do vosso primeiro marido, e ele, ouvi-me bem, senhora — nem percais um só acento destas palavras — o vosso primeiro marido, confiou-me o nome do seu assassino.

Entendeis? Ele tudo sabia, tudo, nos seus mínimos detalhes!

Ela fixou-me então, leu nos meus olhos o seu nome e desmaiou: mas, com a mão direita toquei-lhe a fronte e minha voz, naqueles momentos profética, lhe disse com vigoroso entono:

— Despertai!

A desgraçada abriu os olhos, espantada, e quis rojar-se-me aos pés. Detive-a, dizendo:

— Ouvi-me. Sei vossa história e acompanhei, passo a passo, a espinhosa trilha da vossa vida. Vós vos casastes mais tarde com o cúmplice do vosso crime, ao passo que Raquel, como fruto da vossa primeira falta, constantemente vos recorda uma parte dos vossos desatinos. Os outros filhos, natos de legítimo matrimônio, não vos causam remorso; mas essa menina, portadora de um sobrenome que lhe não pertence, vos atormenta, com certeza.

Talvez lobrigueis a sombra do morto, que vos persegue onde e quando quer, e penseis aplacar-lhe a ira mandando dizer missas por sua alma; agora, quereis levantar um convento com o dote usurpado a Raquel; e quereis enclausurar longe de vós essa menina inocente, para não terdes presente o fruto da vossa primeira falta. Acaso pensais que, com esses atos de falsa devoção, merecereis o perdão de Deus? Não, nunca! Aos homens podereis enganar na Terra; poderão os iludidos haver-vos por santa, mas a Deus não aproveitam comédias religiosas. Não vades cometer um novo sacrilégio, não sacrifiqueis Raquel. Já que ela ama e é amada, deixai que seja esposa de um homem, pois Deus tem por esposa a Criação!

A Baronesa quis falar, mas eu detive-a, dizendo:

— Não dissimuleis, é inútil, pois leio o passado nos vossos olhos. Basta ver-vos para nos condoermos profundamente; tendes quanto basta para serdes ditosa, e, não obstante, prematura velhice vos afeia o corpo; sempre que vos hei visto ajoelhada na igreja, tive pena, uma vez que por um momento de leviandade arrastais uma existência de martírios.

Procurais dia a dia ser mais devota, certamente porque, dia a dia, mais culpada vos reconheceis. Fazei o que Deus vos ordena, pois; acedei ao casamento de Raquel e empregai a sua avultada fortuna na construção de um hospital capaz de socorrer uma centena de famílias pobres.

Ela, Raquel, vo-la cederá de bom grado e com isso fareis boas obras; empregareis em benefícios o que vos pertence e não sacrificareis uma inocente cujo delito é recordar vossa primeira falta.

Olhando-me, sem saber o que responder, a Baronesa ergueu-se para novamente recair na cadeira, procurando abafar os soluços...

— Chorai, pobre mulher! chorai! — disse — com lágrimas rezam aqueles que, como vós, esqueceram o quinto mandamento.

Ela deixou lhe corresse copioso o pranto, e eu deixei-a chorar livremente.

Por fim, acrescentei:

— Jurai-me que satisfareis o meu pedido...

— Jurai-me vós que rogareis por mim — replicou com profundo abatimento.

— Vossas boas obras serão a melhor oração, senhora, falai, porém sem receio, porque calastes durante vinte anos e esse silêncio tem sido o vosso próprio verdugo. Pois não é verdade que sofreis? Não é verdade que vossas orações não vos acalmam o coração?

— Sim, Padre... Quanto haveis dito, me sucede. Ele vive comigo. Raquel assassina-me... Quando ela nasceu — nem quero recordar o sentimento que me inspirou! Quando ele lhe fazia carícias e presto a afastava de si, não sei explicar o que eu sentia; se a olhava com profunda ternura, então... mais ainda eu sofria...

Ah! Padre, bem certo é que a mulher que cai só se levanta para de novo cair... e eu... eu caí no abismo do crime! Depois, quando a bênção sacerdotal me ligou ao segundo marido, acreditei que repousaria, mas em vão! Para vos ser franca, direi que em nada creio, uma vez que a religião não me consola; mas, sobretudo, o que eu tenho é medo, Padre, perdendo-me no caos da dúvida!

— E passais, no entanto, por ser a mulher mais devota desta comarca! Vede o que é julgar pelas aparências! Eu vo-lo repito: não consumais o vosso iníquo intento sacrificando um ser inocente.

— Lembrai-vos, Padre, de que Raquel é filha do pecado.

— Se formos a pensar assim, todos os vossos filhos o são, senhora. Julgais, acaso, que o vosso segundo matrimônio é válido perante Deus? Recebestes, creio, por mera formalidade, a bênção de um homem, mas as uniões sacrílegas jamais as abençoa Deus.

— Mas os livros sagrados dizem que as faltas dos pais recairão sobre os filhos até à quarta e quinta gerações.

— E a razão natural também compreende que o inocente está livre da herança pecaminosa. Deixai que cada qual de vossos filhos cumpra a sua missão, não aumenteis vossa falta sacrificando Raquel.

⁓

Finalmente, a Baronesa prometeu cumprir meus desejos e de fato o fez, com a condição de a filha ceder a fortuna em benefício da pobreza, no caso de não querer professar. Esta, a meu conselho, aquiesceu contentíssima, e já sorridente de felicidade apresentava-me o noivo, dizendo com meiguice:

— Abençoa-nos, Padre!

E eu os abençoei de todo o coração, esse casal juvenil que por milagre pude salvar de infalível desgraça. A Baronesa aplicou o dote da filha não só na construção de um hospital, como também no auxílio de uma centena de famílias pobres, rasgos esses que a santificaram aos olhos do mundo. Repetem todos: — "Uma santa que passa mais tempo na igreja do que em casa..." — e como as palavras voam, *dizem que dizem* que eu a fiz desistir da construção do convento, tanto quanto apadrinhei o casamento de Raquel com o amado do seu coração... Daí, que subtraí à Igreja uma casa de salvação... E, pois, se ontem alguns colegas me odiavam, hoje..., se o pudessem, me fariam empreender viagem para a eternidade. As recriminações chovem sobre mim; dizem que sou um mau sacerdote, que mais pensa nas coisas da Terra do que nos interesses do céu; que sou um pastor descuidoso que deixa desgarrar as ovelhas... Há momentos. Senhor, em que de mim mesmo duvido, mas logo raciocino e digo: — "Mas, então, fora melhor levantar o convento e fazer nele entrar uma pobre menina que até então mal vivera — e isto precisamente no desabrochar da vida, no abençoado momento de se tornar ditosa — arrebatar-lhe violentamente a felicidade, enterrá-la num claustro, onde viesse a morrer maldizendo a religião que lhe impusera o martírio, pois que lhe ordenava morresse para satisfazer-lhe a vontade? Que será melhor, repito: — destruir a crença de uma alma juvenil e confiante, ou cooperar para a sua felicidade, unindo-a ao homem que a adora, criando assim um lar ditoso?"

São tantas já as casas de reclusões! Muitas, também, inumeráveis, são as vítimas das tiranias religiosas! Feliz de mim, se puder arrebatar uma vítima desse martirológio!

A mim, não me importa que me apontem a dedo, dizendo que meus conselhos desviam da boa senda os servos do Senhor.

Se Deus é todo verdade, não lhe devemos oferecer adorações fementidas.

Consagre-se à penitência a alma lacerada, que verdadeiramente necessite de isolamento para pensar em Deus; mas a mulher jovem, que ama e é amada, esta, que erija o sagrado altar da família, para que ensine os tenros filhinhos a bendizer o Criador.

Senhor! Senhor! dizem que subtraí uma casa à tua Igreja e, não obstante, creio haver aumentado a tua propriedade, uma vez que a tua graça penetrou na choça dos infelizes, recebendo eles valiosa esmola em teu nome; e, assim, também os enfermos, os peregrinos e viajores, os pobres meninos estropiados de fadiga, ao chegarem a esta aldeia, encontram piedosa hospitalidade no benéfico asilo dos desamparados.

Não será esta, Senhor, a tua verdadeira casa? Tua casa é aquela em que o faminto e o sedento matam a fome e a sede, onde o desnudo acha abrigo, consolo o aflito, conselho eficaz o espírito flutuante; aí, sim, está a tua verdadeira casa.

Onde quer que o bem pelo bem se faça, não há necessidade de levantar casas nas quais se reze rotineiramente, pois para rezar com a alma todos os sítios se prestam, sempre que o homem eleve a Deus o pensamento.

Perdoa-me, Senhor! Tu lês na minha mente quando todos me acusam!

No tribunal da Terra sou julgado mau sacerdote; entretanto, tu és a verdade mesma e eu quero que os homens te adorem em espírito e verdade.

A Fonte da Saúde

Para nós, o passado é sempre o melhor. Por via de regra, o dia de ontem nos sorri misteriosamente ao coração, ainda que nele a miséria nos tenha oprimido e torturado. Alegria secreta, essa, no recordar as horas que se confundem nas sombras do que lá se foi...

Por que isso, Senhor? Ah! é fácil adivinhá-lo: é porque, quanto menos anos contamos, menos responsabilidades nos oneram.

Assim, o tempo passado se nos afigura o melhor, uma vez que a cada hora transcorrida ou cometemos uma falta, ou presenciamos um crime, ou lamentamos uma injustiça, ou deploramos uma dolorosa mentira. É bem certo o rifão: *quanto mais se vive mais se aprende.* Senhor! amplíssima tem sido a minha jornada e muito hei visto. A fundo tenho sondado o coração humano... tão atentamente tenho acompanhado o voo das inteligências, que, com cem voltas ao mundo, eu não veria tanta variedade de ideias e tanta desordem em todos os sentidos, quais as tenho observado nos longos anos transcorridos no rincão da minha querida aldeia. Que preocupação a dos homens em parecerem bons! Logo, não pecam por ignorância; ou, por outra, sabem o que é ser mau, conhecem o mal! E assim como Adão se ocultou do Senhor após o pecado, com vergonha de sua nudez, assim vestem os homens a nudez dos seus vícios com o manto de virtudes hipócritas; e o fato é que nada se molda melhor a essa prestidigitação das almas do que as tradições religiosas.

A Religião só admite a verdade, é certo; mas as religiões... são o manto das misérias humanas... E eu aceitei a missão do sacerdócio no firme propósito de ser um mártir, se tanto fosse preciso, mas nunca um pecador; a bem dizer, todos pecamos; mas erros há premeditados, como há faltas que se originam da nossa fraqueza física e moral; entretanto, cumpre pecar o menos possível, já que a perfeição absoluta é exclusivo predicado de Deus.

Força, e muita, se faz preciso na Terra para ser severo com os hipócritas, uma vez que se converte a gente em alvo de todos os ódios; assim, deveriam reconhecer a minha retidão, pois sabem que não condeno, recordando o procedimento de Jesus com a mulher pecadora. Sabem que transijo com o pecador; jamais, porém, com a iniqüidade.

Nos braços estreitarei aquele que ingenuamente me disser: "Padre, sou um miserável, sou um malfeitor!" Repelirei, contudo, abominarei e afastarei da minha presença aquele que me venha encarecer seu amor a Deus, seu desprendimento das coisas terrenas, em o vendo eu radicado às vaidades mundanas como ostra ao rochedo.

Por que, pois, me perseguem, colocando-me na contingência de os desmascarar, dizendo-lhes de frente o que mais ofende o homem — a enumeração dos seus defeitos? Senhor! Senhor! Tem misericórdia de mim, lembra-te de que sou fraco, que sofri, amei e comigo mesmo lutei em toda a minha vida! Por que exigir de mim virtudes que não possuo? Por que ver-me envolvido em histórias alheias, quando da minha história o próprio peso me acabrunha?

Senhor! Cada dia que passa, mais me convenço de que hei vivido ontem e hei de viver amanhã, para realizar o sonho de minh'alma. Conheço que minhas forças estão gastas, que necessito repousar em nova existência, na qual de todos viva esquecido, menos da companheira de minh'alma, porque não compreendo a vida sem a fusão de dois corações num só coração, de duas almas numa só alma.

Senhor! Quanto almejo o termo desta jornada... tão cheia de contrariedade, havendo de lutar, abertamente, criando-me numerosas inimizades...

Sim! eu quero viver num recanto da Terra; quero ter minha cabana rodeada de palmeiras; quero amar uma mulher de pálido semblante e negros cabelos; quero estreitar ao coração crianças formosas que me chamam — pai!; quero bendizer a Deus quando os pássaros o saudarem, extasiar-me na meditação quando a esposa do Sol acarinhar a Terra... Quero, enfim, retemperar as forças, adquirir vida, para que o espírito sorria... Quero, ainda, que por algum tempo não me cheguem aos ouvidos os lamentos dos homens, ignorando as lutas dessa Humanidade! Nem me chames egoísta, Senhor, porque trago comigo muitos anos de luta. A carreira do sacerdote é das mais penosas quando ele quer cumprir o seu dever. Tanto se exige do sacerdote!...

Indubitavelmente, foi por expiação que aceitei esse mister, porque, ao ver tantas infâmias, tantos crimes ocultos, todo o meu ser estremece e me sinto pequeno, muito pequeno para reprimir tantos abusos; e quando quero cortar algum, eis que meus superiores me ameaçam, dizendo que os fins justificam os meios. Sofro então, muito, Senhor, porque não admito fins dignos, a essas Eminências: — "Senhores, ou bem se crê, ou se não crê em Deus." Se reconhecemos uma Inteligência suprema; se consideramos que um olhar infinito está constantemente fixado na Criação, devemos compreender que para esses olhos eternos não há ocultar o que sentimos; assim, pois, a falsa devoção de nada serve... Que importa aceitem-na os homens, se para Deus ela não tem valor? Acaso serão as religiões meros convênios para criar privilégios mundanos? Não. As religiões devem servir para aproximar o homem de Deus, porque as religiões são um freio ao galope das paixões; uma vez que não conseguem melhorar-nos intimamente, tão ateu é o que diz não crer em Deus, como o que levanta uma capela para encobrir um crime.

Senhor! Senhor! a ti me confesso; faltam-me forças para lutar com os homens... Arranca-me, pois, este amor à verdade para que possa tolerar a hipocrisia, ou reveste-me de maior energia para que nos supremos momentos da luta conserve meu pobre corpo a energia necessária e não se deixe vencer, tão íntegro quanto o meu espírito. Eis que me encontro agora mesmo alquebrado, tendo passado uns quantos dias cruéis, porque — é preciso que o diga — quando me ponho em contato com o mundo, sou profundamente desgraçado.

Oh! a Humanidade! A Humanidade tudo envenena!

Quem diria que uma tranquila fonte a que os aldeãos denominam — *Fonte da Saúde* — haveria de proporcionar-me sérios desgostos, amargas contrariedades e ao mesmo tempo fazer uma boa obra — salvar uma rosa inçada de pungentes espinhos?

Manuscrito querido, quando eu amanhã deixar a Terra, sabe Deus aonde irás parar... Quem quer, porém, que te possua, desejo aprenda nestas confissões e reflexões de minh'alma a que extravios nos conduzem as paixões desordenadas, vendo que a hipocrisia e o fingimento hão sido, quase sempre, o móvel das fundações religiosas.

Ao pé de uma montanha, entre dois penhascos, uma torrente de água cristalina calmava a sede dos meninos da minha aldeia; e por aquelas tardes felizes em que eu passava, rodeado de crianças — quando ainda não conhecia as misérias do mundo — aprazia-me sentar junto ao rústico manancial para contemplar a família infantil, que corria e saltava alegremente, deleitosa, acompanhando sua frugal merenda daquele néctar da Natureza tão necessário à vida. Ao contemplar aquelas carinhas rosadas, aqueles olhos brilhantes, aqueles lábios sorridentes que recolhiam sôfregos a pura linfa, dizia-lhes: — "Bebei, bebei, filhos meus, que esta é a água da saúde." Desde então, todos os habitantes da aldeia passaram a chamar o manancial humilde — a *Fonte da Saúde*.

Água salutífera, na verdade, para os inocentes petizes que me acompanhavam pressurosos, a fim de os deixar brincar com *Sultão* e contar-lhes histórias de lobisomens. Para as almas inocentes todas águas são boas! De resto, quando cheguei à aldeia, notei muito desasseio em relação às crianças, de sorte que lhes fui ensinando a limpeza como dever do bom cristão, e para que facilmente me entendessem, dizia: — "Se lavardes os olhos duas vezes ao dia, com água da *Fonte da Saúde*, nunca tereis moléstias."

E aqueles inocentes, que me estimavam muito, cumpriam rigorosamente a prescrição do "Senhor Cura", acreditando que a água contivesse milagrosa virtude, quando esta consistia no asseio que eles, como as mães, foram adquirindo pouco a pouco. Eis aí a origem da *Fonte da Saúde*... Que simples o princípio das coisas! Entretanto, como se não fazia especulação alguma, eu lhes deixava crer que aquela água continha a virtude de conservar a vista, desejando que os meus fiéis tivessem o hábito da higiene.

Certo dia, veio um dos maiorais dizer-me que seria conveniente erigir uma capela naquele local, porque assim, quando as mulheres fossem buscar água, poderiam rezar; que ao pecador se faria mister deparasse, a cada passo, pequenos templos onde orasse e se arrependesse de suas faltas; que, igualmente, aquela água poderia ser propriedade da capela, assegurando, a preços módicos, uma renda certa para a nova ermida.

Fitei meu superior de alto a baixo e disse-lhe friamente:

— Compreendo perfeitamente a vossa intenção, mas, desculpai-me o não me conformar com ela. Templos não faltam, que até os há em demasia. Quanto a estabelecer preço para a água, também se não pode fazer, uma vez que essa água nenhuma virtude possui. Já a analisei quimicamente e posso afirmar que nenhuma substância contém que possa recomendá-la especialmente.

— Mas chamam-lhe água da *Fonte da Saúde*...

— Esse nome lhe pus eu, no intuito de aliá-la aos hábitos de asseio, que desejava implantar entre os meus paroquianos. A limpeza é a saúde e eu queria que estes pobres seres, desprovidos até do mais necessário, tivessem uma riqueza positiva gozando saúde inalterável, pois sabido é que a limpeza não só fortalece o corpo, senão que o vitaliza e embeleçe. Levante Vossa Reverendíssima a capela noutro qualquer sítio (capela que não julgo necessária), mas deixe correr livremente o manancial da saúde, pois não quero especulações à sombra da religião.

— Sois um mau sacerdote, não sabeis insuflar a fé religiosa.

— Do modo por que o quereis, jamais a insuflarei; se Deus é a verdade, só a verdade se lhe deve ofertar...

— Mas, haveis de consentir, porque uma opulenta família aqui estará em breve, atraída pela nomeada da *Fonte da Saúde*. A primogênita dessa nobre família está enferma; sua mãe (devotíssima senhora) espera que a filha aqui se restabeleça e já tem feita a promessa de que, se tal suceder, levantará uma capela junto à fonte abençoada; eu vo-lo repito, não estorveis a que se levante uma nova casa de oração.

Ia retorquir-lhe, mas pareceu-me que alguém me segredava ao ouvido:
— *Cala-te e espera.*

Nada respondi; meu superior acreditou-me convencido por seus argumentos e despediu-se mais afetuosamente que de costume.

Em breves dias chegou a família anunciada, isto é, parte dela, pois não vinham mais que a mãe e a filha mais velha, com vários fâmulos que, depois da instalação de seus patrões, volveram à cidade, ficando apenas um velho escudeiro e a enfermeira da jovem enferma.

Imediatamente fui oferecer-lhes meus préstimos, pois recebi ordens terminantes a respeito; mesmo que assim não fosse, fá-lo-ia, pois, além do mais, pressentia que aquela gente trazia mistério consigo e, não obstante fugir das pessoas quando nelas pressinto a preconcepção de um crime, venço a repulsa e faço quanto possível para evitá-lo. Creio, aliás, ser esta a minha única obrigação: evitar o mal e praticar o bem.

De fato, logo que as vi, compreendi que me não enganara: a mãe era uma criatura boa, no fundo verdadeiramente crente em Deus, porém ciosíssima da sua nobre linhagem: cem vezes se mataria, antes que admitisse um plebeu na família; a filha era tão orgulhosa quanto a mãe, supersticiosa e dominada absolutamente pelo fanatismo religioso, tanto quanto pelo orgulho da sua nobilíssima estirpe. Conhecia-se que estava enferma, pela sua extrema palidez; a expressão do rosto denotava um tédio tão profundo, que tudo a molestava, a começar por si mesma.

Fui diplomata pela primeira vez na vida; deixei que discorressem, principalmente sobre a construção da capela, dispostas a levantá-la junto à *Fonte da Saúde*, desde que a jovem Clarisse se curasse, como esperavam sucedesse. Eu as perscrutava e pedia forças para calar-me, pois compreendi que Clarisse, embora *enferma*, tinha remédio para a sua enfermidade. Comecei a estudar o caráter daquela mulher e vi que possuía um coração de mármore e uma inteligência prejudicada por excessivo orgulho, fazendo de Deus uma ideia tão absurda e inadmissível que se não podia ouvir com calma os seus desdenhosos raciocínios.

Todos os dias, lá se ia ela a beber água da fonte e, no entanto, a palidez lhe aumentava, como lhe aumentavam a impaciência e a irritabilidade de caráter. Dispus-me a senhorear aquela alma rebelde por meio da brandura, mas logo compreendi que de um tal espírito só pelo medo religioso fora possível conseguir alguma obediência. E foi assim que, para com ela, fui sacerdote severo, a lembrar-lhe continuamente o inferno, no qual, aliás, nunca pude crer. Em compensação, sua mãe achava-se em melhores condições: de caráter mais brando, facilmente estabelecemos intimidade, até que, tempos depois, me disse em confissão o seguinte:

— Ah! Padre; tenho na consciência um peso que me acabrunha tanto, que nada disse a meu marido. Disse-o, contudo, ao meu confessor e este aprovou meu plano; sempre, porém, que vos ouço, meu Padre, não sei o que se dá comigo; mas a verdade é que me sinto confusa e perdida entre mil ideias distintas. Há nesse plano circunstâncias tão agravantes que necessitamos de poderosa força de vontade para desempenhá-lo.

— Já há tempos compreendo que a senhora sofre.

— Ai! Padre, sofro muito! Desgraçadamente, minha filha Clarisse vai ser mãe e do modo mais fatal que se pode imaginar: basta dizer que o seu fardo é fruto de um amor incestuoso. Ela e um seu irmão (filho bastardo de meu marido) foram vítimas de satânica tentação. Precisamos salvar a honra da família antes de tudo. Ao descobrir essa horrorosa loucura, contudo, já não era tempo de reparar o mal; apelamos para os remédios violentos a ver se conseguíamos aniquilar o ser em má hora concebido, mas tudo em vão. Aqui chegados, apelamos para novos remédios, inutilmente ainda, e agora se faz preciso, meu Padre, que nos auxilieis neste transe fatal.

— Em que poderei ser-vos útil, senhora? Falai, que disposto estou a ouvir.

— Obrigada, Padre; não esperava menos de vós e crede que saberei recompensar vossos serviços. Quando o filho do crime, quando o fruto do incesto vier ao mundo, é necessário sufocar-lhe o choro; e, para desagravo do Eterno, levantaremos sobre a sua ignota sepultura uma ermida, que tomará o lugar da fonte próxima e se denominará a *Capela da Saúde*.

Minha filha, liberta do fruto ominoso, ficará boa e acreditarão que a cura se fez pela água da fonte bendita. O santuário ganhará renome e com a fundação dessa obra se engrandecerá a Igreja de Deus. Finalmente, se os meios não são quais foram para desejar-se, os fins melhores não podiam ser, ficando sem mácula a honorabilidade de uma pobre família e levantando-se um templo, que será grandioso de futuro, e ao qual acudirão os fiéis, a implorar a misericórdia de Deus.

— Dessa misericórdia necessitais vós, senhora; da misericórdia do Eterno, para que vos perdoe um infanticídio.

— Um infanticídio, Padre?

— Outro nome não tem o assassínio de uma criança! Quereis levantar um templo sobre um túmulo! Quereis que o sangue de uma criança inocente sirva de argamassa às pedras de uma nova igreja, levantada para encobrir um crime! E acreditais, pobre pecadora, que essa casa de oração possa ser grata ao Divino Jeová? Não blasfemeis mais, senhora, porque ai dos blasfemos... Acreditais que os incestuosos serão menos culpados, se depois de cometerem um assassínio dispuserem as primeiras pedras de uma catedral? Ah! senhora, Deus não quer templos de pedra, porque Ele os formou, múltiplos, na consciência de cada homem.

— Como desarmar, então, sua justa cólera?

— Pois acreditais que Deus se encolerize como qualquer fraco mortal? Acreditais que os tristes episódios da Terra possam chegar até ao seu trono excelso? Quando pôde o negro corvo manchar o arco-íris? Quando pôde o reptil, rastejando no lodo, librar-se às ondulações do éter?

— Mas, que fazer, então, para conseguir algo meritório? Eu vo-lo confesso, Padre, tenho medo...

— Que fazer? Escutai-me e ai de vós se me não obedecerdes. O que cumpre é procurar secretamente quem se encarregue desse pobre ser que há de vir ao mundo, e que, se a ele vem, é que algo tem de fazer aqui. Se o quiserdes, de tudo me encarregarei: a quantia que iríeis gastar na construção da capela, antes a empregareis na constituição de um patrimônio para esse pobre órfão, a quem já basta, por desgraça, o nascer sem um beijo de mãe. Já que o orgulho da família, como a fatalidade, lhe arrebatam o pão do espírito, não lhe negueis vós o pão do corpo, tanto mais quanto é o vosso sangue que lhe há de correr nas veias.

— Ah! Padre, o que propondes é assaz comprometedor, ao passo que um homem morto não fala.

— Não fala! Mas, que dizeis? um morto fala mais que toda uma eterna geração! Sabeis o que é ser perseguido pela sombra de uma vítima? Sei-o eu, graças a Deus, não por experiência própria; muitos criminosos me têm contado suas angústias e eu sei que o remorso é o potro do tormento em que se tritura a consciência humana. Em nome de Deus, portanto, e por amor do próximo, eu vos proíbo, terminantemente, levar a cabo o vosso desígnio sinistro. Deixai-me agir, porque arranjarei na vizinha aldeia uma família que se encarregue do filho da loucura. Quanto a vós, cumpri a lei de Deus, se não quiserdes que o sacerdote se converta em juiz implacável.

Não sei que metamorfose se opera em mim quando procuro evitar um erro, mas sinto-me engrandecer, não sou mais o tímido pastor das almas, que foge do perigo, antes juiz severo, que toma o depoimento dos primeiros potentados da Terra. O resplendor das coroas, nesses momentos, não me deslumbraria, tão forte me julgo e investido me sinto de um poder especial. Parece que se me não executassem as ordens, não olharia as conveniências sociais, dizendo a verdade inteira à face do mundo. No entanto, antes de consentir numa felonia, creio que atentaria contra a própria vida. Em tais momentos, porém, exerço subjugação tão poderosa sobre os que me cercam, que eles me obedecem, senão voluntariamente, pela força: — para salvar um inocente, converto-me em permanente acusador e não descanso um segundo em tomar todas as precauções para evitar a consumação de um crime.

Não descansei durante um mês, até achar uma familia capaz de tomar a seu cargo o pobre órfão; assegurei-lhe o futuro com avultado pecúlio; e, quanto a Clarisse, doutrinei-lhe constantemente o amor do próximo, até o dia em que, moribunda, deu à luz um menino. A pobre moça ouvia-me com profundo assombro, parecendo humanizar seus sentimentos; mas eu não me tranqüilizei enquanto não vi o menino nos braços da ama, dormindo docemente. Pobre entezinho condenado à morte antes de ter nascido! Salvei-te de morte certa... Qual será tua missão na Terra? Deus, unicamente, o sabe!

Ao regressar à Corte, Clarisse apertou-me a mão efusivamente, dizendo: — "Obrigada, Padre; quando para aqui vim, estava desesperada, e, graças a vós, hoje me encontro tranqüila. Velai por ele, meu Padre, e, quando possa rezar, ensinai-o a rezar por sua mãe." Ao ouvir palavras tais, ao ver que havia conseguido abrandar aquele coração, senti tão grande satisfação que me dou por compensado em minhas grandes amarguras. Só em recordá-lo, adquiro forças para resistir ao combate que me aguarda, visto que meus superiores me chamarão a prestar-lhes severas contas, por não haver consentido se levantasse a capela da saúde, utilizando o manancial que lhe dava o nome.

Muito sofrerei; gravíssimas recriminações cairão sobre mim, porém... a consciência está tranqüila. Senhor! Salvei um inocente de morte certa e assegurei seu futuro; não participei da piedosa fraude de transformar uma água comum em água milagrosa; evitei que se consumasse um embuste e que duas desgraçadas mulheres se fizessem infanticidas.

Pois não será melhor assim? Não será mais justo do que deixar construir um templo sobre a cova de um inocente?

Quem sabe o que esse menino poderá ser?

Senhor! creio haver cumprido estritamente o meu dever e quanto a isto estou tranqüilo, mas as recriminações injustas me fatigam e vão envenenando o ambiente de minha vida, a ponto de já não encontrar um recanto onde possa livremente respirar.

Muita gente me tacha de herege, de falso ministro de Deus! Senhor! dá-me força de vontade para calar, uma vez que os segredos da confissão não os posso revelar; mas eu te amo, Senhor! amo-te e creio que te devemos adorar pelo culto das boas ações. E boa ação não é, decerto, cometer fraudes em teu nome. Se em ti tudo é verdade, não devemos adorar-te com hipocrisia.

O MELHOR VOTO

Que vem o homem fazer na Terra, meu Deus? Contemplando a Natureza, vemos, pelas leis que a regem, que o ser humano, senhor de toda a Criação, domina quanto existe.

Vem ele, portanto, tomar posse dos seus vastos domínios; colonizar extensos continentes, singrar os mares em alterosas naves, estudar na grande biblioteca da Criação! Vem, em suma, trabalhar incessantemente, pois que a lei do trabalho é a lei da vida.

Mas... ainda bem: — se a ocupação contínua é a síntese da própria existência, estarão dentro da lei as comunidades religiosas?

Não, porque o trabalho deve ser produto, há de proporcionar benefícios, há de servir para engrandecer o homem moral e intelectualmente, e o trabalho a que mais se dedicam os religiosos é absolutamente estéril, uma vez que a oração a horas fixas é penosa tarefa, é rotina em ação, é qual pássaro sem asas, que, ao invés de alçar-se às alturas, rasteja e cai ao solo.

As preces elevadas ao som do campanário não transpõem as grades do coro; são como os mananciais que rolam entre barrancos pedregosos, sem deixar vestígios de sua passagem.

Que é a oração? — O gemido da alma e o sorriso do Espírito. Ela é o queixume do aflito e o suspiro do crente! Idioma universal, falado por todos os povos em relação a Deus!

E o homem, ser meticuloso por excelência, sujeito a sensações diversíssimas, há de num momento dado fixar em Deus seu pensamento? Impossível, impossível!

O homem que ora quando lhe ordenam será um cadáver galvanizado, jamais uma alma que sente.

O êxtase do Espírito não se produz quando queremos; livre como as águias, não há clausura nem voto que lhe detenham o surto.

Creio, pois, que as comunidades religiosas dão frutos improdutivos.

Lavradores que aram granítica montanha, nos sulcos que fazem não poderia abrigar-se uma formiga sequer.

Nas épocas do terror, quando o mundo era um acampamento, quando o direito de conquista era a divisa dos povos, vá que as almas tímidas se refugiassem em remoto asilo; mas, quando os códigos raciocinados prescrevem aos homens direitos e deveres, os conventos são verdadeiro contra-senso, paralisação de vida, lugar de estacionamento para os Espíritos, e, finalmente, um inferno para as mulheres. Outrora, acreditei que assim não fosse; mas, depois que em confissão ouvi a muitas monjas, quando essas infelizes me abriam o coração, era como se vertessem rios de lágrimas; e eu sentia tormentos e tormentas, horas de agonia inexplicáveis, desfilando em sinistro cortejo pelo confessionário.

Mulheres fanatizadas que pronunciaram o seu voto; que professaram antes de conhecer as alegrias da vida, quantas e quantas! Outras, mal despertas de um sonho feliz, cedendo a imposições horríveis! Outras ainda, que, por força de circunstâncias, houveram de aniquilar pequenos seres que elas amariam de todo o coração! Outras... — Mas, por que prosseguir?

A maior parte, sem esperança e sem fé, sem crença alguma, cedendo à mais odiosa das servidões! Ah! Quão tristes são essas histórias do claustro! Aí se ora, é certo; mas, ainda mesmo que em alguns conventos se dêem de corpo e alma à oração, essa oração é nula, repito. Verdadeira é a oração de quem muito sofre, ou de quem sorri de felicidade. Oração não é palavra, é sentimento. Um olhar da alma, fixo no céu, vale mais que mil rosários rezados rotineiramente. Talvez pelo fato de não ter tido família, tanto preze os laços que entre si prendem os homens: em vendo mulheres que se desprendem das suas afeições menosprezando soluços paternos, desdenhando fraternas carícias, fugindo ao único prazer real da vida para se encarcerarem numa cela, atiradas ao mais ferrenho egoísmo — cela onde tudo se nega, onde se falseiam as leis naturais e onde o homem abdica dos direitos de legítima soberania porque perde a vontade própria —; em vendo a consumação de sacrifícios tais, sofro e sofro muito. Resta-me, entretanto, o consolo de haver salvado de tais sacrifícios algumas vítimas. Tal procedimento valeu-me o ser alvo de grandes ódios, mas o bem deve ser feito e a verdade difundida, sem considerarmos os abismos nos quais possamos cair. Faça-se o bem, que cedo ou tarde se recolhem sazonados frutos.

Não levam os cegos um guia? Pois os sacerdotes são os ungidos do Senhor, a fim de, por bom caminho, conduzir os inúmeros cegos que tropeçam nas paixões e caem nos vícios. Oh! Sim, sim! Esta é a missão dos que se chamam ministros de Deus! Inspira-me, Senhor, para que eu possa cumprir o mandato da tua lei sacrossanta!

E Deus ouve-me, sim; Deus atende-me porque, apesar de me encontrar aqui exilado, muitos são os que me procuram para pedir um conselho nas atribulações da vida; muitas famílias atingem

o santuário da paz ouvindo minhas indicações...
Inspira-me sempre, Senhor!

Não há muitos meses restituí a calma a um pobre velho que, apesar de pacífico por índole, atingira a meta do desespero. Pai de numerosa prole, não só perdera a companheira de sua vida, enviuvando, como também a maior parte da fortuna, e quase cego, por cúmulo, ficara. Sete filhos a sustentar, dos quais apenas a mais velha das filhas, com a sua vocação para a música e a pintura, utilizava brilhantemente os seus bons quadros na manutenção da família.

Madalena era o consolo e a alegria do velho pai, que se extasiava em ouvi-la cantar.

Por vezes, aprazia-me visitar este amigo na vi-zinha cidade. Ele é um livre-pensador e eu, sem embargo, lhe admirava o lúcido raciocínio, a paciência evangélica e a resignação cristã: e invejava-lhe também a desgraça, porque o via amado e rodeado de filhos que, à porfia, o acariciavam.

Um dia, ei-lo que me entra em casa arrimado a um dos filhos e cai-me nos braços a soluçar como criança.

— Que tens? — perguntei, assustado.

— Ah! roubaram-me a filha querida de minh'alma!

— Que dizes? Não entendo! Explica-te!

— Pois não estou dizendo que me roubaram a minha Madalena?

— Quem?

— Quem? Esses que se dizem ministros de Deus.

— Mas, que dizes? Tu sem dúvida estás doente...

— Não deliro, não. Lembras-te da voz de minha filha, que, quando canta, parece um serafim baixando à Terra, lá dos páramos celestes? Pois bem, essa voz, querem-na eles para si, e levam-na.

— Como?

— Fazendo-a entrar para um convento, porque, dizem, na minha companhia nada aprende de bom, uma vez que sou dos reformistas; poderosa família tomou a peito o caso e minha filha, aturdida e alucinada com os conselhos de um missionário, entrou a dizer que precisava cuidar da salvação de sua alma. E aí tens como a nossa casa, que era dantes um céu, transformou-se num inferno! Tu me conheces, Germano; tu sabes que essa filha é a minha vida e que eu sonhava vê-la casada com um homem digno das suas qualidades; não é que eu a queira por egoísmo, não, que a mim pouco se me daria esmolar à porta de uma igreja, desde que à noite pudesse ouvir-lhe a voz angélica. Mas perdê-la para sempre... saber que vive e que não vive para mim, ah! Germano, eu enlouqueço...

E aquele pai infeliz chorava o pranto horrível do desespero...

— Acalma-te — disse-lhe —, acalma-te que nem tudo está perdido. Pois que Madalena muito me respeita, falar-lhe-ei a propósito.

— És a única esperança que neste transe me resta. Se não conseguires dissuadi-la desse plano, sei eu, no entanto, o que hei de fazer...

— Que farás?

— Que farei? Mato-me!

Sem perda de tempo acompanhei o pobre amigo, pedindo a Deus me inspirasse para salvar duas vítimas — o pai e a filha, uma vez que esta era também demasiado inteligente para viver feliz num convento.

Quando chegamos à casa do pobre amigo, dois superiores meus faziam companhia a Madalena, que lecionava solfejo a duas de suas irmãs, ao mesmo tempo que ensaiava o cantochão.

A rapariga, ao ver-me, empalideceu, compreendendo, com certeza, a missão que ali me levava; os colegas, esses, olharam desconfiados e se dispuseram a sair, não sem que um deles me dissesse:

— Vede bem o que ides fazer, certo de que vossos passos são de perto espreitados.

— Espreitem-nos à vontade — retorqui —, mas ficai certos de que a perseguição não me intimida, convicto como estou de que Deus marcha comigo; e quem com Deus navega, seguro porto alcança.

Eu sentia nesse momento aquela força indômita que me avassala nos lances extremos, havendo em mim duas naturezas. No recôncavo da minha aldeia, sou um pobre homem de caráter simples, que se contenta em ver transcorrer os dias monótonos e compassados, fazendo hoje a tarefa de ontem, sorrindo às crianças, perguntando às mulheres o asseio dos filhos, olhando o céu quando o Pintor do Infinito o experimenta em coloridos na palheta do horizonte; ninguém, ao ver-me, batina surrada, triste e resignado semblante, acreditaria que me transformo como por encanto, que estes olhos embaciados adquirem brilho extraordinário. Certo, não pude ainda rever em mim mesmo a força desse olhar, mas compreendo-o, pressinto-o, adivinho-o, porque ninguém, jamais, lhe pôde resistir. Tal sucedeu com Madalena, que, uma vez a sós comigo, cobriu o rosto com as mãos e caiu em pranto, soluçante.

Sentando-me a seu lado, tomei-lhe uma das mãos e disse:

— Olha para mim!
— Não posso.
— Por quê?
— Não sei, tenho medo...
— Medo? Medo tens de ti mesma, não de mim.
— Creio que tendes razão.
— Também o creio. Fita-me bem, Madalena... Acreditas que cumpro meus deveres como ministro de Deus?

— Oh! sim, mas a verdade é que a vós, como a meu pai, acusam de seguir secretamente a reforma de Lutero; dizem que me perco e que a salvação está no convento; que é preciso salvar minh'alma.

Eu sei que meu pai sofre e o pranto que ele verte me rescalda o coração; mas, entre meu pai e Deus, creio que Deus está em primeiro lugar.

— Sem dúvida. Mas, acreditas chegar a Deus assassinando teu pai? Sim, porque é preciso saibas que, no dia em que pronunciares o voto, ele se suicidará; estás ouvindo bem, Madalena? Boa maneira, essa, de caminhar para Deus, regando o caminho com o sangue de um ser inocente, ao qual deves a vida...

— Mas, não lhe restam minhas irmãs? Logo, deixem-me seguir a boa senda.

— Mas tu não vais pela boa senda, Madalena: a clausura é contrária à lei natural; a mulher não veio à Terra para encerrar-se num convento. Se assim fosse, Deus não formaria o paraíso de que falam as Santas Escrituras, antes teria levantado uma fortaleza onde encerraria a mulher. Muito ao invés, os primitivos casais das distintas raças humanas vieram e tomaram posse dos bosques e dos campos, dos vales e das montanhas, das margens dos rios como das praias do mar; e os acordes da vida ressoaram por todos os recantos da Terra, o homem e a mulher se uniram para formar novas gerações que glorificassem o Senhor. O bom caminho, Madalena, não é abandonares o autor dos teus dias nos derradeiros momentos da sua vida, quando perdeu esposa, fortuna, e a preciosa luz dos olhos. Sabes qual seja a boa senda? Eu to digo: é servires de amparo à sua velhice, é alegrares a noite da sua existência com o teu amor filial, é aceitares o afeto de um homem de bem, com o qual te ligues, proporcionando a teu pai um novo arrimo. Esse é o teu dever, Madalena; consagra-te à tua família, que é esse o melhor voto que podes pronunciar.

Que é da tua inteligência, da tua compreensão? Como julgas boa uma religião que te ordena a renúncia das primeiras afeições da vida? Dizem que teu pai é reformista e que na sua companhia se perderá tua alma... Ora, quem melhor que tu pode sabê-lo?

Que conselhos te dá esse pai? Certo, que sejas boa, honrada, laboriosa; que veneres a memória de tua mãe; que estimes teus irmãos; que, se amares, ames a um homem digno de ti, de fazer--te esposa; e mais, que ames os pobres, que sejas indulgente e que, chegada a noite, faças exame de consciência, confessando-te a Deus. Isto diz teu pai e isto poderá perder-te, Madalena? Responde--me logicamente.

— É verdade, meu Padre; tendes muita razão; crede também que os temo, pois, quando aqui vêm, me desconcertam. A duquesa de C..., minha protetora e a mais empenhada no meu voto, diz que não abandonará meu pai e, mais ainda, que fará felizes minhas irmãs, desde que eu consinta em professar, porque augura que meu pai e vós, dado o meu caráter um tanto independente, me perderão irremediavelmente.

— Ninguém se perde, Madalena, quando não se quer perder; de resto, nem teu pai nem eu te guiamos para o mal; é pois, preciso, dado queiras salvar a vida de teu pai, que renuncies a esse propósito. Pensa bem e considera que, logo no dia seguinte ao teu voto, estarás arrependida; que a sombra de teu pai te seguirá por toda parte. Quando te ajoelhares, tropeçarás no seu corpo; dormindo, seu espírito pedir-te-á contas do seu suicídio. Acredita-me, Madalena, não desates os laços que Deus formou. Perderes-te no mundo, quando a tua posição é tão digna de respeito e consideração! Que melhor voto podes fazer a Deus senão prometer-lhe servires de mãe a teu velho pai enfermo e aos teus pequeninos irmãos? Que ocupação mais nobre do que essa de sustentar os passos do ancião que te ensinou a rezar e a bendizer a Deus?! Sê razoável, filha minha; cumpre a verdadeira lei de Deus e faze com que teu pai, na triste noite da sua velhice, sorria gratamente ao sentir-se acarinhado pelos raios luminosos do teu amor.

— É tarde, Padre Germano, porque já empenhei minha palavra.

— E para cumprires essa palavra sacrificarás teu pai? Vamos, Madalena, o que eu quero é a vida de teu pai e tu não ma podes negar.

Nesse momento, voltava à sala o meu pobre amigo; vinha só, passo vacilante, qual o da criança que começa a andar. Madalena correu ao seu encontro, e os dois, abraçados estreitamente, confundiram-se em lágrimas.

Quanto a mim, olhava-os extasiado, dizendo no meu íntimo: — Aí está a verdadeira religião: o amor da família, a proteção recíproca, a permuta de ternos cuidados! O pai ensina os filhos a andar; depois, estes lhe amparam os passos e dão-lhe ternos, pequeninos netos, que lhe alegram os últimos dias da velhice! Oh! a família! — eterno idílio do mundo, tabernáculo dos séculos, nos quais se guarda a história consagrada pelo alento divino de Deus! A religião que te não respeita nem considera acima de todas as instituições da Terra, tem menos poder e verdade que o floco de espumas levantado sobre as ondas batidas do mar!

Madalena rompeu o silêncio, dizendo:

— Perdoa-me, pai; compreendo a minha loucura e ao Padre Germano devo o ter recuperado a razão. Não me separarei de ti; diante de Deus faço o voto solene de ser teu guia e teu amparo, e creio que Deus nos protegerá.

— Sim, minha filha; Jeová velará por ti; acredita, Madalena, que, consagrando-te aos cuidados da família, terás pronunciado o *melhor voto*.

O melhor voto, repito, porque a paz e a alegria voltaram a reinar naquela casa. As crianças recobram sua jovem *mamã*, o velho ancião a subentendida companheira, e todos sorriem, e todos vivem.

Nada mais grato, nem mais belo, do que esse grupo que vem visitar-me nos dias festivos, alegrando-me a velha casa. Ao cair da tarde, Madalena e os irmãos cantam no jardim a oração do *Angelus* e os pássaros alvoroçados repetem — Glória! Seu pai escuta-a comovido e diz-me em voz baixa: — Ai! meu Germano, quanto te devo! Que seria de mim sem ela?!

Graças, Senhor! Com afinco me perseguem, acusam-me de tresmalhar tuas ovelhas; mas, desde que aumente o rebanho dos bons cristãos, eu creio, Senhor, que cumpro o meu dever.

O PATRIMÔNIO DO HOMEM

Senhor! cada dia que passa, cada hora que soa, cada minuto que foge a perder-se na eternidade, mais me convencem da tua grandeza e misericórdia! Senhor! Bendito! Bendito sejas!

Quanto amas o homem e quão mal compreendemos o teu imenso amor!

O tempo — demonstração eterna da tua sabedoria; prova majestosa do teu poder; decifração contínua dos grandes problemas — como tem sido encarado de todas as idades? Com um tal ou qual temor supersticioso.

Também, por isso, tem sido simbolizado por esquálido velho que devora os filhos, tudo destruindo: a beleza e a juventude, extinguindo humanos afetos, fazendo caducar as leis e derrubando impérios.

Para o homem, tempo e nada são sinônimos; e, no entanto, a Natureza demonstra, de todos os modos, que o tempo é a suprema renovação da vida.

Estudando a existência humana, temos que o tempo é a redenção da Humanidade, ou melhor — *o único patrimônio do homem*.

Pudesse um só indivíduo dispor dos tesouros todos de um planeta, mas, sem tempo à sua disposição, nulo seria, o seu poder.

Eu que profundamente tenho estudado nesses livros inéditos, nesses volumes palpitantes — os homens — eu tenho tido o ensejo de apreciar o valor das horas, o que me faz considerar o tempo a apoteose de Deus.

Quantos seres culpados, redimidos pelo evolver dos anos! Quantas almas rebeldes retomando o caminho do Senhor! Por isso, também, acredito que o homem vive eternamente. E, se assim não fora, curto seria o prazo de uma existência para aquele que cai e quer levantar-se.

Dobram os sinos a finados; plúmbeas nuvens tingem o horizonte; os pássaros assustados abrigam-se à copa do arvoredo que o vento fustiga; os cães uivam lastimosamente; a tempestade se aproxima e com ela as recordações me assomam à mente... O tempo passou... mas, sem embargo, perdura-me na memória aquela tarde.

Por que estranho mistério, meu querido manuscrito, não tracei nas tuas folhas amareladas as impressões de um fato que fez época na minha vida? Por que me tremeu a mão, sempre que, pensando naquele desventurado, tentava algo escrever? Por que esse medo, como se fora eu o criminoso? Por que, nas minhas preces, ao pronunciar-lhe o nome, a voz se me extingue na garganta e emudeço, temendo que as paredes do templo repitam as minhas palavras?

Pela primeira vez em minha vida revelei-me fraco, mas quero vencer minha fraqueza; quero acrescentar uma página ao livro das minhas confissões e lembranças; quero que os homens saibam a história de um espírito rebelde, cujo verdadeiro nome nem a ti mesmo, manuscrito querido, devo confiar.

Mas, quero consignar o fato para demonstrar que o tempo não é o deus Saturno devorando ferozmente os filhos, e sim o sopro de Deus a fecundar os universos do Infinito.

Chove agora, a água vergasta os esverdeados vidros da minha janela e as gotas como que me dizem: lembras-te?

Ah! se me lembro... Era uma tarde de primavera, e a estação das flores, qual mulher caprichosa, toda se envolvera num manto de inverno: chovia a cântaros e nuvens pejadas de eletricidade deixavam raios de fogo cair sobre a terra; o furacão impetuoso derrancava troncos seculares, que pelo espaço rolavam com a rapidez do pensamento; as casas da aldeia tremiam qual se tivessem febre; tetos a fundirem-se gemebundos e o vento — insaciável monstro — tudo devorando na sua veloz carreira. A igreja regurgitava de fiéis, que oravam aconchegados, pedindo misericórdia a

Deus, enquanto eu, no meu oratório, prosternado, lhe implorava que, se algum ser daquela aldeia houvera de sucumbir naqueles cruéis momentos, fosse eu escolhido como árvore que era seca, incapaz de dar sombra, e poupasse outros seres — árvores frondosas, a cuja benéfica sombra se abrigavam duas gerações.

Pensava nos marinheiros a lutarem com as ondas enraivecidas; contava, recontava sem poder somá-los, os gemidos de agonia que naqueles críticos momentos deveriam exalar centenares de famílias arruinadas pela violência da tempestade, e chorava diante de infortúnios tantos, de tantas perdidas esperanças, como de tanto trabalho perdido... Pobres lavradores!

Repentinamente, aparece Miguel, o velho companheiro, pegando *Sultão* por uma orelha e dizendo-me ofegante:

— Ah! Senhor! Está maluco o *Sultão*, irremediavelmente doido! A bem dizer, não sei o que tem este animal; o certo é que invadiu a igreja e começou a puxar as mulheres pelas saias, a arranhar o casaco dos homens, correndo de um para outro lado, ladrando desesperadamente; por fim, atira-se a mim e quase me derruba; mas, ainda bem que a custo consigo trazer-lho aqui.

Sultão estava encharcado d'água e barro e, tornando-lhe nas mãos a cabeça, vi que dos olhos lhe manavam lágrimas.

Como que compreendendo a narrativa de Miguel, o pobre animal se aquietara, olhando-me tristemente; e eu, que o estimava como íntimo amigo, acariciei-o, dizendo-lhe: — "Por que assustas a gente, *Sultão*? Por que aborreces a Miguel que contigo reparte a comida? Vamos, pede-lhe perdão..." Miguel começou a rir e deu algumas palmadinhas na cabeça de *Sultão*, enquanto ele, assim acariciado, se tomava de brios e começava a ladrar e a saltar sobre nós, ao mesmo tempo que nos puxava pelas vestes. Ora escarvava o solo, ora corria até à porta; depois, de pé, patas apoiadas ao peitoril da janela, batia nas vidraças como querendo despedaçá-las e volvia a puxar-me pela manga do hábito. Ao ver tanto empenho do animal, acabei por dizer a Miguel: — "Com certeza *Sultão* viu algum infeliz e vem avisar-nos para que o salvemos." Ao ouvir tais palavras, *Sultão* recomeçou os saltos e correrias, até que tomei da capa, enquanto Miguel, assombrado, me considerava louco em expor-me ao temporal.

— Mas, aonde vai o senhor com esse tempo? — dizia.

— Vamos aonde me chama o dever; nem devemos ser nós, homens, menos generosos que os cães.

Miguel, por única resposta, foi buscar seu velho capote e ofereceu-me o braço para que nele me apoiasse.

E seguimos *Sultão*, o qual bem depressa se esgueirou pelas escarpas de uma furna, dando-nos apuros mil para galgar a montanha. À meia encosta, o animal deteve-se olhando uma nova furna, a ladrar desesperadamente. Também nós paramos, e Miguel, depois de escutar por alguns momentos, disse: — "Parece haver aí alguém que geme." Entretanto, o vento que sibilava, naquelas brechas, nada deixava ouvir-se.

Sultão, a fim de convencer-nos, sondou o terreno, fez vários rodeios e começou a descer à nossa frente, pois que o seguimos guiados e sustidos certamente por algum anjo de Deus, que de outro modo não venceríamos tantas dificuldades.

Baixados que fomos a um recôncavo pedregoso, deparou-se-nos um homem gemebundo; levantamo-lo; ei-lo que, ao sentir-se amparado, murmurou: — "Graças a Deus!" — para desfalecer logo sem sentidos.

Carregando-o, de penosíssima caminhada voltamos à igreja, onde o depositamos sobre um banco da sacristia, até que, com os socorros adequados, voltou a si.

Abrindo os olhos, fitou os aldeães que o cercavam e, levantando-se lesto, lhes disse: — "Ide-vos daqui; não sei se estou morto ou vivo, mas, em todo caso, quero estar só. Ouviste bem? Ide."

Fiz evacuar a sacristia e permaneci só com o recém-vindo e *Sultão*. Este, como compreendendo que a sua tarefa terminara, deitou-se para repousar das fadigas.

Sentei-me ao lado do enfermo, dizendo-lhe:

— Pela firmeza com que falais, depreende-se que não estais machucado, graças a Deus.

— Nada há na Terra que possa ferir-me o corpo, mas, em compensação, tenho ferida a alma;

dizei-me: estou morto ou vivo? Pergunto, porque noto em mim uma grande confusão de ideias.

— Estais vivo, graças a Deus.

— Não deis muitas graças, Padre, porque melhor seria que me matásseis... Sabeis acaso para que quero a vida?

— Para quê?

— Para vingar-me, para lavar em sangue uma ofensa recebida.

— Cometendo, talvez, um assassínio... Bom modo de lavar ofensas!

— Que quereis? O primeiro é o primeiro, e as manchas da honra só em sangue se lavam. Contarei minha história, pois para isso aqui estou. Não acrediteis fosse a casualidade que me conduziu àquele precipício; eu quis apenas abreviar caminho, quando ali me despenhei. Ah! Sofri, decerto, lá embaixo, todos os tormentos do inferno! Quanto mais procurava galgar, mais escorregava; quanto mais procurava abrir caminho, mais terreno perdia; e faltavam-me as forças, a cabeça mal se erguia daquela almofada de pedras, enquanto a ideia de morrer sem confissão me mortificava, tanto mais quanto, só para confessar-me eu aqui vinha. Há muito que vos conheço e não queria despedir-me do mundo sem convosco confessar-me. Pesadíssimo é o fardo de minhas culpas e só um homem como vós poderia ajudar-me a carregá-lo. Apenas dois objetivos tenho hoje na vida, a saber: confessar-me hoje e vingar-me amanhã.

— Pois nem vos confessareis, nem vos vingareis: estais enfermo, isso sim, que os olhos bem revelam o ardor da febre; vosso semblante e vosso olhar desvairado dizem-me que delirais; pois bem: vou dar-vos a minha cama para repousardes, e, quando houverdes recobrado a saúde, prosseguireis na viagem. Desde já vos advirto que não quero ouvir a vossa confissão, pois a mim me horrorizam os segredos da Humanidade. Quando penetro nesta igreja, tenho medo, porque seus ecos me repetem os queixumes da mulher adúltera, os lamentos da mulher matricida, as imprecações dos assassinos, ao passo que eu receio ficar louco, retendo na memória o horror de tantos horrores.

O doente, passeando o olhar em torno, disse em tom de amargura:

— Tendes razão; quantos segredos guardarão essas paredes? Bem triste é a história da Humanidade!

— Segui-me, pois necessitais de repouso, porque estais enfermo, crede-me.

— Pois bem, eu vos seguirei, mas amanhã haveis de ouvir-me, por bem ou por mal.

Conduzi-o ao quarto, fi-lo tomar alimento, ajudei-o a despir-se e recostei-o no meu leito; em breve, dormia um sono agitado, contemplando-o eu detidamente. Era homem dos seus cinqüenta anos, fisionomia arrogante, mesmo dormindo, de orgulhosa altivez. Retirando-me ao oratório, entreguei-me à meditação e, qual réu que se preparasse para o suplício, tremia na masmorra pelo despontar do dia.

A mim mesmo perguntava quem seria aquele homem; que novos crimes iria conhecer, que novos inimigos iria criar-me. Sim, porque eu não transigiria, jamais, com a hipocrisia; não entregaria, jamais, um criminoso à Justiça, sabendo que, se um corpo se destrói, um Espírito se entrega à pertubação. Prefiro, pois, trabalhar pela regeneração desse espírito, com todas as forças de minh'alma.

Quero a correção do criminoso, mas não quero esses tormentos horríveis — os trabalhos forçados; quero fazê-los pensar e sentir o que não está codificado nas leis terrenas e eis por que fujo de entregar-lhes novas vítimas. Esta atitude, no entanto, acarreta-me grandes responsabilidades... É exato que até o presente todos quantos arrebatei aos tribunais mundanos se regeneraram; mas, se um que outro, devido à minha tolerância, viesse a praticar novos crimes? Ah! Senhor! faltam-me as forças, tende misericórdia da minha fraqueza. Quando se me faz uma confissão, se devasso uma existência de horrores, identifico-me com a pobre criatura que ma revela, sofro-lhes os remorsos, padeço a agonia de suas vítimas, não sei o que em mim se passa, sombras hórridas me perturbam o sono.

As horas correram, até que a aurora purpurizasse o horizonte; pássaros trinaram em honra ao pai do dia e este lhes respondeu com seus luminosos raios. O doente despertou, dizendo-me com acentuada satisfação:

— Que bem dormi, Padre! Estou perfeitamente bem-disposto, e até — coisa rara — sonhei com minha mãe... Veja o que são sonhos!... Vi-a tal qual em vida. — E logo acrescentou: — Preparemo-nos para sair, não quero falar aqui na igreja para que suas paredes não repercutam o eco da minha voz. Vamos para o campo, onde, no dizer de minha mãe, o homem está mais próximo de Deus.

Eu olhava o interlocutor como réu que fitasse o carrasco: o olhar daquele homem tinha uma fereza extraordinária, sem que fosse ele um ser repulsivo; ao contrário, atraente era a expressão do seu rosto, e o porte distinto revelava alta linhagem social.

Fi-lo tomar algum alimento, que ele mastigou maquinalmente, dizendo-me em tom seco:

— Padre, apressemo-nos, uma vez que sou de perto perseguido. Jamais fui traidor e não quero pagar a vossa generosidade com os transtornos de uma prisão, pois a verdade é que ainda não sabeis quem está em vossa casa.

— E eu de bom grado vos deixaria partir sem o saber, apenas recomendando fizésseis sempre a outrem o que ontem por vós fizemos nesta aldeia.

Por única resposta saiu do aposento, afagando *Sultão* de passagem. O cão marchou a seu lado, satisfeito, e fomos todos a caminho do campo, silenciosos.

Uma vez fora da aldeia, o desconhecido fitou-me, dizendo:

— Melhor que vós, conheço estes sítios; conduzir-vos-ei, portanto, a lugar no qual ninguém poderia interromper-nos.

Assim foi, efetivamente. Numa depressão de terreno nos sentamos, e *Sultão*, qual avançada sentinela, permaneceu ao largo.

Como sempre, roguei a Deus inspiração e não tardou aquele singular estremecimento do meu ser, como se mão de fogo me pousasse sobre o crânio; as ideias adquiriram lucidez: o velho cura da aldeia sentiu-se rejuvenescido e forte, e vendo o companheiro todo absorto em profunda meditação, disse-lhe:

— Cumpra-se o sacrifício, mas, sobretudo, dizei-me absolutamente a verdade.

— Os homens da minha têmpera não mentem nunca. Olhai-me bem. Não adivinhais quem sou? Pois meu nome deve ter chegado muitas vezes aos vossos ouvidos. Sou o grão-duque Constantino de Hus.

De fato, esse nome era-me bem conhecido por sua triste nomeada... Confesso que por momentos tive medo, horror, espanto; nuvem passageira, contudo, e bem depressa se apoderava de mim veemente desejo de saber a história daquele homem, que se me afigurava náufrago perdido no raivoso oceano das paixões. Do fundo desse mar, propus-me arrancá-lo a todo o transe e, forte, e animado, disposto a converter o mundo inteiro, cheguei-me mais para ele, tomei-lhe uma das mãos, encarei-o fixamente e disse:

— Fala! Conheço-te e de há muito me compadeço de ti.

— Tínheis então compaixão de mim? — replicou com assombro.

— Sim, lastimava-te... e como não havia de fazê-lo, se eras mais pobre que o último dos mendigos?

— Pobre, eu? — retrucou com ironia. — Mas, sem dúvida ignoras que em meus domínios jamais se põe o Sol...

— O Sol não pode ocultar-se em lugar onde jamais haja brilhado, mas, começa a tua narração. O Duque olhou-me e falou:

— Não cheguei a conhecer meu pai, que morreu num combate antes do meu nascimento; foi precisamente por ocasião dos seus funerais que minha mãe me deu à luz. Segundo contam, colocaram-me sobre o túmulo de meu pai, enquanto os súditos me aclamavam chefe único da minha ilustre família, que não contava outro varão, mortos que foram em combates os outros todos. Agora reconheço que minha mãe era uma santa mulher e recordo que muitas vezes me dizia: — Antes quisera levar-te comigo ao túmulo, para que teu nome se perdesse nas sombras do sepulcro.

— Vê-se que tua pobre mãe via claro o teu desastrado futuro. Prossegue.

— Quando ela expirou, alegrei-me, porque era o único ser que me contrariava os desejos; e assim, aos quatorze anos, fiquei livre de toda a tutela, com direito à vida e aos bens dos meus vassalos. Jamais conheci barreira que se antepusesse aos meus desejos; minha vontade soberana era sempre cumprida, e ai do ousado que tentasse contrariá-la! Para haver um herdeiro do meu nome, consorciei-me com uma jovem de real estirpe. Visando unicamente a perpetuar a raça, utilizei-me das mulheres: a nenhuma, entanto, amei; minhas filhas apenas me mereceram respeito, por trazerem meu nome. Minha primeira esposa deu à luz uma menina, e de tal forma me indignei que rapidamente se foi ela deste mundo, compreendendo meu médico que eu tal coisa desejara. Casei-me segunda e terceira vez, repetindo-se a mesma história; queria um filho, esse filho nunca veio.

— E como querias que viesse, desgraçado? Para a árvore da iniqüidade não há rebentos na Natureza!

— Podeis afirmá-lo, Padre, que a trinta e seis jovens, filhas de vassalos meus, obriguei a cederem aos meus desejos! Umas foram estéreis, outras sucumbiram de desgosto; algumas conservaram de mim a lembrança de frutos efêmeros, mal extintos ao nascer. A verdade é que nenhuma das filhas bastardas sobreviveu. Invejei, então, o último dos meus servos, vendo-o brincar com os filhos! Todos tinham um herdeiro de seus nomes; só o meu estava destinado a extinguir-se.

— Porque necessário é que esse nome se extinga; porque eras filho de uma família execrável; porque onde tu e os teus chegastes, apenas um rastro de sangue e lágrimas deixastes! Eis por que é preciso apagar teu nome do livro da História, para que os povos se não envergonhem. Mas, prossegue, que ainda tudo não me disseste.

— Sim, alguma coisa me resta dizer-vos. Três filhas me ficaram dos meus três matrimônios; se não as amei, respeitei-as, contudo; e, para que com suas fraquezas e leviandades (as mulheres são todas as mesmas) não maculassem meu nome, fiz com que duas delas entrassem para um convento, mantendo a meu lado a mais velha, para que me fizesse perpetrar um novo crime. E o caso é que um homem socialmente mais poderoso do que eu seduziu-a, e depois de seduzi-la, como casado que é, abandonou-a; certo, ao demais, de que eu, conhecedor do fato, me vingaria, tratou de repelir-me de sua convivência, acusando-me de chefiar uma sedição e despojando-me da maior parte dos meus bens.

Já sabedor da minha desonra, reuni meus servos e reptei o ladrão que ousara chegar até minha filha, para que viesse, à minha residência habitual, provar que eu era um traidor. Ele aceitou a luta que lhe mandei e veio — que a chamamentos tais não há homem que se negue —, mas veio com forças poderosas, muito superiores em número às hostes que defendiam meus territórios.

Compreendi que ele de pronto se apoderaria do castelo e mandei-lhe uma mensagem, na qual dizia que eu próprio lhe atiraria as chaves da fortaleza à porta da sua barraca. Não me demorei a cumprir a palavra.

Ele armou a tenda na orla do rio e eu subi à torre mais alta do castelo, acompanhado de minha filha, prestes a dar à luz o fruto da sua e minha desonra; uma vez no alto, suspendi-a com mão forte e despenhei-a no vácuo. Seu corpo baqueou nas águas da corrente e eu gritei três vezes: "aí tens as chaves da fortaleza de Hus!" Sem perda de tempo, seguido do mais valente dos meus capitães, fugi por uma galeria subterrânea, enquanto meus soldados defendiam palmo a palmo a moradia de seu amo.

E sabeis por que fugi? — por querer que aquele homem sofresse a mesma dor que me infligira; queria que a minha vingança se completasse olho por olho e dente por dente; queria que uma de suas filhas fosse desonrada como o fora a minha, o que consegui e lho fiz saber, ao mesmo tempo que o reptava para um duelo singular, nas vizinhanças desta aldeia. Ele, porém, temeu do meu braço; não veio, mas mandou emissários no meu encalço, dos quais tenho habilmente escapado. Pois bem: aquele que não quer morrer como nobre, morrerá como os covardes e traidores, ferido a espada. Irei daqui à sua procura e matá-lo-ei para acabar, depois, com uma vida que me acabrunha. Depois, meu Padre, sereis vós a única pessoa a orar por mim, e decerto não negareis um pedaço de terra sagrada ao cadáver do suicida.

Muito se fala de vós e eu vos procurei porque necessito, ao morrer, de alguém que me prepare para essa viagem, cujo termo ignoro. Dizem que há um inferno; a ser exato, eu irei direto a ele; e a ter de ser amaldiçoado na Terra, quero ao menos receber a excomunhão de um homem verdadeiramente santo, como se propala que sois.

Por mim, eu estava absorto; olhava aquele homem e via desfilar ante mim pálidas sombras sob a forma de mulheres jovens e belas, estendendo umas a destra ameaçadora sobre a sua cabeça, chorando muitas, e outras lhe mandando um ósculo de paz! Maravilhado, atônito, subjugado, compreendi que estava rodeado de seres espirituais. Uma sombra lutuosa acercou-se do Duque, chorando desconsoladamente, e reclinava a fronte na cabeça do pecador. É esta a alma da sua pobre mãe, pensei comigo: só uma mãe pode perdoar a iniqüidade deste homem. A sombra correspondeu ao meu pensamento, porque redobrou as carícias e estreitou-me as mãos num gesto súplice... Senti, então, o que jamais sentira; pensei em minha mãe, que jamais vira; o coração se me confrangia dentro do peito e eu quase invejei a sorte daquele desgraçado, porque, apesar de tudo, tinha ainda o amor de sua mãe.

O Duque olhava-me e, estranhando sem dúvida o meu silêncio, disse com impaciência:

— Pois bem, Padre; que dizeis?

Ouvindo-o, despertei para a vida real, continuando a ver apenas sua mãe, que ao ombro se lhe apoiava.

— Acaso, lembras-te às vezes de tua mãe?

— Sim, muitas vezes... Mas, por que mo perguntais?

— Ainda agora, quando me fitavas, pensavas nela?

— Sim. Há alguns dias já que sua lembrança me não deixa. É justo que, tencionando deixar o mundo, pense naquela que a ele me trouxe. Pobre mulher! quase lhe assistia razão, porque, se eu não deveria deixar um herdeiro do meu nome ilustre, melhor fora que a houvesse acompanhado... Mas, enfim, o que está feito está feito; e agora só espero de vós duas coisas.

— Quais?

— Vossa excomunhão — porque a bênção é impossível — e a promessa formal de que me enterrareis em terra sagrada, colocando uma cruz sobre o meu túmulo.

— De acordo, quanto ao último pedido; de passagem te advirto, porém, que para mim toda a terra é sagrada, uma vez que toda ela recebe o divino reflexo do olhar de Deus; quanto ao primeiro pedido, a ele não posso aceder, porque não há na

Terra homem nenhum com poder suficiente para abençoar a outrem em nome de Deus, nem para anatematizá-lo cumprindo uma ordem do Eterno.

— Então, para que servem os sacerdotes?

— Quando bons, para consolar e instruir a Humanidade, para incitar o homem no progresso eterno da vida, para conduzi-lo pelo caminho mais curto à terra prometida. Dia virá, porém, em que os sacerdotes não serão necessários, porque todo homem cumprirá o seu dever e esse é o verdadeiro sacerdócio; não obstante, enquanto não chega esse dia formoso, um certo número de homens, votados ao estudo e às práticas piedosas, serão um freio para os povos, tanto quanto, às vezes, um motivo de escândalo, porque em nossa mal constituída sociedade os extremos quase sempre se tocam.

— Mas, se não quereis absolver-me nem condenar-me, que me direis, então? Que vos parece a minha vida?

— Que quereis que ela me pareça, infeliz? Um tecido de iniquidades! uma série de crimes horríveis! mas, nem todos oriundos de ti mesmo, obedecendo muitos deles aos vícios desta época. Dentro de alguns séculos não haverá criminosos como tu. Os nobres não possuirão tão fatal poderio, os servos serão remidos pelo progresso, as mulheres terão a noção dos seus deveres e reclamarão seus direitos, deixando de ser o que hoje são — o joguete da libertinagem masculina. Vieste à Terra num mau tempo, desgraçado, e teu espírito, propenso a cometer toda espécie de desatinos e atropelos inconcebíveis, satisfez seus iníquos desejos, porque o meio cooperou para a tua perdição.

— E que haverá depois de tudo isso, Padre?

— Que há de haver? — o progresso eterno, porque razão natural no-lo dita. Tu e eu nascemos na mesma época, se bem que em classes distintas; mas a casta sacerdotal não é privilegiada e bem sabes que muitos são os sacerdotes que abusam. Por que nasceste tu com pendor para o mal e eu para o bem? Por que morrerás tu amaldiçoado, sem que alguém verta uma lágrima sobre tua campa, ao passo que eu serei enterrado por todo um povo que chorará minha memória? Por que te entregaste ao turbilhões das paixões, enquanto eu soube conter as minhas? Por que esse privilégio a meu favor, vindo nós ao mundo nas mesmíssimas condições, se nascemos ambos de mulher? Por que, para ti, todos os estímulos do prazer e do mundo — e para mim toda a cordura e reflexão, todos os meios, em suma, para trilhar o verdadeiro caminho?

A não termos outra existência, por que hás de ser desventurado e eu ditoso? Pode atribuir-se a Deus semelhante injustiça?

Não; não se lha pode atribuir; logo, nossa vida deve continuar, porque, se não continuasse, eu negaria a existência de Deus, e esta é inegável, e a própria Criação no-la demonstra.

Perguntas *que há depois de tudo isto?* Há a vida eterna e o progresso indefinido do Espírito. Tu não podes deixar de ser a execração universal, ao passo que eu, teu irmão, filho de um mesmo Pai, porque somos ambos filhos de Deus, eu sucumbirei rodeado dos meninos de minha aldeia, chorado por muitos homens honrados.

Tens, pois, de engrandecer teu Espírito, porque o mal não é eterno na Criação. Deus cria e não destrói; conseguintemente, o Espírito tem de harmonizar-se com o Criador, visto como, ser pensante, entidade inteligente, é complemento da obra divina.

Tu viverás, pois, e pagarás uma por uma as dívidas que constraíste, até chegar o dia de te tornares senhor de ti mesmo; hoje escravo de tuas paixões, amanhã serás delas senhor e as dominarás com previdência, tal como tenho as minhas dominado.

— Dizeis que viverei? Que viverei! E conservarei a lembrança da minha existência, desta existência que tanto me acabrunha?! Ouvirei sempre, sempre, essas vozes longínquas que constantemente me dizem — maldito, maldito sejas?!

— Não, não as ouvirás; Deus é misericordioso para os arrependidos; se quiseres, desde hoje mesmo podes recomeçar tua nova existência. Renuncia a esse nome que tantos crimes te há feito cometer, outorgando-te tão odiosa celebridade; deixa que se extinga o nome da tua raça, renasce novamente, e se ontem foste o verdugo da Humanidade, amanhã, quem sabe? alguns pobres, agradecidos, espargirão flores sobre a tua sepultura.

— Quereis que me recolha a um convento?

— Não. Quero que trabalhes, que sejas útil aos desgraçados, porque o trabalho é a oração da Natureza.

— Mas, falando-vos, esquecia-me que algo tenho a fazer ainda...

— Nada mais te resta a fazer, e, se a mim faltam poderes para perdoar-te, como para condenar-te, eles me sobram, contudo, para impedir que cometas um duplo crime. Pensa no amanhã, já que a alma de tua mãe aqui te conduziu para iniciares a tua regeneração. Restam-te, porventura, alguns haveres?

— Sim, sim; ainda tenho alguma coisa.

— Pois bem: hoje mesmo partirás daqui e da melhor forma possível apurarás tua fortuna; farás constar (com dinheiro tudo se consegue) que foste assassinado por salteadores, que até o cadáver te consumiram, o que de alguma sorte as guerras e correrias atuais favorecem; mudarás de fisionomia com uma tinta cobreada que te vou fornecer e depois voltarás para este sítio, onde há campos férteis, que apenas esperam bons lavradores para produzirem cem por um, e empregarás, finalmente, nas fainas agrícolas, muitos dos meus pobres camponeses, que só desejam trabalho. Tu também lavrarás a terra, que bom é que a regue com o seu suor, quem tantas vezes regou-a com o sangue e com as lágrimas de suas vítimas. Confio na tua palavra, e, se não voltares, não serei eu o prejudicado e sim tu. Se matares esse homem, suicidando-te em seguida, teu Espírito há de sofrer horrivelmente ao peso de todas as agonias que infligiste às pobres raparigas mortas de dor e de vergonha. Se, ao contrário, voltares, prepararás tua alma para uma existência muito mais tranqüila. És livre na escolha.

O Duque levantou-se, dizendo:

— Voltarei, porque, se hei de viver eternamente, basta de sofrer.

E, embuçando-se na sua capa, lá se foi, lesto, enquanto a sombra de sua mãe com ele desaparecia.

Ao ficar só, chorei esse pranto d'alma, que, qual chuva bendita, fertiliza o nosso sentimento. Entrevi, longínquas, novas perseguições à minha pessoa, porque era um réu de alta nobreza que eu arrebatava à Justiça do Estado... Mas, que me importava a mim, se com isso evitava dois crimes e, não só isso, incutia o pensamento da própria cura a um pobre louco de nascença?

Dias, meses se passaram, até que uma tarde um aldeão veio trazer-me um envelope com uma carta do Duque, na qual me anunciava sua próxima chegada, advertindo-me que, segundo meu conselho, havia deixado de pertencer à raça branca.

Um mês depois, chegou o Sr. de Hus pedindo--me hospitalidade, acompanhado do mais fiel dos seus servos, que, como ele, parecia um etíope.

E não era o mesmo, o Duque: cabelos cortados, mãos enegrecidas, porte humilde, fisionomia vulgar, tudo, enfim, matara nele os últimos vestígios da Casa de Hus.

Ao ver-me, saltou-me aos braços e me disse ao ouvido:

— Confesso que, mais de uma vez, vacilei em vir; mas, triunfastes por fim; posso assegurar-vos que foi a única vontade que sobrepujou a minha.

— Demos graças a Deus, senhor João, nome que, se vos praz, adotareis.

— Convenho. Agora, todos os homens são iguais para mim. Dizei-me o que devo fazer.

— Já vos tracei o meu plano, segui-o, se vos aprouver, que eu vos chamei para meu lado não para que vivêsseis submisso, mas para vos salvar de um duplo crime, para lavrardes a terra, e, talvez, colherdes os frutos do céu.

Quatro anos depois, por uma formosa tarde de primavera, alguns camponeses desolados vieram comunicar-me que o Sr. João estava moribundo. Acompanhei-os em direção à Abadia de Santa Isabel, convertida em granja-modelo. O trabalho embelecera aquele vetusto e ruinoso edifício, onde uma porção de famílias encontrava agora os meios de subsistência.

Completa desolação reinava na granja: os homens falavam baixinho, algumas mulheres choravam e outras prendiam os filhos para que não fizessem barulho, perturbando o repouso do Sr. João.

Quando penetrei no quarto do enfermo, ele despertou e, tomando-me uma das mãos, disse em tom solene:

— Padre, vossa profecia vai cumprir-se: vou morrer; porém, serei chorado; vejo a perturbação dessa pobre gente; alguns gemidos chegam até mim... Ah! como é bom ser amado! Sobre a mesa encontrareis meu testamento. Meus colonos são os meus herdeiros. Ah! Padre Germano, por que não vos conheci eu desde que nasci? Que *bom* é ser bom, meu Padre...

E reclinando a cabeça em meus braços, expirou.

⁕

Minha profecia realizou-se, porque aos ombros dos camponeses lá se foi carregado o último dos duques de Hus, cuja sepultura ficou juncada de flores. Umas quantas famílias bendiziam-lhe a memória e um Espírito transviado terá começado a conhecer os seus erros.

Homiziei um réu, arrebatei à justiça humana um criminoso, porque não quis despojá-lo dessa riqueza — *O tempo*!

Perdoa-me, Senhor! Acusam-me, é certo, de transgredir as leis da Terra, mas eu creio firmemente que não violo as tuas...

As pegadas do criminoso

Estou triste, Senhor, muito triste... Fiquei tão só!...

Sultão, o fiel *Sultão*, companheiro de uma parte da minha vida, posto que alcançasse longevidade extraordinária, foi-se, finalmente, deixando-me sozinho. Fui eu quem primeiro o acariciou ao nascer, e também fui eu quem lhe amparou a cabeça sobre os joelhos, no momento extremo da partida.

Pobre animal! Pesa dizê-lo, mas é a verdade — achei num cão o que nunca pude encontrar num homem.

Quanta lealdade, cuidado, solicitude!

O pobre *Sultão* dormia de dia e raras vezes à noite, salvo, quando enfermo. Se algumas vezes Miguel e eu dormíamos até mais tarde, era de ver-se a delicadeza com que ele nos despertava, puxando-nos as cobertas. Se nos meus passeios pelo mato acontecia adormecer, depois de meditar, era ele quem, ao aproximar-se a noite, me despertava.

Parecia adivinhar sempre os meus desejos! Não tinha ele por hábito entrar no cemitério; ao contrário, ladrava impaciente sempre que avistava o coveiro; mas depois que ela morreu, a jovem pálida dos cabelos negros, ali penetrou comigo por ocasião do seu enterro e, por último, quando se sumia, Miguel comentava sorrindo: — "Há de lá estar com certeza." Aquele *lá*, era a sepultura dela.

Efetivamente, aí o encontrava sentado junto à lousa, por trás da cruz. Ao ver-me, corria e ambos nos encaminhávamos para a tumba que encerrava todos os amores e felicidades da minha vida.

Ah! *Sultão*! *Sultão*! que maravilhosa inteligência possuías! Quanta dedicação te merecia a minha pessoa! Perdi-te, e perdi em ti o meu melhor amigo!

Outrora, quando me recolhia ao meu tugúrio; quando, prosternado ante o oratório, rezava com lágrimas; quando lamentava as perseguições que eu sofria, era ele quem me escutava imóvel, sem nunca se aborrecer da minha companhia. Seu olhar buscava sempre o meu e, quando às portas da morte, vi-o reclinar a cabeça em meus joelhos, buscar o calor do meu corpo, foi quando no seu olhar se extinguiu a chama misteriosa que arde em todos os seres da Criação. Agora, sei que estou só;

o pobre Miguel é máquina que funciona quando a faço funcionar. Em *Sultão*, ao contrário, havia iniciativa, ação constante, e, se algumas boas obras pude fazer na vida, foi ele o primeiro a impelir-me, dizendo com os seus afagos e inteligentes olhares: — "Corre, porque é preciso salvar um homem..." E eu corria pressuroso, alentado pelo desejo de praticar um benefício.

Agora, ninguém me chama quando desperto, ninguém me alegra, tenho frio n'alma e frio intenso; ao entrar em casa, tudo permanece silencioso. O velho Miguel, ocupado no jardim, aparece se o chamo; senão... nem meus passos ouve e prossegue na sua ocupação favorita. Diante da janela, então, contemplando o céu, enquanto mil lembranças me afluem à mente... longe diviso alguns seres que me dirigem um olhar de gratidão; perto, porém, os implacáveis inimigos que me perseguem e acusam de apóstata, traidor da Igreja e do Estado. Não fora um crime e a estes eu lhes diria: — "Matai-me, saciai vossa cólera neste pobre velho, ao qual já escasseiam forças para lutar com a Humanidade." Não o farei, contudo, porque a vida é um depósito sagrado e nós não podemos dispor de bens que nos não pertencem. De resto, eles seriam criminosos e eu homicida, porque o homem não vem ao mundo para matar. O quinto mandamento da lei de Deus, diz — *Não matarás*. É, pois, segundo esse preceito divino, que tenho feito tudo ao meu alcance para evitar os grandes homicídios sociais.

Aí está por que me acusam e até — o que mais me dói, Senhor — me chamam avarento, acreditando fosse eu herdeiro do último duque Constantino de Hus.

O tempo, sacerdote misterioso, esse grande matemático que soma todas as contas, matemático dos séculos que decifra e resolve todos os problemas; esse agente do passado disse aos homens que o duque de Hus não morreu às mãos de incógnitos assassinos; mas, ao contrário, que morreu tranqüilamente em seu leito e que seu corpo repousa em humilde sepultura, sombreada pelos ciprestes e perfumada de flores semeadas por mãos agradecidas. Sabe-se, igualmente, que os rendeiros de "Mestre João" compartilharam sua herança, mas o que se não concebe é que o salvador nada herdasse, coligindo-se que a maior parte dos bens me fosse entregue antes da sua morte.

Pobre Humanidade, que não acredita no sacrifício sem a imediata compensação! Não se podem conformar com a ideia de que me arriscasse a uma prisão infalível, quiçá à morte, só para fazer penetrar na senda da virtude um desgraçado criminoso!

A razão terrena, atrasadíssima que é, fundida no envilecimento, submersa no egoísmo, concatenada pela mais completa ignorância, tudo vê por um prisma mesquinho; para ela não há mais que o mercantilismo, o negócio, mas a usura: emprestar um para cobrar cem. O homem ignora que a alma vive para além da campa e acredita que na Terra tudo começa e tudo acaba, esforçando-se, portanto, na compra de efêmeros gozos, para uma única existência.

Eu, porém, vejo mais longe e por isso o ouro me não seduz; não sou virtuoso, não; mas sou razoável, essencialmente racionalista; não busco a santidade, mas o progresso, porque, em suma — que é a santidade na Terra, segundo a consideram as religiões? É a intolerância de um homem, é o aniquilamento de um corpo, é a postergação de todas as leis naturais! E aí está a santidade dos homens! Poderá tal santidade ser grata aos olhos de Deus? Acaso se comprazerá Ele vendo seus filhos lutarem como feras sedentas?

— Não! Se Deus é amor e justiça, como há de querer que o adorem com cruentos sacrifícios? A Deus — verdade essencial — com atos de verdade devemos adorar. Não o querem compreender assim, contudo, porque a generalidade dos seres denominados racionais não se convence que haja outros homens que devassem e descubram a vida universal — vida que pressinto, vejo e toco, sentindo-a dominar em mim mesmo, a reanimar-me não só o abatido corpo como também o alquebrado Espírito.

Sim, quando circunstâncias prementes me arrojam na corrente impetuosa do mundo; quando a perseguição dos homens me leva aos lábios a taça da amargura; quando trago, até às fezes, o amargo fel da vida, contemplo a Natureza, vejo em tudo a renovação e em mim a morte, reflito e digo: — Eu também, átomo integrante da Criação, estou sujeito à lei da eterna reprodução! Viverei, porque tudo vive! Progredirei, porque tudo progride! Creio em ti, Senhor, adoro-te na tua obra imensa e sigo, quanto em minhas forças cabe, a tua formosa lei, para que possa algum dia penetrar no teu reino!

Mas ah! quantas angústias, quantas agonias me custa esta existência, tão breve para o prazer quão longa para a dor! Jamais termina o sofrer, por isso que uma boa ação me deixa sempre uma herança de lágrimas. Eu disse que o duque de Hus morreu tranqüilo no seu leito, ao passo que eu... não sei ainda como morrerei.

Dá-me forças. Senhor, porque estou sob o jugo de um homem que conhece toda essa história, sabendo, ao demais, que sou a voz da complacência.

Em suas mãos tem ele agora a minha vida; exerço sobre ele uma fascinação especial; quisera poder matar-me sem que ele fosse o autor da minha morte... Que fará de mim? Só Deus o sabe.

Rodolfo é temível.

Há muito, muito tempo já, um pobre ancião pôs misterioso fim aos seus dias, sendo eu seu confessor. O tóxico ingerido não foi violento quanto o presumia, e assim é que me mandou chamar para que o ajudasse a morrer. Nas vascas da morte, nessa hora suprema, nesse instante em que os homens mais degradados se não atrevem a mentir, ouvi-lhe o seguinte: — "Atentei contra a existência para evitar um outro crime, ou antes, preferi ser criminoso para que meu filho o não fosse. Li no olhar de Rodolfo a minha sentença de morte e, para lhe poupar o parricídio, resolvi deixar o mundo. Meu filho odeia-me por ser eu o único homem que lhe pode dizer de frente que ele é um miserável. Padre, eu vo-lo recomendo; velai por ele, sede o seu segundo pai, já que o primeiro houve de fugir-lhe, para evitar horrendo crime. Assim me releve Deus a causa fatal da minha morte."

Falecido o ancião, uns olhos de fogo logo se cravaram em mim.

Rodolfo, escondido atrás das pesadas cortinas do leito paterno, ouvira a confissão e avançou para mim, rugindo qual ferido leão. Subjuguei-o pelo braço e disse: — "Desgraçado, foge daqui e não profanes o cadáver de teu pai." Não obstante ser jovem e vigoroso, constringi entre as minhas as suas mãos de ferro, obrigando-o a sair do aposento mortuário, e lhe disse: — "Fere-me se quiseres." Deixei-o e ele fitou-me de frente, chegando a levantar a destra; mas, quando lhe fixei por minha vez o olhar, caiu ferido como se um raio o tocara, proferindo horrível blasfêmia.

Pouco tempo depois, o conde de A... chamava-me para a última confissão, dizendo: — "Padre, tenho uma única filha e essa foi desonrada por esse Rodolfo; quis lavar em sangue a nódoa da minha honra, vendo que ele se negava a dar-lhe o nome; desafiei-o para um duelo e ele me disse que não se batia com valetudinários. Isso foi mero pretexto, com receio de que eu o matasse, uma vez que o braço do ofendido recebe o impulso de Deus. Meu intento era matá-lo e internar minha filha Berta num convento. Ele, porém, mais astuto, feriu-me pelas costas. Conquanto embuçado, bem o reconheci. Este assassínio é por todos ignorado, pois a todos ocultei o nome do celerado; a pobre Berta também o ignora e meu nome ficará desonrado se o casamento se não realizar com o sedutor. Em vós confio, Padre, e só morrerei tranqüilo se me jurardes que obrigareis Rodolfo a dar seu nome a minha filha." Prometi àquela vítima da sua honra o cumprimento de tão nobre desejo, e, ato contínuo, procurei Rodolfo para dizer-lhe que tinha nas mãos a sua vida, sabedor que era dos seus terríveis segredos. Ele, aterrorizado e subjugado por minha vontade, acedeu, e, antes de morrer, o conde de A... abençoava a união de Berta e Rodolfo. Se me pedissem juramento, eu juraria que a alma do conde de A... havia servido de testemunha à sagrada cerimônia, tão nitidamente o via ao lado da filha.

Quem o sabe? Logo após, Berta foi para o campo passar o anojamento e dar à luz um menino de semblante contrafeito, espantosamente feio, que eu batizei secretamente, uma vez que, por honra da mãe, se conviera em ocultar o nascimento daquele menino vindo ao mundo com má estrela, pois sua mãe horrorizava-se dele, enquanto Rodolfo repetia que não poderia dar seu nome a semelhante monstro.

Tomei a meu cargo aquela criança, entregando-a a uma camponesa, em propriedade vizinha à aldeia. Os pais foram viajar e durante oito meses nada se soube a seu respeito; o menino, entretanto, pálido e esquelético, vivia mercê dos cuidados que se lhe prodigalizavam. Era um ser repulsivo, de violento caráter; mas comigo sorria, e eu, sem saber por que, ao beijá-lo, sentia opresso o coração.

Uma bela manhã apareceu-me a ama chorando e dizendo que lhe haviam levado o menino.

— Quem? — perguntei, aflito.

— O próprio pai, senhor; há três dias veio aqui, deu-me muito dinheiro e, por mais que lho suplicasse, não concordou em deixá-lo, dizendo que a mãe queria vê-lo.

Retirou-se a pobre mulher, e eu sem perda de tempo me pus a caminho do senhorial castelo de Rodolfo, onde os criados me disseram que os amos ali estiveram, não havia quinze minutos, sem contudo me falarem do menino.

E eu, ao ficar só, chorei sem saber por que chorava; chorei esse pranto cujas gotas de fogo refluem das pupilas para cair perpendicularmente no coração.

Aquele menino sempre me inspirou profundíssima compaixão, porque a mãe o não amava, como prova, que era, da sua fraqueza. O pai também não queria que ele lhe herdasse o nome, vendo nele um ser estigmatizado pela cólera de Deus, pois a ignorância atribui a Deus ódios e vinganças, sem razão de ser.

Mas, de absurdos se compõe o mundo. Naquela noite não dormi, dizendo-me alguém ao ouvido que a criança fora massacrada.

Tais suspeitas me perduraram no espírito, estando a *Sultão* reservado o encontro do cadáver daquele inocentinho. Uma tarde, passeando pelo mais esconso da floresta, no alto da montanha ao pé de um cedro secular, observei que *Sultão* escarvava a terra com furor, e, ajudando--o, depressa encontrei, envolto num manto, o cadáver do filho de Rodolfo, em perfeito estado de conservação.

O morto delatava o matador, porque só seus pais eram os inimigos daquele pobre ser. Nem dúvidas me restaram de que eles, de mútuo acordo, talvez, tinham matado o pobrezinho.

Tornei a enterrar o cadáver, reguei a terra da sepultura com as minhas lágrimas e regressei a casa para experimentar aguda enfermidade.

A infâmia dos homens é o veneno mais enérgico para as almas sensíveis.

A ninguém relatei o triste achado, porque, dos crimes cometidos pelos grandes, sempre os pequenos são as vítimas; escrevi, porém, a Rodolfo e obtive o silêncio, para não falar de uma espantosa perseguição que me moveu mais tarde.

Anos depois, Rodolfo adquiriu renome e grande influência na Corte e assim foi que, em todos os sucessos da minha vida, tomou ele parte direta ou indireta. Certo é que sempre nos encontramos, fixando-me ele o seu feroz olhar, porque não podia perdoar-me o conhecimento dos seus crimes. Para mim, ele não passa de um miserável e isto o exaspera, tanto mais quanto se empenha em parecer impoluto.

Ninguém ostenta mais virtudes do que aquele que virtudes não possui.

Entre nós lateja um mistério: ele odeia-me e, quando comigo encara, seu olhar me diz que lamenta não me haver estrangulado diante do cadáver do pai; se sou eu a encará-lo, fecha os olhos como deslumbrado e foge desesperado. Em compensação, eu o amo. Por quê? Não sei... Talvez nos haja unido qualquer laço em outras existências! Apenas sei dizer que, não obstante reconhecer nele um grande criminoso, o estimo; sim o estimo de todo o coração, no fundo do qual há para ele todo um mundo de ternura.

Para ele, tanto quanto para o menino que repousa junto ao cedro da montanha.

Muitas, muitas vezes o pequenino assassinado me desperta recordações e elevo sobre a sua cova uma prece fervorosa.

Sabidos, ultimamente, o segredo e o mistério dos últimos anos da vida de Constantino de Hus, Rodolfo tem-se mostrado o mais interessado no assunto, porque encontrou ocasião propícia à minha perda e quer aproveitá-la.

Eu, porém, estou nos braços de Deus e deixo obrar os homens.

E Deus me protege, indubitavelmente vela por mim.

Disso não me resta a menor dúvida.

Há meses, Rodolfo procurou-me munido de uma ordem expressa para levar-me consigo, a fim de me apresentar aos meus superiores e ser concomitantemente julgado pelos tribunais da Igreja e do Estado.

Por que não me obrigou a segui-lo? Por que, depois de ouvir e cumprir a penitência que lhe impus, deixou-me livre sem que eu nada mais procurasse saber dele? Por que tudo isso?

Ah! é porque acima de todos os ódios humanos está a imutável justiça de Deus!

Sim! Deus é justo!

Uma noite, a sós no meu quarto, entra Rodolfo exclamando com pungente ironia:

— Sabeis o que se faz com os acoitadores de criminosos?

— Quê? — perguntei-lhe friamente.

— Agrilhoam-se com uma algema bem apertada.

— Nesse caso, há muito tempo que eu devia estar algemado.

— Finalmente, confessais vosso delito...

— Como não confessá-lo... se tu és o meu cúmplice?

— Eu? que dizeis?

— A verdade, porque foste tu o primeiro assassino de quem tive misericórdia.

— Vede bem como falais...

— Estamos sós, Rodolfo, e é por isso que assim falo. Lembras-te? — e tomei-lhe entre as minhas uma das suas mãos, a olhá-lo fixamente.

— Lembras-te? Faz vinte e cinco anos que morreu teu pai e tu... lhe ouviste a confissão. O confessor causou-te embaraço, porém... viveu para teu castigo; depois... passaram-se cinco anos e morreu o conde de A... Sabemos nós quem o matou... Casaste com a filha do assassinado e há pouco tempo nasceu um herdeiro do teu nome... Oito meses apenas esteve ele no mundo e, ao fim de prazo tão curto, um ser sem coração, um pai sem entranhas, um monstro de iniqüidade o arrebatou do berço, porque aquele deformado estorvava uma mãe sem alma. Aquele pobre entezinho, por sua espantosa fealdade, se vos figurava um castigo de Deus e, para fugir do ridículo, nada melhor que suprimi-lo! Que te parece, Roldofo? Não é verdade que o pai daquela inocente criatura é bem um miserável? Matar, assim, um ente indefeso, pelo delito único de ser desgraçado?...

— Calai-vos, calai-vos! Não sei mesmo por que ainda viveis, sombra maldita da minha vida! O que em mim se passa, quando ao vosso lado, não o compreendo... apenas sei que a vós não sei dizer — não. Dizeis-me os segredos terríveis da minha fatal existência e eu os escuto sem vos entregar ao eterno mutismo. Não me encareis assim, livrai-me dessa espécie de fascinação que sobre mim exerceis; não me aperteis assim a mão, que ao vosso contato é como se chumbo derretido me circulasse nas veias.

Larguei-lhe a mão, assentei-me e ele ficou de pé, olhando-me com furor concentrado e dizendo por mim:

— Bem me dizia ela!

— Ela, quem?

— Quem há de ser? Berta, minha esposa, que, sabendo que vos vinha ver, acompanhou-me, dizendo: — "Aquele homem é feiticeiro; com suas bruxarias subjuga-te e nós não conseguiremos nossos desejos."

— Deixar-te-ei fazer o que quiseres; interroga--me e dir-te-ei tudo quanto desejas saber.

— Mas, que vos perguntarei se já sei tudo, se já estou inteirado da história de Hus? Acaso não é verdadeira?

— Certíssima.

— E por que apadrinhais malfeitores?

— Pela mesma razão por que te apadrinhei a ti; porque conto sempre mais com a persuasão do que com o castigo rude, e ainda bem que tenho conseguido bons resultados; só tu, criminoso impenitente, segues numa escala descendente para o fundo abismo. Espero, contudo, que te deterás no plano inclinado dos teus vícios. E que te deténs, não resta dúvida, pois sei quanto me odeias; sei que sou o tormento dos teus dias; sei que se quiseras não te faltariam assalariados que me aniquilassem e, no entanto, neste ponto, teu pensamento desfalece.

Demais, sabes que tens grandes crimes; ninguém, senão eu, os conhece, pois a verdade é que, logo após o achado sinistro do cadáver de teu filho, não trepidei em escrever-te, averbando-te de iníquo infanticida.

Nada me respondeste, porque nada tinhas que responder, pois a mim não podes mentir. A tua mulher também causa tormentos, pois ela compreende perfeitamente que eu sei medir sua conivência no último crime. Sois ricos e poderosos, vosso prestígio pode perder-me, pode arrojar-me a um calabouço para não mais ver a luz do Sol...

Por que, pois, não o fazes? Por que não me acusas de acobertar os grandes pecados? Queres saber por quê? queres que to diga?

— Dizei...

— É porque te domino moralmente; é porque a piedade é a arma mais potente da Terra e tu te sentes pequeno diante de mim!

Tu, o nobre! Tu, o favorito de um rei; de um rei que dispõe a seu talante dos poderes do Estado... Como abdicares, assim, dos teus direitos em face de um pobre velho, que tem a monomania de amar os seus semelhantes? Corre, vai, delata; dize a esse que Constantino de Hus expirou nos meus braços... Manda força armada para prender-me, já que não tens a coragem de o fazer! Que te importa a ti um crime a mais?

Quem há sido duplamente parricida e uma vez infanticida, bem pode denunciar um benfeitor da Humanidade, que nas suas preces não cessa de rogar a Deus pelo progresso do teu Espírito.

— Calai-vos, Padre, calai-vos...

— Desgraçado, minha voz é talvez a única que na Terra te diz a verdade. Não estás farto de crimes? Pensas que te não entendo? Acreditas que ignoro todas as intrigas em que te envolves? Desventurado! Até quando pretendes viver assim? Pois não compreendes que não há culpas sem castigo? Mataste teu filho porque era um aborto de fealdade; pretendias um descendente mais bonito, mas tua mulher ficou estéril: assim devera ser, porque a vida deve extinguir-se onde o crime deixa as suas manchas. Pensa no amanhã, Rodolfo... pensa no amanhã...

Ele encarou-me fixamente. Levantei-me, cheguei-lhe uma cadeira e fi-lo sentar-se, sentando-me a seu lado e tomando-lhe em seguida uma das mãos geladas.

Olhei-o também com a maior doçura, até que, pouco a pouco dominado, suavizou-se-lhe a dura fisionomia, dizendo-me:

— Não sei, não sei o que se passa comigo em relação a vós; de sobejo sabeis que vos odeio e com ódio tal que só se extinguiria com a vossa morte... Meu passado, por vezes, me acabrunha; mas, sobretudo, o que mais me excrucia é a convicção de que outro homem conhece meus segredos. Tenho recursos infalíveis para vos perder, porque vós desafiais os tribunais; mas, quando vou firmar a ordem de prisão, a pena me escapa da mão, enquanto dor aguda me fere o coração. Levanto-me, então, procurando fugir de mim mesmo.

— E eu me felicito que assim seja, meu filho, não por mim mas por ti mesmo, pois é isto um sinal de que teu Espírito começa a sentir alguma coisa. Eu, perdendo a vida, que perderei? Uma existência solitária, cheia de misérias e contrariedades. No mundo, sinto frio, frio, muito frio... ao passo que, dentro de um sepulcro, no seio da terra fecunda, estaria mais abrigado... Advirto-te, porém, que minha morte será um novo remorso para teu Espírito. Acaso te ofendi? Não; fui para contigo o que tenho sido para todos os outros: um ministro de Deus, que acredita ser intérprete da sua misericórdia, perdoando e amando o delinqüente. Eis aí todo o meu crime. Alguém te conduz aqui, porque já soou a hora em que deves iniciar tua regeneração; olha, teus cabelos já se vão prateando; tocaste a meta do poderio na Terra, mas... além existe alguma coisa, Rodolfo, e eu não quero morrer sem te deixar no bom caminho...

— Mas, que hei de fazer para começar? Deixar-vos livre?

— Isso me é absolutamente indiferente, porque, onde quer que me encontre, caminharei para Deus. O que te peço é outra coisa.

— Que é?

— Quero que amanhã, ao despontar da aurora, vás rezar com tua mulher sobre a sepultura de teu filho. Acredita-me: mais vale que a visites em vida do que permaneceres junto dela por séculos e séculos, depois de morto. Dá o primeiro passo, Rodolfo, pois nunca é tarde para Deus.

Ele tremia, fitando-me; e eu, cônscio do poder que sobre ele exercia, roguei a Deus bastante força de vontade para dominá-lo. Toda a noite orei, roguei para que não faltasse e não faltou.

No dia seguinte, bem cedo, lá fui orar sob o arvoredo que sombreava a cova do menino, e não tardou visse subirem Rodolfo e Berta pela encosta da montanha. Prosternei-me então de joelhos, e exclamei: — "Senhor! tu que vês, tu que lês no fundo do meu coração, inspira-me nestes instantes supremos, para que estes dois seres sintam o dardo do remorso na mente atribulada e implorem a tua misericórdia com sincero arrependimento."

Chegados que foram, Rodolfo e Berta ajoelharam sem dizer palavras. Estavam pálidos, agitados, convulsos, olhando como que receosos para todos os lados. Ela ajoelhou-se e orou; ele, recostado ficou ao tronco, semi-oculto pela ramagem.

Aproximei-me de Berta e disse:

— Olha-me, não tenhas medo; não sou nem mágico, nem bruxo; sou apenas um ministro de Deus que deplora o teu crime.

A tais palavras, comoveu-se até às lágrimas e eu acrescentei:

— Não tentes estancar o pranto! chora, infeliz, chora sobre a tumba de teu filho, cujas cinzas assim regadas produzirão flores. Chora, que o pranto é o Jordão bendito, no qual se purifica das manchas do pecado a Humanidade fratricida.

Chora, mulher ingrata; chora; já que repudiaste a fecundidade que te concedeu o Senhor! Medita na tua longa esterilidade. Arrojaste do seio o inocentinho que te pedia amor e em ti se estancaram as fontes da vida. Olha, contempla a escarpa que vens de galgar; todo o monte está coberto de verde alfombra e, no entanto, só na trilha que percorreste a erva se tornou amarelada, porque as pegadas do criminoso só deixam a morte na sua passagem.

Rodolfo e Berta descortinaram a senda que lhes indicava, e tal era o poder da minha voz, tão potente a vontade de impressionar aqueles espíritos rebeldes, tão decidida minh'alma a comovê-los, tão fervente a prece erguida a Deus, tão profunda a minha fé, tão grande o meu desejo, tão puro o sentimento e tão profunda a inspiração, que, por um momento, me vi rodeado de figuras luminosas a dizerem-me: — "Fala, que Deus te ouve." E eu lhes disse profeticamente: — "Olhai, olhai... Vedes o vosso rastro? Levais convosco a desolação e a morte, porque tudo se aniquila sob as pegadas do criminoso!"

E eu também via aquela erva fanada, de uma cor gualda, e não cessava de exclamar: — "Olhai! Terras estéreis, planuras ressequidas, eis o que haveis de percorrer sempre, sem tréguas nem descanso; pedireis água e pão e as fontes secarão, os trigais serão levados pelo vento, porque a Natureza não dá frutos para os filhos ingratos. Volvei, agora, ao vosso dourado ergástulo; embriagai-vos dos vossos festins, engalanai-vos de purpurinos trajes; enganai-vos a vós mesmos, mas lembrai-vos de que as pegadas do criminoso deixam sempre um rastro de morte."

Berta chorou e Rodolfo fitou-me com olhar inexplicável, olhar que retratava todas as suas paixões; depois, tomou-me da mão e acrescentou com voz trêmula:

— Vou-me embora... Aqui, ficaria louco, mas... voltarei.

E desceu rápido. Berta se me apoiou ao braço, e, vagarosos, descemos também.

De vez em quando, ele olhava para trás e eu pedia a Deus para que a seus olhos a erva murchasse. E murchava, de fato, porque meu desejo era tão ardente, que, creio, com meu hálito de fogo se crestaria o mundo inteiro. A infeliz tremia espantada e dizia-me:

— Padre, a erva está murchando.

— Sim, tal como murchou teu coração; mas Deus, se o quiseres, dar-te-á uma eterna primavera. Ama os pobres, acolhe os enfermos, os órfãos, os desvalidos; pratica a verdadeira, a sublime caridade. Ama, já que não amaste conscientemente! Sente, já que não sentiste; arrepende-te, pobre pecadora, porque para Deus nunca é tardio o arrependimento; confia, espera em Deus e da tua senda hoje emurchecida verás brotar as mais formosas flores.

Antes de entrar na aldeia, separamo-nos e Rodolfo repetiu que voltaria.

Alguns meses já decorreram e ele não voltou. Longe de mim, seu ódio terá recrudescido, mas estou certo de que, quando penso na regeneração daqueles dois entes, quando a Deus imploro vejam em sonhos a senda da montanha com a erva murcha, ouvem eles a minha voz — as pegadas do criminoso só deixam um rastro de morte, arrependei-vos!...

Isto eu peço a Deus com a fé profunda que se me aninha n'alma e Deus deve ouvir minha fervorosa súplica.

Que será deles? E de mim mesmo que será? A Ti me entrego, Senhor, para que Tua vontade se cumpra, porque Tu és o sábio dos sábios, o maior dos maiores. Tu és Deus e a infinita sabedoria só Tu a possuis!

A GARGALHADA

Esperei-o tanto tempo, Senhor!... Finalmente voltou e para quê? — Para cravar-me nova flecha no coração.

Pobre Rodolfo, como receio pelo seu futuro!

Tenho a convicção íntima de que o homem é eterno. Momentos há em que, inconscientemente, me transporto a uma outra época, revendo-me juvenil, loução e vigoroso: uma criança e uma mulher acompanham-me qual se me pertencessem... Jamais pude ver o rosto dessa criança, mas alguém me segreda que é Rodolfo.

E eu corro atrás dela, dessa criança, para estreitá-la em meus braços, vendo sempre burlado esse amoroso intento.

Raciocino, então, e a mim mesmo pergunto por que estimo tanto esse homem, quando nele só tenho reconhecido o crime?

Por que sigo devotadamente todos os passos da sua vida, sabendo, aliás, que minha morte seria, porventura, o único prazer que ainda pode ele fruir na Terra? Mas, a despeito disso, estimo-o e daria, pelo progresso do seu Espírito, cem séculos de amor, cem séculos de felicidade, unido à menina pálida dos cabelos negros!

Esse afeto deve ter uma causa; ontem, certamente, vivemos eu e ele como teremos de viver amanhã... E amanhã... Rodolfo há de ser muito desgraçado.

Inspira-me, pois, Senhor! dá profético entono às minhas palavras, imprime em meus olhos atração tão poderosa quanto a minha vontade. Eu desejo, Senhor, que Rodolfo venha viver junto de mim, como quero que seja bom, porque o amo de toda a minh'alma.

⁂

Dez meses se passaram à sua espera: todas as noites rogava a Deus se amerceasse de nós. E ele veio ontem. Sentia os passos do seu cavalo, a distância, e corri, lesto como uma criança, ao seu encontro.

Ao contemplá-lo, todo o meu ser estremeceu...

Saltou do alazão, dizendo:

— Padre, bem andastes em vir cá para fora, porque dentro de casa todo me asfixio e vede que tenho necessidade de ar, muito ar...

— Aonde queres ir?

— Aonde ninguém nos ouça, porque temos muito que conversar.

— Que faremos do cavalo?

— O cavalo é ensinado e aqui me aguardará.

— Então, vamos para trás do cemitério.

— Não, não, que eu com os mortos nada quero.

— Pois vamos à *Fonte da Saúde*.

— Vamos.

Tudo estava em calma. Os habitantes da aldeia dormiam tranqüilamente, enquanto a Lua se velava em sonhos; a brisa silenciava, nada quebrava o profundo silêncio da noite. A Natureza estava preparada para ouvir a confissão de um homem.

Chegados à fonte, sentamo-nos sobre as pedras.

Encarando Rodolfo, seu aspecto horrorizou--me; percebia-se que olhava, mas não via. A boca contraída por amargo sorriso, a fronte enrugada, respirava dificilmente, posto que houvéssemos andado vagarosos.

— Que tens? — perguntei-lhe.

— Que tenho? O inferno dentro d'alma.

— Por que demoraste tanto?

— Porque vacilava. Quando cheguei à Corte estava decidido a dar cabo de vós; fui a palácio e, uma vez diante do Rei, não sei que sensação experimentei; sei, porém, que, ao interrogar-me ele o que sabia da história de Hus, só lhe pude responder que era tudo mentira, que a tumba do Duque não existia, que seu cadáver não fora encontrado... E ao afirmá-lo, era como se candentes ferros me queimassem a garganta; enfim... posso dizer-vos: vós vos salvastes.

— Não esperava menos de ti.

— Ah! não acrediteis que assim procedesse por carinho, nem por temer a perpetração de um novo crime, mas porque de tempos a esta parte noto em mim uma estranha transformação. O fato é que sempre desejei vossa morte e agora me horroriza a ideia de que possais morrer. Acredito que, se desaparecerdes do mundo, tudo me faltará para viver. Não é que vos estime, não; mas tenho necessidade de vós.

Ouvindo palavras tais, creio que o céu para mim se abriu, porque via que aquela alma revel necessitava e pedia conselho, o que já é alguma coisa — um passo no caminho do progresso.

— E que pensas fazer? — perguntei pressuroso — tencionas fixar residência aqui no teu castelo?

— Não, por enquanto. Tenho ainda sede de vida, de glórias, de mando; mas... desde que galguei a montanha, não sei que diabo se dá comigo que vejo a erva mirrar por toda parte, em todos os sítios... Sempre a mesma visão!

Com minha mulher outro tanto sucede, a ponto de passar dias a fio rezando na capela, e, quando nos avistamos, diz-me com espanto: — "Aquele homem é um bruxo que precisa morrer, porque nos desvairou a razão." Tomo-lhe do braço e digo com voz ameaçadora: — "Ai de ti se aquele homem desaparecer da Terra! Ai de ti se alguém lhe tocar num fio de cabelo..." E penso, então, em vós de um modo estranho... Depois, quando novos desenganos me amarguram, digo: — "Irei narrar-lhe o que acontece", não o fazendo de fato, mais amiúde, porque múltiplas tarefas me preenchem a existência.

Hoje, entretanto, abandonei tudo, a ver se ao vosso lado não me ressoa aos ouvidos maldita gargalhada que há um mês se me faz ouvir e não me deixa tranqüilo.

Despachando com o Rei, ou no meu gabinete como em qualquer festim, por toda parte, em suma, ouço sempre e sempre a gargalhada da pobre louca.

— Da pobre louca?! Quem é essa mulher? Que desventurada será essa que certamente por tua causa perdeu a razão?

— Uma beleza, Padre; uma mulher a quem amei, que desejei, com a qual sonhei por muito tempo, acabando por odiá-la de morte.

Calou-se, pensativo, dizendo finalmente:

— Até aqui seu riso me persegue, riso horroroso, na verdade... mas, ainda bem que agora o ouço mais longínquo... Não o ouvis vós, Padre?

— Não, nada ouço, mas fala; conta-me essa nova história, por mais que, de ouvi-la, se me confranja o coração.

— Em poucas palavras direi tudo: — Meu estribeiro-mor tinha uma filha, que agora estaria nos seus vinte anos e, desde pequena, ao ver-me, fugia espantada, chorando copiosamente.

Era bonita. No dia em que completava quinze anos, encontrei-a a passear no jardim e notei que, ao ver-me, tratou de se esconder. Ordenei-lhe que parasse, perguntei-lhe porque se esquivava, e respondeu, trêmula, que tinha medo de mim. Não soube que lhe dizer no momento e Elisa, aproveitando meu silêncio, retirou-se. Passado um ano, o pai pediu-me permissão para casá-la, ao que acedi, honrando o ato com a minha presença.

Nesse dia não lhe inspirei medo, naturalmente porque só possuía olhos para ver o noivo.

Desde esse dia, porém, entrei a querê-la, desejando que também me amasse, mas, todos os esforços para possuí-la foram baldados. Sempre que lhe falava, respondia que, se na véspera lhe causava medo, agora, tinha-me horror invencível. E acabava por olhar-me de modo tal que me deixava petrificado.

Assim fomos indo, até que meu amor se transformou em ódio feroz. Um dia disse-lhe: — "Muito tenho esperado, mas hei de devolver-te, dia a dia, as humilhações que me tens infligido." Expedi o marido com algumas cartas, e, no caminho, tombou ele do cavalo para não mais se erguer... Dirigi-me ao local da ocorrência e ordenei que Elisa ali comparecesse, dizendo-lhe: — "Vem ver tua obra. Desprezaste-me durante cinco anos e estou no meu direito de vingar tua esquivança. Vem ver teu marido..."

Correndo, arquejante, então, ei-la que se abraça ao cadáver do companheiro, fita-me desvairada e solta horrível gargalhada. Depois, com força inaudita, pegou ao corpo inanimado, pela cabeça, e num abismo próximo, sem que eu tivesse tempo para detê-la, precipitou-se com ele, rindo sempre, sempre, sem deixar de rir-se com aquele riso que estremecia as montanhas. Os corpos foram rolando entrelaçados para o fundo do abismo, até que lá se perderam; mas Elisa não morria... não morria porque seu gargalhar continuava, com aquele horror só compreendido por quem o escuta.

Daí para cá, essa gargalhada maldita nunca deixou de reboar aos meus ouvidos; não posso viver; à noite, vejo a senda da montanha, e, galgando-a, contemplo os cadáveres de Elisa e do marido. Ela, qual se não tivesse morrido, de quando em vez se detém para emitir a horrível gargalhada. Não posso viver assim, pois me parece que também vou ficar louco. Dizei-me, Padre: que fazer?

Calou-se, acabrunhado, entregue a profunda meditação.

Eu também me calei a fitar o céu, que já me horrorizava contemplar a Terra.

Assim permanecemos longo tempo, até que me levantei. Pousei a destra no seu ombro e disse com voz solene:

— Rodolfo, meu filho, chegou o momento decisivo e torna-se necessário te decidas vir para junto de mim; é preciso que, dia e noite, ouças minha voz; se o não fizeres agora, não sei o que será de ti! És um monstro de iniqüidade, tens feito derramar rios de lágrimas e essas lágrimas serão tua bebida no futuro, pela taça da dor. Teu porvir é horrível, tua expiação, ao que parece, não terá termo; mas tudo requer um princípio. Basta de crimes! Pensa em ti, Rodolfo, pensa em ti! Prepara-te para a tua jornada; vem para meu lado, que aqui não mais ouvirás o gargalhar da pobre louca!

— Tendes razão; aqui não a ouço tão próxima — disse com acento profundo —; ao vosso lado, pulsa-me o coração com menos violência. Mistério estranho! Eu que vos tenho odiado toda a minha vida, hei de vir a morrer junto de vós.

— Não; serei eu que hei de morrer junto de ti.

— Que dizeis, Padre, que dizeis? Eu não quero ficar só, no mundo, sem vós; fosse possível viverdes, matando eu toda a Humanidade, e viveríeis, pois julgo que me sobrariam forças para destruir tudo que existe, desde que, por esse meio, vos conservasse a vida. Ah! não quero ficar só, neste mundo, não quero...

— Nada de temores, Rodolfo, porque eu velarei por ti eternamente.

— Depois de morto, que podereis fazer?

— Mais, talvez, do que agora, porque, no Espaço, meu Espírito terá mais lucidez do que na Terra; porque hei de ler melhor no fundo de tua alma e me porei em relação mais direta com o teu anjo de guarda. Eu sei, enfim, que hei de sobreviver ao corpo e que, sobrevivendo, todos os meus cuidados serão por ti. Mas, por agora, é preciso que venhas depressa, eu to repito, porque não há tempo a perder. Hás de vir já, já, porque minha vida terrena toca o seu termo e preciso aproveitar meus últimos dias em teu favor. A muitos criminosos tenho regenerado, Deus me concederá a graça de também te regenerar a ti.

Rodolfo levantou-se, dizendo:

— Juro-vos que, dentro de quinze dias, aqui estarei, e, ainda que um trono se me ofereça, não me separarei de vós.

Pausadamente regressamos à aldeia. O cavalo fiel esperava-o no mesmo ponto em que o deixáramos. Rodolfo montou e disse em tom grave:

— O dito, está dito; dentro de quinze dias regressarei; agora que vou deixar-vos, mais se avizinha aquela maldita gargalhada...

Dando de esporas ao animal, partiu a galope, fugindo pela estrada, numa visão fantástica. Da sua presença apenas me ficou uma nova recordação, enquanto que a sombra de Elisa parecia vagar em torno de mim. Procurei o oratório e entrei a meditar naquele desventurado. Que Espírito, Senhor! Quantos séculos terá ele de padecer? Quantas existências penosas lhe farão sofrer indizíveis tormentos!

Nem pode ser de outro modo.

Poderei incutir-lhe n'alma a piedade; amenizar-lhe o sentimento; fazê-lo, enfim, chorar as lágrimas do coração...

E fá-lo-ei rezar essa oração fervente que ressoa de mundo em mundo, e que, alegremente, repetem os Espíritos luminosos...

Mas, isso não basta, uma vez que é necessário saldar as contas, que é indispensável pagar as dívidas.

O arrependimento predispõe o Espírito, a fim de implorar forças nas provas rudes da existência, tanto quanto prepara o ânimo para sofrermos, resignados, todas as dores; além disso, humilha-nos o orgulhoso e assim é que, reconhecendo-nos culpados, a Deus rogamos misericórdia.

O arrependimento promove tudo isso, mas não basta, por si só, para conseguir nossa reabilitação; não basta que a alma se sinta indescritivelmente ferida um momento, uma vez que, na balança da divina justiça, não podem pesar igualmente uma vida de crimes e uma hora de verdadeira contrição. Fora assim e cômodo seria o pecado. A justiça de Deus deve ser superior a tudo isso.

O culpado não pode sorrir, até que tenha experimentado, um por um, os tormentos a outrem infligidos. O criminoso não tem o direito de ser feliz, e, como tudo é lógico na Criação, eis que temeroso é o porvir dos verdadeiros criminosos.

A justiça dos homens castiga muitos infelizes, que, no fundo, são mais ignorantes que culpados, razão por que, perante Deus, não são tão culpados, uma vez que o principal pecado está no conhecimento do mal que se pratica.

Desgraçadamente, Rodolfo conhece muito bem que abusa do seu poderio, e ai dos que abusam!

Senhor! Tem misericórdia dele e de mim! Compreendo que o sol da minha existência vai tocando o seu ocaso, conheço que as forças físicas se me vão extinguindo; sinto que as ideias se me turvam! Quando entre os mortos, custa-me sair do cemitério... A terra está reclamando este alquebrado corpo. A cabeça pende e vacilantes passos atestam que chego ao termo da penosa jornada; mas, eu não quisera morrer sem me haver assegurado de que Rodolfo se arrependerá de seus crimes e consagrará o resto dos seus dias à prática das boas obras.

Sei que muito culpado é ele, Senhor, mas sei também que para o teu amor jamais é tardio o nosso apelo. Suplico-te por ele, pois, por esse filho de minh'alma; filho, sim, porque oculta voz me diz que, alguma vez, partilhou meu nome, esse deserdado da Terra.

Inspira-me, Senhor! Ilumina-me nos meus derradeiros dias com a eloqüência dos profetas, com a abnegação dos mártires, com a fé suprema dos redentores, já que todos os dons do céu me faltam para salvar uma alma do abismo!

Este o meu único desejo, Senhor: — Que Rodolfo venha para junto de mim; que, de tempos a tempos, ouça a gargalhada da pobre louca, para que se horrorize e, horrorizando-se, comece a arrepender-se e aprenda a chorar. Quero aproveitar horas, minutos, segundos, quero dar-lhe a luz, já que ele está cego!

Em ti confio, Senhor! Comecei a vida amando-te e desejo morrer praticando o bem em teu nome. Não me abandones, Senhor!

Permite termine esta existência cumprindo o dever que me impus, quando a Ti me consagrei.

A Oração das Crianças

Que venham a mim os pequeninos; que venham com as suas inocentes travessuras, com as suas alegres gargalhadas, com a sua turbulência infantil, com toda a exuberância de sua vida.

Quero viver no meio deles, tomando parte nas suas alegrias e quero aturdir-me, de tudo me esquecer, menos da família infantil.

Eu sempre amei as crianças, sempre preferi sua risonha companhia à dos sábios e demais homens, porque nelas sempre encontrei sinceridade a todo o momento.

Dizia um filósofo que nada mais passageiro, nem mais ingrato que as crianças; mas, divirjo inteiramente da sua, para ficar com a minha errônea opinião.

O que tem a criança é que não é hipócrita; diz e faz o que pensa, sem reserva nem dissimulação de qualquer espécie, ao passo que o adulto finge sorrisos e afagos, enquanto o coração se lhe fermenta de ódio por aquele a quem acaricia e afaga. Eu daria séculos de ventura para viver toda uma existência rodeado de crianças, porque, de tal modo, não chegaria a saber dos crimes humanos nem viveria enganado.

Oh! sim; venham a mim os meninos, com a espontaneidade de sentimentos que os caracteriza, com a sua encantadora, inevitável franqueza e ingênita lealdade.

Os homens assustam-me, os meninos me atraem; dos primeiros, espanta-me a confissão, ao passo que as confidências dos segundos me encantam, porque nelas encontro a simpleza e a verdade, a verdade que é tão formosa!

Quantas vezes, rodeado desses amiguinhos, me senti pequeno, muito pequeno ao lado daquelas almas tão grandes!

O que falta à generalidade das criaturas é uma esmerada e sólida educação, um mentor que lhes guie os passos nas escabrosas veredas da Terra. Um menino bem instruído e educado é um herói, sempre que se lhe depara oportunidade. Isto sei eu, porque o tenho visto e por mim mesmo me convenci de que não há nada mais fácil que despertar o generoso entusiasmo das crianças, levantando-lhes o sentimento até às raias do sublime.

Uma tarde, saí do cemitério, mais triste que de costume: havia pensado *nela* demasiadamente, vendo-a — a menina pálida dos cabelos negros — junto à campa, a sorrir-me tristemente.

E de vê-la, chorou meu coração, amargamente, a malograda felicidade.

Tão triste é ter a gente à mão, transbordante de ventura, a taça da vida e apartá-la dos lábios sedentos de amor, para se votar a um lento suicídio, a um sacrifício estéril, a uma recalcada desesperação. Oh! o sacerdócio católico é o sacerdócio da morte!

Meus filhos adotivos, avistando-me, compreenderam minha preocupação, e, porque me estimam, acercaram-se solícitos, enquanto um dos menores se me agarrava ao hábito, dizendo em tom lastimoso:

— Padre, será verdade que os judeus comem as crianças?

— Aos maus, sim — acrescentou outro —, mas não aos bons... não é verdade, Padre?

— Nem a uns, nem a outros — respondi, sorrindo —, pois os judeus não são antropófagos.

— Mas a mamãe — disse o primeiro — é quem o afirma e, ainda hoje, estava muito assustada por lhe haverem dito andar aí um homem que, à noite, entra na aldeia com o fito de roubar crianças.

— É verdade — atalhou outro —, também a meu pai disseram que esse homem penetrou numa casa e chegou a furtar um pão, mas, pressentido a tempo pelo cão, fugiu lançando fogo dos olhos... E minha avó afirmou que deveria ser um judeu.

A conversação dos rapazes distraiu-me das tristes cogitações e comecei por inquietar-me pela sorte do desventurado a que se referiam. Não era a primeira vez que ouvia falar desse homem, a quem chamavam — o judeu — e do qual contavam mil façanhas e absurdas mentiras. Inferia eu que se tratava, talvez, de algum desgraçado cuja existência fora uma história de lágrimas, e, tratando de certificar-me, perguntei interessado:

— Quando foi visto o judeu nessa casa onde furtou o pão?

— À noite; disse meu pai que foi à noite...

E, afirmando-o, o pequeno espreitava, receoso, em todas as direções.

Prosseguindo, chegamos à *Fonte da Saúde* e logo os meninos gritaram, aterrados, angustiados, cercando-me:

— Padre! Padre! Diga-lhe que somos bons... Deve ser esse!...

E as inocentes criaturas se abrigavam sob a minha capa, escondendo-se; outros, por detrás de mim, tremendo todos convulsamente.

No meio de toda aquela balbúrdia, não tive tempo de contemplar a causa daquele transtorno; por fim, lobriguei junto à fonte um ancião que deveria contar os seus setenta invernos; alto, magro, andrajoso, descia-lhe sobre o peito nu longa barba branco-amarelada... Aqueles olhos gemiam, e todo ele era o símbolo da tribulação e da miséria...

Ao vê-lo em tão deplorável estado, corri ao seu encontro, rompendo o círculo infantil; e ele, ao ver-me, ficou perplexo, como querendo fugir, mas olhando-me, ao mesmo tempo, como se procurasse reconhecer-me.

Dei-me pressa em tranqüilizá-lo, dizendo:

— Nada de temores.

Com profunda tristeza, contemplou o pobre velho o grupo de meninos que, a distância, continuavam a gritar:

— Há de ser esse... Deve ser esse...

Adivinhei-lhe os pensamentos e repeti:

— Nada temais, mal algum vos farão.

Tomando-o, logo após, pela cintura, avizinhamo--nos da pequenada, a quem ordenei, com acento austero, que silenciasse e me ouvisse:

— Quem vos disse que este velho vos quer fazer mal, mentiu miseravelmente; em vez, pois, de gritardes sem conta nem jeito, o que deveis fazer é distribuir com ele, cada qual de vós, a merenda que trazeis, por isso que a lei de Deus manda dar de comer a quem tem fome.

Os meninos logo emudeceram, e, aconchegando-se entre si em compacta massa, adiantaram-se temerosos, postando-se a meu lado.

Alguns me deram, timidamente, um pedaço de pão, enquanto eu lhes dizia:

— Não é a mim que deveis dá-lo, mas a este desgraçado. Não tenhais medo, dai-lho a ele mesmo, e pedi-lhe que vos abençoe, visto que os anciãos são os primeiros sacerdotes do mundo.

Um dos menores, fixando em mim o semblante formoso, como para tomar coragem, ofereceu a sua côdea ao pobre velho, enquanto este, pegando-lhe da mão com a sinistra, alçava a destra sobre a cabeça do petiz, exclamando com voz comovida:

— Bendito és tu, que me deste o pão da hospitalidade!

Depois, abaixando-se, beijou, desfeito em lágrimas, a fronte cândida da criança. E essas lágrimas, caindo sobre a cabeça infantil, eram o batismo da gratidão.

Os demais seguiram o exemplo do primeiro, e, quanto a mim, jamais esquecerei aquela cena verdadeiramente comovedora.

O céu ostentava galas na plenitude do seu esplendor, coberto como estava de nuvens purpurinas. As montanhas, revestidas do seu manto de esmeralda, completavam o esplêndido toucado, envolvendo os cabeços de leves e flocosas brumas; e ao fundo do florido vale um ancião repelente, rodeado de uma trintena de meninos, abençoava-os com os olhos marejados de lágrimas, porque a emoção não lhe permitia falar.

Contemplava eu aquele quadro e murmurava para comigo: — Como é risonho o começo da vida e como triste é o seu fim! Pobre velho! Na vossa fronte há toda uma história escrita... Que papel vos seria, nela, destinado? Vítima ou verdugo?

Mas, vejamos: — e aproximando-me, docemente lhe disse:

— Sentai-vos, descansai, não tenhais receio algum.

— De vós nada temo e tampouco destas criaturinhas; a verdade, porém, é que meus inimigos de perto me perseguem. Há muitos dias vagueio por estas cercanias; queria ver-vos e não encontrava ocasião propícia para vos falar; hoje, morto de sede — pois alguns rapazes, instigados pelas mães, me apedrejaram, feriram-me e este ferimento me causa febre — vim dessedentar-me a esta fonte. Ia retirar-me no preciso momento em que chegastes. Preciso falar convosco, mas não me atrevo a entrar na aldeia, visto ignorar onde param os meus perseguidores.

— Esperai-me, então, atrás do cemitério. Daqui, voltarei com os meninos e, logo que anoitecer, sairei a buscar-vos. Até logo.

Meus amiguinhos separaram-se do ancião, dizendo muitos deles que, no dia seguinte, lhe levariam mais pão; e, durante o trajeto, cada qual fazia tenção de duplicar a merenda.

Tanto podem o exemplo e o bom conselho! Uns pobres rapazolas, aconselhados por mulheres selvagens, perseguiam o mendigo, qual se persegue uma fera, ao passo que outros com ele dividiam o alimento e impacientavam-se pelo dia seguinte para

167

lho darem ainda em maior porção. As crianças são a esperança do mundo, a encarnação do progresso, uma vez que tenham quem as guie pela espinhosa senda da vida.

Quando chegamos à aldeia, despedi-me dos pequenos até o dia seguinte, e, subindo ao oratório, esperei que a noite lançasse sobre a Terra o seu manto de trevas, a fim de me encaminhar ao sítio convencionado.

O ancião veio ao meu encontro e, sobre as ruínas da capela, nos sentamos ambos. Isto posto, olhou-me fixamente, dizendo:

— Graças a Deus que, em sucederem-se, os dias não são iguais. Quão diferente é o dia de hoje do de ontem... Sim, ontem me apedrejaram qual se fora um miserável foragido; hoje me ouvem, me atendem e o que mais é — oferecem-me o pão bendito com que sustente o combalido corpo. Graças, Padre; bem me disseram que éreis um santo!

— Nada! Não confundais o dever com a santidade. Na Terra, não há santos, mas homens que podem, às vezes, cumprir a obrigação; e eu, ao prestar-vos meu fraco auxílio, apenas cumpri dois sagrados deveres, a saber: consolar o aflito e ensinar as crianças a praticarem os mandamentos da lei de Deus.

— Ai, Padre, como tais mandamentos jazem esquecidos dos homens! Digo-o com experiência própria, porque todos os infortúnios da minha vida provêm do esquecimento da lei de Deus.

— Explicai-vos... Em que olvidastes a lei promulgada no Sinai?

— Não fui eu quem a olvidou, Padre; eu segui fielmente a religião dos meus maiores, e, sentado na Sinagoga, jurei a Deus obediência, lendo nas tábuas da santa lei; outros foram os que olvidaram os divinos preceitos.

— Tende complacência para com eles porque: — "Ai dos pecadores."

— Ah! Padre! A punição dos culpados não me devolveria o que para sempre perdi. Na minha terra, no meu lar, possuía numerosa família, filhos e netos que amorosos me sorriam; um dia, porém, maldita voz ali ressoou e os roupetas da intolerância para logo, numa noite, exclamaram: — "Morte aos judeus! Queimem-se-lhes as casas, violem-se-lhes as filhas, saqueiem-se-lhes os tesouros, destruída seja a raça de Judá!" — Nossas pacíficas moradas foram, então, teatro dos mais horrendos crimes. Pudemos, alguns, escapar ao geral morticínio, mas lá deixando mulher, filhos e o produto do nosso trabalho! E tudo isso por quê? Por seguir estritamente a primitiva lei de Deus!

Sem forças para mendigar e temendo ser reconhecidos, fugimos em debandada, sem saber onde pousar. Dentre os meus companheiros, alguns mais jovens puderam alcançar um porto de salvação; eu, porém, enfermei e não pude acompanhá-los. Acolhido por uns camponeses que em sua cabana me hospedaram cerca de sete meses, deles ouvi que éreis a providência dos infelizes, e assim foi que vos procurei. Um filho daquela pobre gente quis acompanhar-me, mas, sabendo eu que a perseguição aos judeus dispersos recrudescia, não quis expô-lo a uma morte quase certa. Empreendi sozinho a viagem, fugindo sempre das estradas mais concorridas e tendo por única alimentação raízes de árvores que, ramas virentes, menos ingratas que os homens, me davam seu alimento e seu fruto.

Agora, sabeis quem sou: no condado de Ars, alguns irmãos me esperam e todo o meu empenho é reunir-me a eles, a fim de orarmos em memória de nossas filhas, desvirginadas em nome de uma falsa religião...

E, com as mãos à cabeça, o pobre ancião soluçava como criança.

Deixei-o chorar livremente — certo, como estou, de que os grandes infortúnios requerem muitas lágrimas — e, depois que o vi mais calmo, atraí-o a mim, dizendo-lhe com a maior doçura:

— Perdoai aos vossos algozes; peço-vos, apenas, que lhes perdoeis, visto como, se o presente deles é de crimes, o futuro será de expiações.

Tranqüilizai-vos, pois, comigo vos levarei, ampararei vosso corpo enfraquecido e far-vos-ei acompanhar por gente honrada, que guiará vossos passos vacilantes até que vos junteis aos vossos irmãos, com os quais elevareis também uma ardente prece pelos obcecados que profanaram o vosso lar pacífico.

Vinde comigo, apoiai-vos em mim, nada temais porque sou sacerdote da religião universal.

Chegados à Reitoria, subimos ao oratório — o lugar de repouso para os desgraçados que encontro no meu caminho — e durante oito dias sob meu teto descansou aquele peregrino da dor.

Os meninos, entretanto, manifestavam-me pesar por não mais ter voltado o pobre, agora que tanto pão levavam para dar-lhe.

Valendo-me da minha influência, consegui que dois dos meus pacíficos paroquianos acompanhassem o velho judeu na sua longa jornada. Seguiu ele decentemente trajado e com algum dinheiro por mim fornecido.

Pedi-lhe, apenas, que, uma vez chegado ao termo do seu destino, me enviasse por seus guias a notícia de sua feliz chegada.

No dia mesmo da partida, convoquei uma reunião de meninos na igreja, com a assistência de quase todos os fiéis que moravam na aldeia; meu objetivo principal, porém, era reunir os meninos.

Conseguindo este propósito, coloquei-os a todos diante do altar e disse-lhes:

— Filhos que sois meus, e única alegria do meu viver, é em vós que procuro incutir todo o fruto da minha experiência, para que sejais gratos aos olhos do Senhor. Há dias pedi do vosso pão para um pobre velho que aportou aos vossos lares, ferido e faminto, e hoje outra coisa venho pedir; não ma negueis, amados filhos do coração. Aquele velho já deixou estas montanhas e vai a caminho de longínquos vales buscar um asilo no qual possa implorar a Deus misericórdia para os opressores da Humanidade. Pois bem, filhos, eu vos peço que ao mesmo Deus rogueis por esse pobre viandante, que, sem teto nem pátria, não verá crescer uma flor em sua campa, regada pelo pranto dos filhos, mas, como árvore mutilada pelo furacão, rolará por terra, vendo extinguir-se nas próprias raízes a fecunda seiva da vida. Orai por ele, pedi aos céus que chegue a porto de salvamento o errante proscrito, porque a oração das crianças atrai as bênçãos de Deus!

Orai, filhos meus... Dizei comigo assim: — "Pai misericordioso, guia os passos do venerando velhinho que viveu respeitando a tua lei; salva-o de todo o perigo, para que possa viver o resto de seus dias amando-te em espírito e verdade!..."

E os meninos oraram e suas vozes puríssimas ecoaram, certamente, pelas abóbadas celestes, atraindo, ao terreno templo humilde,

Espíritos de luz... Semelhantes aos raios-do-sol, então, arestas de luz se entrecruzavam diante dos altares, enquanto os meninos repetiam com voz vibrante:

— "Pai misericordioso, guia os passos do velhinho que viveu respeitando a tua lei; livra-o de todos os perigos para que possa viver o resto de seus dias amando-te em espírito e verdade."

Nesses momentos, não sei o que em mim se passava, mas, certo é que me parecia que turiferários invisíveis perfumavam as abóbadas do templo, enquanto astros de mil cores lançavam luminosos eflúvios de prismáticos esplendores sobre os pequenos da minha aldeia.

Os meninos rezavam, sim, e o fizeram com essa divina fé que inflama e eleva as almas puras! Os ecos dessa férvida oração deveriam ter sido repetidos de mundo em mundo! E foi ela a mais comovente oração que me foi dado ouvir no ergástulo da Terra.

Há sensações indescritíveis e tais foram as que experimentei nesses momentos. Razão tinha eu quando disse que a oração das crianças atrai as bênçãos de Deus!

Ah! formosa manhã de minha vida! Teus raios de puríssima luz far-me-ão sorrir, ainda mesmo no meu leito de morte!

Muito tenho chorado, muito tenho sofrido, mas, em compensação, foi-me dado ouvir o canto dos anjos no humilde templo da minha aldeia.

Bendita a oração das crianças! Bendita, em todas as idades, bendita seja!

As mulheres, ao ouvirem o cântico dos filhos, choravam, ao passo que estes sorriam.

Tudo, porém, passa na vida e aquelas breves horas também passaram, não sem me deixarem n'alma uma paz que jamais sentira.

Depois, todas as tardes, à porta do cemitério, os meninos me diziam:

— Padre, quer você que rezemos pelo pobrezinho que se foi?

— Sim, filhos meus, consagremos um momento de recordações a um mártir da Terra.

E assim, por alguns momentos, orávamos todos pelo pobre judeu.

Três meses depois, regressaram os guias trazendo-me uma carta concebida nestes termos:

— "Meu Padre, terminei felizmente minha longa viagem e, hoje, nos braços dos meus irmãos, bendigo a vossa memória. Ao cair da tarde, reunimo-nos todos ao pé de um roble secular, e, cumprindo vossas ordens, imploro pelos homicidas que sacrificaram minha mulher e meus filhos... Quando tenha de deixar este mundo, meu último pensamento será vosso."

Graças, meu Deus! É uma vítima a menos das perseguições religiosas! Descansa, pobre judeu, e bendize ao teu Criador o teu porvir!

Ah! religiões, religiões, quanto sangue inocente derramado! Que severas contas prestareis a Deus dos vossos iníquos feitos! Em meio de tantas amarguras, só me resta um consolo, uma sorridente esperança — o advento da religião universal, religião que destruirá coletivos ódios e divergências pessoais, constituindo um só rebanho e um só pastor, unindo todos os mortais pelos sagrados laços da fraternidade. Só para se amarem foram criados os homens, e os grandes desígnios de Deus hão de cumprir-se.

O PRIMEIRO PASSO

Tudo vem a seu tempo, Senhor! Tudo tem seu prazo fixo para realizar-se!

Todas as horas, consigo, trazem distintos fatos, mas o homem, impaciente, não se conforma com a marcha dos acontecimentos que, para existências breves de um minuto, nos parece deverem ser os prazos breves de um segundo.

Rodolfo prometeu que voltaria dentro de quinze dias, quinze dias se passaram e Rodolfo não veio... Entretanto, meu coração acelerava as pulsações, como se com isto pudesse antecipar as horas no relógio da eternidade!

Finalmente, uma tarde, ao sair do cemitério, deparou-se-me ele sentado junto à *Fonte da Saúde*, a fitar atentamente uma jovem que ali mergulhava o seu cântaro. Ao vê-lo, senti calor e frio ao mesmo tempo, pois um simples olhar bastou para compreender que uma nova fase dolorosa me aguardava. Aproximei-me, bati-lhe no ombro, e ele, ao ver-me, corou, dizendo:

— Aqui estou.

— Não sem tempo, porque demasiado demoraste para iniciar a empreitada mais importante da tua vida.

Dali nos fomos sentar em lugar mais afastado, e, enquanto caminhávamos, observei que ele olhava muitas vezes para trás, buscando ver, provavelmente, a rapariga que ficara na fonte.

— Que propósito te anima, pois, ao instalares-te nesta aldeia?

— Não sei; o fato é que me atemorizastes com aquelas profecias e, sentindo-me mal em toda parte, só me encontro menos mal ao vosso lado.

— Continuas a ouvir aquela gargalhada?

— Sim, a intervalos; ainda há pouco, ao chegar à *Fonte*, ouvi-a tão estridente como no dia em que a pobre louca se despenhou no abismo, fugindo de mim.

— E não sabes por que assim a ouviste mais nítida?

— Não; não sou adivinho.

— Pois foi porque davas começo a um novo desatino, imaginando ampliar de um capítulo mais o longo catálogo dos teus atropelos.

— Delirais, Padre; delirais, certamente — respondeu, procurando sorrir.

Mas esse sorriso era forçado...

— Não deliro, não, Rodolfo; há mais de quarenta anos não leio outro livro que não o dos olhos humanos, e nos teus venho de ler, agora mesmo, o torpe desejo da concupiscência. És um espírito dominado pela vertigem das paixões; jamais *amaste*; tens, apenas, *desejado*; e como o desejo é insaciável, sempre olhaste a mulher com o sensual apetite da carne. Em tua mente não paira uma recordação, um sentimento que mereça culto, e, por isso, atrás de uma faina renasce um desejo. Ai do homem que só quer *à mulher, à Vênus impessoal*! Feliz daquele que só é feliz com a ternura de *uma mulher*!

O amor de uma mulher pode ser a nossa redenção.

O desejo constante da posse da mulher confunde o homem com o animal.

Olha; sem me tornar santo, porque santos não os há neste mundo, consegui que meu espírito adquirisse grande força moral, o que, aliás, me tem servido para refrear os vícios dos homens, começando pelos meus.

— Desenganai-vos, Padre, pois entre nós não há termo de comparação. Vós vos contentais com a abnegação, com o sacrifício, ao passo que eu, se aqui vim, não foi por arrependimento, nem por virtude, mas por egoísmo, exclusivamente, por me sentir mal em toda parte; porque, se os dias me acabrunham, as noites me aterram; porque parece que o inferno se desencadeou sobre mim; mas, quando vos ouço, meu ser se tranqüiliza; meu corpo deixa de sofrer essa dolorosa sensação que me faz padecer uma dor desconhecida... É isso quanto posso; nada mais me peçais. Não posso amar, como vós, o bem; se ao vosso lado me abstenho de pecar, é por medo, nunca por virtude.

— Estou de acordo e fica certo de que, nesta existência, nada mais te pedirei, convencido de que nada mais podes dar. De quem como tu tem vivido; de quem não tem respeitado nem a Deus nem aos homens, apenas se pode exigir a tortura do remorso.

O medo!... Sentimento indefinível que se não explica pela linguagem humana! Terror inominável, indescritível espanto, que susta o braço do culpado no momento de cometer o crime!... Mas, esse medo é já um progresso, porque muitos anos viveste sem o sentir. As sombras de tuas vítimas desfilavam diante de ti sem te causarem a mínima impressão; seus gemidos perdiam-se no espaço sem ecoarem no teu coração... Agora... agora essas sombras te apavoram, ouves a gargalhada da pobre louca, e, no momento em que fixavas o olhar na jovem da fonte — tu mesmo confessas — ouvias de mais perto aquele riso horrível de dor.

— Sim, é verdade tudo quanto dizes. Em chegando à aldeia, a primeira pessoa que vi foi essa mulher. Que senti ao vê-la? Não sei, mas foi como se chumbo derretido me circulasse nas veias; perguntando por vós, disse-me que estáveis no cemitério e que, depois, seguiríeis a repousar na *Fonte da Saúde*; pedi-lhe, então, que me guiasse, enquanto pelo caminho lhe admirava a beleza, dizendo de mim para mim: — "Já tenho com que matar o tempo..." Quando, porém, ia dizer-lhe qualquer coisa, pensei em vós e vi a montanha com a relva murcha, e vi, pela senda maldita, galgando-a, Elisa e o marido, enquanto ao longe uma voz repetia: — "Infeliz! mais uma vítima!" Quando chegastes, toda uma labareda requeimou-me a fronte; compreendo que faço mal, porém, sou dominado pela tentação, e, se não me detiverdes, apenas mudarei de lugar, não de costumes.

— Penosa tarefa me impões, mas confia em Deus que serei inspirado bastante para inclinar-te ao bem. O *primeiro passo* já o demos: sentes o remorso, confessas-te culpado e te submetes à minha direção.

Dias de angústia me aguardam, mas hei de obter vitória e tua primeira boa ação será proteger a jovem que te serviu de guia.

Ela é a humilde violeta dos prados a quem um lírio destes vales ofereceu o perfume do seu amor; e como ambos são pobres, tu bem podes assegurar-lhes a felicidade, com o que bastasse para satisfazer um dos teus mínimos caprichos... E amanhã, quando o jovem casal te apresentar, cheio de gratidão, o fruto do seu amor, amá-lo-ás para que tenhas quem te cerre os olhos ao partir da Terra. A ninguém tens amado e ninguém te ama; tua mulher te odeia e despreza; teus pares e cortesãos adulam-te por temor; os pobres te abominam, porque jamais cuidaste de lhes enxugar as lágrimas... O único ser que te tem amado no mundo sou eu; mas eu partirei antes de ti e quero que, no teu leito de morte, não te encontres em abandono; quero que pessoas amigas te rodeiem, que inocentes crianças te bendigam a memória.

— Obrigado, Padre, mas suponho que pedis o impossível.

— Não, Rodolfo, a nós nos concede Deus cem por um; ama e serás amado; espiritualiza teu desejo; começa a semear a semente do bem, que, algum dia, colherás as douradas espigas do amor.

....

Cumpriu-se a minha profecia! Três anos são passados e os fatos têm demonstrado que o relógio da eternidade jamais assinala a última hora. Hoje Rodolfo é outro homem, posto que, a bem dizer, muito me tenha custado essa transformação, visto como os seres brutalmente sensuais não conhecem qualquer afeição, encontrando prazeres apenas na saciedade dos seus desejos. Rodolfo é, porém, um pobre louco que reconhece a sua loucura, que se envergonha do passado e a quem continuamente apavora o porvir; impotente, contudo, para meu tormento, é que a jovem camponesa lhe inspirou cega paixão, chegando mesmo a amá-la... E seria a única mulher por ele amada na Terra!

Com que satisfação lhe daria ele o seu nome! Com que inveja via ele passear a jovem pelo braço do noivo! Quantos argumentos e reflexões tive que aduzir para convencê-lo da desistência dos seus funestos planos! E quantas angústias, temores e agonias, temendo sempre a realização de um novo crime, porque nada é mais difícil que dar luz aos cegos do entendimento. Esse trabalho é dever sobre-humano; importa lutar com todas as contrariedades, até que se consiga espiritualizar uma alma fundida no caos do mais grosseiro sensualismo.

Não me resta dúvida de que Rodolfo foi meu filho em outras existências e não uma, mas várias vezes, porque o amor que ele me inspira, a energia da minha vontade, o trabalho titânico da minha inteligência, o esforço de todas as minhas faculdades, sem repouso de um segundo, nem mesmo em sonhos, tudo isso é o resultado de um amor imenso, acumulado no transcurso de inumeráveis existências, já que o espírito do homem terreno só ama deficientemente, não sentindo a alma, numa só existência, o amor que por ele, Rodolfo, sente minha alma.

Amo-o tanto, tanto! Reconheço seus inumeráveis defeitos, lamento-lhe os fatais desatinos, mas todo o meu afã, todo o meu anelo e ambição é despertar nele o sentimento, é fazê-lo amar, porque até as feras são subjugadas pelo amor.

Amo-o tanto que tenho a completa certeza de que, depois de morto, serei sua sombra, seu guia, seu anjo de guarda; pois a verdade é que não concebo os anjos senão como Espíritos amorosos, velando do Espaço pelos seres amados que deixaram na Terra...

E eu velarei por ele, segui-lo-ei sempre, e, ainda que os mundos de luz me abram suas portas, lá não estarei sem levar Rodolfo comigo, ainda que lá esteja a menina pálida dos cabelos negros, com a sua coroa de brancos jasmins.

Ela é meu amor, minha vida, minha felicidade! Ele, porém, é o meu dever...

E ela também é a minha redenção, mas eu devo ser, por minha vez, o redentor de Rodolfo.

E hei de ser, sim... Faz três anos que junto dele estou e já é outro homem: o casamento de Luísa é disso a prova mais convincente.

Rodolfo a desejava, chegou a amá-la, acreditando-se feliz só com o vê-la passar diante do seu castelo. E chegou a ter todas as puerilidades de um adolescente. Eu consegui despertar nele a juventude da alma, porque o amor é a juventude da Criação. Em amando, todos os seres adquirem a candura das crianças. Nada tão puro, confiante, nobre, simples, simultaneamente, como as aspirações do amor; é ele a igualdade, a fraternidade, o progresso; é a união das raças inimigas; é a lei do Universo, porque é também atração. Rodolfo sentiu o império dessa lei, e ele, o galanteador irresistível, o senhor acostumado a fáceis e vergonhosas vitórias, tremeu ante o simples olhar de uma mulher do povo; e, de sedutor que era, converteu-se em protetor do fraco.

Parece-me que ainda estou vendo, na última tarde em que fomos visitar a casinha de Luísa, casinha que, no dia seguinte, haveriam de habitar, ela e o marido.

Quando Rodolfo entrou naquele lar humilde, sentou-se e me disse:

— Quantos séculos de glórias e honrarias daria eu para viver um ano neste pobre retiro!

— Hás de viver tal, hás de tornar-te digno de fruir na Terra algumas horas de paz e amor, e quem sabe se ao voltares, arrependido, não terás ao teu lado esta mesma Luísa, provendo-lhe o sustento com o teu trabalho, rodeado de filhos? Todos os desejos se cumprem, todas as esperanças se realizam. Deus cria o homem para que seja ditoso também.

— Mas eu quisera sê-lo agora mesmo! — exclamou com dolorosa impaciência.

— Acaso já viste frutificar a árvore antes que se enfolhe e se cubra de flores? Nada peças antes do tempo. Feliz hás de ser, quando digno fores da felicidade; depois de muito amares, encontrarás na Terra uma alma cujo amor inteiro te pertença. Por agora, resigna-te com a solidão que a ti mesmo te impuseste; mas não temas porque, até nos paroxismos da dor, encontra flores quem sabe amar.

No dia seguinte abençoei a união de Luísa com o amado do seu coração; o povo, em massa, acorreu à cerimônia, tendo Rodolfo a sua primeira ovação nesse dia. Todo o mundo sabia que ele legara aos jovens nubentes uma pequena fortuna, a qual lhes assegurava modesto futuro, e, pois, que a dita daquela união era obra sua.

Todos o olhavam, murmurando: — É um homem bom.

Ao sairmos da igreja, Rodolfo tomou-me as mãos e, comovido, disse: — "É verdade o que afirmais, Padre: quem semeia amor, colhe amor."

Um ano depois, Luísa deu à luz uma menina, que Rodolfo batizou. Esse anjo de inocência veio despertar-lhe n'alma um novo sentimento. A Natureza, sempre sábia, negara a Luísa o néctar da vida e ela, débil e enferma, houve de entregar a filha a uma ama, realizando-se, assim, meu sonho, que era pôr em permanente convivência a pequena Delfina com o filho da minh'alma, com esse Rodolfo que não conhecia o sentimento da paternidade, infanticida como foi. Hoje ele passa horas e horas com a pequena nos braços e julga-se feliz quando ela, ao vê-lo, procura atirar-se-lhe ao colo.

E que prazer experimento eu nessas tardes, quando, ao sair do cemitério, o encontro, convidando-me a ir ver a menina.

Dirigimo-nos para a casa da ama, e, quando Delfina lhe estende os bracinhos, eu digo, ao vê-lo extasiado: — "Aprende, alma rebelde! aprende a amar as criancinhas! Ensaia-te para o sacerdócio da família! Assim possa o teu Espírito sentir o calor suave da ternura, para que amanhã, ao voltares à Terra, depois de muitas encarnações de sofrimento, seja feliz numa choupana humilde, dentro da qual te sorria uma esposa amorosa e te peçam beijos formosas boquinhas..."

O primeiro passo está dado... Louvado seja Deus!

O AMOR NA TERRA

Que é o amor na Terra? — um mistério indecifrável, Senhor!

Nuvem de fumo que se esvai em espirais no lutulento charco, cujos miasmas infeccionam a atmosfera, ou, então, terrível tormenta que tudo arrasa, deixando após si a desolação e a morte.

E ainda há ímpios que duvidam, Senhor! Ainda há quem negue, com tenaz empenho, que reservas outros mundos para os teus filhos, mundos nos quais possam eles saciar a sede ardente do seu amor!

Mas eu que te amo, Senhor; que creio e espero na tua infinita misericórdia, ah! eu sei que ouvirás minha súplica e que, amanhã, sorrirei ditoso e delirante ao amor de uma mulher! Era tão bela! Vejo-a ainda, fronte pálida coroada de brancos jasmins, negros cabelos e olhos irradiando amor! Vi-a três vezes, apenas, Senhor, e em nenhuma delas pude dizer-lhe que minh'alma lhe pertencia. Os lábios emudeceram, mas não sei se os olhos falaram!...

Triste planeta — a Terra! E este episódio de amor é o mais puro e o mais santo; estas afeições sacrificadas nas aras do dever são as que nos legam um perfume, uma fragrância que jamais se evapora — o prazer do sofrimento nos deixa n'alma um sorriso imperecível. Estou satisfeito com o sacrifício, ditoso por não haver gozado, visto que os gozos terrenos têm por único legado — luto e lágrimas.

Ainda agora o vi, experimentei, convenci-me de que o prazer neste mundo é a fonte copiosa do sofrimento.

Há tempo, já, que sentia uma espécie de inveja, contemplando dois seres ditosos. Ao vê-los sorrir, dizia: — "Senhor! Por que não me foi dado poder sorrir assim? Por que tive de viver tão só?" Mas, ah! Quão breve foi minha inveja...

Pobre Lina! Infeliz Gustavo! Ainda me parece que sou vítima de horrível pesadelo! Mas, não! É bem uma verdade, uma verdade horrível!

E eu que os vi crescerem... Quem dizia que assim morreriam!

Entretanto, lá jazem hoje ao lado *dela*, da menina pálida dos cabelos negros! Minha família espiritual está toda no cemitério!

Perdoa, meu Deus, pois na minha dor sou egoísta e esqueço que a família do homem é toda a Humanidade.

Todos os desgraçados são meus filhos; irmãos, os desvalidos; amigos, todos os homens; no entanto, bem longe estou da perfeição e ainda tenho a fraqueza das minhas preferências.

Filhos meus! Gustavo! Lina! Parece que os vejo ainda pequeninos!

Há vinte anos, manhã primaveril, veio chamar-me um pequeno dos seus sete anos: era risonho e formoso como a primeira ilusão do homem; agarrou-se-me ao hábito, dizendo com a voz alvoroçada: — "À minha tia trouxeram de presente uma menina e que bonita é! Vossemecê terá ocasião de vê-la, Padre. Queremos que se chame Lina... Venha, venha, que já lha trazem."

E o menino fez-me correr ao encontro do anjo, que vinha pedir-me com seu choro a água do batismo. Durante a cerimônia, Gustavo mirava a menina, e com os olhos me dizia:

— Como é bonita!

E não mentia o menino, porque a recém-nascida era uma criatura adorável, que crescia entre flores e alegrias.

Todos os habitantes da aldeia estimávamos Lina, todos disputávamos suas carícias e felizes nos julgávamos quando a pequena nos sorria, porque o seu sorriso tinha um quê de célico, que encantava.

Nada mais grato e comovente que contemplar aquele par infantil.

Gustavo, como mais velho, dela cuidava enquanto pequenita; e assim é que, ao colo a adormecia, ensinando-a depois a andar e a balbuciar meu nome, pois Gustavo, como todos os meninos da aldeia, me estimava muito, sendo para ele um grande prazer carregar a pequenita e sentá-la em meus joelhos. E era assim que, apoiado ao meu ombro, exclamava cheio da mais terna admiração.

— Como é bela! tenho uma vontade que ela cresça depressa...

— Para quê? — dizia-lhe eu.

— Para casar-me com ela, e, quando casados, vivermos com vossemecê. Verá, Padre, verá como seremos todos alegres, contentes.

Eu me comprazia em puxar pela criança, extasiado pelos seus planos de felicidade. Lina, entretanto, escutava-o silenciosa, porque foi um ser que pouco falou, para muito sentir.

Ao fim dessas palestras, eu me retirava ufano, porque as duas crianças me abraçavam sempre com efusão e ternura.

Horas de sol! momentos de júbilo! Breve passastes!...

Com que prazer eduquei essa menina tão boa, tão humilde, tão carinhosa! Não sei que misterioso laço a ela me prendia, mas a verdade é que as suas horas de folgança vinha, invariavelmente, passá-las no meu jardim. E sua família, que a adorava, também a seguia. E cuidavam dos pássaros que faziam ninhos no velho cipreste; e cultivavam as flores da minha predileção...

Gustavo, às vezes, para ouvi-la falar, dizia:

— Olha, tenho ciúmes, porque julgo que estimas mais o Padre Germano do que a mim...

Ela sorria ternamente e respondia:

— Foste tu que me ensinaste a estimá-lo.

Era com idílios assim que passávamos as belas tardes dos nossos domingos. Outras vezes, punha--me a ler e lhes dizia:

— Passeai, meus filhos, mas por perto, porque a vossa presença me faz ditoso.

E eles lá se iam a passear, ele a falar sempre, ela sempre a sorrir, angelicamente. Naqueles instantes, como que via a menina dos cabelos negros, dizendo de mim para mim: — "Ah! eu não vivi! Todos têm o seu lugar no festim eterno da vida, enquanto que o meu lugar ficou vago..." Esta rajada de egoísmo desfazia-se, logo, e então, exclamava: — "Perdoa, Senhor! Eu confio em Ti: eu viverei também, porque ao deixar a Terra hei de encontrar a menina pálida dos cabelos negros."

Correu o tempo. No dia em que Lina completasse dezessete anos, deveria abençoar sua união com Gustavo, adquirindo uma família, visto como os jovens esposos iriam habitar uma casinha construída ao lado do meu jardim. O velho Miguel exultava de contentamento; eu já me antevia rodeado de cuidados e ambos traçávamos planos para as longas noites de inverno, reunidos em torno à lareira. O coração regozijava. Eis que, certa manhã, todos despertam sobressaltados na aldeia por fortes pancadas em todas as portas; mas, ao longe, ouvia-se o relinchar dos cavalos a ecoar pelos montes, enquanto de mil bocas partia o grito uníssono: — "Às armas! às armas! Guerra ao estrangeiro! Guerra!"

Foi Lina a primeira a entrar na igreja, perguntando-me o que pretendiam aqueles homens. E acrescentava: — "Varejaram todas as casas, as mulheres choram, os soldados blasfemam, os rapazes correm, os velhos murmuram entre si... Vinde comigo, Padre, porque chegou o dia de juízo para esta aldeia."

Prontamente a acompanhei e apercebi-me do que ocorria. A guerra, esse dragão terrível, voraz, insaciável, pedia carne humana e os capitães vinham à sua procura em nossa aldeia.

Em menos de duas horas o risonho povoado ficou qual se houvesse passado por ele o flagelo da peste: os bois mugiam pelos estábulos, estranhando o forçado repouso; as ovelhas baliam lastimosamente nos seus apriscos, as mulheres choravam desoladas, enquanto os anciães falavam de si para si, deitando tristes olhares para a estrada, ao longo da qual extensa nuvem de pó denunciava a passagem dos pelotões de cavalaria.

Todos os rapazes, todos os homens válidos para susterem uma arma fratricida, foram arrebanhados a fim de regarem com o generoso sangue os infecundos campos de batalha. Gustavo, também, lá se foi e apenas teve tempo para confiar-me Lina, dizendo: — "Padre, eu vo-la entrego, a vida da minha vida; velai por ela que velareis por mim!" Com doloroso frenesi, comprimi a cabeça da jovem ao coração e inundei-lhe de lágrimas a cabeleira.

Ela, sem voz e sem lágrimas, desvairado o olhar, desmaiou ao peso da dor.

Quando voltou a si, seus pais e os de Gustavo choravam, todos, a imensidade da sua desventura.

Que triste foram os dias subseqüentes! A aldeia era um cemitério; os trabalhos do campo, única indústria local, ficaram quase totalmente paralisados; a miséria estendeu as negras asas sobre aqueles tetos e campos, enquanto o desânimo se apoderava de todos os corações, e mais de uma rapariga vinha confessar-me seus pecados, dizendo com angústia:

— Padre, castigar-me-á Deus porque desejo morrer?

Lina, entretanto, não me dizia coisas tais e, despertando-se-lhe n'alma as energias da dor, antes exclamava com veemência: — "Padre! se ele não vier, iremos nós buscá-lo? Não quero que ele morra só, pensando, talvez, que o tenha esquecido e não podendo repousar tranqüilo na sepultura. Não é verdade que iremos?"

E, ao dizê-lo, olhava-me com expressão tal que eu chorava como criança.

Três anos assim se passaram, e, nesse comenos, a pobre Lina perdera os pais. Os de Gustavo tomaram conta dela e a jovem continuava a passar o tempo no meu jardim, falando sempre no querido ausente. Parecia uma alma penada, a pobrezinha! Daquela preciosa criatura, apenas os olhos tinham vida, aqueles olhos que ela mantinha fitos em mim. Que de coisas me diziam esses olhos! Momentos havia, nos quais eu não os podia suportar, pois as pupilas se convertiam em duas flechas, que me varavam o coração! Quem se não penalizaria ante a dor muda daquela criatura?! Ela não falava desesperada, não; antes o fazia tranqüila; mas o olhar, esse era um contraste da voz. Uma tarde, veio encontrar-me no cemitério e, com o delicado instinto e fina argúcia da mulher, posto que lhe não tivesse contado a história da minha vida, ela, compreendendo que aquela campa encerrava a minha felicidade, veio ali procurar-me, cônscia de que, naquele sagrado lugar, não lhe negaria o que solicitasse. E assim foi que, olhando-me de modo que me fez estremecer, disse: — "Padre! Gustavo me chama e eu o escuto; em nome, pois, da morta que aqui repousa, suplico venhais comigo. Ela vos bendirá, e Gustavo também."

Não sei, então, o que comigo se passou; não sei que visão luminosa me pareceu surgir do sepulcro. Olhei-a como que fascinado e acrescentei: — "Pois vamos." Nos olhos da rapariga rebrilhou uma lágrima de gratidão, e, na manhã seguinte, saímos da aldeia, seguindo-nos até certa distância os velhos genitores de Gustavo.

Depois de mil peripécias, chegamos ao lugar onde se ferira a última batalha e, entre montões de mortos e feridos, em vão procuramos Gustavo. Por fim, entramos em pleno acampamento, onde se improvisara um hospital. Lina, a um só golpe de vista, abrangeu aquele horrível conjunto e com a rapidez do pensamento dirigiu-se para um dos extremos do lúgubre recinto, caindo de joelhos junto de um ferido. Quando lá cheguei, mal pude reconhecer o desfigurado Gustavo, que, ao ver-me, estendeu a destra, procurando a minha. Unimo-nos os três num apertado abraço e nenhum de nós falou — exceto os olhos de Lina. Gustavo tentava falar, mas a emoção sufocava-o e assim permanecemos os três, por longo tempo, numa situação inexplicável. As tropas inimigas, entretanto, que ganharam a batalha, vieram recolher os prisioneiros feridos. Percebendo aquele movimento, Lina para logo me disse, num gesto, que não deixaria o ferido. Compreendendo-lhe a heróica resolução, inclinei-me e respondi que se tranqüilizasse, que o não abandonaríamos. Chegou a vez de Gustavo, e, quando iam levantá-lo, o oficial que comandava aquela triste manobra encarou-nos fixamente e exclamou com assombro:

— Vós aqui, Padre Germano! Como deixastes vossa aldeia?

Em poucas palavras, expliquei-lhe o motivo da minha presença e ele então disse:

— Faz alguns anos que me salvastes a vida; vós, sem dúvida, nem me conheceis, mas eu não me esqueci e de algum modo quero pagar a dívida convosco contraída. Que quereis de mim?

— Que me entregues este ferido, que dentro em pouco será um cadáver, para que ela ao menos lhe cerre os olhos.

Presto acedeu ao pedido, e, convenientemente acompanhados, regressamos à nossa aldeia, depois de mil torturas.

O pobre Miguel, que diariamente espreitava pelos caminhos o nosso regresso, correu ao meu encontro dizendo que o pai de Gustavo falecera, impressionado por uma falsa notícia da morte do filho, não se sabendo, depois disso, o paradeiro da genitora do infeliz moço.

Ante aquele novo desastre, fiz conduzir o ferido para minha pobre casa, e desde que ali o instalei começaram para mim uns dias verdadeiramente horríveis.

Que quadro, Senhor! que cenário! Comparava-o com os da infância da pobre Lina, quando Gustavo a depunha em meus joelhos, e dizia: — "Padre, olhe como é bonita..." Que contraste! Que mudança! Lina não era a mesma! Até havia encanecido! De Gustavo, nem se fala! Magro, denegrido, com os olhos quase sempre cerrados, a boca contraída para abafar gemidos... Se podia, porém, conter os gritos, não podia, em compensação, ocultar o sangue que a intervalos vomitava, com a cabeça envolta em sangrentas tiras, nas quais, por ordem do médico, não podíamos tocar! Tampouco podíamos dar-lhe qualquer alimento, porque a febre o devorava; e Lina, a seu lado, muda, sombria, olhar sempre fixo no seu semblante, a repetir--me com voz sumida:

— Quanto o estamos molestando, Padre! Mas, ainda bem que pouco tempo lhe resta para sofrer. Porque Gustavo morrerá... E eu morrerei com ele, pois sei que, na tumba, sem mim, teria medo. Sim, sim, sim: devo partir com ele, que, sem ele, não quero ficar neste mundo.

Quanto a mim, não sabia como responder: fitava-a e via-lhe nos olhos uma calma admirável, um não sei quê, que me horrorizava...

Em contemplando o moribundo, por minha vez, murmurava: — "Senhor! Tem misericórdia de nós; afasta de meus lábios este cálice e, se hei de sorvê--lo até à última gota, dá-me forças, Senhor, dá-me alento para suportar o peso enorme da minha cruz."

Gustavo de vez em quando tinha momentos lúcidos: abria os olhos, fitava a amada com santa adoração; depois, voltava-se para mim e dizia com amargura: — "Pobre, pobre Lina!... Padre! Padre! Será verdade que não existe Deus?"

E o infeliz entrava de novo a delirar, enquanto Lina implorava:

— Padre! Oremos por ele...

Que dias, Senhor! Como sua lembrança me horroriza! Nem um momento de repouso, nem um segundo de esperança, ouvindo apenas imprecações e vendo morrer Lina, pouco a pouco, lentamente.

Assim passamos três meses, até que uma manhã, estando na igreja a serviço do meu ministério, enquanto Lina no jardim colhia algumas ervas para fazer um chá, Gustavo levantou-se da cama e, no delírio da febre, sacou da farda pequena faca e cravou-a certeira no coração, sem proferir um ai!

Ao entrarmos em casa, que cena horrível, meu Deus! Jamais poderei olvidá-la: o pobre rapaz tinha os olhos imensuravelmente abertos, a boca contraída por amargo sorriso, na mão esquerda, crispada, fragmentos de tiras arrancadas da cabeça, e a faca enterrada no coração! Lina, sem proferir uma queixa, cerrou-lhe os olhos piedosamente e, quando tentava arrancar a faca, violentamente sacudida, emitiu aquela gargalhada estridente que há de repercutir sempre em meus ouvidos. Levantou-se depois, abraçou-me e durante quarenta e oito horas não fez outra coisa senão rir, presa de violentas convulsões. Naquelas quarenta e oito horas, provei quarenta e oito séculos de sofrimento!

Que agonia, que angústia, que suplício! Nem há frases que possam descrever o meu horrível tormento.

Finalmente, ei-la que dá a última gargalhada: por um momento os olhos se lhe iluminaram com um raio de inteligência; apertou-me as mãos ternamente, reclinou no meu ombro a cabeça, do mesmo modo por que o fazia quando criança, e, eu, aterrorizado, não sei quantas horas passei imóvel, petrificado diante de tanta desventura...

Na tarde desse mesmo dia, eu e os habitantes da aldeia acompanhamos ao cemitério os cadáveres de Lina e Gustavo, regando com lágrimas de amor a terra da sepultura deles.

Enterrei-os na mesma cova, ao lado do ídolo de minh'alma, e agora diariamente visito as duas sepulturas, experimentando desencontradas emoções.

Ao debruçar-me sobre a campa da menina pálida dos cabelos negros, minh'alma sorri, parece que meu ser revive, enquanto dulcíssima tranqüilidade se me apodera do pensamento; as ideias em contínua ebulição, em constante vertigem, perdem sua atividade dolorosa, acariciando-me os sentidos alguma coisa de puro, suave e risonho; meus olhos fecham-se, mas, embora o corpo se sinta dominado pelo sono, o Espírito vela e lança-se no Espaço, vendo-a sempre formosa, formosa e sorridente, a dizer-me com ternura:

— Termina tua jornada sem impaciência nem fadiga; acalma teu íntimo afã, porque eu te espero e a nós, os dois, nos espera a eternidade...

E eu desperto lépido, forte, cheio de vida; beijo as flores que crescem louçãs por sobre os restos do seu invólucro, exclamando pressuroso: — "Oh! Senhor, como és bom e onipotente! Sim, porque, eterna, como tua vontade, é a vida das almas!"

Paro, depois, ante a sepultura de Lina e Gustavo, e sinto-me presa de um mal-estar inexplicável. Vejo-o, a ele, frenético, delirante, revoltando-se contra a sorte, rompendo bruscamente o fio da existência e negando Deus na sua fatal loucura: vejo-a, a ela, possuída do mesmo delírio, rindo-se sarcasticamente, horrivelmente, da morte da sua felicidade... Esse drama espantoso, essa tragédia horrível, tem a febre da paixão no seu grau máximo de loucura; é o fatal egoísmo do homem; porque Gustavo se matou para fugir ao sofrimento, convencido, no auge da dor, de que a chaga era incurável e duvidando, portanto, da misericórdia de Deus, para o qual nada há impossível. Quem sabe se, ao fim, não se restabeleceria?

Não considerou, tampouco, a dor imensa de Lina; julgou tudo por si, pretendendo dar fim ao que fim não tem.

E a desgraçada Lina, tocada na fibra mais sensível, também se esqueceu de Deus e de mim; desprezou sua fé cristã, como desprezou meus desvelos e meus ensinamentos de amor.

....

É verdade que seu derradeiro olhar me parece antes uma súplica de perdão, pela funda ferida que me cavava n'alma — tão funda que não poderá cicatrizar na Terra.

Tanto ele, quanto ela, se entregaram ao desespero e, por isso, sobre suas campas não posso sorrir, uma vez que suas almas atribuladas devem procurar-se mutuamente, sem se verem por algum tempo. Delito, e grave, a infração da Lei. Todas as dores têm sua razão de ser, todas as agonias são justificadas, e quem violentamente quebra os elos da vida terrena desperta nas trevas.

Feliz o Espírito que, resignado, sofre todas as dores. Esse, ao deixar a Terra, se reserva um belo despertar na eternidade!...

Entes queridos! jovens que sonhastes com um futuro de amor, almas enamoradas que eu tanto amei! Onde estais? Por que abandonastes a casinha branca como as pobres avezinhas que de vossas mãos recebiam o grão? Por que abandonastes o solitário velho que ao vosso lado sentia o doce calor da vida? Por que, em suma, partistes vós?

Ah! foi porque a guerra, essa hidra de cem cabeças, essa pantera furiosa, tinha sede de sangue e fome de juventude... Homens válidos, que amparavam seus pais, foram fundir com o seu sangue o progresso do futuro e a esperança de muitas almas enamoradas.

Ó guerra! Ó guerra! tirania odiosa da ignorância, tu conquistas um palmo de terra com a morte de milhões de homens!

Direitos de raça, feudos de linhagem, poder da força! Vós outros haveis de sucumbir aos embates do progresso! A Terra não terá, então, fronteiras, porque será uma só nação. Este direito brutal, este ódio ao estrangeiro tenderá a extinguir-se... Que quer dizer estrangeiro? Não é um homem, um filho de Deus? Não será um irmão?

Ó leis e antagonismos terrenos! Ó bíblico Caim! quantos Cains legaste à Humanidade...

Perdoa-me, Senhor, se algumas vezes me alegra a ideia de ter de deixar este fatal desterro. Perdoa-me quando, sentindo derrear o alquebrado corpo, te interrogo com melancólica alegria se não será essa a minha hora de redenção.

Aterram-me os homens deste mundo com as suas leis tirânicas, com as suas ambições...

A flor da felicidade não abre sua corola na Terra e eu desejo, Senhor, aspirar-lhe o embriagador perfume; desejo uma família meiga, amorosa, e, neste planeta, estou como num cemitério.

Lina, Gustavo e tu, alma da minh'alma! Espíritos amados, não me abandoneis; dai-me alento, acompanhai-me ao último termo da minha jornada!

Os velhos são como as crianças — assustam-se tanto da solidão...

$\mathscr{O}$ bem é a semente de Deus

Que formosa tarde! Nem uma nuvenzinha toldava o firmamento azul, nem a mais ligeira neve tocava o cimo dos montes, que se destacavam nítidos no horizonte, colmados de abetos seculares. Ao fundo do vale, mansas ovelhas pastavam, enquanto pelas encostas das colinas saltavam cabritos acossados pela meninada alegre que com eles brincava. A mais serena paz reinava na Natureza, convidando o espírito a essa doce quietude, a essa grata letargia, na qual a alma sonha acordada. E minh'alma também sonhou. Chegando à *Fonte da Saúde*, sentei-me junto à corrente; veio *Sultão* e estirou-se-me aos pés. Entrei, então, a pensar na solidão da minha vida, na concentração do meu ser; a beleza da paisagem, porém, me absorvia a atenção e apagava-me da mente o vinco da amargura, quase sempre deixado por minhas intimas cogitações. Olhando o céu, aspirando o ar embalsamado, escutando o farfalhar das folhas ao de leve agitadas por viração suave, dizia de mim para mim: — "Quem dirá que sob este céu se possam abrigar tantas dores? quando tudo sorri, quando tudo parece murmurar uma bênção! Para longe, paixões humanas! para longe com os vossos ódios e ambições, fugazes prazeres e profundos remorsos; com as vossas torturas, enfim. Que minh'alma repouse na contemplação; que meu Espírito se alegre em meio à mansidão da Natureza! Bendigo ao Deus que me outorga o desfrute de tão apreciável benefício!" E permaneci embevecido, em místico recolhimento.

Não sei que tempo durou esse repouso, mas sei que *Sultão*, presto, se levantou, deu alguns passos, retrocedeu e estatelou-se diante de mim, a boca entreaberta em atitudes ameaçadoras.

— Estás doido, *Sultão*! Que delírio se apossou de ti? E dizendo-lhe, pousei a destra na sua cabeça.

O cão não me deu ouvidos; continuou atento e, de repente, deitou a correr, enquanto eu, seguindo-o com o olhar, vi surgir além um homem. Este, ao ver a atitude hostil de *Sultão*, ameaçava-o com a bengala. Gritei ao nobre animal: — "Aqui, *Sultão*!" — e não tardou retrocedesse ele, embora mal-humorado o fizesse, rosnando surdamente. O desconhecido aproximava-se e à proporção que o fazia fui reconhecendo nele um alto dignitário da Igreja, o qual me havia feito todo o mal possível. Assim é que me desterrara para a aldeia, e, ainda ali, temeroso da minha sombra, intrigara para que me prendessem como conspirador e feiticeiro. Ao defrontar comigo, disse com aspereza:

— Mau ensino destes ao vosso cão, mas creio que ainda cheguei a tempo de corrigi-lo.

— *Sultão* tem finíssimo olfato e naturalmente reconheceu quem sois. Deixai, portanto, em paz o meu cão, que vos não fará mal algum, pois aqui estou para impedi-lo; peço-vos, contudo, que o não ameaceis, porque, neste caso, não respondo por ele... É que este cão, que à minha voz se torna um cordeiro, só com um olhar vosso, de desagrado, ficará mais bravo que um leão ferido. Mais leal, talvez, do que os homens, não tem ele por costume tolerar injustiças.

— Sim senhor, tem graça que, para vos falar, se tenha de capitular primeiro diante do vosso cão.

— E crede que mais vale tê-lo como amigo que como inimigo; mas, deixemos *Sultão* e dizei-me antes em que vos posso ser útil.

— Em nada; a verdade é que, cansado da vida da Corte, assoberbado de trabalhos e negócios fatigantes, resolvi repousar alguns dias nesta aldeia. Eis aí o motivo da minha presença.

Isto dizendo, sentou-se numa pedra, olhando para todos os lados com visível inquietação. Surpreendendo-lhe esse gesto, disse eu a *Sultão* carinhosamente:

— Vigia, meu amigo; vigia e avisa-nos de qualquer rumor que ouças, por longínquo que seja.

O animal olhou-me fixamente, olhou o recém-vindo e deitou a correr, vertiginoso e lépido, desaparecendo na curva do caminho.

— Temeis alguma surpresa? — perguntou-me aquele a quem chamaremos Júlio.

— Por vós, não por mim. Em vosso olhar acabo de ler que vindes foragido, não de negócios mortificantes, mas de uma prisão inevitável. Nada temais, contudo, porque, antes de aqui chegarem os guardas do Rei, *Sultão* nos dará sinal e podereis escapar-vos ou esconder-vos na gruta da ermida.

— Que estais dizendo?! Sem dúvida que delirais, pois de nada tenho que fugir e se venho incógnito é porque quero estar sossegado alguns dias, exercendo durante eles o curato desta aldeia.

— A igreja e minha pobre casa estão à vossa disposição. O confessionário, porém, esse não vo-lo cedo; não vos franqueio a intimidade dos meus paroquianos, porque, bem sabeis, Padre Júlio, que nós nos conhecemos intimamente. Juntos passamos a infância e a mocidade; conheço os vossos vícios, a vossa história, tanto quanto a minha, para que não permita deixeis nesta aldeia o germe da intranqüilidade. Se aqui vindes apenas por desfastio, quase vos pediria a desistência do vosso intento, optando por outro rumo. Se, porém, como creio, aqui estais por necessidade, contai comigo, com Miguel e com *Sultão*. Sei que já caístes em desagrado; sei que um pobre ancião vos maldiz, enquanto uma pobre adúltera geme num convento, à lembrança do seu fatal extravio; e sei, mais, que o Rei quer dar um exemplo a vosso respeito, começando por confiscar os vossos bens. Sei, finalmente, por mais que mo negueis, que estais sendo perseguido.

— Informaram-vos mal.

— Praza a Deus que assim seja.

— O certo é que estou enfarado da Corte e quero ver se este modo de vida me agrada, para, caso tal aconteça, afastar-me da Corte.

— Ah! E quantos benefícios poderíeis fazer, vós que sois rico, de nobre ascendência, com parentes poderosos que, se vos dispusésseis a fazer o bem... quantas lágrimas poderíeis enxugar! Quantas misérias conjurar! Para arrepender-se, nunca é tarde. Deus acolhe a qualquer tempo os seus filhos e, crede-me, Júlio, na carreira sacerdotal não ides por bom caminho. O sacerdote deve ser humilde, sem baixeza; caritativo, sem alarde; deve desprender-se de todo o mundano interesse para consagrar-se a Deus, praticando sua santa lei, como modelo de virtude, desconhecendo todos os vícios, pois para denominar-se "ungido do Senhor" é preciso ser um espírito verdadeiramente amoroso e progressista, ávido de luz, de espiritualidade e de amor. Ainda é tempo, porque sois jovem; estais na melhor fase da vida. Por outro lado, poucas penas tendes amargado e, pela ordem natural das coisas, podereis trabalhar vinte anos ainda, espalhando a semente do bem, que é a semente de Deus.

Júlio olhava-me fixamente e, de repente, levantou-se assustado, dizendo:

— Alguma coisa se está passando, ou *Sultão* ficou maluco...

Olhei e vi *Sultão* a correr vertiginosamente por um atalho, como trazido por um furacão, tal a sua velocidade. Instintivamente, fomos ambos ao seu encontro e o nobre animal, ao ver-me, pôs-se de pé, apoiando as patas dianteiras nos meus ombros. Depois, escarvava o solo, desesperado, ladrando forte e tornando a escarvar em todas as direções.

— Não há tempo a perder — disse a Júlio —, pois *Sultão* está a prevenir a aproximação de muitos cavaleiros que vêm, certamente, ao vosso encalço.

— Não pensava que chegassem tão cedo — respondeu, empalidecido —, sempre julguei dessem tempo de reunir-me aos meus. Que fazer? Se me alcançarem, estou perdido, pois minha cabeça está a prêmio.

— Não temais, segui-me.

E, a passo ligeiro, nos dirigimos à ermida, descendo pelo barranco e desaparecendo nos recessos de amplo buraco a que denominaram — *Caverna do diabo*.

Chegamos até ao fundo, onde melhor poderíamos permanecer, visto como, pelo desprendimento de uma pedra, ficara uma abertura que dava passagem ao ar.

— Ficai aqui. Esta noite, *Sultão* ou Miguel vos trará alimento. Nada temais, antes pedi a Deus que

O BEM É A SEMENTE DE DEUS

vos ampare, crente de que seu amparo tereis. Hei de fazer por vós quanto faria um pai por um filho.

Júlio apertou-me as mãos com efusão.

— Saio para não despertar suspeita aos que chegarem.

E, seguido de *Sultão*, saí da furna profundamente comovido, sentindo na cabeça o peso de uma responsabilidade, porventura mais terrível, visto que Júlio, na Corte, se fizera grandemente odiado por sua astúcia, por sua teimosa sagacidade e desordenada ambição, metendo-se de plano em atrevidíssimas conspirações.

Rico bastante, poderoso por consequência, era figura temível, cabeça também de um partido formidável... Mas, eu que o conhecia de menino, sabia que naquele coração embotado existia ainda algo de bom e dizia para comigo: — "Se o prenderem, seu furor não terá limites, converter-se-á num tigre sangüinário; se conseguirem matá-lo, os correligionários se levantarão para horrenda revindita; ao passo que, se eu lograr convencê-lo, talvez se arrependa dos seus erros, vindo a ser útil à Humanidade". Foi absorvido nessas cogitações que cheguei ao Presbitério. Chamei Miguel e, em poucas palavras, inteirei-o de quanto ocorria para, no caso de não poder eu mesmo sair, evitando suspeições, atender ele ao foragido.

Bem certo é que na própria culpa está o castigo. Eis um homem de nobre linhagem, um príncipe da Igreja, um magnata possuidor de quantiosos bens, na contingência de viver encarcerado por seu mau procedimento, quer sob minha proteção, quer em poder dos seus perseguidores.

Desgraçado! Ah! quanto pesa a cruz dos nossos vícios!

Estas reflexões, fazia-as debruçado à janela, enquanto as sombras da noite envolviam em calma todo o ambiente...

Apenas o coração de alguns homens arreceavam--se da tempestade.

Daí a momentos, ouvi o tropel de muitos cavalos e não tardou enchesse a cavalaria toda a praça e toda a aldeia, que fora invadida por todos os lados.

O capitão da numerosa escolta subiu aos meus aposentos para dizer que vinha à procura do bispo Júlio, e eu, encolhendo os ombros, respondi-lhe que ignorava o seu paradeiro. Suplicaram, ameaçaram, ofereceram-me até a mitra em nome do Rei...

— Vede bem — disse-me o capitão —, há cinco anos vim a esta aldeia, no encalço de um criminoso que ocultastes; agora, porém, tenho ordem para vos constranger a tomar o lugar do bispo, caso ele não apareça. Vou permanecer aqui oito dias e remover pedra por pedra; mas vos levarei como refém. Escolhei, pois.

A tais palavras, senti frio e me comovi, olhando, sem querer, através da janela, os ciprestes do cemitério além. Ao lembrar-me que teria de separar-me daquela campa que era a minha vida, o coração se me oprimiu e quase chorei como criança; entanto, refleti: — "Quem pode ser mais útil neste mundo:

Júlio, ou eu? Ele, decerto, porque, mais jovem, é também rico e poderoso, capaz, portanto, de fazer muitos benefícios; seu arrependimento poderá ser um manancial de prosperidade e um grande avanço para o seu Espírito. Na vida, não devemos ser exclusivistas; o homem não deve ser senão mero instrumento do bem universal. O sofrimento de uma alma pouco vale, se redundar no adiantamento coletivo da Humanidade. Sejamos todos por um e um por todos."

O capitão, que me fitava, apenas pôde dizer:
— Tenho-vos pena, sinto arrancar-vos da vossa aldeia, mas trago ordens terminantes...
— Ordens que deveis cumprir, capitão.

Durante oito dias procuraram Júlio, mas debalde, porque a entrada da *Caverna do diabo* apenas era conhecida por mim, por Miguel e por *Sultão*. Assim, tive que seguir em lugar do oculto fugitivo. Alta noite, enquanto dormiam os camponeses, despedi-me de Miguel e de *Sultão*, esse animal admirável, cuja inteligência maravilhosa jamais poderei esquecer. Ele que, de ordinário, nunca se separava de mim; ele que velava sempre o meu sono, compreendeu que me prestava grande serviço deixando-se ficar com Miguel. Ganindo dolorosamente, regando de lágrimas as minhas mãos, não deu um passo para seguir-me. Permaneceu imóvel no meio do quarto, enquanto Miguel chorava como criança. Pobre velhinho!

Ao ver-me longe da minha aldeia, tão intensa foi minha mágoa que acreditei chegada a minha hora. Pensei *nela*, pedi-lhe alento, fé, esperança e coragem para não sucumbir nessa provação. Tal como se fosse meu anjo de guarda, logo me senti reanimado e pareceu-me ouvir longínqua voz a dizer-me: — "Deixa o mal pelo bem e cumpre o teu dever."

De fato o cumpri. Chegando à Corte, conferenciei com o Rei repetidas vezes e, em todas as nossas entrevistas, era como se se invertessem os papéis, qual se fosse ele o súdito e eu o soberano, tão grande a energia e o império com que o concitava a ser bom...

— As coroas — dizia-lhe — despedaçam-nas os povos; as virtudes, essas, são mais fortes que os séculos. Lembrai-vos de que o maior rei de hoje será o escravo de amanhã, porque o Espírito vive eternamente.

Dois meses permaneci prisioneiro, como réu de Estado, mas sempre muito considerado e respeitado pelo Rei, alma enferma, Espírito perturbado que, aliás, vivia muito isolado. Fiz quanto pude para regenerar aquela alma, e em parte o consegui.

Certa manhã, recebi ordem de deixar a prisão para reunir-me ao Rei, que ia caçar nas montanhas limítrofes da minha aldeia. Meu coração exultou de prazer. Fizeram-me subir a uma liteira e, cercado de numerosa escolta, segui a comitiva real, que, em chegando ao meu querido povoado, foi recebida com sincero entusiasmo. Seus habitantes aclamavam o Soberano, enquanto eu, do fundo do meu veículo, revia aqueles entes queridos, aqueles meninos, meus companheiros inseparáveis, que, prostrando-se ante o monarca, lhe perguntavam pelo seu pároco... E era todo um clamor indescritível: quais o vitoriavam, quais lhe suplicavam. Quanto a num, um tanto afastado e sem que me vissem, presenciava aquela cena verdadeiramente comovedora! O Rei desceu da carruagem e os meninos e as mulheres o rodearam; nisto, dentre a multidão rompeu uma jovem camponesa, Espírito em missão na Terra, tão formosa quanto discreta, segundo me disse o próprio Rei, e disse-lhe: — "Senhor! Os reis são a imagem da Providência, quando proporcionam ao seu povo os germens do bem. O cura desta aldeia é nosso pai e pai amantíssimo. Um povo órfão vos suplica um ato de clemência: nosso pai já está velho; consenti, Senhor, que ele volte ao nosso seio para que possamos fechar-lhe os olhos quando morrer!"

O Rei nos disse que ficou tão comovido ao ouvir aquela voz, que, no intuito de receber daquela jovem um olhar agradecido, se voltou logo para o estribeiro-mor e lhe ordenou que me conduzisse à sua presença. A tal ordem, a jovem exclamou: — "Bendito sejais!" Antes mesmo que o estribeiro alcançasse minha liteira, já a jovem ali estava. O que senti ao vê-la não o posso exprimir, visto que minha redentora não ia só... Acompanhava-a a menina pálida dos cabelos negros, tal como no dia em que me perguntara se era crime amar...

Vi-a, coroada de jasmins, o véu branco, com o seu triste sorriso e os olhos radiantes de amor!

Tão absorto fiquei na minha contemplação, que me deixei conduzir como se fora uma criança, indiferente ao que ocorria.

Desse êxtase, só despertei quando meu fiel *Sultão*, derrubando tudo quanto lhe embargava o passo, chegou junto de mim.

Que júbilo, imenso! Que alegria imponderável a daquele animal! Certo, muito havia eu padecido, mas naqueles momentos fui de tudo sobejamente compensado. Há sensações indescritíveis, emoções inexplicáveis, segundos da existência que valem séculos, tanto neles se vive!

O Rei ali ficou durante três semanas; ferido na caçada, teve de aguardar a convalescença para regressar à Corte.

Ao separarmo-nos, compreendi que aquela alma começara a sentir, amando pela primeira vez na vida. Então, abençoei meu sofrimento! Benditas, sim; benditas aquelas horas de agonia, uma vez que, com elas, pude despertar o sentimento num potentado da Terra!

Uma vez só, livre dos cortesãos como de suas tenebrosas intrigas, tomei fôlego e chamei Miguel para saber se Júlio se fora embora. Com assombro, soube que ele ainda permanecia na toca, recusando-se partir sem meus conselhos.

Miguel, às vezes, levava-lhe alimento; outras, era *Sultão* que, entre os dentes, lhe conduzia a cestinha.

Aguardei a noite para que ninguém me visse, e, na companhia de *Sultão*, fui ver Júlio. Este, ao ver-me, atirou-se-me nos braços e assim permanecemos longo tempo, enquanto *Sultão* nos acarinhava a ambos.

— Saiamos daqui — disse Júlio, por fim.

E assim abraçados deixamos a furna para nos sentarmos sobre as ruínas da ermida.

— Oh! quanto vos devo! — disse profundamente comovido. — Que profundo ensinamento o destes três meses, segregado do mundo e dos homens! Comumente, à noite, vinha a este lugar, a fim de esperar Miguel. *Sultão*, que já me estima, passava longas horas em minha companhia, olhando-me qual se fosse um ser humano, os olhos rasos de lágrimas, como querendo dizer-me que eu tinha culpa. Durante minha enfermidade — pois estive doente mais de um mês — só faltava falar o pobre animal! Constituiu-se meu fiel guardião.

Soube, por Miguel, o quanto sofrestes... Ele dizia que me fosse embora; oferecia-me vestes com as quais me disfarçasse, mas eu não quis partir sem vos tornar a ver, porque quero cingir-me estritamente aos vossos conselhos.

— Segui antes, Júlio, os impulsos do próprio coração.

— Pois bem: o coração manda-me que siga a rota que me traçardes.

— Então, ouvi-me: Com a vossa conduta, até agora só conseguistes o pregão da vossa cabeça a vários preços. A mim, ofereceram-me o barrete cardinalício para entregar-vos. Se, entretanto, me fosse dado cobrir a cabeça com o chapéu roxo por um tal preço, creio que ele me escaldaria os miolos com a pressão bastante para derreter todos os metais do Universo.

A entregar-vos, preferi, ainda, a própria morte. É que minha morte seria chorada apenas pelos pobres da minha aldeia, enquanto a vossa acarretaria cruéis vinganças e represálias. No mundo, devemos sempre refletir para agir, fazendo o que mais vantajoso for para a Humanidade. Se daqui saindo vos puserdes à testa dos vossos partidários, só conseguireis uma perseguição sem tréguas e acabareis maldito ou maldizente; se, ao contrário, deixardes o país pelo exercício, no estrangeiro, do vosso sagrado ministério num esconso povoado; se vos criardes uma família nos velhos e nas crianças, tornando desejada a vossa existência, vivereis feliz, ao fim de algum tempo, pois a verdade é que sempre se encontra a felicidade quando se sabe procurá-la.

— Sois feliz aqui?

— Como sacerdote, sim.

— E como homem?

— Como homem, não; porque, para cumprir seu dever, o sacerdote católico apostólico romano tem de viver sacrificado, falseando as leis da Natureza, rompendo os divinos elos que prendem o homem a uma esposa querida, a uns amados filhinhos.

Eu não optei pela mancebia de uma barregã, deixando-lhe filhos espúrios, e, assim, sacrifiquei-
--me nas aras de uma religião que mortifica e escraviza o homem, sem lhe engrandecer o Espírito.

Aplaudi intimamente os reformistas, mas não tive coragem para seguir a Reforma. Para outrem tenho vivido, não para mim; como homem, jamais desfrutei os afetos humanos; como padre, sim; tenho estancado muitas lágrimas e tenho a íntima satisfação de haver conjurado algumas catástrofes.

Finalmente, dois caminhos se vos deparam, na igreja reformista e na nossa igreja; por ambos podereis progredir, desde que saibais amar e sofrer.

— Estou cansado de lutar, Padre Germano; procurarei, pois, imitar-vos, já que meu espírito necessita de esquecimento e repouso. Nestes três meses muito hei aprendido; experimentei, não sei bem se alucinações ou visões, mas certo é que ouvi distintas vozes de almas errantes a me dizerem: — "Desperta!" "Aprende!" "Que a tua vítima te sirva de exemplo! Vê que lhe fizeste todos os malefícios possíveis e ele acaba de salvar-te, expondo a própria vida!" E estes avisos, Padre Germano, fizeram-me refletir maduramente.

— Já vos disse, Júlio, que, ao sacrificar-me por vós, apenas pensei evitar derramamento de sangue, com a explosão de ódios partidários. É que eu não procuro senão espalhar a semente do bem, que é a semente de Deus.

— Também eu a espalharei, procurando extinguir, com boas obras, as iniqüidades do meu passado.

— Graças, Júlio, bendito seja Deus!

Alguns dias depois, lá se foi ele disfarçado em frade, e, decorrido um ano, mandou-me um emissário com uma carta que assim dizia:

"Quanto tenho a agradecer-vos! Como me julgo hoje feliz neste recanto da Terra! Já os meninos me procuram, como a vós, já os velhos me pedem conselhos; já os pobres me bendizem. Os bens que pude salvar do confisco, empreguei-os em melhorar a triste sorte destes infelizes, que apenas comiam pão negro e que, hoje, graças aos meus cuidados, já têm alimentação abundante e sã. Penso tanto nos outros, que de mim mesmo me esqueço! E este bem-estar eu vo-lo devo, Padre Germano! Bendito sejais! Sim, bendito o homem que me fez compreender que o bem é a semente de Deus!"

Esta carta encheu-me de satisfação, dessa satisfação profunda que a alma experimenta quando vê florir a árvore da virtude.

Minha alegria ainda cresceu de ponto quando recebi longa carta do meu Soberano, na qual solicitava parecer sobre alguns negócios de Estado, terminando por dizer:

"Breve irei fazer-te uma visita, mas incógnito; tenho que te falar, tenho que te confessar o que hoje sente meu coração. Tu me falaste do amor da alma e hoje minh'alma se agita entre recordações e esperanças, reminiscências e pressentimentos de um grande amor. Ou muito me engano, ou muito sei amar agora."

Estas duas cartas me deram margem a muito refletir. Fui à sepultura dela e, ali, as reli, bendizendo a Providência por me haver concedido abnegação bastante para esquecer grandes ofensas, entregando--me ao sacrifício, visto como, quando deixei minha aldeia, pensando não mais vê-la, estava certo de que minha cabeça rolaria por terra em lugar da de Júlio. Entretanto, graças ao meu devotamento, pude dar luz a duas almas, dominando, por meu amor, vontade e fé, dois Espíritos rebeldes.

Grande foi minha angústia, crudelíssimas as incertezas, mas benditas sejam essas horas de agonia, se, com elas, pude emancipar dois homens da escravidão do pecado.

A MULHER SEMPRE É MÃE

Como os anos passam! Parece-me que foi ontem! Dormia eu tranqüilamente a um canto do presbitério, quando despertei com os latidos de *Sultão* e as gargalhadas de um bom homem que com ele brincava como se fora uma criança: as almas boas são sempre risonhas e expansivas. O mais rico rendeiro da aldeia deu-me um abraço e disse:

— Padre, estou contentíssimo... já tenho uma filha... E que formosa é! Olhe, Padre, ela tem uns olhos grandes que parecem dois fogos. Venho convidá-lo para vê-la. O batizado será amanhã, visto que ainda espero um irmão que há de ser o padrinho.

Saí na companhia do bom do Antônio, e, quando cheguei a sua casa, tive ensejo de ver formosíssima menina, possuidora de uns olhos realmente admiráveis. Ao tomá-la nos braços, senti dulcíssimo prazer, ou, antes, sensação inexplicável.

Olhando-a fixamente, disse aos venturosos pais:

— Podeis ficar contentes da sorte, porque, ou muito me engano, ou vossa filha há de ser um anjo na Terra.

E graças ao céu, que me não enganei, porque, se os anjos encarnam na Terra, Maria tem sido e é um ser celestial. É tão bondosa...

No dia seguinte, o velho templo revestia-se de galas, com os vetustos altares recamados de flores e as paredes engalanadas de verde folhagem.

As crianças acorreram todas, trazendo às mãos ramos de oliveira.

A filhinha de Antônio penetrou na casa do Senhor sob os mais formosos auspícios. Tudo ali respirava alegria, inocência, amor; os pobres, quantos chegaram ao povoado, foram generosamente socorridos, constituindo o batizado de Maria um dos mais célebres acontecimentos da história simples da minha aldeia.

E bem andaram os pais em festejar-lhe o nascimento, porque ela trouxe grande missão consigo, qual a de amar incondicionalmente. Ela é, de fato, um dos poucos seres que tenho visto cumprir as leis do Evangelho. A mulher geralmente dotada de robusta inteligência, que a demonstra por um grande sentimento, pode dizer-se que é sempre mãe, uma vez que ampara sempre os desvalidos e intercede pelos culpados. Maria é, e tem sido sempre, a caridade em ação.

Que bela alma! Com seu carinho filial, tem dulcificado as grandes amarguras da minha vida.

Esmeradamente, tem cuidado das flores da minha tumba adorada e, ainda não há muitos dias, deu-me a mais grata notícia que eu poderia receber neste mundo, cônscia do imenso benefício que me fazia.

Uma tarde, achando-nos os dois no cemitério, disse-me com significativo e triste sorriso:

— Padre Germano, vós vos tornais egoísta; vosso corpo se inclina para diante, de modo que fitais muito o solo... Acaso quereis partir deste mundo?

— Para te ser franco, minha filha, espero essa hora com íntima alegria; às vezes, mesmo, como febril impaciência.

— E não sabeis que, se tal acontecer, terei mais trabalho? Sim, que em vez de uma, serão duas sepulturas a cuidar?... Mas ficai descansado que me arranjarei de modo a matar dois coelhos de uma só cajadada, visto que vos enterrarei aqui pertinho (assinalando a tumba *dela*) e, assim, cuidarei de todas as flores sem me fatigar.

Em ouvindo tal promessa, que importava na realização de oculto e tão ardoroso desejo sobre o qual jamais me atrevera a manifestar, senti profundo prazer, uma admiração tão imperiosa por Maria — que assim me dava a conhecer com tanta delicadeza o lugar da minha sepultura, para que morresse em paz — que apenas pude estender a mão direita sobre a sua cabeça, dizendo:

— A mulher sempre é mãe; e tu és uma mãe para mim. Compreendeste toda a minha história e assim é que me dás a certeza da única felicidade possível para mim — dormir o derradeiro sono junto dos restos de um ser amado... Como me julgo feliz, Maria! Quanto te devo!

— Muito mais vos devo eu.

— Não, Maria; jamais te falei do teu valor, porque conheço o teu caráter, e, como na Terra não possuímos o meio-termo, tua modéstia raia pelo exagero, é quase um fanatismo; hoje, porém, que me estou preparando para empreender longa viagem; hoje, que me despeço de ti, sem saber por quanto tempo, justo é conversemos largamente, pois talvez não se nos depare, nos poucos dias que tenho entre vós outros, tão propícia ocasião.

— Acaso estais enfermo? — perguntou visivelmente aflita.

— Precisamente enfermo, não; mas muito debilitado. E sei que, neste andar, não tardarei muito a adoecer; ora, em tais condições, raramente poderemos estar a sós, ou antes, nunca. E, pois, que os que se vão se confessam, a ti me confessarei e tu me confiarás tuas mágoas, quiçá, pela última vez. Vamos até à *Fonte da Saúde* e ali descansaremos, que a tarde a isso convida.

Formosa estava realmente a tarde; sentamo-nos olhando em silêncio o cume das montanhas longínquas, colmadas de abetos seculares.

Depois, fitando a meiga criatura, disse-lhe:

— Minha filha, muito me apraz o teu procedimento: em menina, foste sempre humilde, simples, carinhosa; jovem, tu te tornaste amável, pudica, discreta; e agora, ao entrares em madureza, eis-te digna sempre, ponderada e amiga do progresso.

Na profunda soledade do meu viver, foste-me sempre anjo tutelar; se eu chorava, em momentos de fraqueza, quando o tempo me parecia vazio, via-te entrar e logo me tranqüilizava, sem saber por quê. E era assim que eu entrava a pedir a Deus me perdoasse, lendo no teu olhar alguma coisa que me dizia: "Espera!"

Dois amores hei tido na vida: a ti, amei-te como amaria minha mãe, ou minha filha; a *ela*, a menina dos cabelos negros, amei como se ama a ilusão primeira, rendendo culto à sua memória, carinhando, ainda hoje, a ideia da morte, só por encontrá-la.

Sinto, porém, ao mesmo tempo, ter que deixar-te, apartando-me dos pobrezinhos desta aldeia. Certo, ter-te-ão eles no meu lugar, mas a verdade é que a tua condição não me agrada, visto como vives muito isolada.

Pela ordem natural das coisas, teus pais morrerão primeiro que tu, e eu quisera deixar-te ligada a um homem. Olha: mais de um conheço que te ama e respeita, sendo esse mesmo respeito que os impede de a ti se dirigirem. Uma vez que de mim recebeste o batismo, prouvera-me unir-te, também, a um homem honrado, abençoando em nome de Deus essa união.

Maria olhou-me fixamente, sorriu com tristeza e respondeu docemente:

— Padre Germano, muitas vezes me haveis dito que a mulher é sempre mãe, quando sabe amar e perdoar, quando sabe rogar pelo pecador, quando vela pelo moribundo ou, ainda, quando embala o berço dos orfãozinhos. Ora, eu amo muito a Humanidade; interessam-me todas as dores, todas as desgraças me comovem, atingem-me todos os gemidos; nestas condições, creio que seria egoísmo de minha parte o consagrar-me à exclusiva felicidade de um homem.

— Mas, acaso viverás feliz? Não. Acredita-me, Maria: eu também amo a Humanidade e tu bem sabes que, mais de uma vez, arrisquei a cabeça para salvar a vida de um desgraçado; mas, sobre o amor de todos os homens, em geral, a alma necessita (ao menos neste planeta) de um amor algo individual. Sem esse afeto íntimo não se pode viver, e tu não tens esse afeto, Maria...

— Tenho, sim, Padre.

— Ah! Pois também guardaste segredos para comigo?

— Tal qual como vós. Nunca me dissestes, até ao presente, que amáveis a menina pálida dos cabelos negros. Sem embargo, eu o sabia e compadecia-me de todo o coração; para não aumentar, entretanto, as vossas mágoas é que não quis contar as minhas. Mas, confissão por confissão, dir-vos-ei, agora, o que tenho idealizado, como todas as mulheres, tendo, aliás, encontrado a realidade desse ideal. Não obstante, a minha união ao amado de minh'alma é tão impossível quanto impossível foi a vossa à menina pálida, à da coroa de brancos jasmins...

— Tem ele outros laços que o prendam?

— Sim; prendem-no esses laços do corpo, que, no entanto, livres deixam a alma; e assim é que me ama, ainda que mo não dissesse, tendo seu pensamento sempre fixado em mim. Amo-o, também, com esse amor independente do exclusivismo e egoísmo humanos; com esse amor que aceita o sacrifício, fazendo progredir o ser amado, e crede que saberei cumprir o meu dever, como soubestes cumprir o vosso, pois convosco foi que o aprendi.

Eis aí por que, quando, lá no cemitério, me dizeis que muito me devíeis, respondi que mais vos devia eu, porque a vós devo a tranqüilidade da consciência, como vos deverei o progresso de um Espírito assaz enfermo. Acreditai-me: o cura de uma aldeia é o pai espiritual de uma grande família e é no seu exemplo que os seus filhos bebem lições. Pelo que me toca, convosco aprendi.

— Não, Maria, não; tu já trazias boníssimos pendores. Tinhas apenas cinco anos quando, uma noite, bateram ao presbitério desordenadamente. Eram um pobre homem e uma criancinha esfarrapada. Tu, que ali te achavas, ao veres aquela criaturinha, entraste a fazer-lhe carícias, carregando-a ao colo para vesti-la com tua roupa e te cobrires, tu mesma, com os seus andrajos. Um ano depois, passaram uns pobres ciganos e, às crianças que traziam, também deste toda a tua roupa!

— Bem; concordo que já trouxesse boas inclinações, mas meu sentimento só despertou com a observação dos vossos atos. Assim é que, vendo-vos dar a própria roupa, de mim para mim dizia: — "Se ele assim procede, nós todos devemos imitá-lo." De ordinário, a criança não tem grande iniciativa e faz aquilo que vê fazer outrem, o que é poderoso incentivo para que sejamos bondosos, não tanto em nosso benefício, como para beneficiar o próximo. O homem é, na verdade, o espelho das crianças.

— Justamente por interpretares tão bem a missão do homem, na Terra, é que eu desejara constituísses família, para que teus filhos fossem modelos de virtude.

— Desisti de tal empenho, Padre Germano, por impossível; de resto, nos projetos que me tracei, não tendo filhos carnais, tê-los-ei espirituais, filhos d'alma, porque fundarei hospitais para a velhice, casas de caridade para as crianças e, não só isso, como também recolhimentos de coração para as pobres raparigas abandonadas no lodaçal do vício, asilos para os cegos e, quando, finalmente, deixar a Terra, vos procurarei para perguntar se estais contente comigo.

— Minha filha, grande é a tua missão; na verdade, os que assim vêm a este mundo, não vêm para ser intimamente felizes, porque a felicidade da Terra tem muito de egoísta.

— Não sei qual a minha missão; o fato é que sempre pensei em fazer o bem e se vos amei foi por ver o vosso constante sacrifício pelo próximo, obra essa que me propus secundar. Às vezes, como se estivesse sonhando, eu via cravados em mim uns grandes olhos... e quando aqui chegou um homem, enquanto o povo lastimava a vossa ausência, quando corri a pedir a esse homem a vossa liberdade, vi nos seus olhos a realidade do meu sonho... Desde então, fiz voto de não ter outros filhos além das criancinhas órfãs, que porventura encontrasse no meu caminho.

Muitas vezes me tendes dito que a criatura não tem outros gozos senão os conquistados por suas existências anteriores. Nós, sem dúvida, olhamos no passado, com indiferentismo, para o santuário do lar doméstico, e assim é que hoje consumis a vida solitariamente e eu terei também que consumi-la no sonho dessa divina existência, ao influxo embriagador de uns olhos apaixonados, prometedores de eterna felicidade.

— Tens razão, Maria, mas nós temos o futuro.

Sentindo-me fatigado, regressei ao presbitério, meditando na confissão da rapariga, pois, conquanto tivesse compreendido que o Rei amava aquela criatura, não supunha fosse ele, por sua vez, a encarnação do seu sonho.

Vejo algo de providencial nesse amor, que, com certeza, não é de hoje. A alma de Maria é grande, elevadíssima, e a do Rei assaz mesquinha; dois Espíritos assim, não se podem fundir exclusivamente pela atração do presente. Como conceber tal juízo, se são duas forças que se repelem na atualidade? Da parte dela o amor não pode visar ao homem impossível e será, antes, de ternura, de compaixão pelo seu Espírito. Neste mundo, como apenas vemos a parte infinitesimal das coisas, a tudo se chama amor; e quantas vezes as paixões terrenas não passam de expiações dolorosas, pagamento de dívidas e obsessões tremendas, nas quais o Espírito quase sempre sucumbe à prova! E a mulher é, certamente, quem mais sofre, por sensível e apaixonada, enternecendo-se facilmente e dificilmente esquecendo! Eis a razão por que não trepido em afirmar que a mulher é sempre mãe, uma vez que ama sempre. Criança, é mãe das suas bonecas; na adolescência, mãe das aves e das flores, que cultiva carinhosamente.

Quando tem no homem o filho, então, por ingrato que este lhe seja, ela sempre o desculpa. Nem há falta que lhe não perdoe!

No confessionário sabem-se tantas coisas!... Bem contra vontade, fui confidente de dores tão íntimas e vi mulheres tão bondosas, que chego, às vezes, a não estranhar a fraqueza do sacerdote.

Contra-senso, anomalia, insensatez! Ordenam--nos que fujamos da mulher, mas que nos apoderemos, ao mesmo tempo, da sua alma!

Mandam-nos dirigir seus passos, despertar-lhe os sentimentos, ler no seu coração como num livro aberto, proibindo-nos, entretanto, de amá-la, por ser pecado. Mas, visto que o impossível não pode constituir lei, o abuso se dá e dará sempre.

Enquanto existir essa confissão, essas intimidades, dificílimo será o progresso de umas e o adiantamento de outros.

Não peçamos aos homens que deixem de amar, abafando o coração, porque nada valem hábitos e votos ante a doce confidência para criar o escândalo, querendo contrariar as leis incontrastáveis da Natureza!

Quantos escândalos advindos da teoria das tentações! E quantas exigências esgotadas nas aras de um inútil sacrifício!

Desunir homem e mulher — quando são dois seres que se devem amar e regenerar pelo amor!

Ah! a mulher!... A mulher é sempre mãe, porque a mulher é sempre bondosa!

Para Deus nunca é tarde

Para Ti nunca é tarde, meu Deus! Glória ao fundador dos séculos!

Glória a Ti, de quem o tempo é a apoteose; glória a Ti, suprema sabedoria que sondas o fundo das consciências com a sonda da tua tolerância!

Quanto te amo, meu Deus! Quanto te admiro! Tudo prevês e prevines, tudo vês e pressentes, porque tu és a luz! Jamais deixas o vácuo entre os homens: quando uma árvore ressequida cai sob o machado cortante da morte, novos rebentos florescem em torno do macróbio das florestas.

É o que vejo ao redor de mim. Fui, por longos anos, a sombra protetora de alguns seres atribulados, desde as mais remotas paragens desta aldeia, e, agora, conheço que não tardará a minha atribulação, pois dentro em breve ou terei deixado a Terra, ou serei apenas um pobre valetudinário de conturbada imaginação, entre as lembranças do passado e os pressentimentos do futuro.

Serei criança outra vez, e, como no verdor dos anos, buscarei os raios-do-sol, porque sempre acreditei que, banhado de luz, mais próximo estava de Deus! Oh! a luz é tão formosa!...

Eu desejava a morte e, sem embargo, me intimidava, porque, olhando em torno de mim, via tantos e tantos homens dominados pela tentação, carecendo dos meus conselhos, e pedia a Deus me substituísse por alguém que continuasse minha tarefa na querida aldeia; e como Deus concede quanto se lhe pede para o progresso da Humanidade, eis que tenho Maria a meu lado, sacerdotisa do povo, mulher original, que, por suas condições especiais, é chamada a regenerar um planeta!

Graças, pois, meu Deus, que já não estou só! Graças, porque já posso dormir o derradeiro sono, deixando-a no meu lugar! Sim, e em pleno viço de juventude e de amor! Já não incidirei em egoísmo, desejando, uma que outra vez, apressar o momento da partida.

Há tanto tempo que não vejo a menina pálida dos cabelos negros!...

Perdoa-me, Senhor, se penso em mim, quando ainda me não pertenço!

Ainda me resta fazer alguma coisa aqui na Terra: Rodolfo ainda precisa de mim, está tísico d'alma, o pobre; a consunção apodera-se do seu Espírito, enquanto a inanição lhe consome o corpo.

Pobre filho!... Filho, sim, pois convicto estou de que já lhe dei o nome, que lhe embalei o berço.

Quanto pesa o ser mau! Como me compadeço do seu sofrer! O desgraçado já acordou, já reconhece que não vive e tem sede de vida, o infeliz!

Ainda esta noite, lamentava-se, a conversar com Maria sobre a solidão da sua existência! E como o aconselhou ela!... A verdade é que Rodolfo a ama; que sente por ela um amor desconhecido; que vê, nela, não a mulher, mas a mãe; admira-a como todos nós a admiramos, e, quando com ela se entretém, parece que fica mais tranqüilo. Outras vezes, ao ouvi-la, se aterra, como que escutando horrível profecia. Esta noite, Maria esteve assaz inspirada, provavelmente como intermediária de Espíritos superiores, porque o brilho dos seus olhos, o tom da sua voz, e alguma coisa de luminoso que a envolve, tudo me faz crer que com ela se comunicam os Espíritos do Senhor!

Quanta eloqüência! Que sentimento e que convicção!

Quanto a mim, exulto ao ouvi-la falar. Esta noite, principalmente, esteve inspiradíssima. Rodolfo chegou antes dela e sentou-se, taciturno e apreensivo. Acercando-me, então, disse-lhe:

— Que tens? Noto que estás mais triste que de costume.

— Dizei, antes, que estou desesperado.

— Que te sucede, então, de novo?

— De novo, nada; tudo em mim é velho! Mas é que já não posso suportar o peso enorme da vida, e, se não fora a maldita influência que sobre mim exerceis, asseguro que tornaria à Corte e, de crime em crime, ao menos viveria, porque a verdade é que, aqui, não vivo.

— Porque não queres viver.

— Isto dizeis, porque me julgais feliz. Mas, que diabo quereis que faça, quando em toda parte me sinto mal? A única a dissipar um pouco as nuvens que obscurecem meu pensamento é a filha de Luísa; quando essa menina, a sorrir, me diz umas tantas coisas, parece-me que não estou neste maldito mundo; súbito, porém, assalta-me a mente a ideia de que a mãe dessa menina pertence a outro homem; que aquela mesma criatura que me deleita é fruto do seu amor por outro, e a inveja me amargura, crente de que esse homem, na sua miséria, é mais feliz do que eu, vendo-se amado.

— Mas, certamente, ele é mais feliz do que tu.

— Depois dessa convicção, depois de compreender que estou por Deus amaldiçoado, como diabo quereis que viva? Tolo que fui em vos ouvir. Mas, não é tarde para voltar atrás e creio que voltarei à Corte; isto de vida contemplativa é muito bom para os santos, Padre Germano; para vós, por exemplo, que encarais o passado sem ter de que vos envergonhardes. As meditações não foram feitas para os réprobos.

— Pois precisamente estes é que necessitam meditar — exclamou Maria, que, ao entrar, ouvira as últimas palavras de Rodolfo.

Este, ao lhe ouvir a voz, estremeceu e corou de vergonha, procurando sorrir, enquanto estendia a mão que a moça apertou com efusão, fixando nele o seu olhar magnético e dizendo docemente:

— Ingrato!

Rodolfo fixou-a com um desses olhares que valem por toda uma história, a pedirem todo um mundo, enquanto ela, apoiando-lhe a mão na fronte, acrescentava com ternura:

— Acalmai-vos, pobre louco!

Ele, então, dócil como uma criança, exalou profundo suspiro e, levantando-se, aproximou-se de mim, já sorridente, exclamando:

— Não temais, Padre Germano, não me separarei de vós; mas há momentos...

— Nos quais ficais completamente louco — disse Maria, sentando-se a meu lado —, porque a verdade é que só um louco pode dizer-se amaldiçoado por Deus.

— Pois se não estou amaldiçoado, estarei ao menos esquecido — replicou Rodolfo com impaciência —, visto como, na vida, mais não tenho feito que desatinos. E é por isso que, se a vida me assusta, a morte me aterra, pois, se algo houver além... ai de mim pelo que terei de passar!

— "Se houver algo além", dizeis... Mas, é Maria quem vo-lo afirma, que não há algo, porém, tudo. Vossa existência de hoje não é mais do que a milionésima parte de um segundo no relógio da eternidade.

— Isso mesmo afirma o Padre Germano e eu quero crê-lo; mas, às vezes, penso que ele delira.

— Ouve-me — disse Maria —, reconheceis no Padre Germano uma grande superioridade em relação a vós?

— Sim, reconheço, nem há que duvidar.

— Mas, por que, então, nascendo vós e ele do mesmo modo, com escalas pela infância, adolescência e juventude, puderam, em chegando à madureza, dominar um as suas paixões e ser o outro por elas dominado, até à degradação? Por que teria ele a luz desde criança, existindo somente a sombra para vós? Um tal contraste não vos fala à consciência?

Porventura, não fala ele de um progresso anterior de uma existência antes começada, agora continuada e a seguir-se no futuro?

Supondes que a existência humana pode confinar-se nuns quantos anos de loucura e que, depois de um prazo tão breve, sobrevenha o esquecimento, o nada, ou, ainda, o juízo final sem apelo nem agravo? Não vedes que isso é impossível?

— Impossível? que sei eu? A verdade é que os mortos não voltam...

E, ao dizê-lo, violento estremeção agitou-lhe todo o corpo: seu rosto contraiu-se e, levando o dedo aos lábios como para impor silêncio, ouviu como que aterrorizado alguma coisa, que ressoou para ele; depois, levantou-se e percorreu a sala em todas as direções, como quem foge de uma sombra... Mal pudemos contê-lo, fizemo-lo sentar-se, a cabeça reclinada em meu peito, enquanto Maria, de pé, diante dele dizia:

— Rodolfo! Rodolfo! desperta!

— Os mortos voltam... Que horror! — acentuou ele com espanto, abraçando-se a mim, como se fugisse de um fantasma.

Maria impôs-lhe as mãos à cabeça, enquanto dos seus dedos se desprendiam como que chispas luminosas, partículas de luz... Meu pobre filho foi-se acalmando pouco a pouco, até que pôde balbuciar com voz sumida:

— Não me abandoneis; sou um desgraçado!

— Como te abandonar — disse-lhe — sabendo tu que te amo de todo o coração? Mais de uma vez te hei dito que, ainda mesmo que pudesse ascender à mansão da glória, nela não entraria sem ti, ainda mesmo que lá me esperasse a menina pálida dos cabelos negros! Sim, e sim porque, se ela é o meu amor, és tu o meu dever. Escuta, Rodolfo, escuta: ouve bem o que te vou dizer; fita-me bem e grava em tua memória o meu semblante! Estás vendo? neste momento estou certo de que um fogo estranho brilha em meus olhos: o sangue me escalda as veias e as ideias adquirem lucidez; olho o espaço e vejo a Terra. Ouve-me: uma voz me disse que alguns séculos se hão passado e eu vejo um novo quadro: vejo-te a ti, jovem, vigoroso, vestindo a blusa humilde do operário; sorris, com tristeza, pensando em mim vagamente; não és um estranho, porque eu me aproximo muito de ti; não levo o hábito horripilante que ora envergo, mas alva túnica... e não te abandono um só momento, pois que te sigo sempre. E falo-te, inspiro-te e ministro-te o alimento da minha vontade; trabalho para o teu progresso, a infiltrar o meu no teu pensamento... Em teu ser vive minh'alma; e tu vives inconscientemente, entregue à minha recordação... E tudo isso sucede após o transcurso de muitos séculos. Vê, pois, meu filho, que, por muito tempo, permanecerei junto de ti... Como supor, então, que te abandone agora? Mas dize-me: que viste para correres assim desorientado?

— Viu o filho, ao qual também eu vi — disse Maria. — Não é verdade, Rodolfo?

— Oh! se é! Ainda se fosse só ele... Mas vi também meu pai, Berta, Elisa e seu marido, e ouvi tão próxima aquela gargalhada... Ah! parece que ela inda reboa em meus ouvidos!

— Acalmai-vos — disse Maria —, sede razoável; vós mesmo vos atribulais sem necessidade. Certo, sois um infeliz, mas não queirais aumentar vossa desgraça com a ingratidão. Dizeis que não sois amado, que os réprobos são amaldiçoados por Deus! Ingrato! Ingrato! Pois o amor imenso do Padre Germano nada vale? E o meu leal carinho, tampouco, nada vale? Dizei.

— Digo que tudo isso me não satisfaz e é verdade; não me satisfaz, porque sois vós a primeira mulher a quem tenho olhado com religiosa veneração; experimento, a vosso respeito, o mesmo sentimento que experimentaria por minha mãe; mas quisera, ao mesmo tempo, que me amásseis... de outra maneira; eu mesmo não sei o que quereria... e de mim mesmo me envergonho... e...

— Compreendo — replicou Maria em tom melancólico. — Em vós, necessariamente, se hão de confundir os puríssimos afetos d'alma com os torpes desejos da matéria. Não sabeis nada melhor, não bebestes nas puras águas do espiritualismo; antes, saturado de materialismo, não conheceis todas as múltiplas sensações da vida. Assim é que reduzis tudo à sensualidade, quando o apetite da carne é, dos agentes da Natureza, o que deve ocupar o mais limitado tempo dos trabalhos. O grande trabalho é o do espírito e é esse, precisamente, que desejo enceteis. Quero que me ameis, sim, mas com esse amor d'alma, que purifica tudo quanto atinge. Deus que é tão grande, justo e bom, vendo que sois qual pedra desgarrada do cimo da montanha, a rolar de abismo em abismo sem encontrar fundo; Deus, querendo que renuncieis ao mal de muitos séculos, utilizado pelo vosso livre-arbítrio; Deus vos detém, agora, no declive do precipício, colocando ao vosso lado dois Espíritos de ação: o Padre Germano e eu.

Dois Espíritos de ação, digo bem, porque já sabemos como se cai, como se morre e como se ressuscita. Nós também caímos, sucumbimos ao remorso e, como vós, vivemos isolados... Se não o credes, refleti um momento e vereis como ainda vivemos intimamente isolados, quero dizer, vivemos para outrem, sem nos reservar um átomo dessa vida para nós mesmos... E quereis saber por que assim é? É porque, sem dúvida, ainda não somos dignos da felicidade.

— Nesse caso, de que serei eu digno? — perguntou Rodolfo com abatimento e tristeza.

— Hoje, mereceis compaixão; amanhã, sofrereis o castigo a que fizestes jus. Chorareis, já que o pão rejeitado por vossos cães foi, muitas vezes, negado aos vossos servos famintos; a sede vos abrasará, já que a água destinada às vossas cavalariças foi recusada a sedentos peregrinos; o teto também vos faltará, porque já vos aprouve arrancar de seus ninhos plácidos os pobres passarinhos, assim como negastes hospitalidade aos peregrinos enfermos; sereis humilhado, porque oprimistes muita gente; enganado, porque a não poucos tendes traído; durante alguns séculos parecereis um deserdado da Criação, tendo a pesar sobre vós a excomunhão dos vossos crimes.

Mas, como a vida do Espírito tem o seu princípio; como não viveis de toda a eternidade, tal como acontece a Deus, o resgate de vossas dívidas será cumprido; e como, nesse ínterim, vosso Guia não vos abandonará, além do auxílio dos gênios protetores; como, provavelmente, não persistireis no mal, sofrendo apenas as consequências do passado, com mais ou menos paciência e resignação, não aumentando de muito a vossa culpa — porque o velho guerreiro, coberto de cicatrizes, ainda que queira, pode ser grande — dia virá (remoto ainda) no qual vosso Espírito cansado, fatigado, rendido a tanto sofrimento e a tantas lutas, repousará um momento, coordenará suas reminiscências e verá que viveu um passado para viver no futuro, exclamando por fim: — "Deus! Providência! Destino! Força oculta! Poder misterioso! O que quer que seja! Se tenho vivido no passado; se vivo no presente e viverei no futuro, quero ser grande e bom, quero ser espelho da verdade e farol da razão! Desalterarei minha sede com fel amargo, quero a água pura da Vida! E porque tenho frio, muito frio n'alma, quero cobrir-me com o manto divino do amor!"

Então... como Deus nos dá cem por um e atende a todos que por ele chamam, então... Ah! Rodolfo, a Criação vos outorgará seus primores, sereis um homem honrado e tereis um lar povoado de sorrisos, ao lado da mulher amante e dos filhinhos alvoroçados, a chamar-vos: — "Papai, papai." Vossos amigos honrar-se-ão com os vossos carinhos, e, quando tenhais de deixar a Terra, uma família angustiada rezará sobre vossa campa.

Tão grande será a vossa satisfação ao reverdes a primeira existência de regeneração, que haveis de voltar à Terra duplamente fortalecido e querereis, já não ser bom e grande, somente, mas um dos luminares da Ciência nas civilizações futuras. E sê-lo-eis, decerto, porque, para converter-se em redentor de um povo, não precisa o homem de outro privilégio, além da força de vontade.

Assim, pois, Rodolfo, coragem! não fixeis o olhar na Terra, porque vosso futuro está traçado no céu.

Ao pronunciar tais palavras, Maria estava completamente transfigurada; seus grandes olhos brilhavam ao fogo sagrado da inspiração; era qual a profetisa dos templos, arrancando segredos à eternidade.

Rodolfo sentia benéfica influência, contemplando-a extasiado.

Por fim, exclamou cheio de nobre entusiasmo:

— Bendita sejais, Maria! Vossa voz ecoa em meu coração e reanima todo o meu ser. Não importa o sofrimento, uma vez que me concedem tempo para me regenerar. Eu acreditava que tudo estivesse perdido, que fosse tarde para mim, e essa convicção é que me acabrunhava.

— Não, Rodolfo: nós, os humanos, é que contamos o tempo; Deus, esse, não conta a eternidade. O seu *hoje* é eterno, o seu *presente* não teve princípio e não terá fim. Ele não viu a aurora do seu dia, nem esse dia o ocaso, porque o sol do progresso brilha sempre no zênite da eternidade.

Rodolfo, ouvindo tão consoladoras afirmativas, sorriu prazeroso e exclamou:

— E que devo fazer para começar minha tarefa?

— Olhai — replicou Maria —, hoje mesmo tive uma ideia: vi uma pobre mulher extenuada de fadiga, com três filhinhos que a acompanham na sua miséria. A pobrezinha, a julgar pela aparência, pouco poderá viver na Terra... Que será dessas pobres criancinhas se a caridade lhes não der generoso abrigo e assistência? Levantemos, pois, um asilo para os órfãos pobres: — a menor das vossas joias, o broche mais simples do vosso manto, valerá muito mais do que o terreno necessário para tal fim. Ajudai-me nessa obra, compremos um solar apropriado e edifiquemos nele uma vivenda alegre e risonha, dentro da qual sorriam as criancinhas.

— Sim, sim, contai comigo, são vossos os meus avultados haveres — exclamou Rodolfo, entusiasmado. — Farei quanto quiserdes, porque tenho, como dizeis, frio n'alma e quero cobrir-me com o divino manto do amor...

....

Noite formosa! Jamais a olvidarei! Quando fiquei só, ainda escutava a profecia de Maria, ouvia ainda a voz de Rodolfo e um prazer inefável inundou todo o meu ser!

É verdade: para Deus nunca é tarde! Glória a Ti, fundador dos séculos! Glória a Ti, princípio incriado! Glória a Ti, sabedoria suprema! Diante de Ti, tudo é pequeno, pois só Tu és grande!

O tempo — eis tua apoteose, porque com tempo e trabalho consegue o homem a sua reabilitação!

Para Ti nunca é tarde! Bendito seja o tempo, Senhor, porque o tempo é tua essência.

O MELHOR TEMPLO

Senhor! Senhor! Quanto se abusa do teu nome.

O nome de Deus é mina que todos os sacerdotes do mundo têm explorado a seu bel-prazer.

Desde os tempos mais remotos que ele serve para atemorizar os crédulos, para atrair os incautos ao jugo sacerdotal, ou ainda para subjugar os ignorantes e, quase nunca, para demonstrar uma verdade.

Que é a história religiosa? — Uma coleção de fábulas.

E as religiões, que são? No início, todas são lagos cristalinos; depois, convertem-se em pântanos lodosos, porque penetra nelas a exploração das misérias humanas, ficando a ideia primordial de aparecidas imagens, que, quase sempre, pedem um templo ao pé de uma fonte. Este é o resumo de todas as religiões, e esta soma total representa um algarismo sem valor algum — zero sem unidade que forme quantidade; nada, absolutamente nada!

Ó Senhor! não te adorasse eu na tua obra imensa; não sentisse, ao contemplar o espaço, estremecer meu coração; não trouxesse em meu íntimo os pressentimentos da imortalidade do Espírito; não admirasse os esplendores da Natureza; não te visse irradiando da Criação, como irradiam os sóis pelo espaço infinito; não aspirasse teu hálito divino na torrente que se despenha, como na flor silvestre que embalsama os prados; não compreendesse, em suma, que existes porque me criaste, e até se me esvairia a fé, ao receber instruções de meus superiores.

A última carta deles recebida, carta que chegou a gelar-me o sangue nas veias, dizia assim:

"Estamos muito desgostosos convosco porque a Igreja militante nada vos deve: sois um soldado inútil na sustentação da grande causa. O único serviço que tendes prestado é recolher ao redil algumas ovelhas tresmalhadas; mas o fato é que essa aldeia também nada vos deve. Se, quando para aí fostes, a velha igreja ameaçava ruína, concorrestes ainda mais para o seu total desabamento. Assim, sois um mau sacerdote, porque, a primeira coisa que um vigário de Cristo deve procurar é o aformoseamento da casa de Deus: se a igreja for de tijolo, esforçar-se-á por que venha a ser de pedra, ou, ainda, sendo possível, empregará na reconstrução os mármores mais finos, colunas de jaspe, estátuas de mármore, que lhe componham as capelas; a essas casas de oração, também se procura dar uma renda, pois em nada melhor podem os fiéis empregar seus haveres, que no culto e serviço de Deus. Assim, repetimos, estamos muito desgostosos convosco, visto não atenderdes nem às vozes dos homens, nem aos avisos do Altíssimo.

"Tendes aí, bem perto, um manancial milagroso, águas medicinais que são um apelo de Deus para reedificardes a sua igreja, que a indiferença dos homens (inclusive a vossa) deixa ruir, como se não fora o lugar sagrado da oração, asilo dos pecadores, refúgio bendito dos atribulados, e porta única dos aflitos!

"Vossa igreja desaba, paredes empenadas e ruinosas, e vós a deixais cair porque não amais a Deus. Considerando, entretanto, que vosso pecado pode, talvez, ser filho da ignorância, se quiserdes reaver nossa graça, fazei um apelo aos vossos paroquianos e dizei-lhes (sem mentir) que os inspirados de Deus vos ordenam a reedificação desse templo e mais (isto convém), que tivestes uma revelação na qual vos fizeram uma promessa, a saber: — "que a *Fonte da Saúde* dará alívio a todos os enfermos dessa aldeia, e, não só a eles, mas a quantos acudirem em peregrinação ao santuário que ides reedificar, visto que Deus concede cem por um àqueles de seus filhos que dele se lembrem...

"Deste modo, servireis a Deus e aos homens, visto como dareis vida a essa aldeia, transformando-a num lugar de peregrinação e recreio.

"À sombra protetora da religião, os desertos se convertem em vergéis, em oásis os areais candentes, que a graça de Deus abranda a dureza da própria pedra e a penha se transmuda em uberosa terra.

"Dai cumprimento às nossas ordens, pois, do contrário, ver-nos-emos obrigados a proclamar que sois um mau servo do Senhor, qualificativo que, na verdade, já mereceis, por nada haverdes feito em prol da Santa Causa."

Eis o que dizem, Senhor, os meus superiores: — que nada faço em proveito da tua Santa Causa!

Mas, acaso necessitas tu do auxílio dos homens? Ou são estes que não podem viver sem o teu auxílio?

Importa que o homem glorifique o Autor de toda a Criação? Ou antes é ele glorificado por sua própria obra?

Como toda carta exige resposta, eis o que respondi aos meus superiores:

"Senhores: — Acusais-me de ser mau servo de Deus e principiais por calcar a acusação num falso princípio.

"Sim, porque só os tiranos têm servos, e Deus, que ama a todos os seus filhos, sem exceção, não pode ter servos, ele que nunca foi tirano.

"Deus não quer os homens de joelhos, em inação beatífica, mas de pé, fitando o Infinito!

"Dizeis que abandono a velha igreja de minha aldeia às consequências da sua decrepitude, essa igreja cujas paredes tremem ao frio de centenares de invernos, dizeis que não cuido da casa do Senhor...

"E acaso necessita o Senhor dessas obscuras cabanas, quando tem por templo o Universo?

"Que outro melhor templo quereis vós, que o da Criação?

"Aí, as lâmpadas são os sóis, os altares são os mundos; as aves neles entoam o hino da ressurreição, e do turíbulo das flores sobem os incensos do perfume!

"E o musgo virente é o seu mais rico tapete! E as orlas dos mares são os seus melhores lugares de oração! O oceano é, também, o melhor mosteiro, porque os navegantes são os monges que mais se acercam de Deus!

"Que importam casas de pedra Àquele que tem sua casa nos mundos inumeráveis, a rolarem pelos espaços infinitos?

"Templos de terra, efêmeros como tudo que é terreno, não darei um passo para os edificar, porque, sob as suas abóbadas, o homem sente frio!

"Cristo escolheu, antes, o cume dos montes e os frágeis barquinhos para neles fazer suas prédicas, provando-nos, assim, que a cátedra do Espírito Santo não necessita de lugares privilegiados; que, para anunciar aos homens o reino da verdade, na época da justiça, bastava haver apóstolos do Evangelho. Não faltam casas de pedra nem lugares de oração; o que falta são homens de fé, que tenham fogo no coração, e, na mente, centelhas de amor. Ainda assim, tais homens são úteis a si mesmos, não a Deus.

"Deus de nada necessita dos homens!

"Onde se viu a luz reclamar o auxílio da sombra?

"Quando foi que o oceano pediu às nuvens uma gota de orvalho?

"E os mundos, quando reclamaram eles o sustento de um grão de areia?

"Como, pois, Deus, que é maior do que todo o criado, há de precisar que o homem lhe renda uma adoração forçada?

"Ao que é tudo, nada lhe falta. Não reclameis casas para Deus, a fim de não parecerdes aquele louco que pretendia guardar num cesto grande os raios vivificantes do Sol.

"Não espereis que eu dê um passo para reedificar minha velha igreja, pois cogito de levantar outros templos mais duradouros.

"Sabeis quais são? — São os Espíritos dos meus paroquianos, as almas simples destes camponeses, que hão de regressar à Terra tantas vezes quantas forem necessárias ao progresso do seu Espírito.

"Ensino-lhes que amem a Deus sobre todas as coisas e o próximo como a si mesmos; procuro prepará-los para a vida espiritual, falando-lhes, não dessa outra vida de que fala a Igreja, mas daquela que a razão nos dita. Inicio-os nos mistérios da imortalidade, falando-lhes da vida do Espírito, nessa formosa realidade.

"Ensino-lhes a rezar no recôncavo dos vales, no topo das colinas, no fundo dos abismos; quando se reúnem em torno da lareira, quando comem, quando descansam, quando despertam para o trabalho; sempre, constantemente, os faço pensar em Deus, e, devo dizê-lo, o meu pequeno rebanho não ora com os lábios e sim com o pensamento fixo no bem. Por isso, meus fiéis também não precisam ir à igreja rezar — cada qual tem um templo no próprio coração.

"Crede-me, senhores: a missão do sacerdote é educar o homem, não para o presente, mas para o futuro. Nós outros, bem o sabeis, somos os iniciados, porque nossa vida contemplativa e estudiosa nos permitiu ouvir a voz dos que se foram; sabemos que as almas vivem, como sabemos que os templos de pedra não são os lugares prediletos do Senhor.

"Deus não tem preferências: criou a Humanidade para o progresso e deixa-lhe a liberdade para progredir.

"Próximos vêm os tempos. Espíritos de luz encarnarão na Terra, e nós, os vigários de Cristo, somos os encarregados de preparar os homens para a Nova Era. Nós, os que temos a luz, não a escondamos debaixo do alqueire, pois amanhã nos pedirão contas do mau uso que fizermos dos nossos conhecimentos.

"Quereis que preconize como milagroso o tênue regato da minha aldeia, propondo-me com isso uma torpe impostura, esquecido de que não sirvo a causa tão nobre por tão baixos meios!

"Certo, deixarei pobre, muito pobre mesmo a minha aldeia; entretanto, seus habitantes abençoarão minha memória, quando houverem de trocar este pouso de trevas pela serena tranqüilidade na vida eterna.

"Se me for possível, antes de partir deste vale de lágrimas, hei de construir uma casa, não para Deus, que de casas prescinde, mas para os pobres, para os mendigos atribulados, para as crianças órfãs, para os velhos enfermos, para todos, em suma, que padeçam do alquebramento do corpo ou do Espírito.

"Acreditai-me, senhores, sois vós que não ides por bom caminho: o verdadeiro sacerdote deve instruir o povo, deve iniciá-lo nos mistérios da outra vida, apresentando-lhe a eternidade tal qual é.

"Até agora, sinto-me disposto a cumprir minha missão e nem pedidos nem ameaças poderão demover-me do meu nobre empenho.

"Fazei de mim o que vos aprouver, destruí meu corpo, que é o mais que podereis fazer, porque meu Espírito, esse sobreviverá e não faltará com quem me comunique na Terra, para continuar a afirmar o que vos digo: — que o melhor templo de Deus é a sua Criação."

Eis o que lhes respondi. Que farão eles de mim? Não sei; entretanto, se me tirarem a vida, estou em afirmar que quase me prestarão um benefício. Vê-la-ei mais depressa, a ela... a menina pálida dos cabelos negros!

Perdoa-me, Senhor! Sou egoísta, pois que me esqueço dos pobres da minha aldeia!... Ingrato que é o homem!... Só quer viver para si, quando devemos viver para outrem.

Uma vítima de menos!

Graças, Senhor! Mil graças te dou por me haveres permitido salvar pobre criança de uma vida de suplícios! Inocente criatura, que culpa poderias ter dos devaneios e desatinos de tua mãe? As faltas dos pais não atingem a quarta e quinta gerações, não! Deus é mais justo e maior na sua justiça!

Manuscrito querido, amigo inseparável de toda a minha vida, herança única que legarei ao mundo! Se do conteúdo de tuas páginas amarelecidas resultar algum ensinamento para o mundo, eu me darei por satisfeito em te haver feito depositário de todas as impressões de minh'alma.

Velho livro, meu companheiro, tu és o meu confessor, pois que te conto quanto faço e quanto penso; és o espelho da minha existência e, assim, devo confiar-te a nova história a que dei remate.

Faz hoje oito meses que, achando-me no cemitério, veio Miguel comunicar-me que uma senhora e uma jovem me esperavam na igreja.

Para lá caminhando, veio ao meu encontro essa senhora, e eu, ao fitá-la, reconheci antiga pecadora que vinha, de vez em quando, confessar-me seus pecados, fazendo constante propósito de se emendar, mas reincidindo sempre neles, visto como o que se aprende na infância não se esquece nem na velhice.

— Padre — disse —, hoje, sim, venho decidida a emendar minhas faltas e temos de conversar largamente.

— Disseram-me que não vínheis só...

— De fato: acompanha-me Angelina, mas, sem embargo, falaremos. Afastei-a, para que não ouvisse coisas que lhe não conviria ouvir.

— Se quiserdes, iremos os três para o jardim; vossa companheira ali ficará passeando, enquanto nós, os dois, subiremos ao meu quarto, onde ninguém nos poderá ouvir.

— Bem lembrado — disse a Condessa (pois era da mais antiga nobreza a minha interlocutora). — Vem, Angelina.

A jovem, que estava ajoelhada diante do altar-mor, levantou-se pressurosa e veio reunir-se a nós. Entre a Condessa e aquela havia uma tal semelhança de traços que o mais bronco observador perceberia logo o seu íntimo parentesco, com a diferença única de que Angelina era um anjo conservando, ainda, as brancas asas, e sua mãe uma Madalena sem arrependimento, chumbada ao lodaçal do vício.

Saímos os três da igreja e entramos no jardim. Chamando Miguel, recomendei-lhe não se afastasse de Angelina; e, subindo com a Condessa ao meu aposento, fi-la sentar-se defronte de mim, dizendo-lhe que começasse.

— Começarei pedindo-vos perdão por ter demorado tanto.

— Já de outras vezes vos disse que nenhum homem há com direito de perdoar ou condenar. Deus não tem, na Terra, nenhum delegado visível; o último, a ela vindo, há muitos séculos que se foi.

— Já vejo, Padre, que persistis na originalidade do costume, negando aos sacerdotes as atribuições que Deus lhes concedeu.

— Os sacerdotes têm as mesmas atribuições dos outros homens — a obrigação de cumprir os seus deveres. É o que farei sempre que aqui vierdes. Dar-vos-ei minha opinião e, de seguida, usando do vosso livre-arbítrio, seguireis a trilha que melhor vos prouver. Outra coisa, aliás, não tendes feito desde que vos conheço, há muitos anos, seja dito.

— É verdade, Padre, é verdade; e oxalá tivesse seguido vosso conselho desde a primeira vez que mo destes...

— Decerto, se me tivésseis ouvido, Angelina não teria vindo a este mundo, pelo menos como vossa filha. Pobre criança!

— Como? Que estais dizendo?... Quem vo-lo contou?

— Quem havia de ser? Ela própria, conquanto já o soubesse, pois traz no semblante precioso a fé do batismo.

— Aí, tendes razão e crede que é uma fatalidade, pois isso me obriga a afastá-la de mim, fazendo-a professar, por mais que esse estado lhe repugne aos ideais e seja incompatível com a sua própria saúde. Mas, que remédio, se as faltas dos pais recaem sobre os filhos e ela, como filha que é do erro, deve oferecer-se como vítima propiciatória.

— Não, absolutamente; neste caso, vós que sois a pecadora é que vos deveis sacrificar, pois na justiça de Deus não pagam os justos pelos pecadores. Deixemos, contudo, por enquanto, este assunto e dizei-me, antes, o que pretendeis fazer.

— Já sabeis que, na minha mocidade, errei por ter amado, podendo afirmar que o pai de Angelina foi o meu único amor.

— Não profaneis o amor, senhora; o amor é maior que um desejo satisfeito. O que em vós existiu foi simples desejo; o Marquês, esse sim, vos amou.

— Loucamente, é verdade.

— E continua na Corte, como sempre?

— Sim, está na Corte.

— Casou-se?

— Permanece solteiro.

— Tendes com ele falado alguma vez?

— Quando não há remédio, porque ele me odeia.

— Não admira, já que lhe tendes sido tão infiel... E nunca procurou Angelina?

— Acredita que ela morreu.

— Como?

— A mim me convinha afastá-lo completamente e essa menina seria uma arma assaz poderosa, se estivesse em seu poder. Isso queria ele, mas eu cortei-lhe todas as vazas e fiz passar por morta a pequena, encerrando-a num convento. Há apenas um ano que ela deixou essa clausura, porque, pela observação que fiz, acabaria por finar-se ali, de consumação. Agora, de modo algum quer voltar para o convento e a mim se me despedaça o coração ouvindo-lhe os protestos... Não há, contudo, outro remédio, pois tem de ser monja... Eis por que disse, de mim para mim, que o melhor seria trazê-la à vossa presença.

    Sei que o Padre Germano lograria convencê-la, com brandura, daquilo que eu quero obter pela violência, mesmo porque já me disse que acabaria por suicidar-se, se eu de novo a enclausurasse.

    Ora, como já outras sombras me perseguem... não quero que a elas se vá juntar mais uma — a de Angelina... Eis a razão por que vos trago aqui uma carta de doação, perfeitamente legalizada, do meu castelo e aldeia de S. Lourenço, pois justo é que vos pague tão assinalado serviço. Fazei com que Angelina professe... Eu sei que se vos esforçardes, ela professará. Sois minha última esperança, pois meu marido e meu irmão estão de volta de sua viagem à Terra Santa e Angelina, nestas condições, é um estorvo do qual preciso desfazer-me.

    — E dizeis que ela não quer seguir a vida monástica?

— Não. Mas, que fazer? A honra do meu nome reclama um novo sacrifício. Aqui vos deixo (pondo-a sobre a mesa) a carta de doação.

— Bem, desde hoje Angelina fica comigo.

— Sim. Eu me retirarei sem nada lhe dizer.

— E, melhor, assim como, também, não deveis aqui voltar sem que vos avise.

A Condessa levantou-se e, chamando-me seu salvador, saiu precipitadamente. Foi a tempo, porque a paciência e a dissimulação já se me iam esgotando. Oh! como sofro quando falo com malvados!

E esta Condessa é uma mulher sem coração. Há na sua história grandes crimes, e o último que quer cometer é enterrar viva uma pobre menina, que deseja viver e amar, pois dos seus olhos irradia o sentimento, quanto em seu rosto se adivinha uma alma apaixonada.

Quando voltei ao jardim, vendo que a Condessa me não seguia, Angelina compreendeu de relance a ocorrência, e, tornando-me das mãos, disse em tom súplice:

— Padre, Padre! Vossa fisionomia é de um homem bom. Pois não é verdade que me não obrigareis a professar? Tende piedade de mim! Sou ainda tão jovem para morrer!

E caiu em pranto, num profundo abatimento que me inspirou a mais viva compaixão.

Apressei-me a tranqüilizá-la, mas a pobrezinha encarava-me com tal ou qual receio; senti, então, percorrer-me as veias esse *quê* desconhecido, que em meu ser se infiltra quando me cumpre convencer algum pecador: correntes de fogo envolveram-me a cabeça, enquanto o corpo vergado se erguia com majestade. Tomando a mão de Angelina, disse-lhe:

— Menina, olha bem para mim, ouve-me: Há sessenta anos que habito a Terra e nunca a mentira manchou-me os lábios. Prometo velar por ti e fazer-te ditosa, tanto quanto pode sê-lo uma mulher neste mundo. Dar-te-ei família, dias de glória e de plena liberdade! Confia, espera, pobre alma enferma, visto que longo tempo já sofreste na Terra.

— Ah! Padre, se soubésseis quanto tenho padecido!... — exclamou em tom vibrante. — Até me parece um sonho o escutar uma voz amiga. Vivi sempre tão solitária que não sei mesmo como não perdi a razão. Quando adormecia, sonhava que estava fora do convento e dava-me por tão feliz... Sonhava que ia a cavalo, seguida de muitos cavaleiros, a correr mais que todos eles, e logo... ah! que horrível despertar! Quando me levantava, sentindo-me prisioneira daquela sombria fortaleza, vendo desfilar mulheres de negros hábitos e rostos macerados, nos quais não se desenha um sorriso à flor dos lábios secos... então... era tal o meu pavor, que fugia como louca, gritando: "Deus! Deus! Meu Deus! tem piedade de mim..." E Deus se apiedou do meu sofrimento, porque a Condessa me tirou dali e me levou para o castelo de S. Lourenço, onde, durante seis meses, cheguei a julgar-me quase feliz, ora nos campos, subindo aos montes, ora percorrendo a cavalo as numerosas esplanadas do castelo. Tinha sede de vida e ali me dessedentei em parte, mas breve durou essa felicidade.

A Condessa começou a dizer que a fatalidade pesava sobre o meu destino; que os filhos espúrios deviam abster-se de contagiar a sociedade; que eu era a vergonha de uma família nobre, respondendo-lhe eu com as minhas lágrimas. Assim passamos outros seis meses, até que ontem ela me disse que me levaria a conhecer um santo, para que aprendesse a amar a Deus. Sem dúvida, esse santo sois vós.

— Não, minha filha, muito longe estou de ser um santo; contudo, repito: Deus encaminhou-te a esta pobre tenda para que nela encontres o repouso de que tanto necessita tua alma. Em breve ficarás conhecendo uma boa mulher, que não veste hábito negro e que te há de amar como irmã. Ela não tardará, visto que todas as tardes vem regar o jardim.

Logo que Maria chegou, informei-a de quanto ocorria e a nobre menina abraçou Angelina com tal carinho, falou-lhe com tanta ternura, que esta exclamou: — "Meu Deus, se estou sonhando, que não desperte deste sonho." Por fim, convenceu-se de que não sonhava, quando Maria a conduziu a sua casa, onde deveria permanecer até que se realizasse o meu plano.

Sem perda de tempo, fiz-me acompanhar de Rodolfo à cidade próxima e pedi para falar, em particular, ao pai de Angelina, um nobre infeliz que tivera a desdita de amar a Condessa com esse amor que só uma vez se experimenta na vida. Essa paixão, porém, jamais fora correspondida por aquela mulher sem alma e sem coração, rameira de pergaminho, que era, e, por conseguinte, das piores.

O Marquês conhecia-me, por ser amigo íntimo de Rodolfo, sendo mesmo um dos que mais o aconselharam a que viesse para a aldeia, a fim de encetar vida nova.

Quando me viu, ficou um tanto surpreendido, e mais ainda quando lhe disse:

— Necessito de sua pessoa por algum tempo.

— De mim?

— Sim, de vós. Pedi, pois, uma licença ao Soberano, se é que estais em serviço ativo.

— Não é preciso, porque há mais de um ano que, por enfermo, viajo por minha conta e assim continuarei viajando para vos servir.

— Pois bem, continuareis viajando; e, se pudesse ser pelo estrangeiro, melhor. Vou entregar-vos a custódia de uma jovem que tem poderosos inimigos. Querem que professe e ela prefere a morte a encerrar-se num convento; assim, sua vida corre perigo e preciso se faz que vos consagreis à sua guarda, preservando-a de toda e qualquer tentativa infame.

— Que mistério encerram vossas palavras! Que jovem será essa que assim confias aos meus cuidados? Que confiança é essa na minha pessoa?

— Digno sois dela. Acaso não vos sentis com força para respeitar uma menina que, para seu pai, passa por morta, enquanto sua mãe de si a repele?

O Marquês fitou-me e não sei o que teria lido nos meus olhos que me tomou de um braço e disse com frenesi:

— Será possível? Onde está ela? Viva, dizeis?

— Vinde comigo, está na minha aldeia.

— Pobre filha! — murmurou. — Quantas vezes me lembrei dela e me arrependi de a não haver seqüestrado a essa mulher sem entranhas, que nem Satanás quereria no inferno!

De caminho, inteirei-o de tudo, circunstanciadamente, procurando entrar de noite na aldeia. Uma vez ali, no meu aposento, se viram, pela vez primeira, pai e filha.

Ah! que prazer o meu, ante esse quadro, principalmente quando a nobre menina, pousando no Marquês os formosíssimos olhos, lhe dizia com meiguice:

— Vós me defendereis, não é verdade? Querem enterrar-me viva e, no entanto, tenho ânsia de viver...

— E viverás, minha filha — dizia o Marquês apaixonadamente. — Sairemos de França, iremos à Espanha, onde sempre há Sol e flores. E far-te-ei tão ditosa, que hás de olvidar os anos de martírio.

Não perdeu tempo, o Marquês: dentro de poucos dias, prontos estavam seus aprestos de viagem. Angelina disfarçou-se em trajes de pajem e lá se foram, pai e filha, a caminho da Espanha, seguidos de dois escudeiros.

Descrever o júbilo de Angelina, é impossível.

Quando se viu vestida de homem; quando se convenceu de que suas cadeias estavam despedaçadas;

quando contemplou o semblante do pai, do qual irradiava a mais pura alegria, virou-se para mim e disse:

— Cumpristes vossa palavra, pois que, de fato, me fizestes ditosa, outorgando-me uma felicidade com a qual nunca sonhara... Bendito sejais vós e crede que nem um só dia de minha vida deixarei de vos bendizer. Se chegar a constituir família, meus filhos hão de ter, por sua primeira pronúncia, o vosso nome.

Horas de sol, sagrados momentos de ventura desfrutamos, eu e Maria, acompanhando pai e filha a longa distância. Quando abracei a nobre menina e quando o Marquês me disse, profundamente comovido, que jamais me esqueceria, pareceu-me divisar uma sombra branca, coroada de jasmins, a fitar-me e a sorrir com um riso angélico.

Maria e eu, olhos fixos na estrada, quedamo--nos a contemplar os viajantes, até que se sumissem a distância; depois, olhamos um para outro e exclamamos a um tempo: — "Graças a Deus! uma vítima de menos!"

Passados alguns dias, avisei à Condessa que me procurasse e ela não se fez esperar. Chegada que foi, levei-a para meu quarto e lhe disse:

— Temos que falar.
— E Angelina professará?
— Não quer ser monja.
— Ah! mas é preciso que o seja...
— Pois não o será.

— Como? Que dizeis? Então não ficou combinado que vos faria doação do castelo de S. Lourenço, com a condição de que Angelina professasse?

— Então pretendeis pagar, com um casarão mais ou menos amplo, a vida e o futuro de uma mulher?

— Ah! se vos parece pouco, pedi mais e vo-lo darei.

— Que me haveis de dar, se nada quero? Aqui está o título de doação, vede. (E desenrolei o pergaminho.) Pois bem, vede para que o quero... — E o fiz em mil pedaços.

— Que fazeis? Enlouquecestes? Pois não tínheis convencionado comigo?

— Eu jamais me conformo e me conluio para cometer um crime; e fazer com que vossa filha professasse era mil vezes pior que assassiná-la, porque era matá-la lentamente. Fiquei com vossa filha e aceitei, aparentemente, a infame doação, porque era mister salvar uma vítima. Eis por que vos fiz crer que me havíeis peitado; mas, ficai bem certa de que jamais me vendi, nem me venderei, visto não haver ouro bastante nas jazidas da Terra, para comprar a consciência de um homem honrado.

— E que fizestes de Angelina?

— O que devia fazer: dar-lhe proteção e amparo.

— De que modo?

— Que vos importa isso? Não tendes sobre ela direito algum.

— Como?

— Repito: reclamai-a em nome da lei, dizei que vos esquecestes daquilo que a mulher nunca deve esquecer. Não queríeis afastá-la de vós? Não era ela um estorvo? Pois bem, ela se foi, porém livre, feliz... Pretendíeis assassiná-la lentamente, queríeis fazer dela uma louca e eu dei-lhe a felicidade, restituindo-a a um pai que, de longos anos, a chorava como morta.

— Está com ele? Que fizestes?! Estou perdida!

— Nada temais, o Marquês jamais vos molestará, pois é demasiado feliz para se ocupar convosco. Nem ele, nem Angelina se lembrarão de vós, mesmo porque o esquecimento do verdugo é a vingança de suas vítimas. A vossa lembrança há de lhes causar horror e, assim, para não sofrerem, esquecer-se-ão. O Marquês, ao ver a filha, tão jovem quão formosa, chorou como criança.

— Mulher sem coração, que sois! Então, não vos penaliza ver sepultados no fundo de um claustro tanta juventude, tanta vida e tanto amor, somente por um capricho de vossa vontade? Pobre menina, tão martirizada! Mas, ainda bem que ela hoje está livre, graças a Deus! É uma vítima de menos.

A Condessa encarava comigo e mil e uma paixões desencontradas a torturavam e faziam empalidecer. O ódio, via-se, fulgurava no seu olhar. Levantei-me, olhei-a de frente e fi-la tremer, dizendo:

— Sois um miserável reptil que pensais lançar sobre mim vossa baba peçonhenta; pois bem, fazei o que quiserdes, na certeza de que vossa filha está salva. Ai de vós, porém, se a perseguirdes, porque, nesse caso, o confessor se transformará em juiz ou, por outra, denunciar-vos-ei ao Rei. Bem sabeis que conheço toda a vossa história horrível.

— Piedade! Piedade! — exclamou aterrada.

— Tranqüilizai-vos, infeliz mulher, segui vossa vida de agonias; sois bem digna de compaixão, visto que não há na Terra uma só criatura que possa abençoar-vos. Continuai a erigir casas de oração, mas não vos esqueçais de que as orações por vós compradas nada aproveitam ao repouso da vossa alma. Esta tem muito que gemer, porque os que com ferro ferem, com ferro serão feridos.

A Condessa olhou-me espantada e saiu precipitadamente, enquanto eu apanhava no chão, tranqüilamente, os pedacinhos de papel que acabara de triturar, atirando-os, como o faria uma criança, pela janela fora. Eles, os papelinhos, revolutearam no ar quais mariposas e foram perder-se de mistura, além, na poeira das estradas. E eu não pude deixar de sorrir com melancólica satisfação, à ideia de que meu Espírito, assim desprendido das misérias terrenas, entregava ao vento as riquezas mal adquiridas. Não deixava, entretanto, de horrorizar-me a consideração de que aquele documento, assim esfacelado, bem poderia ter ido parar a outras mãos. E, se tal acontecesse, a pobre Angelina, tão jovem, tão bela, tão ávida de viver e de gozar, seria sepultada no fundo de um claustro, onde talvez enlouquecesse, negando a existência de Deus.

Agora, que contraste! O Marquês escreve-me confessando-se o mais feliz dos homens, pois a filha é um anjo! Esta, também, me diz:

"Padre Germano, sou bem feliz e a vós o devo; meu pai adora-me, cerca-me de um luxo deslumbrante; há um jovem espanhol que diz amar-me, e, se possível fosse, iríamos, eu e ele, pedir vossa bênção à nossa união. Como é bom viver! Ah! eu pressentia a vida, sonhava com a felicidade. Às vezes, ainda sonho que estou no convento, subordinada às mulheres de hábito negro, e começo a gritar, chamando por meu pai e por vós.

"Minhas damas de companhia despertam-me e choro, então, de alegria por ver-me nos braços de meu pai. Quanto vos devo, Padre Germano! A gratidão de toda uma existência é pouca para pagar tão grande benefício!"

Mas, não! Eu me sinto amplamente recompensado, pois a satisfação d'alma; a tranqüilidade do espírito que cumpre seu dever é a justa recompensa por Deus concedida aos que praticam a sua lei.

Ao considerar que, pelo meu procedimento, há de menos uma vítima, quão ditoso me sinto, Senhor! E a Ti o devo, Senhor, por me haveres dado tempo para progredir, para reconhecer tua grandeza rendendo um culto racional à tua suprema verdade!

Sim, Tu me iluminaste a mente conturbada pelos desatinos de passadas existências. Bendito sejas Tu, fanal dos séculos! Tu que criaste o Espírito imortal!

O VERDADEIRO SACERDÓCIO

Completo hoje vinte e cinco anos. Sou jovem, isto é, de corpo; minh'alma, meu ser, porém, deve contar centenares de séculos, visto como alcanço muito longe no horizonte da vida, não obstante pouco haver vivido, prisioneiro, qual tenho sido, nestes poucos anos de existência terrena. Que tenho visto eu? Um grande sepulcro, porque um convento não passa de uma sepultura. Homens de negras vestes me assistiram, mudos como o terror, sombrios como o remorso, e esses homens de novo me iniciaram numa religião de gelo, quando eu sinto em mim todo o fogo de um sagrado amor.

Deram-me vários livros e me disseram: — "Lê-os, mas lê-os como as crianças; não olhes mais que a letra... Ai de ti se te compenetrares do Espírito!"

E li, sôfrego, e compreendi que tais livros não passavam do abecê da religião; e pedi, implorei, supliquei aos meus superiores me deixassem ler outros volumes, que eles avaramente guardavam.

Olhavam-me de alto a baixo e, ásperos, retorquiam: — "Queres avançar muito, subir muito alto... Cuidado, não vás cair." Li muito, estudei, analisei, e dentro de pouco tempo os monges me disseram: — "Temos conhecido que nos poderás ser útil lá fora, pelo que, hás de deixar esta casa. Talento não te falta; trata, pois, de adquirir audácia e breve faremos por que te sentes na cadeira de São Pedro; note-se, a tiara pesa muito; mas tu tens cabeça para sustê-la. Tu já sabes que te não pertences, que és um instrumento da *Ordem*. Ai de ti se te esqueceres." De momento nada lhes respondi, pois o que eu queria era deixar a prisão, o que fiz acompanhado do meu jovem e fiel companheiro *Sultão*, cuja inteligência me assombra.

Cartas valiosas, de recomendação, serviam-me de salvo-conduto para basculhar velhos arquivos, nos quais achei livros antiquíssimos, que devorei com vertiginosa rapidez, sendo que, durante um ano, não fiz outra coisa senão ler, noite e dia, meditando ao sopé das montanhas, quando do alto descia o vespertino crepúsculo.

— Onde está Deus? — perguntei às estrelas — e elas me responderam: — "Pois estás cego? Não vês em nossos fulgores o reflexo do seu olhar? Onde a luz irradia, aí está Deus."

— Onde está o Onipotente? — perguntei às aves — e elas, trinando amorosamente, me conduziram a seus ninhos, nos quais, ministrando ensinamento aos filhotes, diziam: — "Aqui está Deus!"

— Onde poderei falar ao Ser Supremo? — perguntei às nuvens — e elas, desmanchando-se em ligeira chuva, responderam: — "Onde estamos; em nós mesmas, que, com o nosso orvalho, fecundamos a terra."

— Onde poderei sentir o hálito do Criador? — perguntei às flores — e elas me responderam: — "Em nosso perfume, pois nossa fragrância é sopro de Deus."

Como é formosa a Natureza! Não é verdade que, quando a primavera sorri, o coração se dilata e a imaginação nos fala de amor?

Eu também amo, eu também sonho! Sou tão moço...

Depois de pronunciar estas palavras, emudecia, baixava os olhos e fixava-os nas vestes negras que, fatal barreira, me separavam dos íntimos gozos da vida.

Hoje tenho de tomar uma resolução, pois já pronunciei votos; sou, em suma, um sacerdote. E que é um sacerdote? Um homem dedicado e consagrado a praticar, celebrar e oferecer os sacrifícios a Deus; o ungido, o ordenado, o sábio nos mistérios, o homem exemplar que, qual espelho convexo, tem de atrair ao seu centro os raios luminosos de todas as virtudes.

Que me ensinaram as religiões? Dois grandes princípios, duas eternas verdades: primeiro, não há mais que um Deus, como não há mais que um culto; segundo, fazer o bem pelo mesmo bem.

Posto que tarde, reconheço que a religião a que me filiei mortifica o corpo sem alevantar a alma, visto que pede o absurdo, o impossível, o truncamento das leis naturais, um sacrifício superior às fracas forças, quais a reclusão, a soledade completa, ou seja, o aniquilamento do ser.

Que horror!

O homem digno, o homem livre, deveria protestar; eu mesmo protestaria; porém... a luta me assusta; compreendo perfeitamente que não vim à Terra só para defender meus direitos, mas para pugnar pelos direitos de outrem.

Procuro estudar-me e então, vejo em mim um homem como os demais, faltando-me estas condições de vida: meu Espírito, como se estivera desprendido do corpo, encara este mesmo corpo com uma espécie de compaixão, contempla com tristeza os prazeres da Terra e repete, considerando o seu organismo: — "Isto... não é para mim, eu não vim gozar; não nasci para viver; meu trabalho, meu dever é outro, pois, decerto, não foi à toa que nasci do mistério, cresci na sombra e, sem consciência de mim mesmo, consagrei-me ao serviço de Deus."

Nada sucede por casualidade e quando meu Espírito, livre como o pensamento, amante da luz como as mariposas, veio a este planeta, sem família e no seio de uma comunidade que não tem a menor ideia da liberdade individual, é porque devo demonstrar que o homem, em todas as esferas da vida, pode e deve ser livre, tão livre que coisa alguma o domine, a começar por suas paixões. Há sacerdotes que são maus, porque são vítimas dos seus apetites carnais, tanto quanto das suas ambições, quando o homem deve ser superior a todos os vícios, uma vez que, para isso, o dotou Deus com a inteligência. A religião a que pertenço, sublime na sua teoria, tanto quanto mesquinha e absurda na sua prática, necessita de representantes dignos, de verdadeiros sacerdotes, e estes... desgraçadamente escasseiam, visto que aos homens não se lhes pode pedir impossíveis. Nem todos os Espíritos vêm à Terra dispostos a progredir; a maior parte vem para *viver*, ou seja, passar o tempo sem pressa de se adiantar, porque a indiferença é o estado habitual do Espírito, enquanto não tenha sofrido em grande escala. Quando, porém, o homem cai e se fere, tornando a cair para fazer mais profunda a sua ferida; quando todo o ser se lhe transforma em cancerosa chaga, então, sim, não vem ele à Terra por passatempo, mas para trabalhar, instruir-se, lutar, não precisamente com outrem, mas consigo mesmo. Eu compreendo que vim para lutar comigo e sei que o Espírito vive, não nos céus, nem nos infernos das religiões positivas, mas nos mundos inumeráveis que contemplo por noites silenciosas, e cujos luminosos raios me dizem que aí, nessas longínquas regiões, a caudal da vida tem sua fonte. Grandiosa, a Criação! Numa gota d'água e num planeta, há seres que se agitam, vivem e amam.

Eu quero, no presente, lutar com as minhas imperfeições para viver amanhã! Teria vivido ontem? Sim, e mal, com certeza. Por isso, escolhi hoje uma mãe sem amor, uma família sem sentimento, uma religião absurda que tudo nega ao homem, deixando-lhe apenas dois caminhos — a apostasia e o sacrifício, a queda em todos os vícios, ou a vida de insulamento. O sacerdote desta religião vem ao mundo buscar duas coroas, uma de flores, outra de espinhos. A primeira, cingem-na todos aqueles que satisfazem completamente seus desejos, considerando as religiões como meios úteis de vida e empregando talento e audácia no impor-se aos demais, vestindo-se de arminho e púrpura; estes vivem, decerto, mas só aqui na Terra, onde ficam as suas regalias, seus bens, seus impuros afetos; para a eterna vida do Espírito, nada conseguiram adquirir, nada fizeram, além da perda de alguns anos, na inércia e na hipocrisia...

Eu, porém, sou mais avaro: quero, ao deixar a Terra, levar alguma coisa e, por isso, cingirei a segunda coroa — a de espinhos — e as gotas de sangue que manarem das minhas feridas serão o batismo sagrado da regeneração do meu ser. Certo, pedi para ser sacerdote e justo é me desempenhe do meu ministério; entretanto... encarando o futuro, tenho frio, muito frio n'alma. Como vou viver isolado, Deus eterno! Não tenho mãe, nem irmãos, nem terei mulher, nem filhos... Filhos!... Como lhes velaria o sono... Como brincaria com eles, revendo-me em seus olhos! Ah! eu haveria de escalar o céu, se me pedissem eles uma estrela!

Uma mulher! Viver ao lado de uma mulher, será viver no paraíso. Às vezes, sonho com uma mulher que nunca vi! Formosa, branca de neve, tem uns olhos negros como o meu futuro, e ela se me afigura triste, muito triste, apesar de formosa. Ah! que felicidade, se vivesse junto dela! Mas... é impossível... O sacerdote da religião a que pertenço tem de viver só, qual ramo seco no vergel da vida.

O homem que faz um voto deve cumpri-lo e eu cumprirei o meu, vivendo não para mim, mas para outrem. O verdadeiro sacerdócio é cumprir cada qual o seu dever. Senhor! Senhor! Dá-me forças para cumprir fielmente os grandes deveres que a mim mesmo impus.

Dá-me o ardor da caridade, o delírio da compaixão, a febre do amor universal!

Prometo-te, Senhor, nada ambicionar para mim mesmo, não me reservar um só átomo de felicidade, não exigir que alguém me ame, para o não converter num ingrato. Quero, como o Sol, dar luz; dar o perfume do sentimento, como as flores; quero fecundar alguns corações com o rocio das minhas lágrimas.

Muito te peço, Senhor, mas Tu não deixas de atender aos que a Ti recorrem, assim como respondes aos que te chamam, pois Tu és Deus, a fonte da eterna vida, e vida é o que te peço.

....

Como estou só! Meus superiores encolerizaram-se comigo — e tudo por quê? — porque lhes escrevi, clara e simplesmente, que estava disposto a progredir e, para dar princípio à minha regeneração, cumpriria, em tudo e por tudo, o verdadeiro sacerdócio: que amaria os humildes e as crianças; que serviria de amparo à velhice; que consolaria os atribulados e os aflitos; que nada reservaria para mim, nem faria qualquer esforço para o engrandecimento da *Ordem*; que desejava, enfim, ser um sacerdote do Cristo, pobre e humilde, visto como os ricos paramentos eram devorados pela traça, enquanto que as virtudes eram como o abeto em cujo tronco se não aninham insetos roedores.

Eles dizem-me que trema, preparando-me para arrostar todo o rigor de suas iras. Insensatos!... Não tremerei jamais; saberei sofrer, porque sei esperar. Que me importa uma existência, quando sei que a eternidade me pertence?

Sei que me preparam grandes lutas, principiando por sofrer os horrores da miséria. Meus superiores me sitiam com a fome... Como me conhecem mal! Enviaram um emissário a fim de me tentar. Um homem opulento, um dos grandes magnatas da Terra, veio pedir-me, quase de joelhos, fosse preceptor dos seus filhos e confessor da esposa, e obrigou-me a aceitar-lhe a hospitalidade, dizendo que a sua seria a minha família. Sentei-me à sua mesa por quinze dias, mas, nos seus ricos manjares, não encontrei sabor algum. Uma mulher jovem, pálida e triste, sentava-se a meu lado e carinhosamente perguntava:

— Padre Germano, que doce, que fruta vos agrada mais? E, com esse prestígio que infunde a religião, quatro meninos me diziam:

— Pedi, Padre; pedi.

E um homem sem perspicácia, dócil instrumento do seu confessor, repetia:

— Já vos disse. Padre, deixo-vos o encargo de dirigir minha família.

Entretanto, respondi-lhe um dia:

— Fazeis muito mal, pois o homem que está no pleno gozo da sua razão não deve abdicar dos seus direitos a favor de quem quer que seja.

— É que vós sois um sacerdote — replicou — e aos ungidos do Senhor pertence a direção espiritual da família.

— E para que vos achais neste mundo? — disse-lhe eu. — Porventura não sois um pai competente para guiar vossos filhos, um marido capaz de aconselhar vossa mulher? Que melhor confessor pode ter a mulher, além do seu marido? Quem melhor compreenderá as crianças que seu próprio pai? Que juízo fazeis de um sacerdote? É um homem como qualquer outro, e, crede-me, não o associeis à vossa família, porque o sacerdote é galho seco que, enxertado em tronco são, depressa lhe absorve a seiva.

A mulher pálida olhou-me fixamente, olhou depois o marido e enrugou-se-lhe a fronte. Prossegui, dizendo:

— Se me quereis para professor de vossos filhos, sê-lo-ei, mas, não vivendo em vossa casa; a permanência aqui não me convém; como chefe da família, não quero tal chefatura, porque não quero afetos que me não pertencem; e, como preceptor dos vossos filhos, a convivência aqui se assemelha muito à servidão, quando eu não vim ao mundo para servir aos ricos, mas aos pobres. Deixai-me livre como as aves do céu, para que percorra o mundo em busca dos infelizes, em favor dos quais pedi a Deus o sacerdócio.

— Sois um ingrato — disse o potentado com furibundo entono.

— Sou apenas um homem que não quer gozos que lhe são vedados. Aqui, viveria exclusivamente para mim, e o dever do sacerdote é viver para outrem.

Nessa mesma noite abandonei o palácio, e, ao passar por uma das galerias, veio-me ao encontro a mulher pálida, chorando silenciosamente:

— Padre Germano, não vos retireis sem me ouvir em confissão...

— Confessai-vos a vosso marido, senhora.

— Ele não me compreende.

— Dizei, então, a vossos filhos as vossas angústias.

— Pobres anjos... São tão pequeninos...

— Então, confiai-as a Deus, senhora; crede; amai a Deus sobre todas as coisas, prestando-lhe culto com o fiel desempenho dos vossos deveres de esposa e mãe.

A pobre moça engoliu um gemido e tive-lhe pena, porque é uma alma bastante enferma; a infeliz vive só; o marido nem a compreende, nem a estima e, por isso, fugi dela, sedenta que está de felicidade e de amor. Não convém que os famintos de carinho estejam em contato com os que, por sua vez, têm fome e sede de ternura.

Uma vez na rua, seguido do fiel *Sultão*, respirei livremente. Senti-me no meu meio, no seio da pobreza, ou, antes, da miséria, pois meu protetor, em represália (como ele dizia), despachou-me sem dinheiro, de vez que no seu entender os rebeldes não eram dignos do pão de cada dia.

Muitos são os seres cujo patrimônio único é a Providência e esta, assim o entendam, não desampara a nenhum de seus filhos. Prazeroso, pois, saí de um lugar no qual tríplices cadeias me manietavam; e tranqüilo, e sereno, lá fui falar a Deus. A Lua esplendia no céu, reclinei-me num barranco e abismei-me nos meus pensamentos.

Largo tempo estive assim, meditando, e, como a consciência me dizia que bem procedera, benéfico sono me cerrou as pálpebras. Ao despertar, já a aurora purpurizava o horizonte; mas, antes mesmo de coordenar ideias, vi um grupo de gente miserável ao pé de uma barraca, reconhecendo logo que eram mendigos, uns, e camponeses outros, a escutarem atentamente os gritos que, de dentro da choça, lançava uma mulher. Precipitando-me para o local, vi, então, um quadro doloroso: uma jovem leprosa, deitada num monte de palha, sofrendo as dores agudas de penoso parto, tendo a seus pés, sentada, uma pobre velha.

Tomei nas minhas a mão da enferma, e a pobre mendiga, ao ver-me, ficou assombrada. Eu olhava-a com profunda mágoa, porque recordava minha mãe, que nunca vi, e pensando que talvez tivesse eu, também, entrado no mundo daquele modo, sob tão tristes auspícios!

Não tardou que um grito me ferisse os ouvidos e logo um menino chorou, lamentando, sem dúvida, o haver nascido. A velha o envolveu nos seus farrapos, enquanto a mãe me fitava com esse profundo olhar dos moribundos, no qual se lê toda uma tragédia. Depois, penosamente, articulou esta palavra:

— Padre!

— Padre, serei também pai de teu filho, porque o verdadeiro sacerdote é o pai de todos os desgraçados. Podes morrer tranqüila, mas, antes, dizei-me como te chamas.

— Madalena...

— É o nome de uma pecadora: pois bem, que teu arrependimento seja tão sincero como o da mulher que adorou a Jesus — e, tomando o menino, concheguei-o ao peito, enquanto o semblante da agonizante se iluminava de um sorriso divino.

— Crês em Deus? — perguntei.
— É Ele que vos envia — respondeu.
Depois, envolvendo-me num olhar amorosíssimo, estendeu a destra como para abençoar o filho, e expirou.
Jamais olvidarei o último olhar daquela mulher. Quando saí da choça, as mulheres me rodearam, cada qual querendo tomar o menino para criá-lo. Atentei num homem ainda moço, que nada dizia mas deixava correr, pelas faces tostadas, silenciosas lágrimas.
— Tens família? — perguntei-lhe.
— Sim, senhor, mulher e dois filhos.
— Queres ter, provisoriamente, mais um filho? Digo provisoriamente, porque, uma vez passado o período da amamentação, virei buscá-lo.
— Bendito sejais vós, senhor! Era esse o meu desejo, pois minha mulher, em fazer o bem, considera-se feliz.
Duas horas depois, deixava o recém-nascido entregue à sua nova família.
Quando vi que aquele inocente estava amparado; que seres caridosos se disputavam em acariciá-lo; possuí-me de agradabilíssima emoção, tão feliz, que disse de mim para mim, apesar de não possuir dois soldos que fossem: — "Graças, Senhor! A vida do sacerdote não é triste, desde que possa praticar a caridade."

Como corre o tempo! Já tenho trinta anos! Quantas peripécias em cinco anos! De quantas calúnias tenho sido vítima, e quantas dores advindas da minha expatriação! Minhas mágoas, porém, acalmavam-se ao contemplar o meu pequeno André. Pobre menino! Quando lhe falo da mãe, chora, e *Sultão*... em o vendo chorar, procura distraí-lo com afagos. Oh! como se entendem os meninos e os cães! Estou hoje muito comovido, porque o magnata que pretendia confiar-me a educação dos filhos morreu, instituindo-me tutor e curador dos mesmos e encarregando-me, especialmente, de velar por sua jovem viúva; e, como o melhor meio de velar pelas mulheres é não tratar com elas, jamais falei a sós com essa senhora, tanto mais quando sabia dever-lhe a minha repatriação. De fato, foi ela quem falou ao Rei, pondo em jogo suas valiosas relações e conseguindo que o próprio marido respondesse, pessoalmente, pela minha lealdade. A tantos favores eu deveria corresponder com o maior retraimento possível, não facilitando, jamais, a ocasião de estarmos a sós, mas sempre na presença dos filhos. Pobre alma aquela! Como viveu isolada! Ontem, chamou-me, e como o coração nunca ilude, não preveni para que a conferência tivesse testemunhas, mesmo porque, ao condenado à morte, tudo se concede no último dia da vida. Assim, concedi àquela mártir uma entrevista a sós.

Quando me viu, sorriu tristemente, e disse com voz fraca:
— Padre Germano, vou morrer...
— Já sei.
— Morro sem ter vivido...
— Estais enganada, pois todo aquele que cumpre o seu dever, vive, e vós o cumpristes como esposa e mãe.
— Não, Padre, não; guardo um segredo e necessário é que vo-lo diga.
— Falai, então.
— Amei a um homem mais que a própria vida, amo-o ainda... e esse homem não é o pai de meus filhos.
— Esse amor foi correspondido?
— Não; ficou encerrado em meu peito, como a pérola em sua concha.
— Tanto melhor para vós, pois o amor que não chega a romper o silêncio, como sacrifício que é, purifica o Espírito.
— Julgais-me culpada?
— Culpado é aquele que procura, fora do seu lugar, o belo ideal de sua alma.
— Então Deus me perdoará?
— Deixareis vós de perdoar a vossos filhos?
— Obrigada, Padre Germano.
E a enferma lançou-me um desses olhares que encerram todo um poema de amor.
— Se pressentis a morte, que disposições tendes a ordenar-me?

— Que sejais um pai para meus filhos, os pobrezinhos que ficam tão desamparados no mundo... E quisera também que...

Sua pálida fronte coloriu-se, cerrou as pálpebras e exalou um gemido.

— Que é? falai. Vosso Espírito desprende-se do invólucro, já não pertenceis a este mundo, tendes por cumprida, felizmente, vossa expiação.

— Quisera — continuou a enferma — dissésseis a esse homem quanto... quanto o amei, para que, ao menos por gratidão, rogasse por mim. Aproximai-vos, para que ao ouvido vos diga o seu nome.

Olhei-a, então, com um desses olhares que são uma verdadeira revelação e disse-lhe em tom compassivo:

— Não é necessário pronunciar esse nome, porque há seis anos que o vi escrito em vossos olhos; e foi por isso que abandonei o palácio, que me afastei de vós, para que, se pecásseis em pensamento, ao menos não pecásseis por obras; o cumprimento do meu dever, contudo, não me obriga a ser ingrato; e por isso agradeci vosso carinho e hoje me alegro por deixardes o mundo, visto como, assim, deixareis também de padecer. Amai-me em Espírito, pois; ajudai-me com o vosso amor a suportar as misérias e provações da vida. E agora, até já, pois vou chamar vossos filhos, aos quais pertencem vossos derradeiros olhares.

A agonizante reanimou-se de uma força estranha, estendeu-me a mão gelada, que, por um segundo, tive entre as minhas... Presto, chamei os filhos e, meia hora depois, quatro órfãos me abraçavam chorando... Eu... também chorei, porque, como eles, ficara órfão.

Ainda agora, venho do cemitério, tristemente impressionado pelo aspecto do seu caráter.

Naquela cabeça inerte, ainda ontem fervilhando ideias, havia um pensamento e esse pensamento era para mim...

Não é a mulher dos meus sonhos, pois esta, ainda não a encontrei — pálida, de cabelos negros a ornarem-lhe a fronte — todavia, a alma agradece o afeto que inspira a outro ser, e eu me conservarei sempre grato ao amor desse Espírito. E foi por gratidão que lhe fugi, visto não haver seduções ante o cumprimento sagrado do dever.

Inspira-me, Senhor! dá-me força de vontade para seguir pela trilha da virtude. Não quero, ao influxo de qualquer paixão, ser escravo, mas, ao contrário, dominar meus sentimentos. O sacerdote da religião a que pertenço, não pode viver para si, mas para o próximo, tornando-se instrumento da caridade. Há muitos sacerdotes, falsos ministros de Deus, que profanam seu credo religioso e eu, Senhor, não quero profaná-lo. Antes quero praticar dignamente o meu verdadeiro sacerdócio.

CLOTILDE!

Parece-me um sonho, mas, sonho horrível!... A mão me treme, o peito arfa com violência, os olhos se me anuviam de pranto... E choro, sim, choro como criança; choro, como se houvera perdido todas as ilusões da vida! E bem considerado, na realidade, que me resta dessas ilusões?

Nada!... Também tive meus sonhos: quando me consagrei ao Senhor, acreditei firmemente que, cumprindo sua santa lei, seria agradável a meus superiores, os quais me amariam e protegeriam, impelindo-me ao bem. Acreditava, então, que a Religião e as religiões formavam um só corpo; para mim, a Religião era como o tronco da árvore do progresso, e ramos frondosos as religiões, a cuja sombra podia repousar tranqüila a Humanidade.

Um mês não havia, porém, que pronunciara meus votos e já estava convencido do meu erro. A Religião é a vida, sim, mas as religiões causam a morte. A morte, sim, e agora não há remédio; tenho que morrer envolto nestes hábitos, que são o meu sudário, pois cobrem, na verdade, um corpo morto.

 Certo, não posso viver neste mundo, asfixiado por tanta iniqüidade! Senhor, Senhor! como é horrível a vida neste planeta. Sempre que um desgraçado vem pedir-me que o ouça em confissão, tremo; ah! quisera não saber de nada, quisera antes fugir de mim mesmo, pois tenho medo da própria sombra.

 Perdoa-me, Senhor; deliro, talvez, porque estou hoje louco de dor. Grande loucura a minha, se repelir o progresso!

 Mas sofro tanto e o homem é tão fraco, que, acredito — meu Deus — seja perdoável meu abatimento.

 Tenho diante de mim um trabalho imenso, muito superior às minhas depauperadas forças. Como vencer? Impossível! Mas, nada há impossível para a firme vontade humana. Neste momento, sinto que me percorre as veias uma corrente de fogo; a cabeça escalda, mil ideias luminosas açodem-me à mente; vejo-me crescer, agigantar-me, eu mesmo me encontro grande e poderoso, ouvindo alguém dizer-me:

 — *Vencerás*; ao que minha razão responde: — *Vencerei*.

 Esta manhã, procurou-me na igreja uma mulher de meia-idade, dizendo-me:

 — Padre, tenho que vos falar sem perda de tempo.

 — Pois começai — respondi.

 — Aqui, não — replicou com espanto —, vamo--nos para bem longe.

Saímos da igreja, caminhamos largo trecho e, quando lhe pareceu, deixou-se cair sobre uma pedra, cobrindo o rosto com as mãos e chorando amargamente. Por fim, com a voz entrecortada de soluços, articulou:

— Minha filha... minha pobre filha!
— Que há? — perguntei.
— Estou louca, não sei como explicar o que em mim se passa, e, se me não amparardes, meu mal não terá cura.

E a mulher chorava, com verdadeiro desespero. Apoiei a destra à sua fronte e, com voz imperiosa, disse:

— Acalma-te, mulher; estanca as lágrimas, pois com soluços nada se consegue e sim com explicações e raciocínio. Fala, portanto, certa de que, se em minhas mãos estiver o remédio, pronto cessará tua agonia.

— Bem o sei, Padre, e por isso vos procuro. Decerto, não vos lembrareis de mim e, conseguintemente, não me conheceis.

— É certo; mas isso que importa? Todos os desgraçados são meus filhos e, uma vez que sofres, pertences à minha família.

— Bem o sei, Padre, bem o sei, pois vos conheço há mais de vinte anos. Sou a ama de Clotilde, a filha dos duques de S. Lázaro. Fostes vós quem batizou essa menina, a quem amo mais que a própria vida...

E pôs-se de novo a chorar e soluçar.

— Fazes bem em amá-la. É um anjo essa menina...

E tive medo de prosseguir na conversa, pressentindo algo de horrível.

Ela continuou:

— Clotilde não deveria ter nascido de tais genitores. Depressa vos convencereis de que o duque de S. Lázaro é capaz de tudo: ultimamente era chefe de uma conspiração, que fracassou porque Clotilde, indignada, vendo as perversas intenções do pai — sem delatar o autor dos seus dias, nem quaisquer de seus cúmplices — avisou o Rei que se mantivesse de prevenção, porquanto, alguns descontentes maquinavam contra a sua vida. Sob tal pretexto, o Rei mandou encarcerar alguns revoltosos, mas não suspeitou do duque de S. Lázaro, por ser este mais tímido que os outros.

Tudo isto me foi revelado por Clotilde, de quem fui sempre a única confidente, mesmo porque, sua mãe é tão infame quanto o pai. Este, que teve grandes reservas com a filha, suspeitou da possibilidade de ser ela quem avisou o Rei, e uma noite (nem me quero lembrar) entrou no oratório onde rezávamos, Clotilde e eu, e, segurando-a pelo braço, sacudiu-a brutalmente, dizendo: — "Já sei que foste a autora da denúncia ao Rei." — "De fato — respondeu a menina —, e isto porque amo muito a meu pai para tolerar seja ele um assassino." Ao ouvir tais palavras, o Duque, cego de raiva, teria matado a filha se não fora a minha intervenção. De nada, porém, me serviu salvá-la naquela noite, para perdê-la depois, visto que, passados alguns dias, os pais a levaram para volverem sem ela. Rojei-me aos pés da Duquesa, para saber da menina do meu coração e o Duque disse: — "Podes dar graças a Deus de não teres igual destino, visto como és tão culpada quanto ela. Minha filha, a esta hora, já saberá o pai que tem, pois não é impunemente que se me frustram os planos. Os *Penitentes Negros* já lhe terão ensinado a obediência que deve guardar às minhas ordens..."

Não sei por que fiquei calada, nada respondi; e, recolhendo-me maquinalmente ao quarto, juntei quanto dinheiro possuía e pensei no meu confessor. Logo, porém, lembrei-me de vós e disse: — "Aquele é melhor"; e, saindo do palácio, meti-me a caminho.

Aqui estou, portanto, para vos suplicar pelo que de mais caro houverdes no mundo, que vos certifiqueis do paradeiro de Clotilde.

Dizem uns que sois bruxo; outros, que sois bondoso, para não deixar sucumbir uma pobre criança. Lembrai-vos de que fostes vós que a batizastes... Ah! É um anjo! Se soubésseis... é tão bondosa...

E a infeliz mulher chorava de tal modo que me fazia estremecer.

Tão comovido fiquei que nada lhe respondi e, com a cabeça entre as mãos, deixei-me ficar perdido na mais profunda meditação. Não sei o tempo que decorreu. Por fim, despertado, senti-me banhado em suor, olhei em torno e vi a pobre mulher a fitar-me com ansiedade, dizendo:

— Padre, que tendes? Ficastes pálido como um defunto... Estais doente?

— Sim, doente, porém da alma. Não te incomodes, contudo; tranqüiliza-te, porque, ou perderei meu nome, ou Clotilde tornará a teus braços.

Presto, levantei-me e me senti forte, experimentando essa estranha sensação que me acode sempre que tenho de entrar em luta. Vi diante de mim sombras aterradoras e exclamei: — "Já sei quem sois, bem vos conheço; sois as vítimas dos *Penitentes Negros* e sei, também, como sucumbistes. Mas vós me auxiliareis, não é assim? Aquela pobre menina vos inspirará compaixão!... Ela é tão jovem!... Não viu ainda a flor de vinte primaveras e já está condenada a gemer num escuro calabouço... Ajudai-me, pois, vós outras... Não é verdade que me ajudareis?" E as sombras inclinaram-se em sinal de assentimento...

— Padre — disse a pobre mulher —, que dizeis? Falais não sei com quem e eu nada vejo...

Essas simples palavras fizeram-me volver à realidade; deixei-me cair sentado numa pedra e pus-me a refletir, visto como, se há impossível, é, sem dúvida, arrebatar uma vítima aos *Penitentes Negros*, associação poderosíssima, patrocinada pelos soberanos, terrível em suas sentenças, misteriosa em seus atos, e cujos agentes se encontram por toda parte. Ai do desgraçado que lhe caia nas garras. Mais de uma vez nos temos visto frente a frente, seus maiorais e eu; já lhes disse o que penso, como ninguém jamais o terá dito; e, da última vez que nos falamos, disseram-me eles que, se tivesse outra vez a ousadia de sair da minha aldeia para espionar suas ações, contasse que seria a última, pois que os *Penitentes Negros* cumpriam sempre o que prometiam.

Que fazer, pois? que fazer? Lutar e, na luta, vencer ou morrer.

Voltando-me para a infeliz mulher, que chorava silenciosamente, disse-lhe:

— Não chores; tem fé em Deus, confia na justiça da sua lei. O que falta neste mundo são homens de força de vontade; tu a tens, como eu. Trabalharemos, pois, para o bem da Humanidade. Hoje refletirei e amanhã começarei a operar...

E aqui estou, enquanto a ama de Clotilde lá se foi para a casa de Maria, onde deve aguardar os acontecimentos.

A sós contigo, manuscrito querido, perco-me num mar de conjeturas.

Quanta iniqüidade, meu Deus, quanta iniqüidade! Essa comunidade religiosa, esses *Penitentes Negros*, que a generalidade acredita serem humildes servos do Senhor, pois tanto correm a cuidar do enfermo como a ajudar o labrego na sua faina rude; que tanto auxiliam o político eminente nas suas ambições de Estado, como aos capitães deste nas suas operações estratégicas; esses homens, que parecem *enviados* da Providência, são, antes, invisíveis verdugos da Humanidade. Quando a ambição decreta a morte de um rei, dirigem eles o braço regicida; se se combina uma vingança de família, ateiam o facho da discórdia; e, enquanto uns obrigam os moribundos a firmar valiosas doações a favor da confraria, enterram outros os pobres, cavando eles mesmos a sepultura e dizendo praticar, assim, a fraternidade universal...

Quanta hipocrisia, quanta falsidade! Isto, porém, os faz invencíveis, pois ninguém acreditaria que os *Penitentes Negros* eram exploradores, aliás, os maiores egoístas que possa a religião acobertar.

Como insinuar ao povo a sua fraude, se o povo os vê em toda parte a socorrê-lo, para que enterre seus mortos, para que lavre suas terras? Impossível; e, sem embargo, essa impostura é uma verdade. O pior é que, para lutar com eles, não há combater frente a frente e isto é o que mais me dói. Para fazer um benefício tenho de trabalhar cautelosamente, urdir na sombra a minha trama, quando sou tão amigo da luz! Pobre criança! Pobre Clotilde! Quem diria, quando te apresentaram para que te balizasse, ou quando, depois, sucessivamente vinhas à igreja atirar-te a meus braços, dizendo: — "Padre, minha mãe diz que não gosta de mim porque sou má; dize-lhe tu que sou boazinha..." — quem diria tal sucedesse? Pobre menina, vejo-te ainda de branco, corada e esbelta, formosa como a primeira ilusão, sorridente como a felicidade... Hoje estarás, talvez, num sombrio calabouço. Conheço muito o duque de S. Lázaro, como dócil instrumento dos *Penitentes Negros*, que lhe terão dito: — "Dá-nos tua filha, merecedora de exemplar castigo por sua delação". E ele, o Duque, lhe firmou a sentença de morte, visto como, claramente, vejo em tudo isso o plano da Ordem. Conheço tão bem esses *Penitentes*...

Farão com que o Rei proceda rigorosamente com a família do nobre rebelde; apoderar-se-ão da grande fortuna de Clotilde e, dizendo-se tutores da órfã, obrigá-la-ão a firmar uma doação em forma. E depois... pobre menina... que horror! Mas, ainda duvido! ainda receio! ainda não pedi a Deus que me inspire para que possa evitar um novo crime! Perdoa-me, bom Deus, mas Tu me vês; vês que este corpo fraqueja... Dá-lhe vigor, meu Deus, que de forças necessito. Adeus, manuscrito querido, alguns dias passarão, antes que possa comunicar-te minhas impressões.

Adeus, aldeia tranqüila; adeus a ti, que guardas a tumba da menina dos cabelos negros! Senhor, permite que torne a ver estes sítios, que meu corpo se desagregue à sombra dos ciprestes que se curvam sobre aquela sepultura, sacrário de toda a felicidade da minha vida.

....

Três meses são passados... Que dias horríveis! Quanto tive de lutar! Ainda me parece mentira, quando penso no que consegui. Graças, Senhor! Como és bondoso para mim! Quantos obstáculos por Ti aplainados! Certo, sem teu poder, jamais teria vencido. Tu permitiste que alguns seres não se esquecessem dos benefícios que um dia lhes fiz: e, como a gratidão por fatos é o primeiro motor do Universo, pude obter, auxiliado por um homem agradecido, o que não alcançariam cem soberanos com todos os seus exércitos. Um nobre, poderoso magnata, há muitos anos deveu-me a vida e, mais que a vida, a honra e a consideração social, o que, aliás, me valeu profundos desgostos decorridos de infamantes calúnias. Tudo suportei, para que ele se conservasse livre. Companheiros de infância, estimava-o de todo o coração e dei-lhe provas do meu carinho, quando tive ensejo de o fazer.

Felizmente, ele não foi ingrato, como acaba de provar.

Cheguei à Corte sem saber a quem dirigir-me, visto como os *Penitentes Negros* têm espiões em toda parte. Parecem-se eles com o vento: não há lugar em que não penetrem. Lembrei-me de César, fui vê-lo, recebeu-me de braços abertos. Relatei-lhe, então, a triste história que me impelia a solicitar o seu auxílio e ele não me ocultou o seu triste assombro, dizendo-me: — "Pedes pouco menos que o impossível; e, além de tudo, pedes a tua e a minha sentença de morte; mas... tenho contigo uma grande dívida em aberto, e muito justo é que ta pague; assim como assim, faz muitos anos que me salvaste a vida e, pois, morrendo agora, ainda te ficarei devendo mais de vinte anos de existência."

Durante dois meses trabalhamos os dois com afinco, pusemos tudo numa dobadoura, até conseguirmos saber onde estava Clotilde encerrada.

Tudo se passou como eu previra; o duque de S. Lázaro e o filho morreram no cadafalso, para escarmento dos traidores; e a Clotilde não coube igual sorte porque o *Geral* da Ordem dos *Penitentes Negros* impetrou o seu perdão, que o Rei concedeu, em consideração ao suplicante.

Quanta iniqüidade! Oh! é horrível! O assassino pediu o perdão para sua vítima! Quanto sofri, meu Deus! César, porém, dizia-me: — "Tem paciência, pois se nos impacientarmos perderemos a partida. Capacita-te de que seremos esmagados pelo número, pois essa associação é como a hidra da fábula; pouco importa esmagar-lhe uma cabeça; ela renasce com espantosa multiplicidade; do que necessitamos é de dinheiro, de muito dinheiro, sem o que, nada conseguiremos." Por minha parte — pobre de mim! — não tinha dinheiro; tinha-o, contudo, Rodolfo, que, graças a Deus, entrou na boa senda e pôs à disposição de César avultados tesouros.

Finalmente, uma noite, pudemos eu e César, acompanhados de vinte homens d'armas, penetrar na sombria fortaleza. Desses homens, cada qual exigira uma fortuna para a família, porque forçar o cárcere dos *Penitentes Negros* era jogar a própria cabeça, com todas as probabilidades de a perder.

Depois de percorrermos vários subterrâneos, debaixo de um depósito d'água, em local lodoso devido a constantes infiltrações, deparou-se-nos, cosido à parede, um vulto no qual me custou, tal a sua forma esquálida, reconhecer Clotilde. César foi o primeiro a reconhecê-la. Tomei-lhe uma das mãos, dizendo: — "Clotilde, minha filha, vem; tua ama te espera!"

A infeliz fitou-me com espanto e, ao ver o hábito negro, repeliu-me com as poucas forças que lhe restavam, exclamando: — "Acaba de matar-me, antes que consigas levar-me contigo, monstro execrável! Odeio-te, odeio-te com todas as forças do meu coração! Queres atormentar-me, como fizeste na outra noite? Queres que morra, novamente, de dor e de vergonha? Odeio-te, ouviste? Maldito sejas, maldito."

E a infeliz chorava e ria ao mesmo tempo, sem que me fosse possível convencê-la.

César falava-lhe, ela escutava-o por um momento, mas, logo que me fitava, dizia: — "Mentes; se assim não fosse, não virias acompanhado desse homem de hábito negro." E, à viva força, afogando seus gritos, temendo uma surpresa a cada momento, saímos da prisão, fugindo quais sombras ao largo do bosque, até chegarmos ao vale, onde fogosos cavalos nos aguardavam para, a galope, nos levarem à casa de um guarda da mata, fiel servidor de César.

Ali chegados, colocamos Clotilde num leito, encarregando a mulher do guarda de chamá-la a si, pois a desgraçada moça, dominada pelo terror, perdera a fala e o movimento, embora não perdesse os sentidos.

César e eu ficamos num compartimento contíguo, até que ouvíssemos a infeliz soluçar, falar depois e pedir sucessivamente para ver seus libertadores.

Ao entrarmos no aposento, a pobre menina, ao ver-me, uniu as mãos e pediu-me perdão, dizendo que estava louca.

Desgraçada criatura, parece incrível que um corpo tão franzino como o seu pudesse resistir a tantos tormentos; horríveis foram suas revelações, tão horríveis que a pena se me escapa das mãos, à falta de força para descrevê-las.

Naquele retiro permanecemos alguns dias, até que Clotilde se restabelecesse um pouco; depois, disfarçamo-la em trajes de camponesa e empreendemos viagem de retorno à minha aldeia, onde propositadamente chegamos à noite. Previamente avisado, Rodolfo nos esperava na alameda do seu castelo, acompanhado de Maria e da ama de Clotilde, cuja alegria, ao ver a menina, tocou às raias do delírio.

Até pensei que a boa mulher ficasse louca.

Clotilde, por sua vez, reclinou-se-lhe ao colo, e, assim, deixou-se levar ao interior do palácio.

Quando nos convencemos de que nenhum mal poderia suceder-lhe, separamo-nos das três mulheres, e, chamando a atenção de César e de Rodolfo, disse a este último:

— Graças a Deus, Rodolfo, que, antes de morrer, principio a apreciar tua regeneração; não fosse teu generoso desprendimento e Clotilde teria sucumbido na mais horrível das agonias... Hoje está livre, é certo, mas, de que modo? Como ave sem ninho. Em minha casa não poderá ficar, pois os *Penitentes Negros* não me perdoarão a partida que lhes preguei. César vive na Corte e não pode tê-la consigo; o único, pois, que pode encarregar-se disso, és tu. Entrego-te, portanto, essa menina e tua consciência me responderá por sua segurança em todos os sentidos.

— Juro-vos que me desempenharei a contento desse encargo — disse Rodolfo solenemente. — Clotilde e sua ama ficarão sob meu amparo e, como sua fortuna, aliás avultada, está em poder dos *Penitentes* e fora loucura reclamá-la, eu dotarei a órfã. Estais satisfeito?

Respondi-lhe com um abraço, vendo, assim, realizados meus sonhos, e, nesse momento, julguei-me feliz.

Pobre menina! Quando me lembro do estado em que a encontrei e vejo-a amparada e protegida por um homem poderoso que me diz: — "Padre, que felicidade o ser bom! Já não ouço aquela maldita gargalhada, nem vejo a montanha com a vereda de ervas murchas... Clotilde trouxe a paz ao meu lar e minha mulher a estima tanto, que chega a velar-lhe o sono... Tudo sorri em torno de mim!" Quando ouço essas palavras, minh'alma também sorri, todo me sinto feliz, tanto quanto se pode ser feliz na Terra...

Essa alegria é, porém, turvada pelas negras nuvens que vejo amontoarem-se ao longe. O *Geral* dos *Penitentes* não retardará sua visita; não retardará, não, pois os batimentos do coração já me anunciam sua chegada. Ouço um ruído; é alguém que chega; vejamos quem é.

....

Torno-me a ti, querido manuscrito, depois de ter tido uma entrevista com aquele a quem esperava.

De fato, o *Geral* da Ordem dos *Penitentes*, acompanhado de uns vinte confrades, penetrou na minha pobre igreja, e Miguel, tremendo qual se já me visse prisioneiro, lançou-se-me nos braços, dizendo-me que fugisse.

— Fugir? — repliquei — estás louco... Só os criminosos fogem.

E parti ao encontro do inimigo. Olhamo-nos de alto a baixo e nos entendemos tanto, que, sem nos dizermos palavra, subimos ao meu aposento. Ali, indiquei-lhe um sofá e sentei-me na minha velha cadeira. Depois, disse-lhe:

— Que quereis? Como e por que deixastes vosso palácio para vir até aqui?

O *Geral*, olhando-me então, altivo, disse em tom irritado:

— Há muito tempo que nos conhecemos, sendo, portanto, inútil qualquer dissimulação; só tu poderias, neste mundo, ter ousadia bastante para penetrar no santuário dos *Penitentes*. Onde está Clotilde? Ignoras, porventura, que essa desgraçada deveria ser punida severamente por seus crimes, consagrando-se depois a Deus?

— E qual o crime dessa menina?

— Delatar o próprio pai.

— Mentis, porque não foi ela quem o delatou. Lembrastes, muito oportunamente, que nos conhecemos de longo tempo; entre nós, por conseguinte, toda dissimulação é inútil. A verdade é que ela deu um aviso, o Rei ordenou algumas prisões, mas sobre o duque de S. Lázaro não recaiu qualquer suspeita. De resto, como assim não ser, se o Duque era favorito do Rei? Mas a Ordem dos *Penitentes* queria apossar-se da imensa fortuna do Duque e fostes vós quem o delatou ao Rei, aconselhando-o a matar os três membros da família, para escarmento dos traidores, deixando-vos Clotilde como refém, para firmar a doação da herança; e, depois... a obra se concluiria pela desonra da vítima, que, finalmente, deveria morrer... porque os mortos não falam.

— Nem tu falarás, tampouco, miserável! — disse o *Geral*, procurando colher-me pelo pescoço.

Eu, porém, com força hercúlea e incompatível com a minha idade, deitei-lhe as mãos nos ombros e fi-lo sentar-se, permanecendo-me de pé diante dele.

Olhava-o tão fixamente que teve necessidade de cerrar os olhos, murmurando:

— Sempre o mesmo! e sempre a exercer sobre mim um poder misterioso!

— Não há mistério no caso: domino-vos porque a luz domina a sombra; porque ainda que vos cubrais de púrpura, não deixais de rastejar na terra, como os reptis; tendes ouro, sim, muito ouro, mas sois imensamente desgraçado.

Quanto a mim, sou pobre mas tenho, em compensação, a certeza, a convicção profunda de que muita gente derramará lágrimas na minha cova, quando a encherem de terra.

Lembrais-vos? Desde criança nos conhecemos; juntos empreendemos a carreira sacerdotal; vós preferistes o poder e o crime; eu, a miséria e o cumprimento do dever; e, como a verdade não tem mais que um caminho, podereis ser hoje dono de um mundo, mas não sois dono de vós mesmo, porque vos acusa a consciência. Demais, sabeis que os mortos vivem. Não é verdade que tendes horas bem terríveis? Não é certo que encarais com assombro o além-túmulo? Temos, ambos, dupla vista, bem o sabeis; neste momento haveis de ver, qual vejo, ameaçadoras sombras, que, estendendo a mão, como para assinalar-vos, dizem todas: — "Assassino!"

Ele cerrou os olhos, tremendo convulsamente.

— Precaução inútil — continuei —, que importa cerrardes os olhos do corpo quando vos restam os olhos da alma? Em vez de virdes pedir-me contas perguntando o que era feito de Clotilde, o que deveríeis fazer era bendizer a Deus por não permitir acabásseis de consumar um novo crime.

Inúmeras vítimas tem feito essa maldita associação, que, em detrimento da verdadeira religião, mantém a ignorância do povo. Não há dúvida, porém, sobre a vossa queda; ficai certos de que caireis, não como as folhas secas do outono, que renascem na primavera, mas como o tronco secular, abatido aos golpes do lenhador; vossas profundas raízes serão derrancadas do seio da terra, para serem queimadas, e as cinzas levadas pelo vento, para que nada reste de vós na superfície, como nas profundezas da terra.

— Cala-te, cala-te! Razão há para que te chamem bruxo, acrescentando que, contigo, tem tratos Satanás. Bem o creio.

— Mentis, ainda, como um velhaco, pois bem sabeis que Satanás não existe; o que existe é a eterna lei e que os Espíritos progredirão. Sabeis perfeitamente que o homem não morre jamais.

— Quem sabe? — murmurou.

— Ímpio! Sereis capaz de negar a Deus?

— Se Deus existe, como permite tantos horrores?

— Ele não os permite, no restrito sentido que se tem emprestado a essa palavra; Ele cria o homem e o entrega a si mesmo: o progresso é a eterna lei, os Espíritos progredirão quando a experiência lhes ensinar que o mal é a treva e o bem é a luz.

— E tu acreditas, firmemente, que haja alguma coisa para além da morte? — perguntou o *Geral* com voz apenas perceptível.

— Se acredito? Desgraçado! E como pudestes vós duvidá-lo um momento? Esquecestes os quadros horríveis que, juntos, víamos? Longínquas vozes que escutávamos?

— Mas, se tudo isso não passasse de alucinação?...

— A alucinação pode dar-se uma vez, mas não em toda a vida. Eu estou firmemente convencido de que os mortos se comunicam com os vivos. A que se deve o princípio de todas as religiões? — às revelações das almas. Que são os grandes sacerdotes, os profetas, os messias, senão intermediários dos Espíritos e dos homens?

— Mas, tu disseste Espíritos e não Deus; logo, estás mais ou menos de acordo que Deus não existe... — e o *Geral* sorriu com amarga ironia.

— Eu disse intermediários dos Espíritos e dos homens, porque não personalizo Deus, não creio que Deus, alma dos mundos, possa ter a forma que a ignorância lhe tem querido dar. Vejo esse Deus na Criação, sinto-o na consciência, adivinho-o nas minhas aspirações para além da morte, vivo Nele, como Ele vive em mim. Esse Deus, porém, não me fala; é como o Sol que me dá vida e calor. Eis como compreendo Deus.

— Tanto importa dizer que te não resta a menor dúvida sobre a realidade de alguma coisa além da campa.

— Alguma coisa, não; mas, tudo, acreditai-me. Sabeis vós o que seja a vida, essa emanação da Suprema Sabedoria? Quereis encerrá-la nos estreitos moldes de uma existência terrena, cheia de crimes?...

Acreditais, então, que se possa nascer uma só vez, para viver como viveis, como vivem milhões de seres, entregues ao desvario de todos os vícios? Impossível! Uma só existência fora a negação ao próprio Deus. Renascer é viver, porque renascer é progredir e nós renasceremos. Pensais que a Terra há de ser sempre mansão de horror? Não, as humanidades suceder-se-ão como as ondas, virá o dia em que a religião *Verdade* fará desaparecer todas as falsas religiões.

Nós outros assistiremos a essa renovação; veremos arrasadas as pedras dos altares, enquanto os ídolos derrocados nos recordarão o que hoje somos, isto é, o que sois vós outros, porque eu me antecipei a esse renascimento, levando sobre vós alguns séculos de adiantamento.

Sou uma das sentinelas avançadas, mas não acrediteis que, por isso, me julgue sábio ou virtuoso, não; somente tenho vertido muita lágrima, o que sabeis, aliás, porque desde meninos nos conhecemos. O fato é que reconheci um tal desequilíbrio na minha vida, que não tive remédio senão pensar e dizer: — "Certo, não nasci agora, venho de muito

longe, quero ir além"; por isso, também, quanto caiba em minhas forças, implanto na Terra a religião da Verdade; por isso, ainda, vos digo:
— *Penitentes Negros!* vós vos fundis no caos! Quereis ouro e poderio; pretendeis senhorear o mundo, mas não podeis deter da morte o passo e, quando vosso corpo tombar na sepultura, que restará de vós senão uma lembrança execrada e nada mais?

Quanto me compadeço de vós, pobres cegos que sois! Podeis fazer tanto bem... sois tão poderosos... Dispondes, a vosso talante, dos monarcas; as minas de ouro vos oferecem seus veios; muito se vos há dado e, apesar disso, sereis por muito tempo os mendigos dos séculos.

— Menos eu! — exclamou levantando-se. — É preciso que continuemos a ver-nos, pois necessito convencer-
-me do que dizes... Que horas tens disponíveis?

— As noites são sempre mais folgadas para mim.

— Pois está dito; mas, sempre te confesso que aqui vim com intenções bem diversas das que levo.

— Já sei: muitos são os que desejam minha morte; maior, porém, o número dos que oram por mim, e eu estou convencido de que, se um prolongado gemido tem sido a minha vida, minha morte será um inefável sorriso, meu porvir uma era de paz.

— Ditoso que és se abrigas tal crença.

— Não hei de abrigá-la? Deus dá a cada um segundo suas obras, e eu tratei sempre de cumprir o meu dever; tenho amparado os órfãos, evitando a perpetração de alguns crimes, difundindo sempre a luz da verdade. Como supor que espere viver em trevas, quando as sombras só existem para o homem que as forma com as suas iniqüidades?

— De modo que, se eu quiser, poderei dizer um dia o que hoje dizes?

— Quem o duvida? Deus não improvisa os redentores; todos os Espíritos nascem iguais; somente o trabalho e a perseverança no bem dão a alguns seres uma certa superioridade moral, privilégio que não é, entretanto, por *Graça*, mas obtido por *Justiça*.

— Que alcançarei um dia...

Deu-me o *Geral* a sua destra, e, por um segundo, nossas mãos se tocaram; por minha parte, confesso, estarrecido de horror, ao considerar que aquela mão firmara mais de uma sentença capital.

Mas, ainda bem que estou só! Graças, Senhor! os temores que me assaltavam a mente desapareceram, qual neve diluída aos raios-do-sol. Esse homem tremeu um dia, teve medo do futuro, sua conversão é certa.

Quanto Te devo, Senhor! a Ti, que me deste tempo para progredir!

E eu tenho conseguido atrair a mim a proteção espiritual, pois, se não fora assistido por Espíritos fortes, não poderia, pobre de mim, fazer o que faço! Burlei a vigilância dos carcereiros dos *Penitentes*, penetrei nas suas masmorras, arrebatei-lhes mais uma vítima e, quando o *Geral* da Ordem me procura, disposto a estrangular-me, eis que o domino com o olhar, conseguindo que me ouça! Espero que esse Caim não tornará a sacrificar qualquer de seus irmãos.

 Quanto a Clotilde, há de recuperar a perdida louçania e dar-lhe-ei um marido, para que se crie uma família. Bela que é a difusão do bem! Consola deixar-se o pensamento — qual pássaro livre — voar, de lembrança em lembrança, vendo aqui uma família, ali um pecador arrependido, além um asilo de órfãos onde a pequena sorri por entre flores, e ser a gente o motor único de toda essa felicidade... Oh! considerada por este prisma, como é formosa a existência!

 Quero viver, quero progredir, progredirei.

Recordações

Grande mistério o homem! Parece incrível que na pequena cavidade de um crânio surjam tantas ideias, guardem-se tantas recordações, adormecidas por anos e anos, e despertadas, às vezes, por insignificante incidente.

Da minha primeira infância, guardava perfeita lembrança; e, sem explicar-me o porquê, sempre me comprazi no esquecimento dos primeiros anos da vida. Neste manuscrito, única herança a legar à posteridade, consignei a ignorância sobre quem fora minha mãe, porque minha piedade filial não a queria reconhecer na pobre mulher que eu recordava perfeitamente. Hoje, porém, impressionado por uma cena que presenciei, qual se me houvessem arrancado uma venda, os olhos contemplam novos e dilatados horizontes: vi claro, muito claro, e acredito cumprir um dever, deixando impressas todas as recordações que se me agitam na mente.

Muitos são os mendigos que chegam a esta aldeia, por saberem que nunca lhes falta hospitalidade generosa, e ontem, entre os vindos, chegaram um homem, uma mulher e um menino dos seus quatro anos. Não sei por que me impressionei ao ver essa gente; o menino, principalmente, inspirou-me profunda compaixão: formoso, muito formoso, trazendo nos olhos escrita toda uma história.

Maria, boa e compassiva como sempre, acarinhou o pequenito e mo apresentou, dizendo:

— Padre Germano, que pena que este inocente tenha de ir rolando pelo mundo. Se vísseis como ele é sagaz!...

A mãe do pequeno, ao ouvir palavras tais, trocou com o companheiro um olhar inteligente e exclamou friamente:

— Se tanto vos agrada meu filho, deixá-lo-ei ficar. Assim como assim, tenho de me separar dele, pois bem se vê que não nasceu para ser pobre: se caminha muito, fatiga-se; se não come, fica doente; e o pai não cessa de reclamar que ele nos estorva. Deus faz mal em dar filhos aos pobres, pois, sendo como este, de nada nos servem.

Maria aceitou, prazerosa, a proposta, prevendo que aquele menino saía do inferno para entrar na glória. Depois, sem verterem uma lágrima, aqueles dois seres sem coração prosseguiram a jornada, sem dirigir ao filho um olhar, sequer, de despedida; não assim o pequenito, que lhes correu no encalço, enquanto o pai se voltava para mostrar-lhe o grosso porrete.

Diante de tal atitude, o pequeno retrocedeu e veio esconder-se entre as dobras do meu hábito, chorando amargamente.

Bem contra meu costume, não admoestei aqueles pais desnaturados, que me causavam a impressão desses venenosos reptis, dos quais se foge, às vezes, sem vontade de os exterminar, pois causam tal horror, inspiram tão invencível repugnância, que a tudo preferimos sua pronta desaparição, mesmo ao prazer de lhes dar a morte.

Pois bem: aquelas duas criaturas me causaram tanto horror, tão certeiramente me flecharam o coração, que a intensidade da dor me não deixou forças para exortá-los e aconselhá-los a mudarem de rumo.

Deixei-os, assim, seguirem, sem uma só palavra de reprovação.

Maria fitou-me com assombro. Eu, pela minha parte, furtei-me aos seus olhares e entreguei-lhe a criança, dizendo:

— Acreditas sejam esses desgraçados os pais desta criança? Não a terão raptado?

— Não senhor — respondeu Maria —, porque este pobrezinho é a cara do pai, seu fiel retrato. Quanto à mulher, sim, duvido seja sua mãe, pelas coisas que me disse.

— Logo, há pais que, depois de terem visto andarem os filhos, de haverem recebido seus primeiros sorrisos e ouvido suas primeiras palavras, sentindo-lhes o calor dos beijos e a pressão dos abraços; depois de viverem da sua própria vida, os abandonam... Oh! então... é força concluir que há seres racionais inferiores às feras. Enjeitar uma criança, no momento em que ela sai das maternais entranhas, é cruel; a crueldade, porém, é mais requintada quando tal ato se completa depois de haver visto sorrir o enjeitado. Ah! se o homem terreno fosse a última palavra da obra de Deus, eu renegaria do meu Padre Eterno. Cruel que é o homem, Maria!

E, receoso de divulgar meu segredo, separei-me da nobre rapariga e do inocente órfão, pretextando urgente serviço, e fui encerrar-me no meu quarto. Desejava ficar só. Só, com o meu passado e perdido com as minhas recordações, com a minha dor!

Tudo me foi negado na Terra, tudo! Tão pobre nasci que não tive, sequer, um afago de mãe! Esta, entretanto, deveria ter ouvido o balbucio das minhas primeiras palavras... e visto e amparado meus primeiros passos...

Sinto-me envergonhado de mim mesmo!... Pois quê! até os criminosos soem ter mãe que lhes deplore a desgraça, quando sobem ao patíbulo e eu... eu, se houvesse de o galgar, mãe não teria que me chorasse.

Mas, para que prosseguir escrevendo? Melhor é calar. Sou já tão velho que ninguém se lembra de minha meninice e meu segredo morrerá comigo.

Mas, não! Eu vim à Terra para pregar a verdade, para ensiná-la, a pura verdade, demonstrando o que só daqui a alguns séculos os homens poderão compreender, isto é, que cada ser se engrandece por si mesmo. Nós não somos salvos pela graça; Jesus Cristo não veio para nos salvar, mas para nos lembrar nosso dever.

Morreu para imortalizar sua lembrança, para deixar gravadas na mente da Humanidade as sentenças do seu Evangelho. E tal foi a magia da sua doutrina, que as gerações pósteras o aclamaram primogênito de Deus, acreditando, ainda, que, unido a seu divino Pai, regia os destinos do mundo. Julgaram-se remidos os homens, por se haver derramado o sangue de um inocente... Oh! se pelo derramamento de sangue, injustamente vertido, se salvasse a Humanidade, poderiam as criaturas terrenas ficar certas de habitarem o Paraíso, visto como cega é a justiça humana. A verdade é que ninguém se salva pelo sacrifício de outrem, tendo, cada qual, de cumprir sua missão, pagando — em boa moeda, na moeda das boas obras, dos grandes sacrifícios, perdoando as ofensas e amparando os fracos — a sua dívida e criando o seu patrimônio. E, por mesquinha que seja a classe do homem, a verdade é que, quando ele quer engrandecer-se, chega a ser grande, muito grande, relativamente comparado ao seu nascimento. Comigo tenho a prova. Senhor! Em mim tenho visto resplandecer tua misericórdia! Quem, mais pequeno do que eu? Quem mais desconceituado? Não obstante, os monarcas da Terra têm ouvido meus conselhos, dizendo os Sumos Pontífices que tenho pacto com Satanás, uma vez que lhes descubro todas as tramas, desbaratando, por mais de uma vez, seus planos iníquos... Eu... eu que conto mais dias de fome que de fartura!...

Querer é poder. Sim! a grandeza da vida não é mito. O que se faz mister é ter vontade. Eu tive essa vontade; por isso, tenho vivido livre e me fiz superior a todas as contrariedades que me assediaram. Agora, vencendo um certo pejo, quero dizer quem sou a essa Humanidade, que amanhã lerá estas páginas. Quero ensinar aos homens que uma alma forte não se abate às ingratidões, nem se vende a preço algum.

Antes de viver entre os homens de negras vestes, lembro-me perfeitamente que, muito pequeno ainda, vivia num povoado escassamente habitado e num casebre velho e miserável, na companhia de uma mulher moça, que me repreendia freqüentemente e à qual nunca chamei mãe, se bem que ela me fazia compreender que era seu filho. Eu, porém, não estava satisfeito com o seu proceder.

Uma noite, gritando e golpeando os poucos móveis ali existentes, entrou em nossa casa um homem, ao qual minha mãe, apresentando-me, mandou que o abraçasse como pai. Vacilei, e ele, por sua vez, me repeliu com um gesto brusco. No dia seguinte, foi-se embora, para regressar daí a dias. Depois de muito discutir com minha mãe, chamou-me e disse:

— Olha, os filhos de pobre têm de ganhar a vida; já completaste cinco anos; portanto, trata de ti.

Isto dizendo, arrastou-me para a rua. Minha mãe quis detê-lo, porém, ele fê-la recuar com violência, batendo a porta com estrondo tal, que me impressionou mais que a vil ação paterna.

Por mais inverossímil que pareça, o certo é que, na tenra idade de cinco anos, eu já pensava e refletia, penalizando-me ver embriagada aquela que me gerara em seu ventre, o que freqüentemente sucedia. Assim, pois, vendo-me fora do negro e sombrio casebre onde nunca me fora dispensada uma carícia, antes, ao contrário, só maus-tratos recebia, não experimentei qualquer mágoa e lá me fui, tranqüilamente, ao sítio predileto — a orla do mar — onde costumava passar longas horas.

Naquele dia, avistei o oceano em calma e experimentei uma sensação desconhecida, mas agradável. Era como se examinasse meus domínios.

Depois, a contemplação saciou a vista, pois bem me recordo que me sentei para o brinquedo habitual de formar pirâmides de areia.

Ao cair da noite, meti-me numa das velhas barcaças encalhadas na praia e dormi tranqüilamente.

Cerca de dois anos vivi nas orlas desse mar, entre pobres pescadores que, sem que lhes pedisse uma esmola, comigo repartiam do seu escasso pão.

Os autores de meus dias abandonaram o povoado e até hoje não sei onde descansam seus despojos.

Os pescadores apelidavam-me "pequeno profeta", visto lhes augurar as tormentas, sem que jamais falhassem meus vaticínios, aliás, falando-lhes de coisas que eu mesmo não conhecia.

Um ano depois de me encontrar só, no mundo, um cento de *Penitentes Negros* veio estabelecer-se na velha abadia que cercava o monte — gigantesca atalaia, cujas torres maciças perenemente se envolviam num manto de brumas. Por vezes, os pescadores enviavam-me ao mosteiro com os peixes mais agradáveis à Comunidade e eu, sempre que penetrava naquela mansão sombria, experimentava uma espécie de repulsão, ao passo que à saída corria como se alguém me perseguisse. Os pais do meu fiel *Sultão*, dois formosos "terra-novas", esses me festejavam sempre.

Apesar disso, que me era atrativo poderoso, predominava em mim a natural aversão aos frades e fugia deles. Um dia, porém (jamais o esquecerei), tomando errado caminho, segui um corredor por outro, fui dar a grande salão rodeado de estantes pejadas de livros, de amarelados pergaminhos e muitos rolos de papiros. Dois monges liam, e, vendo-os entregues à leitura, aquela cena foi para mim uma verdadeira revelação. Acercando-me do monge mais velho, bati-lhe no ombro e, sem temor algum, lhe disse:

— Quero ler como vós; quereis ensinar-me? Depressa aprenderei.

O velho encarou comigo, enquanto seu companheiro lhe dizia:

— É este o menino enjeitado, do qual já vos tenho falado mais de uma vez.

— Não há enjeitados no mundo, porque a religião é a mãe de todos — replicou o ancião. — Menino — acrescentou, encarando-me fixamente —, Deus guiou-te, certamente, fazendo-te chegar até mim, para que a Madre Igreja te acolha em seu seio. De hoje em diante viverás nesta abadia.

— Deixai-me dizer adeus aos meus benfeitores...

— Depois o farás.

E desde aquele momento deixei de obedecer à minha vontade. Meus mestres sempre se deram por satisfeitos comigo, embora mo não dessem a perceber. Não me acarinhavam, nem me castigaram nunca.

A vida era triste, muito triste, de uma monotonia insuportável: matava-me como que um frio d'alma e só recobrava alento quando *Leão* e *Zoa* descansavam as inteligentes cabeças nos meus joelhos. Nobres animais! Eram eles os que unicamente me acarinhavam, demonstrando alegria com a minha presença.

Os demais habitantes do convento nunca me dirigiram uma palavra de conforto. Mais de uma vez lembrei-me dos pobres pescadores que, com toda a sua rudeza, me ouviam como seu oráculo... Ah! mas eu tinha sede de ciência; queria ser grande sábio, já que no meu tempo só restavam ao homem dois caminhos para engrandecer-se: o campo de batalha ou a Religião. As artes, essas estavam mortas. Tempos virão melhores, decerto, nos quais o homem poderá escolher a seu gosto...

Naqueles tempos, porém, o saber residia nos conventos e eu queria ser sábio a todo o transe. Eis como devorei, silencioso, a minha solitária infância e austera juventude; todo o meu afã era ler!... ler sempre, e quantos livros havia na biblioteca do convento, decorei-os todos, e, o que mais é: cheguei a escrever sobre eles um juízo crítico. Aos dezesseis anos pronunciei um discurso refutando todos os silogismos teológicos, o que me valeu severíssima reprimenda da parte de meus superiores, com a promessa de horrendos castigos, se assim me rebelasse contra a Madre Igreja, que ao seio me acolhera, quando me não restava mais que o pão da caridade pública.

No ano seguinte, de acordo com o regulamento de ensino, tive de pronunciar um novo discurso, que me valeu um ano de reclusão a pão e água, com privação temporal de subir à cátedra sagrada.

Poucos dias antes de celebrar, pela primeira vez, o sacrifício da missa, o ancião a quem pedira, em menino, que me ensinasse a ler, chamou-me à sua cela e me disse:

— Germano, estimo-te muito, posto não to tenha demonstrado, visto como a estreiteza e austeridade da nossa Ordem não dão margem a expansões do coração, importando recalcar todos os sentimentos afetivos. Quero, porém, que o saibas. Tu és uma alma nobre e generosa, extraviada pelas dores da juventude; lembra-te, no entanto, que se não refreares os ímpetos do teu caráter, pouco poderás viver; se, ao contrário, servires à Igreja que te foi mãe, a cadeira de S. Pedro te será reservada. Lembra-te disso e não te proclames livre, porque, como tal, não passarás de folha seca no mundo; ao passo que, submisso aos mandamentos da Igreja, todos os soberanos da Terra se rojarão a teus pés.

— Serei fiel à Igreja sem trair meus sentimentos.

— Recorda-te de que, agindo desse modo, tua vida será como o caminho do Calvário, além de ser estéril teu sacrifício.

— Agradeço os vossos conselhos, mas eu amo a Igreja e, por isso mesmo, quero arrancá-la do charco em que vive.

— És um pobre visionário a inspirar-me profundíssima compaixão... Quem és tu para reformar uma instituição que os próprios séculos têm respeitado?

— Quem sou? Sou um Espírito amante da luz e decidido partidário do progresso.

— Toma cuidado em não promoveres um cisma.

— Apenas pregarei a verdade, que é a essência do Evangelho.

O velho olhou-me fixamente e segredou-me:

— Germano, meu filho, estás muito perto do fogo; cuidado, não te vás queimar.

Nesse instante entraram outros monges na cela e retirei-me para iniciar a minha preparação.

Dias depois, com inusitada pompa, adornava-
-se o templo da abadia; os grandes magnatas e as
damas mais nobres da Corte vieram, pressurosos,
ouvir minha primeira missa, e, quando subi ao
púlpito, ao dar-me a sua bênção, o *Geral* da Ordem disse: — "Ides subir por vossos próprios pés
e procurai descer do mesmo modo." Ao ocupar a
sagrada tribuna, vi que ali não estava só: um monge de joelhos, mãos cruzadas, lá estava como que
entregue a profunda meditação. Ao vê-lo, tremi e
compreendi as instruções de que era ele portador.
Ao ajoelhar-me, pensando a multidão que me entregava à prece, o que fiz foi medir a profundeza
do abismo em que caíra. Pronunciara, já, todos os
meus votos; estava, pois, separado da grande família humana, consagrado a uma igreja cujas bases
se fundiam a meus pés, porque das pedras que a
cimentavam brotava lodo.

Examinei o credo dessa igreja e vi que o seu
voto de pobreza era mentiroso; que a sua humildade
não passava de máscara da hipocrisia...

Levantei-me, olhei em torno, o templo
tinha aspecto deslumbrante. Torrentes de
luz, nuvens de perfumoso incenso, homens
e mulheres com as suas vestes de gala, altos
dignitários da Igreja; todos ali estavam reunidos para ouvirem a palavra do ungido do
Senhor... E aquele homem, que a multidão
acreditava sagrado, tinha a seus pés um fací-
nora, com ordem de feri-lo à primeira palavra,

ao primeiro conceito em desacordo com as instruções de seus superiores.

Aquela farsa horrível premiu meu coração; deram-me por tema: "a missão do sacerdote e a necessidade imperiosa da submissão das sociedades ao seu mandato, como ungido que é do Senhor".

Contemplando a multidão apinhada, era como se línguas de fogo me caíssem sobre a cabeça; gelado suor estarreceu-me os membros; depois, súbita reação me avigorou o ser, e, sem consciência já do que fazia, espalmei a destra sobre a cabeça do mudo companheiro, enquanto ele meditava, e, bem a seu pesar, deixava-se pender para um canto, olhos cerrados, de todo alheio à vida de relação.

Mais tranqüilo, então comecei o sermão, que durou mais de três horas.

Que dia aquele! Jamais o esquecerei! Dominadas pela minha palavra, as mulheres erguiam-se de suas poltronas, ao passo que os homens murmuravam entre si, e os monges enviavam-me, nos seus olhares, todas as ameaças do inferno... E eu falava, falava ininterruptamente, forte, animoso; e foi a única vez que tive rojadas a meus pés todas as classes sociais. Verdadeiramente inspirado, falei da família, do sacerdócio; falei da mulher, e, por último, do que eram os sacerdotes.

Nesse ponto, todos os monges se puseram de pé, ameaçadores; encarei-os, porém, face a face, mãos estendidas sobre eles — mãos que deviam ser de fogo, porque das pontas dos dedos brotavam chispas luminosas — e exclamei com força:

— "Humanidade! Tu laboras no erro; acreditas que os sacerdotes sejam homens distintos dos demais homens, iluminados pela graça do Senhor, quando tal graça não existe. Nem graça, nem predestinação! O sacerdote é um homem como outro qualquer, às vezes mais vicioso que a generalidade dos homens. Sabeis quem sou? Sabeis a quem estais ouvindo? Conheço a lenda que circulou em torno de mim; já sei que assoalharam ter eu dormido em régio leito e que a revelação caiu sobre minha cabeça, fazendo-me trocar o alcáçar opulento pelo saiote do penitente... Julgais que sou um eleito... mas eu quero que saibais a verdade toda inteira. Fui um mendigo, um enjeitado que, aos cinco anos, se encontrou só, no mundo. Durante dois anos vivi da caridade pública.

"Vi livros depois, como vi homens que os liam e quis ser sábio.

"Eis como abracei a Igreja, sedento de saber, não de santidade, porque a santidade não existe — é um mito, do ponto de vista sob o qual a compreendeis vós outros. O homem há de sempre sentir as tentações da carne, porque de carne é o seu corpo; e, por mais que macere e atrofie o organismo, sempre lhe restará uma fibra à qual cederão, em dado momento, todos os propósitos de corrigenda. Mas... não o acuseis, não o crimineis, visto que a Natureza tem suas leis e opor-se ao cumprimento dessas leis imutáveis é opor-se à marcha regular da vida, e a vida é um rio a desaguar perene nos mares da eternidade.

"Tal como está constituído, o instituto sacerdotal não faz a sua própria felicidade, nem a felicidade dos que tudo esperam dos conselhos do padre, porque este vive fora da lei natural, e a lei da vida supera todas as leis humanas. Contemplai todos os seres da Criação! Que fazem eles? Unem-se, integram-se reciprocamente, recebendo o pólen fecundante que a Natureza lhes oferece. Que faz, no entanto, o sacerdote? Com seus concílios e aberrações, trunca a lei de si mesma inviolável, quando não suscita escândalos, cedendo aos impulsos da mais desenfreada concupiscência. De que serve pronunciar votos que só podem cumprir à custa dos mais duros sacrifícios? Por que não pode o sacerdote constituir família, dentro das leis da moral? Ah! Igreja, Igreja...

"Tu queres ser senhora do mundo e, por isso, te cercas de escravos.

"Mas, tu não podes ser a esposa do Cristo, porque Jesus Cristo amava a liberdade e tu queres a escravidão! Os que a ti se entregam vivem oprimidos — uns, porque violaram escandalosamente os votos; outros, por se entregarem ao sectarismo estreito, ou, ainda, por serem dóceis instrumentos de bastardas ambições! Dentro do teu seio ninguém é livre, ninguém goza dessa doce liberdade, dessa aprazível calma oriunda de uma vida simples, limitada ao estreito cumprimento do dever.

"Penetrando sub-repticiamente no lar doméstico, para arrancar de surpresa a confissão da menina crédula, da jovem desprevenida, da velha enfraquecida!

"Ah! outro, bem outro é o sacerdócio com que sonho! Serei sacerdote, sim, mas não para arrancar segredos de quem quer que seja. Amo a Igreja que me estendeu mãos protetoras, e, grato por me haver educado, serei fiel ao seu credo, por mais absurdo que seja, em muitos dos seus conceitos, graças às adições e emendas dos homens. Procurarei demonstrar que a Religião é necessária à vida, como o próprio ar que respiramos; mas a religião lógica, sem mistérios nem hórridos sacrifícios. Serei antes um dos enviados da nova religião, porque — não o duvideis — a nossa Igreja sucumbirá, cairá... ao peso enorme dos seus vícios!

"Reparai nessas criancinhas que ora aí dormem nos maternos braços! São esses Espíritos que trazem o germe divino da liberdade de consciência... e eu serei o sacerdote dessa geração que agora começa a sorrir! Sim, sim! nada quero das vossas pompas! Ficai com as vossas mitras e tiaras, com os vossos báculos e chapéus de ouro, com os vossos mantos de púrpura, porque eu irei pregar o Evangelho entre os humildes de coração; porque prefiro sentar-me sobre uma pedra a fazê-lo na cadeira que dizeis de S. Pedro!

"E, já que o destino me negou uma família; já que me filiei a uma escola que nega aos seus adeptos a ventura de unir-se a outro ser pelos laços do matrimônio; já que para viver honrado hei de viver isolado; e, como a honra impoluta é o primeiro elemento da vida, procurarei cercar-me de crianças, porque estas são o sorriso do mundo.

"E direi como Jesus: — 'Deixai vir a mim as criancinhas, que são os limpos de coração!'"

Ao pronunciar palavras tais, algumas crianças adormecidas ao colo de suas mães despertaram e voltaram-se para mim; porém, a que mais me atraiu a atenção foi uma menina de três anos, a qual, entre os braços de uma dama nobre, me estendia as mãozinhas...

Calei-me por momentos, fascinado pelos seus gestos, e ela falava e gesticulava, apontando para o sítio em que me achava, como procurando acercar--se de mim! Naquele instante, tudo esqueci, tudo!

Em toda aquela multidão compacta, meus olhos nada mais distinguiram senão uma mulher e uma menina. Que mistérios tem a vida!...

Essa menina era aquela menina que, dez anos mais tarde, haveria de me perguntar: — "Padre, é crime amar?" Aquela inocentinha, que assim queria corresponder ao meu apelo, seria a mesma que dez anos mais tarde haveria de ajoelhar-se no meu confessionário, para que os jasmins que lhe coroavam a fronte me transtornassem, por alguns momentos, a razão. Aquele anjo a estender-me os braços era, em suma, a menina pálida dos cabelos negros, em cujo coração, já naquele tempo, minha voz encontrava um eco.

Longe estava eu de supor que a tumba daquela criança haveria, no futuro, de ser o meu santuário!

Vendo que as crianças acorriam ao meu chamado, senti inexplicável prazer e prossegui dizendo:

— "Vedes! Vedes como as criancinhas já ouvem minha voz? E que a perscrutem elas, porque serei para elas um enviado de paz.

"Sim, sim! as crianças, os puros de coração serão os bem-amados de minh'alma! Para eles, repito, o mundo de amor que meu Espírito encerra!

"Religião! religião do Crucificado! religião de todos os tempos! Tu és verdade, sim, mas quando te não encerrarem em mosteiros, nem nas igrejas pequenas!..."

E falei tanto, tanto, com tão íntimo sentimento que dominei completamente o auditório, e até os *Penitentes Negros* deixaram de fitar-me com rancor.

Ao calar-me, a multidão tomou de assalto a escada do púlpito, a fim de abraçar-me, em aplausos frenéticos e delirantes, aclamando-me enviado do Eterno, tanto a voz da verdade encontra sempre eco no coração humano.

E quem era eu? Um pobre ser enjeitado de seus próprios pais... Quem mais pobre do que eu?... Mas, a verdade é que, com toda a minha extrema pobreza, fui rico, muito rico, porque o remorso nunca me torturou, nunca a lembrança de uma ação má ruborizou-me a fronte e, consultando o meu íntimo, nunca me acusei de uma culpa.

Graças, Senhor! Os pais terrenos me abandonaram, mas força é convir que não há órfãos, porque Tu nunca abandonas teus filhos; estes, sim, é que se esquecem de Ti e vivem na orfandade dos seus erros.

....

Pobre menino! Trouxeste-me à mente as recordações da minha primeira infância, fizeste-me consignar neste manuscrito os sucessos que de longos anos procurei olvidar; e hoje, ao contemplar-te, ao ver que outro ser entrava, como eu, na vida pela senda do infortúnio, senti-me mais forte e disse: — "Não fui eu o único renegado; este menino é formoso, tem uns olhos que irradiam amor, traz na fronte, legível, a sua inteligência e também a ele se lhe negou o amor materno. Não fui o único, pois, e, então, por que ocultar esses primeiros episódios da minha existência, quando eles encerram um ensinamento útil? Sim, porque, afinal, fica por eles demonstrado que o homem só é grande por si mesmo."

Eu, que me encontrei só, na Terra, aos cinco anos — e do modo mais triste, porque fui abandonado por aqueles que me deram o ser —, eu poderia ter-me alcandorado ao primeiro dos mundanos postos! É que, no meu insulamento, raciocinando, reconheci possuir em mim uma centelha de divindade; e então, vendo como os homens se faziam sábios, aspirei à sabedoria e disse: — "Nada possuis! pois, pela mesma razão, tens a sagrada obrigação de adquirir o saber."

Quis viver e vivi! Quis ser livre e o fui, porque não me deixei dominar por minhas paixões. Acreditei, sempre, que a felicidade não é um sonho e disso estou certíssimo. Ninguém, para ser ditoso, teve menos elementos do que eu, e, sem embargo, o fui. Ao lado de uma campa encontrei a felicidade; o homem só é infeliz por não ver mais que o presente; aquele, porém, que acredita que esse tempo não tem fim nem limites, quer se chame passado, quer se chame futuro, pressentindo em si o infinito da vida, para esse não há dúvidas nem sombras, dúvidas e sombras que para mim não existiram, visto como a esperança sempre me foi um dia sem ocaso, ouvindo, ao demais, longínquas vozes a me dizerem: — "A vida jamais se extingue! Tu viverás... porque tudo vive na Criação!"

E, ante a certeza da eternidade, todas as recordações tristes se me desvanecem na mente, vejo a luz da manhã, enquanto as sombras do passado se desfazem e se evaporam batidas pelo sol esplêndido do porvir.

A ÁGUA DO CORPO E A ÁGUA DA ALMA

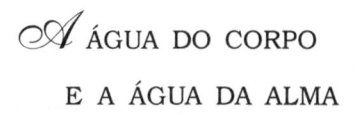

Vós, mulheres ditosas que tivestes a dita da fecundidade, e vós, homens afortunados que vos vistes renascer em vossos filhos, nunca os obrigueis ao sacerdócio, jamais vos ocorra dizer-lhes: — *"Consagra-te à Igreja"* — porque a Igreja não é mãe, mas madrasta, e o sacerdote desejoso de cumprir o seu dever é profundamente desgraçado.

Por mim o sei.

O homem, ou a mulher que se consagra à Igreja Romana, comete um suicídio que a sociedade aplaude, sim, mas porque a sociedade, no seu conjunto, é qual a turba popular em dias de revolução, que grita por ouvir gritar e pede por ouvir pedir, sem compreender o que pede. Assim, quando uma mulher entra para um convento, a sociedade exclama:

— "Ditosa! — deixou as fadigas do mundo!" Imbecis! A fadiga, o anelo e a atividade acompanham o Espírito como seu patrimônio: o Espírito tem de viver, e, tanto sofre na agitação dos meios sociais, como no mais obscuro recanto da sua cela. Nem há jejum, penitência ou cilício que esgote as forças d'alma, potente sempre, uma vez conservando o perfeito equilíbrio das faculdades mentais.

Se as paredes dos conventos falassem!... se as suas carcomidas pedras pudessem acudir a um lugar no qual também as multidões fossem ouvi-las, dir-se-ia que as trompas do juízo final haviam soado, anunciando chegados os dias do Apocalipse! E tudo seria confusão e espanto, revelações horríveis, confissões interessantes e patéticas!

Quanto episódio dramático! E que epílogos verdadeiramente trágicos!

Mulher! formosa flor da vida, que cresce louçã na estufa do lar doméstico!

Mulher! ente nascido para amamentar o infante, para rodeá-lo de ternos cuidados, aconselhá-lo na juventude, consolá-lo na velhice...

Mulher! um ser tão útil pelos desígnios de Deus... como inútil te tornas no seio de algumas religiões que te condenam à esterilidade, a ti que és fonte de produção.

E o homem?! Um ser tão forte e corajoso, que traz em si a emanação da vida, que atravessa os mares, cruza os desertos, sobe às montanhas, domina as feras!

O homem que, com seus inventos e descobertas, tudo utiliza de quanto lhe oferece a Natureza; ser tão grande, que diz com legítimo orgulho: — "Deus me criou à sua imagem e semelhança!"

O homem! — a que fica reduzido todo o seu poderio, quando, prosternado ante um altar, beija a hóstia consagrada e bebe o vinho que simboliza o sangue de Deus?!...

Que é, então, esse homem? É um autômato, um escravo sem vontade própria. O mais ínfimo mendigo da Terra tem sobre ele mais direito de ser feliz, porque ele tem de encarar a mulher — metade do seu ser — como elemento de tentação; tem de ouvir chamar pai sem poder estreitar o filho ao coração, e dizer: — "Vede como é lindo; já me conhece, ao pressentir meus passos, volve-se para ver-me..." Esses gozos supremos, essas divinas alegrias são negados ao sacerdote. Se obedece à lei natural, tem de ocultar os filhos como o ladrão oculta a presa, deixando cair na fronte dos inocentes o estigma do espúrio nascimento, porque a sociedade tem também as suas leis e todo aquele que vive fora dessas leis pratica o mal. O gozo ilícito não é gozo, é febre d'alma, e febre cujo calor deprime o corpo e fatiga o espírito. O sacerdote, gozando das expansões da vida, infringe a lei jurada e a infração jamais foi base dessa felicidade nobre, santa, pura, que engrandece o Espírito criando-lhe uma verdadeira família no mundo espiritual.

Ah! o verdadeiro sacerdote é imensamente desgraçado! Igreja! Igreja! como compreendeste mal os teus interesses! Rodeiam-te árvores secas, tuas comunidades religiosas se assemelham a florestas pelo incêndio devastadas, cujas raízes calcinadas não têm seiva para alimentar os rebentos.

Igreja! Infringiste a lei natural, martirizaste os homens; fizeste estacionar os Espíritos... Tu te chamas senhora do mundo, mas teu povo não serve para sustentar teu trono. Dividem-se em duas facções os teus vassalos: os bons são autômatos, são homens convertidos em dóceis instrumentos, são *coisa*; os maus são impostores, hipócritas, são *sepulcros caiados*.

Ah! por que me filiei a ti, Igreja? Por que fui tão cego? Foi porque sempre vivi só e a soledade é má companheira...

Abandonado por minha mãe, busquei na Igreja o carinho maternal; mas esta segunda mãe também me repeliu, quando lhe disse o que sentia, quando me proclamei apóstolo da verdade. Chamou-me apóstata e me repeliu de seu seio, como faz a prostituta ao filho que a estorva.

Sem dúvida, teria eu sido um mau filho em outras existências, já que me vejo agora condenado a viver sem mãe.

E eu amo a Igreja; sim, amo-a... e, por amá-la, quisera vê-la despojada de suas ricas e subversivas vestes. Não quisera ver seus ministros trajando púrpura, em palácios de mármore, mas habitando choças nas quais vivessem felizes, rodeados de amorosa família, a repetir à face do mundo: — *Este é meu pai, aquela é minha mãe.* E, porque expendi aos meus superiores esse ideal, porque, no dia da primeira missa, me apresentei dizendo a verdade, logo no dia seguinte o *Geral* dos *Penitentes Negros* veio dizer-me: — "Vai-te, foge, uma vez que tua palavra é inspirada pelo inimigo de Deus! Recebes inspiração de Lusbel e não podes permanecer entre os servos do Altíssimo; mas, para que não se diga que tua Madre Igreja te abandona, irás preencher a vaga de um curato de aldeia."

Antes de seguir ao meu destino, sofri o desterro, a fome e a calúnia; e, sem saber por que, ao chegar o momento de tomar posse da minha pequena igreja, senti frio. Cheguei ao lugarejo situado num vale rodeado de altíssimas montanhas, que mal deixava entrever um pedaço de céu, constantemente coberto de espesso nevoeiro; ali a Natureza não falava à alma, nem havia formosas paisagens que elevassem o Espírito à contemplação do infinito; em compensação, havia formosas mulheres guardando nos olhos todo o azul que faltava nos céus.

Essas mulheres receberam-me com palmas e ramos de oliveira, correndo pressurosas — elas e os rapazes daqueles sítios — a confiarem-me seus segredos; ao ouvi-las; ao ver como se deixavam dominar pelo fanatismo a ponto de confiarem a um homem novo e desconhecido aquilo mesmo que lhes envergonhava confiar às suas mães; ao ver aquela profanação autorizada pelos costumes, e eu, jovem depositário de tantas histórias, sem outros direitos ao desempenho de tão delicado cargo, que não os de um homem como os demais, cheio de paixões e desejos que me faziam tremer emocionado diante daquelas mulheres jovens e belas, que me abriam o livro do seu coração e diziam: — "lede!..." — quando meditava no absurdo e inconveniência daquelas confidências, dizia:

— Senhor! não é isso o que manda a tua lei! É impossível... Tu não podes exigir se converta em pedra um coração de carne!

Por que me deste juventude e sentimento? Por que me deste vida, se me havias de condenar à morte? Ah! mas isso é insuportável, por superior às débeis forças do homem. Se o demônio existisse, dir-lhe-ia ter sido ele o inventor da confissão. Falar com uma mulher, sem peia alguma; saber, um por um, dos seus pensamentos, dos seus mais íntimos desejos; dominar sua alma; regulamentar seu método de vida e depois... ficar isolado ou cometer um crime, abusando da confiança, da ignorância de uma mulher... ou ver passar gozos e alegrias, como visões fantásticas de um sonho, é impossível! Acredito firmemente que a religião verdadeira deve ter todos os seus atos em harmonia com a razão. A confissão não está, entretanto, nesse caso, notadamente em se tratando de indivíduos de sexo diferente, a menos que os anos já lhes tenham depositado na fronte os flocos brancos de neve.

Tão estreitos horizontes asfixiavam-me: ali, os costumes deixavam muito a desejar, adorava-se um deus de barro, o fanatismo cegava a população e eu compreendi que não estava talhado para aquele meio; temia cair, duvidava das minhas forças, e, na dúvida, abstive-me de lutar; queria engrandecer o Espírito, purificar a alma, e para tanto carecia de maior solidão e de menos incentivos. É verdade que o nosso ser é sempre impelido para o bem; mas não é menos verdade que mais fácil se torna dominar e vencer um desejo, do que resistir a contínuas tentações. Não quero a solidão dos anacoretas, porque o insulamento absoluto faz o homem estacionário; mas não quero, tampouco, lutar com inimigos que possam vencer-me pelo número, uma vez que a vitória importa no domínio da situação, conservando com sumo cuidado o perfeito equilíbrio dos sentidos. Solicitei de meus superiores minha remoção daquelas paragens, mas foi o mesmo que nada lhes pedir... Então, como se alguém me dissesse: — "Vai-te" — decidi retirar-me daquele sítio, onde lutavam em plena efervescência as paixões, a ignorância e a mocidade.

Ao terem conhecimento da minha resolução, os paroquianos empregaram todos os meios que o carinho pode sugerir, para deter-me.

Amavam-me! Algumas mulheres, principalmente, amavam-me demasiado; chamavam-me seu salvador, seu anjo de guarda! Mas eu ali não vivia; necessitava de mais pureza, de maior simplicidade, mais céu, mais luz, mais ar, mais vida em suma. Aquelas montanhas eram demasiado áridas; a vegetação daqueles vales, nos quais só a largos intervalos chegavam os raios solares, era pobre e doentia. Fugi, pois, porque estava sequioso e naquele pobre sítio não encontrara nem água para o corpo, nem água para a alma. Miguel e *Sultão* me acompanharam e seus olhos pareciam interrogar-me para onde iríamos... E eu lhes dizia:

— Para onde encontrarmos água, porque estou morto de sede.

Caminhamos dias e dias, parando nas aldeias, mas em parte alguma me sentia bem e dizia aos companheiros:

— Vamos adiante; o homem tem obrigação de viver, e eu, para viver, necessito de ar, espaço e luz!

Certa manhã, subimos uma montanha de cujo cimo, em lá chegando, lancei um grito de admiração: é que, de um lado, o mar murmurava a meus pés o seu eterno hosana, o Sol banhava a superfície móvel das ondas, num chuveiro de diamantes; e do outro lado vales floridos, verdes encostas, alegres riachos a serpearem por entre colinas; mansos rebanhos pastavam nas cercanias, enquanto um enxame de rapazelhos disputava em agilidade e ligeireza com os cabritinhos, correndo uns e outros por entre exclamações de júbilo, correspondidas por inúmeros pássaros voejantes sobre a frondosa ramaria.

Aquela paisagem encantadora impressionou-me tão profundamente que, durante largo tempo, permaneci imerso em extática meditação. *Sultão* deitou-se a meus pés, enquanto Miguel adormecia... Tudo em torno de mim era paz e amor! Por fim, dirigindo-me a Deus, exclamei:

— Senhor! se o permitires, aqui me deixarei ficar neste sítio, pois que nele encontro esse algo que nos dá vida.

Nisto, pareceu-me que longínqua voz me dizia:
— Ficarás!...

E alvoroçado, disse aos companheiros:

— Vamos percorrer a planície; naquelas casitas, lá ao longe, penso que deve habitar gente virtuosa...

E começamos a descer a montanha. A meio da vertente ouvimos o agradável ruído de um manancial abundante, formando artística cachoeira. Sim, artística, porque nada tão artístico como a Natureza. Agradavelmente surpresos, paramos todos para beber, pressurosos, o melhor líquido conhecido no mundo — a água — a água que manava de uma pedra coroada de flores e de musgo. Sentado junto dessa belíssima fonte formada pela mão de Deus, eu disse a Miguel:

— Bebe, bebe que esta é a *Fonte da Saúde!* Depois que bebi esta água, sinto-me melhor. Descansemos aqui.

Sultão, esse, enquanto descansávamos, entrou de reconhecer o terreno.

Meia hora haveria que me entregara às minhas cogitações, quando vi aproximar-se um pobre homem coberto de farrapos, apoiando-se a um menino de rosto desfigurado pelos estragos da lepra. Mais próximos que foram, certifiquei-me de que o mendigo era cego.

Infelizes!

Quanta compaixão me inspiraram! Acercaram--se do manancial, beberam com avidez, retomando seu caminho; segui-os e entabulei conversação com o mendigo, o qual disse destinar-se à vizinha aldeia, onde lhe davam esmola abundante, tanto assim que lhe sobrava, às vezes, para repartir com os companheiros de infortúnio.

E acrescentou que naquela aldeia até os meninos eram caridosos.

Em ouvindo palavras tão consoladoras, apenas pude exclamar:

— Bendito seja este recanto do mundo! Aqui se encontra água para o corpo e água para o Espírito!

E, como se algo de providencial me respondesse ao pensamento, um grupo de meninos veio obstruir-me o passo, exclamando um dentre eles para o cego:

— Demoraste muito, bom Tobias, pois há mais de duas horas que te esperávamos... Toma, toma, que trazemos muita coisa boa...

E apressaram-se a encher de grandes pães, queijo e frutas os alforjes do peregrino. O que mais me comoveu, porém, foi ouvir o maior dos meninos dizer ao mendigo, com voz carinhosa:

— Deixa que te conduza a carga, para que descanses; apoia-te a mim para que teu filho possa brincar também, até chegarmos lá em casa.

O pequeno leproso não se fez rogado; separou-se do pai e começou a brincar com os outros meninos e com *Sultão*, o qual prontamente se fez amigo de todos.

Foi nessa agradável companhia que entrei na aldeia, onde deveria permanecer por 37 invernos. E só Deus sabe quantos mais aí passarei ainda.

Ao avistarem-me, os habitantes me falaram com o maior afeto, como se nos conhecêssemos de muitos anos, e um ancião me disse:

— Chegais bem a tempo e com a maior oportunidade, porque o nosso cura está moribundo e sabe Deus quantos meses, ou mesmo anos, ficaríamos sem pastor... Somos tão pobres que nenhum padre quer vir para aqui. Jesus amava os humildes; mas seus ministros... não querem imitá-lo.

Naquela mesma noite o bom cura deixava a Terra. Recebi sua última confissão e pouca gente tenho visto expirar com tamanha tranqüilidade. Nada mais consolador que a morte do justo: com que beatífica tranqüilidade parte ele do mundo, doce sorriso a fulgurar-lhe no semblante...

Aquela morte me deu muito que pensar, pois pareceu-me um sucesso providencial. Eu olhava em torno e via seres carinhosos, expansivos, mas não fanáticos nem ignorantes, e me parecia impossível merecesse viver num sítio onde encontrara água para o corpo e água para a alma. Refletia e dizia:

— Senhor! serei egoísta em querer ficar aqui?

Entretanto, longínqua voz, remotíssima, repetia-me ao ouvido:

— Não; não és egoísta. Quanto aos bens terrenais, hás de aqui viver tão pobremente que serás enterrado por esmola; não é egoísmo o querer praticar o bem, e prudência é fugir do perigo, fugir do abismo no qual se tem a certeza de cair.

O homem deve procurar viver numa atmosfera que o não asfixie, mas, ao contrário, lhe faculte paz e alegria; o Espírito não vem à Terra para sofrer, porque Deus o não criou para o sofrimento; vem, sim, ensaiar suas forças, a fim de progredir, e não para sustentar esses pugilatos exigidos pelas religiões absurdas. Faze o bem, e no bem viverás. A Terra não é, certamente, estéril; há mananciais de água cristalina para saciar a sede do corpo, como há caudais de virtudes para saciar a sede da alma.

Não me resta a menor dúvida de que os Espíritos do Senhor comigo falavam, uma vez que, duvidando sempre de mim, ouvi vozes longínquas, muito longínquas e bastante perceptíveis; no entanto, para me fortalecerem, aconselharem e dissiparem todas as dúvidas.

Minha única aspiração foi ser bom: renunciei à felicidade oferecida pelas paixões terrenas, porque meu credo me proibiu constituir família; mas, em compensação, graças a Deus, pude viver num lugar onde encontrei a água do corpo e a água da alma.

Entrei no mundo sedento de amor e o amor dos desgraçados acalmou minha sede.

Na culpa está o castigo

Senhor! Fosse possível à Humanidade viver longos anos sem reproduzir, sem se ver renascer em seus filhos, e a vida seria triste. Que seria do mundo sem crianças, privada a gente de contemplar esses rostinhos cor-de-rosa, animados de brilhantes olhos, coroados de abundantes cabelos e iluminados de celestial sorriso?!...

Certo, se não escutássemos as vozes infantis, esqueceríamos a harmonia da música. Como é agradável conversar com as crianças! E quanto com isso nos instruímos! Sim, porque suas reiteradas indagações nos colocam na contingência de responder a elas, e, às vezes, tão profundas são as observações que nos fazem, que nos vemos forçados a refletir, dizendo de nós para nós: — "Esta criança nos suplanta em penetração." E como o amor-próprio nos domina, como não queremos se diga que uma criança sabe mais que nós, eis que nos damos pressa em estudar o assunto sobre o qual fomos interrogados, para nos fazermos de mestre. Os meninos sempre foram para mim um incentivo, a eles devo meus mais profundos estudos de Geologia, Mineralogia, Agricultura, Horticultura e Floricultura, uma vez que, por suas incessantes perguntas, eu me animava a interrogar, por minha vez, a Natureza.

Muito tenho amado e amo ainda as crianças! E este amor tem sua razão de ser... Sim! Como vivi tão só? Por que foram tão amargos os primeiros anos da minha vida? Essa lembrança jamais se me apagou da mente: ainda me vejo sentado à beira-mar, olhando céus e águas, sem que mão carinhosa viesse buscar-me, mas indo, antes, eu mesmo, ao encontro dos pescadores, para que me dessem uma côdea de pão negro.

Sabendo quanto as crianças invejam os seres felizes, procurei sempre ser o pai carinhoso de todos os pequenos, fossem órfãos, ou daqueles a quem a rudeza da família não faculta essa ternura, esse carinho, em suma, que faz a felicidade dos que se estreitam na vida.

A meu lado jamais consenti sofresse qualquer criança. Também por isso, sempre me vi cercado de rapazitos que foram e são, ainda hoje, a minha escolta. Os habitantes dos povoados convizinhos, quando veem muitos meninos reunidos, dizem sorrindo: — "O Padre Germano não deve andar longe" — e não o estou, efetivamente. Os mendigos e as crianças são os meus melhores amigos. Quando estas avistam um pedinte, vêm presto procurar-me, seguidas de *Sultão*; e eu ao vê-los não necessito fazer-lhes perguntas, pois já sei que um desgraçado qualquer reclama assistência e apenas lhes digo: — "Guiai-me, filhos meus."

E como ficam eles satisfeitos quando assim me deixo conduzir!

Pega-me um do braço, agarra-me outro pelo capote, e, como se eu não conhecesse, palmo a palmo, as cercanias da aldeia, ei-los a dizer-me: — "Por aqui é mais perto, por ali mais longe, adiante a passagem não é boa..." — enquanto sorrio dessas precauções infantis. É tão agradável sermos queridos... principalmente por almas boas! Boas, repito, porque, na verdade, há poucas crianças malvadas; a ambição, a profunda avareza, não despertam nos primeiros anos e as demais paixões que amesquinham o homem também só se desenrolam na juventude. A meninice é o símbolo da pureza, excetuados alguns espíritos rebeldes. As crianças, na sua generalidade, são as formosas flores da vida. O delicado aroma de suas almas purifica a atmosfera deste mundo, infeccionada pelos vícios e crimes do homem.

As horas mais tranqüilas da existência, devo-as aos meninos; sua terna confiança dava-me alento no sacrifício em prol da Humanidade.

De mim para mim, dizia: — "Se eles têm os olhos fitos em mim, importa dar-lhes bom exemplo" — e lutava para dominar as próprias paixões, e vencendo-me a mim mesmo lhes aparecia contente, porque assim lhes inoculava nos ternos corações a seiva da verdadeira vida.

A vida sem virtudes é lento suicídio, ao passo que, enobrecida pelo cumprimento do dever, santificada pelo amor universal, é o instrumento mais precioso do Espírito para o seu aperfeiçoamento indefinido.

Oito anos havia que chegara à aldeia, e, nesse tempo, conseguira criar-me uma grande família; os velhos vinham aconselhar-se comigo, os jovens confiavam-me suas penas, tanto quanto a história dos seus amores; os meninos, esses, não estavam contentes se lhes não presidia aos brinquedos. Assim, pois, realizara o meu belo ideal, formando as bases sólidas da religião que sonhava, transformando a velha igreja em ninho de amor e de esperança.

Uma tarde, todo entregue aos meus estudos, entra *Sultão* pelo oratório e, como de costume, apóia nos meus joelhos a cabeça inteligente; depois, fitou-me, ladrou lastimoso e cerrou os olhos. Dois meninos que o acompanhavam, ao verem-no assim piscar os olhos, alternativamente, puseram-se a rir, dizendo-me o maior deles:

— Padre, não entendeis o que vos diz *Sultão*? É que encontramos uma pobre cega! Vinde, Padre, vinde porque esta, sim, necessita de vós, visto estar blasfemando, gritando alto que não existe Deus. Como deve ser má essa mulher... Não é verdade, Padre?

Sem saber por que, as acusações do menino magoaram-me e eu lhe disse:

— Olha, meu filho, ninguém tem o direito de julgar a outrem.

— Ela, porém, diz que não existe Deus, Padre... Enfim, ides ver agora mesmo.

Saí com os pequenos companheiros e nos dirigimos à *Fonte da Saúde*, onde encontrei o seguinte quadro: dez ou doze pequenitos rodeavam uma mulher quase nua, cabelos soltos, olhos abertos numa fixidez aterradora em extremo (pois era um esqueleto), havia no seu rosto os vestígios da perdida formosura; e o seu perfil guardava tal ou qual cunho de perfeição. Fitei-a atento e como que ignota voz me segredava ao ouvido: — "Repara bem... Não te lembras? volve ao passado..." Mentalmente, invocava as minhas recordações, enquanto a voz continuava: — "Mais longe, mais longe ainda!..." E fui retrocedendo até à pobre choupana dos primeiros anos de vida... — "Aqui? — perguntei — devo deter-me aqui?" A voz misteriosa não respondeu, mas as pulsações apressadas do coração disseram-me que entre nós havia íntimo parentesco; que entre a infeliz blasfema e o padre existia o laço mais forte que une dois seres entre si. Sim, eu era carne da sua carne e osso dos seus ossos! Aquela mulher desgraçada era minha mãe... Não me restava a menor dúvida, e, para que dúvida não houvesse, entrou ela a blasfemar horrivelmente, fazendo-me estremecer à lembrança dos tempos da minha idade infantil. Sem poder dominar-me, convulso tremor se apoderou do meu corpo e lágrimas de fogo afluíram-me aos olhos para refluírem depois, quais lavas candentes, ao próprio coração.

Eu chorava de dor e de vergonha, simultaneamente, porque a verdade é que me envergonhava de que aquela mulher fosse minha mãe.

Há momentos da vida, nos quais sentimos tão diversas emoções, que impossível nos é conhecer o sentimento predominante; entretanto, a pergunta de um dos meninos fez-me voltar a mim.

Havia, entre os meninos que me rodeavam, um de quatro anos, de grande inteligência e que, mais de uma vez, me surpreendera com observações inesperadas. Foi ele quem, acercando-se de mim e olhando-me fixamente, disse:

— Padre, que faríeis se vossa mãe fosse como esta mulher?

— Amá-la-ia, meu filho, porque a mulher que nos carregou no ventre deve sempre ser encarada como criatura sagrada.

— E quando blasfema como esta?

— Devemos amá-la do mesmo modo, ou, antes, mais ainda, porque os enfermos são os que necessitam de médico.

Ouvindo esta resposta, o menino olhou-me docemente, enquanto em seus lábios se desenhava um sorriso divino. Sempre acreditei que, naquele momento, esse pequeno foi intérprete de um Espírito do Senhor, que, compadecido do meu desvario, enviou um anjo para lembrar-me o cumprimento do dever.

Aproximei-me de minha mãe, que gritava furiosamente, apoiei as mãos em sua cabeça e ela estremeceu a esse contato; quis fugir e não pôde; as pernas lhe fraquearam, e, certo, cairia se eu não a amparasse, sentando-a numa pedra.

— Quem me toca? — disse com acento iracundo.

— Alguém que se compadece de vós e deseja ser-vos útil.

— Pois olha — redargüiu, abrandando a voz —, leva-me a um deserto no qual se possa morrer de fome e sede, porque quero morrer e não consigo.

— Mas, por que desejais morrer?

— Para não padecer nem cometer mais crimes.

As palavras de minha mãe pareciam agudas flechas envenenadas a cravarem-se-me no coração e eu quisera que as próprias árvores não as ouvissem; por isso, apressei-me a dizer-lhe:

— Tendes forças para caminhar?

— Por quê?

— Porque quero levar-vos a lugar no qual possais descansar.

— Mas, se não quero descansar? Quero morrer, isto sim, porque meus filhos me atormentam...

— Vossos filhos?

— Sim, sim; eles aqui estão, aqui... Leva-me para onde os não veja!

E a infeliz levantou-se, espantada, mas a debilidade em que estava, produzida, talvez, por longo jejum, não lhe permitiu que desse um passo.

Sustive-a, então, em meus braços e ordenei aos pequenos fossem buscar homens, ou uma padiola para acompanhar a pobre cega.

Os pequenos correram lestos, mas, como a *Fonte* fica um tanto longe da aldeia, lá se demoraram, e, até que voltassem, tive tempo de torturar a mente com os pensamentos mais atrozes. Minha mãe ficou submersa em profundo letargo; reclinei sua cabeça em meus joelhos, cobri-lhe o corpo com a capa e entrei a explorar o passado, lamentando meu infortúnio. E dizia: — "Eis aqui as consequências do crime. Se esta mulher tivesse sido bondosa, se me houvesse amado, eu, por minha vez, amá-la-ia tanto... tanto... — Minha mãe! — e, aprendendo uma arte ou um ofício, mantê-la-ia com o produto do meu trabalho; se constituísse uma família, meus filhos — seus netos — seriam alívio e alegria à sua velhice; em compensação, por seu abandono, eis que me condenei a viver morrendo e ela... ah! quanto deve ter sofrido!... Quantos desatinos ter-lhe-ão atraído enormes responsabilidades!

Quão bem se compreende que na culpa está o castigo! Mais desamparado do que ela, fiquei no mundo; mas, sem embargo, à custa de sacrifícios, cerquei-me de numerosa família, sou ministro de uma religião, difundo a moral do Cristo. — ...E ela? Ah! nem é preciso indagar como viveu, porque seu tristíssimo estado o está demonstrando.

"Senhor! Senhor! inspira-me; quero perdoar como Tu me perdoaste; quero amar esta infeliz, trocando o bem pelo mal, pois só assim cumprirei tua lei."

Que hora tão solene a do crepúsculo vespertino, quando a Natureza diz ao homem: — "ora!" — e a alma mais rebelde sente-se presa de inexcedível emoção! Então, essa alma, se não pensa em Deus, pensa nos seus mortos e roga por seu eterno repouso.

Voltaram, finalmente, os meninos acompanhados de vários homens, que conduziram minha mãe à aldeia e levaram-na para uma casa que servia de hospedaria aos mendigos, como de hospital aos enfermos, principalmente mulheres, pois os homens se hospedavam no Presbitério e no meu oratório, onde jamais permiti permanecesse mulher alguma.

Ao fim de quinze dias, minha mãe parecia outra; o corpo, perfeitamente limpo, estava bem abrigado; os cabelos emaranhados passaram a ser cuidadosamente penteados e recolhidos em alva coifa, mais alva que a neve; bem alimentada, gozava tranqüilo repouso, posto que, às vezes, se exasperasse e pedisse que a levassem a um deserto, a fim de sucumbir à fome e à sede.

As boas mulheres que cuidavam das enfermas falaram-lhe, provavelmente, muito bem de mim e tê-la-iam aconselhado a fazer uma confissão geral para descargo de consciência, visto como, certa manhã, entrou na igreja guiada por um menino, pedindo-me que a escutasse.

Conduzindo-a aos meus aposentos, fi-la sentar-
-se na minha cadeira e dei-lhe a palavra.

— Tenho medo de falar.

— Por quê?

— Porque fui muito má, e, se souberdes quem sou, me expulsareis daqui. Ora, eu, conquanto ainda deseje, às vezes, morrer, encontro-me agora tão bem que temo perder este abrigo. Havia tanto tempo que não dormia sob um teto...

Como eu sofria ouvindo-lhe aquelas palavras! Não obstante, acalmei-me e disse:

— Não temais perder a franca hospitalidade aqui encontrada. Como sacerdote, tenho sagrada obrigação de amparar os desvalidos e ninguém mais desvalido que um cego, quando, como vós, reúne em si a cegueira do corpo e a cegueira da alma. Juro-vos, pois, que, enquanto na Terra, jamais sofrereis fome nem sede. Falai, portanto, sem receio.

E ela, minha mãe, falou!... Seu relato foi tão horrível, que, ainda agora, passado muito tempo, é tal a minha impressão que não posso transcrevê-lo. Direi, apenas, que tive dez irmãos, todos enjeitados; uns ao nascerem, outros quando mal podiam andar, sendo eu, de todos, o mais afortunado. Sabedor de que outros seres haviam dormido na mesma mansarda materna onde passei as primeiras horas de vida, tratei de ver se conseguia encontrar alguns deles, mas tudo foi inútil, porque minha mãe não recordava lugares nem fatos. A única coisa que se lembrava, era do meu nascimento, como se a Providência quisesse apresentar-me todas as provas tendentes a convencer-me de que aquela infeliz era, de fato, minha mãe. E, ao falar de mim, acrescentava:

— Chamava-se Germano, como vós; que terá sido feito dele? Pobrezinho... era muito humilde e paciente; mesmo com fome, jamais me pedia pão; não era rancoroso nem vingativo, e eu, se o maltratava, era somente porque o não amava. Padre, por que será que o não vejo, a esse, enquanto que os outros dez me aparecem constantemente? Ah! os outros... ameaçam-me e chegam a converter-se em reptis, que se me enroscam ao corpo... Eles aqui estão, aqui...

E começou a chorar, tão profunda, tão desconsoladoramente, a dar gritos lancinantes que me despedaçavam o coração. O mais que pude fazer foi aconchegar sua cabeça ao meu peito, chorando com ela. Ter-lhe-ia dito: "abraça-me, pois sou teu filho" — mas, não só temi proporcionar-lhe emoção demasiado violenta, como atendi a uma voz longínqua, que me dizia: — "Espera! espera!"

E esperei. Que luta horrível sustentei nesses poucos meses! Coloquei minha mãe em casa de uns aldeãos, que a tratavam com o maior carinho e onde, afinal, ela, uma vez boa e forte, começou a cometer abusos que se tornaram pedra de escândalo para os morigerados habitantes da aldeia. Embriagava-se diariamente e cometia outros excessos, pervertendo vários rapazes. Os velhos vinham relatar-me aqueles desmandos, jamais vistos na localidade. Eu admoestava minha mãe, sem atrever-me, contudo, a falar-lhe com rispidez, embora seu espírito fosse daqueles que necessitam de látego para obedecer.

Quando lhe falava com ternura, seu viciadíssimo pensamento interpretava minha tolerância do modo mais fatal; e eu, vendo aquele ser tão impuro, chegava a desesperar, murmurando para comigo: — "Maldita, maldita a hora em que adormeci no teu ventre!" Mas, logo em seguida, arrependido, a chorar como criança, dizia: — "Perdoa, Senhor, pois quando ma deste por mãe, impuseste-me a obrigação de respeitá-la, protegê-la, acariciá-la: é minha mãe e não tenho o direito de a repreender." Admoestava-a, sim, com a maior doçura; ela escutava-me e, às vezes, se lograva comovê-la, chorava, chamando-me seu filho Germano. Um dia, aproveitando o seu enternecimento, dei-lhe a entender que sabia alguma coisa do filho e inventei uma história na qual ele entrava como tendo sido meu companheiro, sacerdote também como eu, e prometendo-lhe que, se se corrigisse, poderia ainda estreitá-lo em seus braços. Essa promessa, a princípio, deu resultado favorável, parecendo que algo ainda falava ao seu coração, tanto que me abraçou e prometeu não mais embriagar-se; não tardou, porém — Espírito dominado pelos mais grosseiros instintos — volver à mais espantosa e escandalosa degradação, a ponto de, até às crianças, fazer propostas indecorosas.

Minha inusitada tolerância a todos causava profunda surpresa, visto que todos estavam habituados à minha severidade e retidão. Minha mãe tornou-se, por sua imoralidade, tão odiosa, que cheguei a compreender perfeitamente o receio com que me olhavam os meus paroquianos, supondo-me ligado àquela desgraçada por um afeto menos puro.

Que luta a minha nesses dias! Havia momentos nos quais me decidia a proclamar em voz alta: — "Esta mulher é minha mãe e por isso não posso tratá-la com severidade"; — mas via, logo após, desfeito o meu trabalho de oito anos atrás. Para se impor a gente às multidões, preciso é apresentar-se superior a elas; e, quando essa superioridade desaparece, inútil se torna quanto se faça. Depois, considerava que, embora continuassem a amar-me e respeitar-me; embora tolerassem e se compadecessem mesmo de minha mãe, em consideração à minha pessoa, eu lhes propinaria com os vícios desta um mau exemplo. Poderei tolerar os abusos de minha mãe, mas não tenho o direito de, com eles, mortificar nem escandalizar os demais.

O homem é escravo de seus semelhantes, não de suas afeições exclusivas.

Os habitantes desta pequena aldeia são a minha família espiritual, meu dever é velar por sua tranqüilidade. Se minha mão direita lhes dá escândalo, cumpre-me cortá-la, visto como, entre a torpe satisfação de um indivíduo e a tranqüilidade de muitos, deve preferir-se a maior soma de bem. O homem jamais deve pensar em si mesmo, para pensar no seu próximo. Sinto-me fraco para corrigir minha mãe; quando ela me fala, meu coração pulsa com mais violência, mais desespero, porque a pressinto capaz de tudo cometer, até um incesto, visto como, ao falar-me do filho, sempre me pergunta algo que me causa lástima. Que desgraça, a minha!

Por fim, não tive remédio senão escrever a um sacerdote amigo, a cujo cargo estava a enfermaria de uma associação religiosa, a fim de minha mãe ser ali internada e sujeitar-se, como doente que era, a um regime curativo, único meio de lhe dominar os vícios.

Quando ela soube que tinha de abandonar a aldeia para internar-se numa casa de saúde, exasperou-se; consegui, porém, acalmá-la, falando-lhe do seu filho Germano. E assim foi que, seguida de seis homens, deixou a aldeia, montada em mansa égua puxada por destro e vigoroso aldeão. Segui a comitiva até à *Fonte da Saúde* e ali me deixei ficar entregue por largo tempo em profunda meditação.

Toda a minha vida havia suspirado por minha mãe; eis que chego a encontrá-la e ela, por seus vícios e desordenada libertinagem, me impede tê-la junto de mim. Foi o Espírito mais rebelde que conheci. Dominei homens cujos instintos sangüinários atingiam a mais inconcebível crueldade; mulheres depravadas tremeram diante de mim;

de muitas consegui verdadeiro arrependimento, ao passo que, em relação a minha mãe, a mulher que desejara converter numa santa, faltou-me todo o poder. Castigo? Se tive essa orgulhosa presunção, justa e merecida foi a minha humilhação! E que dolorosa humilhação! Deus meu! Mas não, é isto: — sempre reconheci minha pequenez. Ao ver minha mãe, não me lembrei de que, aos cinco anos, me abandonara; antes esqueci seus maus-tratos e disse: — "Foi esta mulher que me deu o primeiro alimento, e, quando pequenito, quando comecei a sorrir, beijou-me, talvez, dizendo: — 'Como és formoso, meu filho!...' Ao recordá-lo... os olhos se me arrasaram de lágrimas e continuava dizendo: — 'O filho deve obediência aos pais' — e, quanto a mim, se o pudesse, tê-la-ia servido de joelhos".

Às vezes, ela vinha embriagada e eu, a quem tanto repugnava tal vício, vendo-a, dava-lhe um calmante, tratava de extinguir os vestígios do seu excesso e dizia-lhe em tom súplice: — "Prometei-me que não mais o fareis!"

Ah! ela não compreendeu que eu era seu filho, porque estava cega; certo, se o seu olhar se cruzasse com o meu... oh! então... fora inútil negá-lo, pois que meus olhos lhe diriam o que os lábios calavam. Que luta, Senhor!

Depois de muitos dias, volveram os aldeãos! Ao vê-los, pressenti logo uma desgraça, porque se me apresentavam graves, silenciosos. O mais velho apressou-se a dizer:

— Padre, vossa mercê já nos conhece e sabe que as suas ordens são, para nós, preceitos de santa fé; é claro, pois, que zelamos a pobre cega como se fosse nossa filha; íamos com dez dias de viagem, quando uma tarde, fizemos alto num desfiladeiro para descansar um momento; e, coisa rara! a égua *Corinda*, mansa como um cordeiro, levantou-se nas patas, deu um arranco, rebentou a rédea e disparou a galope cerrado, saltando barrancos e precipícios, enquanto a cega, segurando-lhe as crinas, mais a fustigava.

Corremos, também nós, mas depressa nos convencemos da inutilidade desse esforço, porque animal e cavaleira sumiram-se em menos tempo do que o empregado agora para vo-lo dizer! Ainda passamos quatro dias naquelas brenhas, mas, como impossível é descer a tais abismos, nem sequer pudemos encontrar os despojos. Vossa mercê diz que não existe o diabo, mas isto que nos sucedeu parece obra dele.

Nada tive para responder a essa narrativa; a dor e o remorso gelaram-me os lábios e levaram-me à cama, entre a vida e a morte, por muitos dias. E dizia: — "Se tivesse aqui ficado, talvez não morresse"; mas, por outro lado, via que isso era de todo impossível, visto como o homem que se consagra ao sacerdócio tem obrigação de velar por aqueles que se colocam sob a sua proteção; deve, outrossim, consagrar-se ao bem, ao desenvolvimento de todas as virtudes, evitando tudo quanto possa tornar-se pernicioso à sua grande família.

Acaso um pai não procura desviar os filhos das más companhias? Prostitutas há que encerram as filhas em conventos, evitando-lhes desse modo o contágio dos próprios vícios. Há bandidos que ocultam aos filhos o seu modo de vida, para que eles possam ser homens de bem na sociedade... Se assim é, cumpri o meu dever sagrado, afastando da aldeia aquela que se constituíra pedra de escândalo, pervertendo moços e crianças. Entretanto... essa mulher era minha mãe! Jamais a vira sorrir, e, contudo, afigurava-se-me que, outrora, em me fitando, tê-lo-ia talvez feito; e, como o sorriso de mãe é sorriso de Deus... eu sonhava ter sido objeto de um desses sorrisos. E chorava, sem poder definir meu sentimento.

Profunda a melancolia que me ficou desse episódio; os próprios meninos não conseguiam distrair-me, e, se um grande acontecimento não viesse dar novo curso às minhas ideias, penso, teria sucumbido.

Ano e meio depois da morte de minha mãe, conheci a menina pálida dos cabelos negros, a mesma que, quando pequenita, se esforçara por vir a mim, quando clamava: — "A mim as criancinhas, que são os limpos de coração!"

Ah! quando ela me perguntou: — "Padre, é crime amar?" — cerrei os olhos e disse: — "Por que não cairá um raio que nos fulmine os dois?"

Mas logo abri os olhos, e, fitando-a, pensei nos habitantes da minha aldeia, raciocinando do seguinte modo: — "Pois que eles se inspiram no meu exemplo, cumpra-se o meu dever; quero fugir da culpa, porque na culpa está o castigo."

E graças a Deus a minha família universal não teve, por essa vez, de que se envergonhar do seu pároco. Sofri, lutei, despedacei o coração, mas venci dominando as próprias paixões, isto é, o que primeiro importa ao homem dominar.

Quem não for senhor de si mesmo, não espere ter a força moral, porque esta só se adquire quando se ensaia a vontade na dominação dos apetites. É desse modo que se convencem as multidões, não com palavras vãs, mas com fatos, que têm a eloqüência de uma demonstração matemática.

Os fatos entram no domínio das ciências exatas, sua evidência inegável convence até aqueles que são sistematicamente incrédulos.

O ÚLTIMO CANTO

Meus irmãos, vejo com prazer que ledes pressurosos as memórias de um pobre sacerdote, o qual conhecestes pelo nome de *Padre Germano*; admirais o que vós outros chamais suas virtudes e que, na verdade, não foram senão o estrito cumprimento do seu dever.

Não julgueis, filhos meus, que algo tivesse feito de extraordinário, mas, apenas, o que deveriam fazer todos os homens — dominar as paixões — que são os nossos inimigos mais encarniçados. Por aí, já vereis que sois injustos quando dizeis que o clero está despojado de boas qualidades.

De todos os tempos tem havido excelentes sacerdotes. Não negarei que eles tenham formado minoria, cedendo o maior número às sugestões do mal, da ambição, da concupiscência; mas, não se diga que as religiões tenham sido nocivas à sociedade, uma vez que, em tese, todas as religiões são boas, porque encaminham o homem à abstenção de todos os vícios. O fato de seus ministros não cumprirem os respectivos preceitos, é outro caso. A verdade é que o preceito divino é sempre grande. Tomai por exemplo a vossa liberdade; vós outros dizeis que a liberdade é a vida, porque a liberdade é ordem, é harmonia; não obstante, em nome dela, quanto sangue derramado na Terra! E quantos crimes cometidos, quantos povos escravizados! Assim, também as religiões têm sido facho incendiário, embora criadas para pacificar e harmonizar as raças. Os sacerdotes têm em mãos a felicidade desse mundo; homens, porém, sujeitos a veleidades e paixões, deixaram-se seduzir, cederam às tentações, e, poucos, muito poucos têm sabido cumprir o seu dever.

Quanto a mim, se cumpri todos os meus juramentos, não acrediteis que o fizesse por virtude, mas porque o momento chega, decisivo, no qual o Espírito, cansado de si mesmo, resolve mudar de rumo, visto achar-se (fazendo uso da vossa linguagem) crivado de feridas. Então, esse Espírito diz: — "Senhor! quero viver." E como querer é poder, começa a domar suas paixões, emprega a inteligência em produtivo trabalho, e aí o tendes em começo de regeneração.

Quando muitos Espíritos em uma nação se acham possuídos desse grande sentimento, surgem as épocas brilhantes de verdadeira civilização, de maravilhosos inventos, de magnas descobertas. Se um só Espírito animado de bons desejos pode servir de consolo a centenas de indivíduos, calculai o que podem fazer milhões de Espíritos desejosos de ser úteis aos seus semelhantes. Quando tal se dá, vedes as rochas transformadas em campos férteis, os desertos em nações viris, os assassinos em missionários, as rameiras em irmãs de caridade. O homem é o delegado de Deus na Terra, pelo que podeis julgar se ele pode ou não transformá-la.

Quando estive no vosso mundo, poucos Espíritos havia possuídos do bom desejo. Eu aí estive numa época de grande perturbação e eis por que minha conduta despertou mais atenção, a ponto de me qualificarem de *santo,* depois da minha morte; mas crede que estive muito longe da santidade. Isto vo-lo afirmo, porque penso que o homem santo deve viver na mais perfeita calma, sem ter jamais uma sombra de remorso. Ora, eu, além da luta que sustentei por ocasião da presença de minha mãe na aldeia — luta terrível, indecisão fatal, que, por vezes, ainda me atormenta! — nos últimos meses de permanência na Terra fui dominado por um remorso — horrível remorso — e minha hora extrema seria dolorosa se Deus na sua suprema misericórdia não me deixasse colher o fruto de uma das minhas maiores fainas — a conversão de Rodolfo — esse Espírito rebelde que amei e amo com carinho verdadeiramente paternal.

Não fora ele e, nos últimos instantes de vida terrena, teria sofrido horrivelmente. Ah! que benefícios me proporcionou ele, então!...

Dou aqui todos estes pormenores, porque quero apresentar-me a vós tal como sou, para que não me julgueis um Espírito superior, quando estive muito longe de o ser. Já pela mãe que tive de escolher, como pelas condições dolorosíssimas da minha vida, deveríeis ter compreendido quão grandes eram minhas dívidas a resgatar. Tive, sim, verdadeiro pendor para o progresso, vontade forte na prática do bem, e foram essas as minhas únicas virtudes, se virtudes se podem chamar meus ensaios de regeneração. Entre vós, alguns há para os quais chegou esse momento decisivo e querem começar a viver; e, como necessitais de ensino, dar-vos-ei as instruções ao meu alcance, contar-vos-ei os inefáveis gozos que me proporcionaram as boas obras, bem como os sofrimentos oriundos de um momento de subjugação a certa influência espiritual. Permanecei sempre de sobreaviso; perguntai continuamente a vós mesmos se o que pensais hoje está de acordo com o que ontem pensáveis; e se desse exame resultar sensível diferença, acautelai-vos, lembrando que não estais sós, que os invisíveis vos rodeiam, expostos que vos achais ao seu assédio. Fui fraco uma vez e asseguro-vos que esse fatal descuido me custou muitas horas de tormento.

É o caso que, um ano antes de deixar a Terra, princípios de outono, estava eu na igreja, e triste, muito triste, meu corpo vergava para o solo e o pensamento fraquejava; via acercar-se a hora extrema e, como durante a vida, mais não fizera que padecer, vítima de permanente contrariedade — não obstante a certeza absoluta da vida eterna e da individualidade da minha alma, e uma vez que, na Terra, estreito e limitado é o nosso horizonte — dizia, de mim para mim, com profunda mágoa: — "Morrerei sem ter vivido! Durante tantos anos, por algumas horas apenas, pude contemplar o rosto da mulher amada, e, assim mesmo, em que triste situação! Estava ela nas vascas da morte e, enquanto meu amor queria salvá-la, a consciência do dever dizia-me que o Senhor deveria levar-me, apartá-la de mim, como tentação que era! E eu, que houvera dado mil vidas pela sua vida, ah! tive de alegrar-me com o seu falecimento!"

Que amaríssima alegria! É verdade que me fica o infinito; mas, agora, de momento, nada posso recordar que me faça sorrir... e sentia-me desfalecer...

Tenho observado que o Espírito se ensaia por tétricos pensamentos, quando caminha para a prática de uma ação má; do mesmo modo, tudo parece sorrir-lhe quando o ensaio visa a um ato meritório.

Quando alguém se alegra, sem saber por que se alegra, é que almas benfazejas o cercam, atraídas pelos bons pensamentos.

Ao contrário, quando alguém se empenha em tudo ver negro, atrai, por sua intemperança, os Espíritos inferiores.

Naquela manhã, eu estava triste, muito triste, de tudo enfadado; queria orar e não podia; queria evocar alguma recordação agradável e apenas me surgiam à mente dolorosas reminiscências. Justamente quando mais preocupado, ouvi tropel de cavalos que estacavam à porta do templo, vozes confusas, e, por último, entrou uma mulher que se dirigiu a mim.

Em vez de ir ao seu encontro, retirei-me com sombrio gesto para um confessionário, disposto a cortar toda e qualquer conversação; ela, porém, acompanhou-me até ali, e, uma vez perto, exclamou:

— Padre Germano, é inútil fugir; venho de longe para falar convosco e já sabeis que, quando quero, quero mesmo. É inútil, pois, qualquer relutância.

Isto dizendo, ajoelhou-se ante o confessionário, em atitude hostil, irreverente, o corpo dobrado por mera fórmula, deixando entrever a intenção de empregar até a força para conseguir a realização do seu desejo.

A voz dessa mulher arranhou todos os meus nervos, de tal modo me irritou, que por completo me transformei no meu modo de ser.

Conhecia-a de muitos anos, sabia que era um reptil arrastando-se pela terra, causadora de mais vítimas do que cem batalhas; sabia que, quando uma mulher desonrava o pai ou o marido e a desonra era visível, chamavam-lhe harpia, davam-
-lhe um punhado de ouro em troca do encargo de estrangular o fruto inocente de ilícitos amores; não

ignorava que ela seduzira muitas jovens para atirá-las à prostituição; que era, finalmente, pior que Caim. E sabia mais e tantos pormenores horrorosos da sua existência, que já por diversas vezes lhe fugira, tomado de invencível repugnância. Ao vê-la naquele momento tão próxima de mim, não me contive que lhe não dissesse raivoso:

— Bem me importa viésseis de longe; nada quero ouvir que se relacione convosco; ouvis? Ide-vos daqui, deixai-me em paz, pois sei que pouco tempo me resta de vida e tenho o direito de morrer tranqüilo. Sei, igualmente, que, se vos confessar, perderei a paz do espírito.

— E sois vós a quem chamam santo... vós, que assim repelis da casa de Deus os pecadores arrependidos?

— É que não vindes arrependida e eu já sei o que pretendeis. Ides dizer-me, sem dúvida (pois tenho alguns indícios do vosso plano), que quereis reconstruir esta velha igreja, levantar na *Fonte da Saúde* um soberbo santuário para hospedagem dos peregrinos... Não é verdade ser esse o vosso projeto, no pressuposto de que, erigindo templos na Terra, vossa alma poderá entrar no Céu? Talvez me digais, também, que, cansada da luta pela vida, quereis cingir o sambenito humilde do penitente...

— Bem dizem que sois feiticeiro. Adivinhastes, de fato, meu pensamento: o peso dos anos já me vai acabrunhando, temo que a morte me colha de surpresa, e bom é preparar-se a gente para a eternidade, dado que a alma tenha de prestar conta de seus atos... Mesmo que assim não seja, sempre é grato ficar de bem com o mundo, deixar uma lembrança que apague a mancha de alguns desatinos cometidos. Ora, a calúnia se apoderou de alguns dos meus erros, deu-me certa fama que não quero, de modo algum, levar para o túmulo. O ouro tudo compra, sede razoável; deixemo-nos de vãos escrúpulos, façamos um contrato em regra; dar-vos-ei todo o dinheiro de que precisardes e vós, em compensação, fareis tudo que julgardes conveniente para que minha alma repouse tranqüila após a morte, lembrada na Terra com respeito e veneração. Meu intuito, como vedes, é bom, pois quero apagar as nódoas do delito, assegurando-me a salvação eterna. Uma boa confissão, dizem, nos reconcilia com Deus; pois bem: eu desejo essa reconciliação e vós haveis de confessar-me, porque vossa obrigação é atender aos pecadores.

Tal como a serpente vai fascinando a presa, assim aquela mulher me fascinou com o seu olhar diabólico; quis falar e não pude. Ela, aproveitando o meu involuntário silêncio, entrou a contar-me a história da sua vida. Falou quatro horas consecutivas e eu, quedo, aterrado, sem saber o que se passava comigo, tudo ouvia sem interrupção. Houve um momento no qual quis falar, mas senti um nó de ferro na garganta; o peito arfava-me com violência, meu sangue era como se contivesse chumbo derretido, que escaldava; e quando ela concluiu, como se força estranha de mim se apoderasse, saí da minha

letargia, todo estremeci com violência, levantei-
-me iracundo, saí do confessionário, tomei-lhe
de um braço e disse:

— Acreditasse eu em feitiçarias, em sortilégios, e me julgaria dominado, paciente para ouvir-vos por tanto tempo; mas não, é que meu Espírito quis, sem dúvida, convencer-se da vossa infâmia. E assim é que vos prestei atenção, para persuadir-me de que sois pior do que todos os Cains, Herodes, Calígulas e Neros de que fala a História. Jamais se me deparou um pecador no qual não encontrasse um átomo de sentimento; em vós, porém, só vejo a mais cruel ferocidade, ferocidade inconcebível!

De fato vos regozijastes em matar crianças, que são os anjos do Senhor, e nem sequer vos comoveu a sua fraqueza; nada vos disseram os olhos desses inocentes, olhos que refletem os resplendores do céu; apoderastes-vos deles, qual fera sem entranhas, e sorristes mesmo, ante a sua agonia... E depois de tantos crimes, depois de serdes o opróbrio, o horror da Humanidade, quereis levantar um templo, quereis profanar esta pobre igreja revestindo-a do mármore comprado com um dinheiro maldito; quereis envenenar a *Fonte da Saúde*, aproveitando o manancial que é de Deus, para um tráfico infame; quereis, enfim, comprar o repouso eterno com uma nova aleivosia! Miserável, ide daqui. Deus não tem misericórdia para criaturas da vossa espécie! Agora, pensais no repouso... Mas vós não podeis repousar, jamais!

Tendes que seguir, como o judeu errante da lenda bíblica, percorrendo o Universo, e, quando pedirdes água, as crianças que assassinastes apresentar-vos-ão do seu sangue uma mistura de fel, e dirão: — "Bebe e caminha..." — e caminhareis por séculos e séculos, sem que a luz do Sol brilhe aos vossos olhos, a ouvirdes perto, muito perto de vós, confusas vozes a repetirem; — "Maldita, maldita sejas!"

Começo eu por dizer-vos e digo: — Saí daqui, que as paredes deste templo como que se racham, como que se despenham para não servir de abóbada à vossa cabeça, e essa cabeça horrível na qual nunca germinaram outras ideias senão as do crime.

Para todos tenho tido compaixão, tenho ocultado muitos malfeitores; para vós, entretanto, só tenho o anátema, a excomunhão!

Fugi, daqui, maldita dos séculos! Fugi daqui, leprosa incurável! Fugi, fugi, que o Sol se empana para esquivar-se ao vosso contágio!

E, como se a Natureza quisesse ajudar-me, eis que se desencadeou a tempestade, arrepiou-se o vento, rugiu o furacão! E aquela mulher teve medo, tremeu de espanto e, acreditando chegado o Juízo Final, gritou com verdadeira angústia:

— Misericórdia, Senhor!

— De quem tivestes misericórdia? — repliquei, irado. — Fugi daqui! É tal o horror que me inspirais, que, se mais tempo vos fitar, me converterei em vingador das vossas vítimas.

Meus olhos deveriam dizer-lhe mais que minha boca, porque ela encarou comigo, deu um grito horroroso e deitou a fugir qual sombra.

Fiquei, por instantes, olhando a direção que tomava, mas senti ao mesmo tempo agudíssima dor de coração, que me fez rolar por terra. Quando tornei a mim, soube, por Miguel, que eu estivera dois dias desacordado. Os meninos, com seus afagos, tentavam despertar-me, mas tudo fora baldado.

Quando voltaram os pequenos a rodear-me o leito, possuídos da mais terna solicitude, olhei-os com infantil alegria; mas, logo recordando o que se passara, lhes disse:

— Deixai-me, filhos, porque já não sou digno de vós, nem de vossas carícias...

Eles olharam-me apenas, sem compreender, e, enquanto lhes repetia a mesma frase, disse um deles aos demais:

— Vamos dizer a Maria que o Padre Germano está muito mal...

E tinham razão, porque eu estava, de fato, enfermo do corpo e com a alma ferida.

Desde então, não tive um instante de tranqüilidade, nem mesmo junto à campa da menina pálida dos cabelos negros. Esta, às vezes, me aparecia, fitava-me tristemente, e eu lhe dizia: — "Não é verdade que não sou mais digno de ti? Se repeli um pecador do templo..." E afigurava-se-me que a formosa visão se debulhava em lágrimas! Chorava... então, ela, e eu clamava:

— Desventurado! Quem sou eu para amaldiçoar? Aquela infeliz teve medo e eu, em vez de lhe dizer: — "Espera, a misericórdia de Deus é infinita" — disse-lhe que fosse como maldita dos séculos! Eu, sim, profanei esta velha igreja! Até parece mentira; eu, que sempre amparei os pecadores, repelir assim uma infeliz! Por quê?

E lá me ia ao campo, a sós agora; não queria que os meninos me acompanhassem, indigno que me julgava da sua companhia. Muito tristes são as tardes do outono; os últimos raios-do-sol parecem os fios telegráficos de Deus, transmitindo ao homem um pensamento de morte... Em fitando esses raios, dizia: — "Não é verdade que me anunciais próximo fim?" E, como se a Natureza respondesse ao meu pensamento, as sombras envolviam uma parte da Terra, enquanto a figura da *judia errante* corria na minha frente. E a calma só me voltava ao espírito com o luminoso sorriso das primeiras estrelas.

Nessa ocasião, Rodolfo muito me consolou; quase nunca me deixava só, era qual minha sombra, e, fosse eu para onde fosse, ia buscar-me e dizia:

— Não penseis assim; se com uma pecadora fostes inflexível, muitos culpados outros vos deveram a salvação. Sede, pois, razoável; que pesará mais na balança divina: um ser, ou mil seres? Sim, porque, afinal, mais de mil salvastes vós do desespero. Mas, estais doente e há muitas outras coisas em que cogitar; vamos, tende coragem...

Acarinhava-me, como se eu fora uma criança, fazendo com que me arrimasse ao seu braço. Às vezes, eu me animava, mas para cair logo no habitual abatimento.

E assim sofri, por todo um ano, cogitando sempre no porquê da minha intolerância com aquela mulher, sendo eu habitualmente tolerante. Certo, ela era o mais repugnante dos reptis que eu conhecera, mas... quem era eu para condená-la?

E essa ideia tenaz me foi minando aos poucos, até que caí de cama para não mais me erguer. Rodolfo e Maria foram os meus enfermeiros, enquanto todos os habitantes da aldeia me cercavam o leito. Os meninos diziam: — "Não te vás, Padre; vem conosco à *Fonte da Saúde* e verás como, bebendo daquela água, ficarás bom..." Ao que eu lhes respondia: — "Filhos, já me não basta a *Fonte da Saúde* deste lugar; necessito, sim, da *Fonte da Saúde* do Infinito!"

As raparigas, chorando, diziam: — "Padre Germano, não vos vades"; e mais de um jovem par se ajoelhou à beira do meu leito, como se este fora um altar, exclamando: — "Padre, abençoai nossa união, porque assim seremos felizes."

Os velhos, esses olhavam-se profundamente penalizados e diziam: — "Tu não deverias morrer nunca, pois foste o melhor conselheiro que encontramos em horas de atribulações."

Todas essas provas de carinho me comoviam, envergonhavam-me e, por fim, querendo, de algum modo, tranqüilizar a consciência, lhes disse dois dias antes de morrer: — "Meus filhos, quero confessar-me convosco: ouvi-me." E contei-lhes meu procedimento com a mulher pecadora, acrescentando finalmente: — "Quisera purificar a igreja, uma vez que a profanei; talvez o tempo se encarregue de o fazer! (E naquele instante fui profeta, porque, anos depois, esse templo, por mim manchado, haveria de ser destruído pelo fogo.) Por agora, tomai minha velha capa, lançai-a à praça e queimai-a, pois se é verdade que muitos culpados cobri com ela, com ela neguei abrigo à pecadora, e o manto do sacerdote merece ser queimado, para que o vento arrebate suas cinzas. Quanto a meu corpo, não lhe imponho este suplício, porque não foi a matéria, mas o Espírito que pecou, e o Espírito sofre, já há tempos, a tortura do remorso — fogo que abrasa sem consumir. Não acredito, porém, que eterna seja minha condenação, porque me purifiquei por obras meritórias, em sucessivas encarnações."

Rodolfo fitava-me, seus olhos pareciam dizer: — "Não morrereis, não quero." E eu lhe redargüia — "É inútil pedires; o prazo está expirado; sirva-te de exemplo a minha morte. A hora extrema não soa como eu julgava, pois sempre acreditei morrer tranqüilamente e meu mau procedimento para com aquela mulher me faz tremer. Se uma só ação má me faz sofrer, calcula qual seja a tua morte, se aos erros do passado juntares novos desatinos. Jura, pois, que não olvidarás meus conselhos, e, assim, morrerei mais tranqüilo."

Ele não podia falar, mas apertava-me as mãos contra o peito e seus olhos continuavam a dizer-me: — "Vivei, vivei para mim!"

Que benefício me produzia aquele olhar! Sim, porque, quando desviava dele o meu olhar, o que eu via era a judia errante a correr, e eu após ela, até cair exausto.

Ah! que tortura a daquela carreira vertiginosa, que, apesar de imaginária, se me figurava horrível realidade!

Rodolfo, compreendendo minha situação, teve uma boa inspiração: eu ensinara os meninos a cantar em coro, nas festividades da igreja, compondo para eles a música e a letra de singelos cantos. Para a morte de um velho ancião, muito querido na aldeia, escrevera um hino cujas estrofes falavam ao coração. Uma dessas estrofes, literalmente traduzida em nosso idioma, dizia assim:

"Ancião! não te vás, fica conosco! Na Terra está o corpo de Deus, pelo mistério da Eucaristia; bem podes tu ficar também. Há mulheres que amam, crianças que sorriem, velhos que abençoam! Não te vás, fica conosco! Aqui há flores, há passarinhos, há água e raios-de-sol! Não te vás, fica conosco!"

As vozes infantis, cantando estas estrofes, produziam dulcíssimo, comovedor efeito. Rodolfo saiu do quarto, para voltar logo e dizer-me:

— Padre, ouvi, ouvi o que dizem os meninos!

Prestei atenção e, ouvindo o canto dos petizes aos acordes do órgão, senti um bem-estar indizível; minha mente calmou-se como por encanto, esvaeceram-se as sombras do terror, vi o quarto inundado de intensa luz, enquanto formosíssimas visões me rodeavam o leito, destacando-se dentre todas a menina pálida dos cabelos negros, que, inclinando-se sobre minha fronte, disse com voz carinhosa: — "Escuta, alma boa... Escuta o último canto que te consagram na Terra... Escuta as vozes dos pequenitos que dizem: — "Bendito sejas!"

Aqueles momentos me recompensaram, de sobejo, toda uma vida de sofrimentos. Na Terra, chamam--me as crianças; no Espaço, chamam-me os anjos! Todos me queriam! Pode haver maior felicidade? Não. Rodolfo estreitava-me de encontro ao coração; Maria me amparava a cabeça e eu, sem abalos nem canseiras, desprendi-me do corpo, sobre o qual se precipitaram todos os meninos.

Ainda que na Terra os mortos inspirem repugnância, meu cadáver não a inspirou; todos os habitantes da aldeia afagaram meus despojos, que permaneceram insepultos por muitos dias, por ordem superior das autoridades eclesiásticas, que acabaram por profanar meu corpo, colocando-me ao peito a mitra usada por vossos bispos.

Meu corpo, durante todo o tempo de permanência na igreja, não deu sinal de putrefação, devido, talvez, à minha magreza. Não deixava, porém, de ser uma múmia; entretanto, a gente simples atribuiu tal circunstância à santidade, e, todas as tardes, os meninos lá iam entoar o derradeiro canto que eu lhes ensinara.

Depois, soube (para meu consolo) que, ao repelir a pecadora do templo, fui intérprete de Espíritos outros, que de mim se apoderaram, aproveitando-se não só do meu aborrecimento, como também do meu estado de fraqueza. Não fora, contudo, a boa lembrança de Rodolfo e a extrema hora me seria horrível. É que o desespero me envolvia em sombras densas e, como eu não queria sair de tais sombras, convicto de que, sofrendo, me redimia da culpa, não dava passo, não ajudava meus protetores de além-túmulo a chegarem junto de mim.

Meus filhos, aí tendes como, por um momento de fraqueza, por deixar-me vencer pelo tédio, servi de instrumento a Espíritos vingativos.

Só eu sei o que sofri por isso! Sede resignados, nunca vos entregueis ao desespero, nunca! Fazei todo o bem que puderdes, e, assim, obtereis o que alcancei, pois, apesar dos meus defeitos e fraquezas, tive a morte do justo. Os pequeninos diziam: — "Não te vás" — e os Espíritos do Senhor repetiam no Espaço: — "Escuta, alma boa, escuta o último canto que te consagram na Terra! Escuta a prece das crianças que te dizem: — 'Bendito sejas!'"

Um dia de primavera

Formosa a primavera, meus filhos! A primavera, síntese da vida, como encarnação da esperança, como realidade da glória!

A Terra, apesar de não ser um mundo feliz, muito distante ainda da perfeição, tem nessa estação, relativamente ao mérito de seus habitantes, o transunto do paraíso, pois nela tudo sorri e como que desperta ao beijo de Deus.

Entretanto, lugares há mais belos uns, que outros. Em minha última encarnação habitei, como já o sabeis, uma aldeia situada em região das mais pitorescas desse planeta. A igreja e algumas casas estavam edificadas em extensa planura, enquanto que o resto do povoado se disseminava pelas montanhas em círculo, a formarem majestoso anfiteatro. O mar, quase sempre bonançoso, na sua majestade me induzia à meditação. Entre as montanhas, vales sulcados de cristalinos arroios, coalhados de umbroso arvoredo, convidavam-me ao repouso plácido das manhãs primaveris; e, uma vez que desfrutais, agora, os encantos dessa formosa estação do ano, quero falar-vos de quanto gozei num dia dessa quadra feliz, na qual os pássaros, as brisas, as flores, o Sol, as estrelas, tudo parece dizer-nos: "Ama, homem da Terra! Sorri, alegra-te, pobre infortunado, e espera um amanhã indefinido."

Desde menino, adorei a Natureza, admirei os encantos da Criação, que são como as gotas de orvalho — inumeráveis; assim, naturalmente, na idade da reflexão, muito mais admirei as belezas que me rodeavam; e se não fossem as condições de uma vida que me não permitia a retirada a uma gruta para só entregar-me à meditação — antes, precisando permanecer firme no meu posto para atender não só aos meus paroquianos (estes, seja dito em abono da verdade, eram os que menos trabalho me davam), senão também aos habitantes dos vizinhos povoados, os quais continuamente vinham revelando-me suas mágoas, além de outros pecadores que deixavam seus palácios e castelos para pedir-me conselho; e, finalmente, inúmeros mendigos que procuravam pernoite na aldeia, seguros de boa acolhida — certo, eu seria um cenobita, pois a verdade é que me comprazia pervagar longe do povoado, admirando o trabalho de Deus, virgem da mão do homem.

Aprazia-me ver a Natureza com seus bosques sombrios, seus prados ridentes, forrados de musgo e esmaltados de flores, seus arroios límpidos como o olhar das crianças e tortuosos como a atenção dos perversos... Torrentes impetuosas, rochas enastradas de trepadeiras silvestres, atrativos sem conto faziam-me, a cada passo, mais bela a obra de Deus, que, para mim, foi Ele, sempre, o Divino Artista ao qual adorei, quer estudando os infusórios, quer aspirando o perfume das violetas humildes.

Sempre que dispunha de alguns momentos, saía para o campo e, apesar da minha debilidade orgânica, adquiria forças como por encanto: deitava a correr qual criança, rápido, veloz, a ponto de distanciar o fiel *Sultão*. Chegado ao cume de qualquer montanha, sentado, eu olhava em torno e, ao ver-me sozinho, respirava melhor, possuído de inexplicável prazer, entregando-me não a passiva contemplação — uma vez que os êxtases para nada servem — mas refletindo e murmurando: — "Aqui, tudo é grande e maravilhoso! só eu sou um ente pequenino, vulgar; necessário é, pois, que o habitante seja digno da morada que lhe concederam, que lhe destinaram." E, como jamais me faltavam desgraçados a amparar, ocupava-me no desenvolvimento de um plano, e nunca tive tanta lucidez como quando ia ao campo, meditar sobre o futuro dos deserdados; nesses instantes, como que se realizava em mim o preceito evangélico: "a fé transporta montanhas", preceito que me parecia impossível realizar dentro da minha igreja. Ali, assim, porém, tudo me parecia plano, sem o menor obstáculo que se interpusesse aos meus desejos. Então... quando prazeroso voltava à aldeia, já não corria, antes o fazia vagarosamente, gozando como um sibarita, contente de mim mesmo.

Jamais é tão ditoso o homem como quando, sondando a memória, não encontra ao acervo de suas lembranças um só remorso, mas, ao contrário, vê desabrochar louçã a flor de uma ação generosa.

E porque nós, os terrícolas, estejamos pouco habituados à prática do bem, quando cumprimos nosso dever, parece, nos primeiros momentos, que temos conquistado um mundo. Essa satisfação, posto que reveladora da nossa fraqueza, desde que não chegue a embriagar-nos e a converter-se em orgulho, em presunção, tem sua parte, ou antes, seu *todo* muito benéfico para o Espírito, visto como o prazer de poder enxugar uma lágrima pode levar o homem, para gozá-lo, a afeiçoar-se ao bem, que é tudo que cumpre fazer na Terra; a praticar o amor, que os seres encarnados não conhecem, mesmo porque confundem a concupiscência e a natural atração dos corpos, indispensável e necessária à multiplicação das espécies, com esse outro sentimento delicadíssimo, essa profundíssima compaixão, essa ternura inexplicável que deve entrelaçar as almas e formar a grande família, hoje tão fracionada e dividida.

....

Entre os aventureiros e mendigos que freqüentemente pernoitavam na aldeia, havia uma família composta de casal e quatro filhos, três varões e uma menina, os quais me deram muito que pensar, pois creio que jamais se reunissem na Terra, em um só bloco, Espíritos mais afins, exceto um deles. O chefe, a quem chamarei Elói, era um ser miserável e corrupto, atolado na mais completa abjeção, possuidor de instintos tão selváticos e cruéis, que matava pelo único prazer de matar; a esposa era seu fiel retrato; tinha por Deus o dinheiro, e, se mil almas tivera, todas venderia ao diabo, no intuito de acumular tesouros; dos filhos, a menina era um anjo; Teodorina — assim se chamava — era uma aparição celeste; quanto aos rapazes, tão perversos como os pais, tinham entretanto, da mais tenra idade, distintas inclinações para o vício.

Por um mistério da Providência todos esses quatro seres receberam de minhas mãos as águas do batismo. Os pais possuíram um castelo nas cercanias da aldeia, em tempo; mas, tais foram seus feitos, que se viram um dia despojados de todos os bens, e, o que mais é, apreçadas as suas cabeças. E assim é que, nascidos quase nos degraus de um trono, acabaram por não ter um lugar no qual descansassem a cabeça. De fato, todas as excomunhões pesavam sobre eles: a Igreja lhes cerrava as portas, dando o Sumo-pontífice as ordens mais severas para que nenhum vigário do Cristo lhes permitisse entrar no templo bendito;

e vós sabeis o que significava, naqueles tempos, a excomunhão — era pior que morrer na fogueira; era ser alvo de todas as humilhações, pois todos tinham o direito de insultar os excomungados, os quais consigo traziam repugnantes distintivos.

Pobres Espíritos! Quantos erros cometidos, quantas lágrimas vertidas por sua causa! E que tenaz rebeldia a sua! Houve de realizar-se pouco menos que um milagre, para que esses réprobos volvessem à luz. Muitas vezes vieram eles pedir-me hospitalidade, e eu, ao recolher o dinheiro que me davam a guardar, tremia por eles, visto como os filhos de Elói eram perversos a ponto de, só num dia, naqueles sítios, talarem os campos, estrangularem ovelhas, enquanto a irmã, Teodorina, ao meu colo, lamentava tais desatinos, dizendo:

— Padre, quando chegará para minha gente a hora da redenção? Ah! eu sempre rogo à Virgem Maria e ela fala comigo. Sim, Padre, a Virgem me fala e me diz: — "Não abandones os teus, porque só tu os levarás à terra da promissão."

Grandiosa foi a missão de Teodorina! Desde a idade de seis anos, por sua admirável revelação, era o assombro de quantos a ouviam.

A última vez que estiveram na aldeia, vinha Elói muito doente, e, posto tivesse eu, como todos os demais sacerdotes, ordem de não deixar entrar na igreja nem pernoitar nos arredores da povoação, cedi meu leito ao enfermo e abriguei o resto da família conforme pude. Os homens mais velhos do lugar atreveram-se a dizer-me que eu, assim, desafiava a cólera de Deus.

— Dizei, antes, a cólera dos homens — respondi —, porque Aquele que é Deus jamais se encoleriza. Sede mais francos, dizei-me que tendes medo, porque supondes que a sua permanência na aldeia vos trará transtornos e calamidades; esquecei-vos, entretanto, de que o que vos cumpre fazer é redobrar de vigilância, colocando os cães em guarda, para que os pequeninos excomungados não possam destruir num segundo o trabalho de muitos dias; cuidai, pois, de vossos rebanhos e ajudai-me, igualmente, a praticar uma boa ação, já que me sinto inspirado e alguém me diz que conseguirei agora o que de há muitos anos não tenho conseguido.

Com o prestígio de que gozava entre meus paroquianos, uma só palavra bastava para dissipar todos os seus temores, e os pais de Maria conduziram para sua casa os filhos de Elói, deixando na Reitoria o enfermo, a mulher e a angélica Teodorina — a menina feiticeira que andava sempre atrás de mim para contar seus sonhos e dizer-me:

— Padre, eu não quero sair daqui, pois ao vosso lado meus pais se tornam melhores, não prejudicam a quem quer que seja. Fora daqui, no entanto, sofro muito... Pois se eles fazem o mal, só pelo prazer de o fazerem...

Elói esteve um mês de cama e, durante esse tempo, os filhos praticaram todo o mal possível. Assim é que, na aldeia, não havia um só habitante que os estimasse: os próprios cães os odiavam, e até *Sultão*, quando os via, a eles se atirava furioso; a Teodorina, porém, lambia-lhe as mãos e deitava-se-lhe aos pés, para que a menina com ele brincasse.

 Elói, durante a enfermidade, teve comigo largas conversações e aproveitei todos os ensejos para predispô-lo ao bem, prometendo-lhe que faria valer minha sobeja influência no sentido de ser perdoado pelo Chefe da Igreja; prometi-lhe, mais, que, não obstante a impossibilidade de reaver todos os bens, dadas as inúmeras acusações que sobre ele pesavam e, não só por isso, como pelo grande número de nobres descontentes, que, por suas querelas, haviam recorrido ao Rei pedindo justiça, ainda assim, poder-se-ia reaver algumas de suas granjas. Eu me encarregaria de mandar educar-lhe os filhos num convento, levando ao renascimento o homem que, nascido entre púrpuras e cambraias, chegara ao extremo de ser quase bandido e nem podia pernoitar em povoados. Elói ouvia-me atento e a mulher também, mas eram duas almas tão pervertidas, tão bem se ajustavam na senda do crime e tão a seu gosto era a vida nômada que levavam, que só me procuravam devido a Teodorina. Era a pobre menina que os conduzia sempre à minha aldeia. Aquelas duas criaturas, a despeito de sua perversidade, estimavam a filha, tanto quanto podiam. Anjo de redenção, até os irmãos a respeitavam, posto fosse ela a menor deles.

Quando Elói se levantou da cama, os filhos já estavam fartos da minha convivência; ele também o estava e a mulher mais que ele; em compensação, Teodorina sorria satisfeita aos seus dez anos e, cuidando do jardim, dizia:

— Padre, pois que sois um santo, fazei um milagre em favor de meus pais.

E ao dizê-lo, seu gesto era tão significativo, tão expressivo o olhar, que acabei por lhe responder uma tarde:

— Pois bem, prometo-te; e, ou muito me engano, ou Deus ouvirá nossos rogos. Pede tu, minha filha; dize à Virgem, que vês em sonhos, que me ajude, pois com o auxílio e a potência dos Espíritos benéficos, capaz serei de transformar o mundo.

Ao erguer-se Elói do leito, a primavera formosa engalanava os campos; os bosques hospedavam francamente milhares de pássaros a entoarem dulcíssimos cantares; os prados revestiam-se de mais bela alfombra, matizada de flores; era o ar mais brando e perfumoso e o céu, manto azul, falava à alma...

Mandei chamar alguns anciães e assim lhes falei:

— Meus amigos: com a enfermidade desse homem que tive em minha casa; com os desgostos que me causaram os filhos do desgraçado, aliados a mágoas outras que agoniam, sinto que o cérebro me fraqueja, tenho-o tão débil que não posso mesmo coordenar ideias e tanta fraqueza me assusta, porque eu não poderia viver longos anos entregue à inação; acredito, porém, que, saindo ao campo, a um dos meus sítios prediletos, retomaria vida nova e quero, pois, que todos vós me ajudeis na cura; quero que todos os habitantes da aldeia, todos e quantos pobres aqui se encontrem, venham comigo passar um dia no campo. E nesse dia quero que em torno de mim não se chore; quero que haja risos, criando-nos a ilusão de nos havermos transportado a um mundo feliz. Aprovais meu plano? Quereis acompanhar-me para entoar uma prece no mais alto cume da mais alta montanha que nossos olhos divisem?

— Sim, sim — gritaram os velhos com infantil alegria —, faremos tudo o que quiserdes para conseguir o prolongamento da vossa existência. Pensais muito, trabalhais em demasia, tendes razão; vamos repousar um pouco das nossas fadigas.

E foi com febril afã que meus bons paroquianos percorreram a aldeia, dando a fausta nova de que eu queria ir ao campo, cercado do amado rebanho, bem como de quantos pobres estivessem na aldeia.

Chegou, finalmente, o dia designado e, justamente na véspera, muitos peregrinos aportaram no lugar.

Ainda as estrelas bruxuleavam no céu, quando *Sultão* entrou pelo quarto a ladrar alegremente, como que a dizer:

— "Desperta, já são horas."

Que animal inteligente! Como compreendia tudo! E como velava o meu sono quando lhe dizia: — "Ai, *Sultão*, estou doente..." Era de ver-se como então se colocava ao pé da escada que levava ao meu quarto! E eu podia repousar sem cuidados, porque ninguém subiria a incomodar-me. Quando, porém, o pobre animal percebia que era preciso levantar cedo, ei-lo a entrar no aposento, aos saltos e cabriolas. Grande, como era, tal alegria promovia uma verdadeira revolução, derribando cadeiras, rolando o velho báculo pelo chão, e eu me comprazia com todo esse barulho.

Naquela manhã, ao despertar, disse a *Sultão*: — "Vai-te, quero ficar só; vai-te a despertar os preguiçosos." *Sultão* fitou-me, pousou a formosa cabeça em minhas mãos e, depois, com aquela maravilhosa inteligência que o distinguia, retirou-se pausadamente sem fazer ruído, compenetrado da minha necessidade de repouso naqueles instantes.

Uma vez sozinho, abri a janela e contemplei o céu, exclamando:

— "Senhor! possa eu ser hoje um dos teus mensageiros! Dá-me, Senhor, essa força mágica, esse poder sem rival que tem, nos momentos supremos, alguns dos teus enviados! Quero recolher ao aprisco duas ovelhas desgarradas. Ajuda-me Tu, Senhor, pois que sem Ti me falta alento, persuasão para convencer; falta-me eloqüência para entusiasmar e decidir o ser indiferente; voz profética que encontre eco na consciência culposa. Sou qual árvore morta, mas, se o quiseres, Senhor, terei hoje nova seiva.

"Tu penetras, meu Deus, minha intenção; quero salvar cinco criaturas, cinco náufragos do mar do crime; quero evitar o martírio de um anjo, porquanto Teodorina é um dos teus querubins que se asfixia, Senhor, entre reptis.

"Assim, possa eu ser, em breves segundos, um dos delegados de tua onipotência; deixa-me hoje curar os enfermos, alegrar os tristes, dar esperança aos infelizes; deixa-me entoar o *hosana de glória a Deus nas alturas e paz aos homens na Terra*; permite-me pontificar no grandioso templo das montanhas, sob a cúpula imensa dos céus.

"Quero adorar-te, Senhor, com todo o amor de minh'alma, com todo o contentamento do meu Espírito; quero sorrir, Senhor, depois de haver praticado uma boa obra; deixa-me gozar um momento de satisfação, saindo do meu cárcere sombrio para contemplar as belezas da luz.

"Peço-te muito, Senhor? Desejo acaso o impossível?"

— "Não — murmurou uma voz ao meu ouvido —, vai confiante, a vitória será tua."

E, como se houvessem levado o homem velho e trazido o homem novo, de igual modo me senti transformado. Eu mesmo, admirado da transformação, exclamei:

— Quão grande é o teu poder. Senhor! Certo, és a Alma de todas as almas, a vida, a força, a eterna juventude!

Cheio de dúlcidas esperanças, fui buscar Elói e lhe disse:

— Hoje, sairemos todos; tu me servirás de arrimo e essa é a única recompensa que te peço, em paga dos meus desvelos. Por hoje, sê tu meu báculo e, amanhã, serás livre, se te aprouver.

Com a promessa de o deixar partir, Elói alegrou-se e, prazerosamente, ofereceu-me o braço. Entramos na igreja, onde já nos esperava o povo em massa e ali arenguei ao auditório:

— Filhos, imploremos a Deus, para que deste dia possamos conservar imorredoura lembrança.

Ao pormo-nos a caminho, dei por falta de algumas mulheres, das melhores e mais caridosas. Disseram-me que ficaram em casa porque duas dentre elas tinham filhos doentes; as demais, por fazer-lhes companhia.

— Pois que venham as que têm filhos doentes, porque Deus me permite, por hoje, o dom de curar os enfermos.

Quando elas chegaram, beijei as duas criancitas que lhes pendiam dos braços, dizendo mentalmente: — "Senhor! Tu vês meu desejo; ajuda-me pois..."

Ao contato dos meus lábios, as criancinhas estremeceram, abriram os olhos e uma delas sorriu, afagando a mãe e buscando-lhe no seio a seiva da vida, enquanto a outra, de mais idade, fazia esforços para que a colocassem no chão.

Elói fitou-me e disse:

— Fizestes um milagre, Padre!

— E outro maior farei em breve, porque hoje é Deus quem me inspira, penetrando meus desejos; Deus, que outorga um mundo aos que a Ele recorrem de coração.

Pusemo-nos a caminho.

Que formosíssimo dia aquele, meus irmãos! Foi ele, talvez, o único dia no qual sorri aí na Terra; momentos houve, nos quais me julguei transportado a um mundo melhor. Rapazes e raparigas marchavam à frente, os velhos e as crianças a meu lado, cantando e rindo, todos entregues à mais doce expansão.

Ao chegarmos ao topo da montanha, espetáculo soberbo se deparou aos nossos olhos. Mar e céus tinham a mesma cor, nem uma nuvem toldava o firmamento, nem uma vaga enraivecida perturbava a calma do líquido elemento, que, qual enorme espelho, parecia retratar algo do incompreensível infinito!

Verdes planuras sulcadas de cristalinos riachos, colinas colmadas de frondoso arvoredo! Tudo ali era belo, sorridente tudo, dizendo ao homem: — "Adora a Deus!" Assim o compreendemos, eu e meus companheiros, porque todos dobramos os joelhos e cruzamos as mãos em sinal de adoração. Depois, de pé, entoamos à Natureza um hino que eu lhes ensinara, e do qual uma das estrofes rezava assim:

"Salve, ó céu com tuas nuvens:

"Salve, chuva benéfica, que fecundas a terra!

"Salve, companheiras e antecessoras do homem, ó árvores amigas, que tão úteis sois à Humanidade!

"Do perfumoso cedro, faz-se o berço da criança! do robusto carvalho, o ataúde do velho!

"Salve habitantes dos ares, que nos ensinastes os hinos da abastança para saudar o bom Deus!"

Elói, a mulher e os filhos conservaram-se junto de mim, e eu, advertido de que o primeiro instava com os outros para se retirarem, perguntei-lhe a razão dessa insistência. Ele respondeu:

— Porque sofro; porque tanta luz me faz mal. Sois demasiado bom para nós outros e deveis notar que, segundo dizem, Deus não admite os malvados no seu paraíso; pois bem, aqui, parece que estamos no reino da glória e este lugar não me pertence; portanto, deixai-me partir.

— Pois bem, irás daqui a pouco.

Acabado o cântico, servimo-nos de pão, queijo e frutas em abundância, em frugal almoço que todos achamos saborosíssimo; as meninas bailaram, os meninos correram, os velhos e as mães de família conversaram, formaram planos de futuro, entregando-se cada qual às expansões próprias da sua idade, enquanto eu, Elói e sua esposa nos dirigimos a um bosque. Aí, sentados que fomos, tomei nas minhas as mãos de Elói, dizendo-lhe:

— Sei que sofres; a emoção te sufoca, viste um reflexo da vida, viste como goza uma população virtuosa e fizeste um comparativo desse viver com a tua existência miseranda. Rico, por tuas traições, estás pobre hoje; nobre entre os mais nobres, por teus desmandos te encontras, ao presente, tão desgraçado que o último de teus servos é mais que tu considerado, tendo o direito de penetrar no templo do Senhor, ao passo que tu te vês forçado a viver com as feras; e teus filhos serão amanhã o opróbrio da sociedade. Viste hoje o porvir; viste-o e tremeste...

Pois bem: se a Igreja já te excomungou por causa dos teus crimes; se os reis te despojaram do teu patrimônio como justo castigo da tua audaz rebeldia, ainda te resta Deus, o Deus que não separa os maus dos bons por toda a eternidade, o Deus que acolhe sempre o pecador, ainda quando este haja caído milhões e milhões de vezes, o Deus para o qual nunca é tarde, porque o seu dia infinito não tem noite.

Ainda estás em tempo; teus filhos ainda podem ser dignos dos teus netos; ainda podes ter uma posição na sociedade. Desperta, pobre enfermo; em teus olhos diviso lágrimas e tu queres contê-las...

Chora, alma rebelde! Chora a memória de tuas vítimas, pois das lágrimas dos arrependidos é que Deus fez as pérolas! Chora!...

E Elói chorou.

Aquele homem de ferro tremeu como a árvore agitada pelo furacão. E eu, possuído de força sobrenatural, disse-lhe então:

— Arrepende-te, já que tens alma e corpo gelados; à alma, Deus insuflará calor; eu abrigarei o corpo.

E estendendo o capote, com ele cobri-lhe os ombros, estreitando-o em meus braços, enquanto a mulher soluçava. Elói atraiu-a a si e os três formamos um grupo, durante algum tempo.

— Não me deixeis — disse-lhes —, permiti que vos reabilite perante a sociedade; consenti que coloque vossos filhos, consenti que Teodorina seja o anjo desta aldeia; deixai-me assim proceder, porque essa é a missão do sacerdote — amparar o pecador. O justo, esse não precisa de tal amparo, sendo a própria virtude o melhor escudo de salvação.

O sacerdote deve ser o médico das almas e vós estais muito doente. Deixai pois que vos cure, tanto mais quanto essa enfermidade é contagiosa e cumpre evitar o seu contágio.

E tal foi a assistência dos bons Espíritos, que lhes falei por mais de duas horas. Certo, essa exortação se prolongaria mais ainda, se os meninos não viessem buscar-me.

Saindo do bosque e chegando ao lugar em que me esperavam os velhos, disse-lhes, apresentando Elói e a companheira:

— Meus filhos, abraçai estes irmãos, pois se a Igreja fecha as portas aos pecadores, Deus espera, à mesa do Infinito, todos os filhos pródigos da Criação.

Uni-vos!... Estreitai-vos num mesmo amplexo, vós, os que vos julgais bons, e vós os que vos considerais culpados, porque todos são irmãos, iguais, sem outra diferença que não a de haverem trabalhado em seu proveito uns, e outros em seu prejuízo.

Não acrediteis, porém, que os bons são eleitos e os rebeldes malditos de Deus. Não: Deus não tem para si nenhuma raça privilegiada nem deserdada; todos são seus filhos e como tais têm direito ao progresso universal! Não acrediteis, vós, os que hoje viveis em santa calma, que sempre vivestes do mesmo modo. Não; vosso Espírito já animou outros corpos, vossa virtude de hoje terá sua base na dor de ontem. Não sois os viajores de um dia; sois os viajores dos séculos.

Eis a razão por que não podeis repelir os que hoje caem... Quem sabe as vezes que tendes caído?

O progresso tem uma base — *o bem* — e tem vida própria no amor: amai sem restrições, homens da Terra; amai o escravo, para que menos lhe pesem as cadeias! Compadecei-vos do déspota que se faz escravo de suas paixões! Transpondo o círculo estreito da família, engrandecei vossas afeições individuais. Amai; amai muito, porque só pelo amor os homens poderão regenerar-se.

Em sentido mais restrito, vós o vedes na comunhão da nossa aldeia... Não vedes como tranqüilos deslizam nossos dias? Não vedes como cada qual se resigna aos seus labores, físicos ou morais? Não vedes a perfeita harmonia que reina entre nós? Tudo isso por quê? Porque começais a amar, porque começais a ter piedade, porque não aporta a vossos lares um mendigo que seja despedido com acrimônia, porque vossas economias são destinadas à pobreza, porque só pensais nos necessitados e já construís casas para os abrigar, porque trabalhais para o bem da Humanidade.

Assim, tendes direito de ser mais feliz e, de fato, o sois, porque Deus dá cem por um. Tal qual festejamos o nascimento de um filho, devemos festejar a chegada de irmãos nossos. Pois são os membros da família que hoje se reúne: dois desses membros podem comparar-se a duas árvores secas, que levarão séculos a reflorir; os outros quatro, porém, podem dar dias gloriosos à pátria, podem constituir uma família, e, portanto, já vedes que devemos alegrar-nos com semelhante aquisição.

Mais de um ancião chorou comovido.

Elói permanecia como que acabrunhado e eu tinha imensa satisfação, porque via claramente o que podiam vir a ser os filhos.

Durante minha estada na Terra, sempre olhei o futuro, não o presente; e naquele dia as ideias me eram tão lúcidas, contemplava ao longe tão belos quadros, que esqueci todas as contrariedades e amarguras, e, sorridente e expansivo, me confundi com as crianças, brincando com elas. Eu que, em criança, jamais o fora, fui criança naquele dia!

Formosos momentos, quão breves também o fostes!

Homens pessimistas que dizeis só haver pranto na Terra, eu vos contesto, porque na Terra também se pode sorrir... Eu sorri, e, certo, as condições de minha existência não eram propícias à felicidade de um momento, que fosse. A verdade, porém, é que o Espírito que cumpre o seu dever é ditoso. Eu o fui por várias vezes; nunca, porém, como naquele dia. E sabeis por quê? Porque naquele dia tudo que me rodeava falava-me à alma. A primavera terrena é muito formosa; tudo renasce, cobra alento; tudo é belo, porque a irradiação da vida é encantadora e ninguém melhor pode dizê-lo do que aquele que vive morrendo.

Meus amados fiéis estavam admirados por me verem tão alegre e comunicativo, e, ao regressarmos à aldeia, perguntavam ansiosos:

"Quando voltaremos à montanha?"

Noite formosa, também, a desse dia, povoada de belos sonhos!

E que doce o meu despertar!

Cheguei a realizar todos os meus planos, consegui quanto pretendia sobre o assunto: os três filhos de Elói foram severamente educados num convento; tornando-se mais tarde úteis à pátria, constituindo numerosa família, e morrendo, finalmente, como bons patriotas no campo de batalha. Seus nobres descendentes trabalham hoje, na Terra, pela causa do progresso.

Elói e a esposa, esses não puderam ser felizes porque tinham muitos crimes a reparar; entretanto, tornaram-se místicos, o que em certas épocas da vida é um progresso para o Espírito. Assim, chegaram a temer o futuro, começaram a sofrer, dando início à sua regeneração.

Teodorina, essa foi um anjo de paz — e amparo dos desgraçados — e nunca mais se esqueceu de mim. Nem o amor de esposa, nem a adoração de mãe a impediram de vir ver-me nos últimos momentos, e, a título de piedosa romaria, foi, por muitos anos, visitar minha campa, na primavera.

Só num dia dessa estação fui feliz, durante a vida, só nesse dia curei os enfermos com meu hálito.

Quanto bem poderia fazer o homem, se só pensasse em fazê-lo!

Não há Espírito humilde, inteligência obtusa, posição inferior, que possam obstar de sermos úteis aos nossos semelhantes. Eis aqui a ideia que quero inculcar no homem. Quem fui eu na minha última existência? Um pobre ser, indigno até dos carinhos de mãe, e, sem embargo, quis assegurar-me, não um futuro na Terra — porque esse o promove qualquer aventureiro —, mas um futuro na minha pátria, no mundo dos Espíritos, conseguindo meu intento.

Bem mais podereis fazer vós outros, porque eu vivi numa época terrível em que a teocracia dominava absoluta, e eu era tido como herege. Sofri muito, lutei muito para dominar minhas paixões... Entretanto, quão feliz me julgo hoje por haver sofrido!

E ainda que não encontrasse no além-túmulo este bem-estar que hoje desfruto, só em recordar esse dia de primavera, podia dar-me por compensado de todos os sofrimentos.

Há segundos de prazer que valem séculos de dor!

Procurai, meus filhos, desfrutar essas horas felizes que soam para todos. Para ser feliz, não se precisa mais que a vontade de o ser, porque todos podemos ser virtuosos.

Quando o Espírito quer, o Espírito se engrandece; pois bem: procurai engrandecer-vos e assim podereis ter em vossa existência, como eu o tive, um dia de primavera...

Uma Procissão

Meus irmãos, deixai-me divagar por alguns momentos.

Pensamento humano! Eterno demente das idades! Como te comprazes na evocação do passado! Criança de todos os tempos, vais, qual mariposa pintalgada, a saltitar de flor em flor...

Assim, também, me vou eu, sem ordem nem concerto, narrando a minha história. E a mim, que em tudo aconselho o método, podereis acusar-me de antimetódico, porque, tão presto vos conto os últimos instantes da minha existência, como me comprazo em referir os atos anteriores a essa mesma encarnação.

Sem querer desculpar-me dessa anomalia, devo, entretanto, dizer-vos que tenho delineado o meu estudo em meio desta aparente incoerência, fazendo simultaneamente dois trabalhos: toco a fibra sensível do Espírito, que se encarrega de vos transmitir sua história, e este, por sua vez, clama à porta dos corações lacerados, a dizer-lhes:

"Escutai-me, pois que venho narrar um episódio de lágrimas."

Entre o Espírito que transmite e o Espírito que recebe, deve estabelecer-se afinidade de sentimentos, porque, desse modo, o trabalho é mais fecundo. O Espírito, segundo o meio que escolhe para manifestar-se, deve sujeitar-se ao grau de adiantamento dos seus ouvintes.

Por exemplo: de que serviria uma comunicação sobre Astronomia a pobres seres da Terra que mal soubessem ler?

O essencial não é que falem os Espíritos, mas que os Espíritos despertem a sentimentalidade, e este é o meu propósito: isto é, despertá-la naquele que recebe minhas impressões, para que, por sua vez, a desperte em vós outros.

Não quero que sejais sábios; desejo, em primeiro lugar, que sejais bons.

E eis por que me não cansarei nunca de vos contar episódios comovedores, certo de que a Humanidade precisa mais sentir que investigar.

A prova disso é que entre vós, míseros seres da Terra, acham-se encarnados, hoje, grandes sábios da antiguidade e que, sob a aparência de pigmeus, exclamam desalentados: — "Ah! é tanto o frio que sinto n'alma, que, para aquecê-la, não bastaria todo o fogo do Sol!"

Isto é o bastante para vos provar que a sabedoria, sem o sentimento, é fonte sem água. Pois bem: para encontrar a água da vida é preciso sentir, amar, compadecer-se, viver para o próximo.

Eis por que se encontram hoje, entre vós, homens de profundo saber, que, quais leões enjaulados, ainda que estejam em meio dos mares, dizem, olhando o céu: — "Senhor! se é que existes, tem piedade de mim, tira-me deste planeta e leva-me a uma paragem onde possa respirar!"

Assim, os que por sua sabedoria assombraram o mundo antigo, passam hoje completamente despercebidos, confundidos com os ignorantes da Terra.

Pois bem, o que nós queremos é evitar essas lutas sórdidas, essas trabalhosas reencarnações. Muito tempo há que vimos trabalhando neste sentido: queremos que a Humanidade chore e que, com suas lágrimas, se regenere.

Não vimos dizer novidade, pois os fatos se reproduzem idênticos, de todos os tempos, sendo os fracos humilhados pelos fortes.

De todas as épocas, a superstição se tem apoderado do entendimento humano, a falsa religião tem levantado altares e a fria razão tem negado, obcecada, o princípio inteligente que existe na Natureza.

Filho de Deus, o homem nega sua paternidade, aproveita-se do seu livre-arbítrio para tornar-se parricida; entretanto, o homem sem crença religiosa, ainda que seja um profundo matemático, não passa de um selvagem semicivilizado. E é por isso que pomos todo o nosso esforço em despertar o sentimento humano, visto como o homem que ama os semelhantes, ama a Natureza, e, amando-a, adora a Deus, posto que Deus seja a vida disseminada no átomo invisível ou nos sóis, que, com seu calor, atraem milhões de mundos.

Sim, meus filhos, é preciso amar para viver. Vós não conheceis os verdadeiros gozos da existência, porque só viveis para vós mesmos e ninguém compartilha das vossas alegrias egoístas.

Assim, não podeis estar contentes com a sorte, vivendo isolados, tanto mais quanto a soledade é má conselheira. A soledade é agradável, necessária mesmo, quando o homem tem alguma boa ação a recordar; fora disso, quando o homem só pensa em si, o solitário é digno de compaixão.

Tive muitas existências, em algumas delas fui chamado sábio, mas crede que só vivi depois que fui chamado bom.

Então, sim, tive momentos que nunca, oh! nunca hei de esquecer! Quando em meus olhos se fixaram esses olhares como que impregnados dos resplendores do Infinito, quando a voz da gratidão se fez ouvir aos meus ouvidos, quando as mãos de dois jovens estreitaram as minhas, dizendo no seu gesto mudo: — "Bendito sejas, pois que te devemos nossa ventura" — ah! então... o Espírito despertou do seu penoso letargo, desfizeram-se as brumas da miséria humana e o sol da vida eterna brilhou, esplêndido, no horizonte límpido do futuro...

Amai, amai muito; amai com todo o entusiasmo de que é capaz o Espírito, o qual só para amar foi criado. Amai, porque amando tereis cumprido o divino preceito da Suprema Lei.

Vou contar-vos um dos episódios da minha última encarnação.

Sangrenta guerra havia terminado, satisfazendo os homens, nela, miseráveis ambições; muitas viúvas, velhos e órfãos gemiam no isolamento das suas aldeias, e, como se bastante não fora a destruição dos combates, a peste, sua eterna companheira, entrou de semear a desolação e o terror pelas cidades fratricidas, que aos filhos ordenaram corressem, perseguissem, matassem seus irmãos...

A aldeia por mim habitada estava localizada em lugar tão elevado, tão puros eram o seu ar e a sua aguada a correr em cristalinos veios e fontes, que as enfermidades reinantes não haviam escalado os seus lares.

E assim é que, a despeito da pobreza quase geral dos seus habitantes, nos casos de epidemia acorriam centenas de famílias para beber água da *Fonte da Saúde*, a qual, segundo o vulgo, era preservativo de todas as moléstias.

Mas, apesar de paupérrima, essa aldeia era circundada, posto que a grandes distâncias, de opulentos castelos. Em caso de necessidade, castelos e conventos, granjas e tugúrios enchiam-se de forasteiros, fugitivos de um perigo que quase todos levavam consigo. Fugiam à peste e em si mesmos a traziam, com seus vícios e ambições.

Dessa feita, ao declarar-se a epidemia, foi a aldeia invadida por uma avalancha de nobres, que vieram perturbar nossa tranquilidade. Entre os fugitivos contavam-se alguns príncipes da Igreja, que, em vez de ficarem nas suas dioceses, abandonavam o rebanho quando ele mais necessitava de exortações, de esmolas e cuidados.

Tal não devera ser, porque os sacerdotes nunca são tão úteis à sociedade como nos momentos de perigo. Nas épocas normais, pouco menos que desnecessários se tornam; entretanto, em meio das calamidades, podem ser os enviados da Providência a difundirem consolações aos atribulados. Mas, como sempre, os príncipes da Igreja o que mais descuraram foi o cumprimento dos seus deveres; ainda dessa vez, deixaram ao baixo clero a luta com os enfermos e cuidados outros penosos, da situação.

Entre os bispos chegados à minha aldeia, um havia do meu conhecimento, desde a infância. Homem audaz, que se valia da religião para dissimular bastardas ambições, foi ele também dos que mais haviam trabalhado para comerciar com a *Fonte da Saúde*.

Felizmente, a epidemia extinguiu-se sem que na aldeia e seus arredores um só óbito se verificasse por tão horrível enfermidade, o que deu azo a que esse bispo, a quem chamaremos Favônio, subisse ao púlpito da velha igreja, e, num tom imperativo, dissesse o seguinte:

— "Pecadores! Acabais de ver como a cólera divina descarregou seus furores sobre as cidades assoladas por essa epidemia — justo castigo de suas ambições! A Providência acaba de demonstrar seu agravo pelo desatino dos homens, castigando de morte os rebeldes, destruindo-lhes o corpo e condenando-lhes o Espírito à eterna expiação de suas culpas.

"Para desagravar a Providência, é justo levarmos a efeito um ato agradável ao Senhor, dando, igualmente, testemunho da nossa gratidão por nos haver conservado a vida, que empregaremos em honrar e glorificar a Deus!

"Assim, pois, ordenamos que, no próximo domingo, todos os fiéis se reúnam para acompanhar a Divina Majestade, que levaremos em procissão ao cume da montanha que domina esta aldeia, voltando, depois, por sua encosta, a esta igreja.

"Ordenamos que ninguém falte, pois queremos que todos compartilhem de um ato tão meritório."

Aquela linguagem imperiosa causou péssima impressão aos paroquianos, acostumados que estavam a acompanhar-me sempre, sem que lhes ordenasse. Amavam-me, simplesmente, e isso era o bastante para que de contínuo se revezassem na cultura do meu jardim, acompanhando-me até a porta do cemitério, depois do meu habitual passeio.

No seguinte domingo, fiz ver ao meu superior que me cumpria ocupar a tribuna sagrada, mesmo porque, se os meus fiéis o ouvissem outra vez, haveriam de perder a fé em Deus, por muitos anos.

Deus não se impõe; Deus faz-se amar e aos seus ministros importa não darem ordens imperativas, a menos que não queiram deixar de ser intérpretes do Evangelho do Cristo.

Favônio fitou-me com olhar que bem exprimia o seu ódio; eu, porém, nunca soube o que fosse medo; antes, ao contrário, meu Espírito retemperava-se na luta, e assim foi que, mais animado que nunca, subi ao púlpito e disse o seguinte:

— "Meus amigos, por discordar em alguns pontos da prática anterior, no domingo passado, apresso-me a desvanecer certos erros que não desejo, absolutamente, abrigueis em vossa mente.

"Ela baseou-se no errôneo princípio de que *a cólera divina descarregava seus furores sobre as cidades assoladas pela peste*; e a mim me cumpre repetir o que, muitas vezes, já vos tenho dito, isto é, que Deus não pode jamais encolerizar-se, visto ser superior a todas as paixões humanas.

"Deus não pode fazer outra coisa, senão Amar e Criar, e, neste pressuposto, não pode ofender-se, mesmo porque, até Ele não chegam nossas míseras querelas. Nem há que atribuir desgostos ao que fora está do nosso alcance.

"Personalizar Deus é amesquinhar sua grandeza, é desconhecer a essência mesma do seu Ser. Sim, Deus os cria, e, ao criá-los, dá aos mundos, como aos homens, leis eternas: assim, pois, quanto ocorre, obedece ao cumprimento da Lei.

"Sabido é que às guerras sobrevém a peste, não como castigo à nossa barbaria, mas como consequência da infecção atmosférica pela decomposição de centenas de cadáveres, cujos gases deletérios contaminam o ar.

"Mas, se os homens pudessem ofender a Deus, a Ele ofenderiam os vigários do Cristo, os pastores do Evangelho que abandonam o rebanho ameaçado pelo lobo, o que não quer dizer que não ofendam os nobres sentimentos que devem ser o patrimônio exclusivo do homem.

"Príncipes da Igreja! Tendes, assim, tão pouca fé na justiça divina, a ponto de abandonardes vossos postos, abandonando, com isso, famílias indigentes no meio da calamidade? Sabeis o que representa um bispo na diocese? Pois é o mesmo que o capitão de navio que o não abandona enquanto não salva o último dos tripulantes.

"Assim, não deveis, vós outros, abandonar vossas cidades infeccionadas; antes deveis nelas permanecer para reanimar os fracos, para consolar os tristes. Se quiserdes ter o nome de pai das almas, é como pai que deveis proceder. Pode conceber-se que um pai salve sua vida deixando perigar a vida dos filhos? Não e não; primeiro a daqueles, depois a sua.

"Procedei como bons sacerdotes, portanto, ou deixai de usurpar títulos que, a bem da verdade, não vos competem.

"Julgais salvar as aparências com um longo passeio, obrigando enfermos e velhos a seguir-vos... E para quê? As cerimônias religiosas jamais devem ser obrigatórias. Se crentes há, necessitados de tais manifestações, sejam eles os concorrentes de tais manifestações, as quais, na verdade, nada têm de útil, visto como não são as procissões que engrandecem o sentimento cristão. Passear o cálice com a hóstia consagrada, não leva esperança a nenhum Espírito enfermo, como faz a exortação evangélica que o sacerdote dirige ao ser que sofre. As procissões e as romarias não dão outro resultado que não o desfastio da gente moça, o cansaço dos velhos e a desilusão dos pensadores, além do vão prestígio daqueles que as organizam.

"Certo, sobre bases bem diferentes deve a Igreja cristã levantar suas torres.

"Registre-se, portanto, que considero as procissões passeatas anti-higiênicas, manifestações religiosas que não despertam outro sentimento além da curiosidade, quando o sacerdote cristão deve ter mais nobres aspirações."

Como deveis concluir, minhas palavras tiveram diverso acolhimento. Meu rebanho não me aplaudiu, somente porque o lugar o não permitia. Os adversos, esses não me encarceraram, por ter eu a vantagem de uma grande força magnética, dominando-os à minha vontade. Quando os fitava de alto a baixo, fechavam os olhos e fugiam, dizendo baixinho:

— Sois um feiticeiro, fiel servidor de Satanás!

Naquela tarde, organizou-se a procissão; à frente a nobreza, depois os prelados, e, por último, na cauda, os meus paroquianos. Eu seguia atrás de todos, levando o cálice. Todas as crianças me rodeavam, não só as da minha aldeia, como também as da nobreza.

A infância é, naturalmente, expansiva, e até essa me demonstrava afeto, na ingenuidade da sua inocência. E foram eles, os meninos, os únicos que gozavam com aquele passeio, porquanto os demais o fizeram por fazê-lo, sem aquela espontaneidade de sentimento que é a vida do Espírito.

No topo da montanha fizemos alto e os meninos da aldeia entoaram um hino à Providência, implorando-lhe proteção para os forasteiros, que, no dia seguinte, deveriam regressar a seus lares.

Descemos depois, cruzamos a ponte da encosta e detivemo-nos na praça da igreja, onde os enfermos e anciães mais velhos nos esperavam, ou, antes, me esperavam.

Cabe-me a satisfação de dizer que eles só deixaram tetos e leitos para ouvir-me, sabendo que eu falaria antes de recolher-me ao templo, circunstância que, aliás, muito contrariou o bispo Favônio.

Eu disse-lhes então:

— É aqui que devo falar, porque é aqui que os velhos e enfermos me esperam; a igreja é pequena e incômoda, mormente faltando-lhe os assentos necessários; demais, aqui estão eles no seu local favorito. Nesta praça brincaram quando crianças, bailaram quando moços e hoje, já decrépitos, é nela que vêm pedir ao Sol o calor de um de seus raios, que lhes aqueça os corpos enregelados... Falemos, pois, aqui, onde o Sol lhes reanimará a matéria e minha palavra lhes alentará o Espírito...

Dito isto, subi os degraus que conduziam ao templo, e, detendo-me no adro, comecei assim:

— "Príncipes da Igreja e nobres do Reino: já cumprimos vossos desejos, subindo procissionalmente ao cume da montanha; já destes graças a Deus por vos haver poupado a vida, já vos dispondes a regressar amanhã aos vossos lares, certos de que a peste se não cevará em vosso corpo, visto como já vos preservastes do perigo, bebendo, por três novenas, a milagrosa água da *Fonte da Saúde*, rezando sete *salves* à Virgem, antes de cada dose diária.

"Acreditai-vos salvos?

"Tão grande será a vossa superstição, que já não temereis a cólera divina, como dizeis vós outros?

"Com sacrifício tão pequeno se acalmará a cólera do Onipotente?

"É curioso ver como encarais ofensas e desagravos. Eu, contudo, como vejo muito longe, como sei quanto se conspira em relação ao manancial dessa fonte; como sei que se prevalecerão do fato de não haver falecido nenhum de vós durante a prolongada permanência nesta aldeia, para dizer que a dita milagrosa fonte não deve ficar por mais tempo ignorada e que, ao partirdes, deixareis avultados donativos, não só para reedificar esta velha igreja como também para levantar uma ermida junto ao manancial; eu devo, de antemão, prevenir-vos de que todos esses donativos serão entregues aos pobres e nem um ceitil gastarei na reedificação da igreja.

"E ela é pobre, como vedes: seus vasos sagrados não são de ouro, são de estanho; o cálice também não tem valor pelas pedras preciosas que o adornam, mas, sim, pelas mãos que o erguem em memória de Jesus Cristo. Se o celebrante, ao levantá-lo, levanta com ele o Espírito de Deus, Deus despede sobre a sua cabeça os eflúvios da Sua onipotência, ainda que o cálice por ele sustentado seja feito da mais grosseira argila.

"Não quero que o sofisma religioso profane esta aldeia, dando valor àquilo que, na realidade, não o tem. A *Fonte da Saúde* não tem a seu favor senão a pureza da sua linfa, filtrada em ásperos rochedos... Sim, essa linfa nos chega aos lábios cristalina e pura, porque nenhuma substância estranha corrompe os seus diamantinos filetes.

"Dizei-me vós, os que apregoais que essa água vos deu vida, que diferença experimentais por seu efeito? Nenhuma, certamente. Já se sabe que o habitante da cidade, ao passar uma temporada no campo, sente-se mais leve, tem mais apetite; mas, no que diz respeito ao vosso moral, que modificações notais?

"Quando se verifica um milagre, deve haver uma transformação radical e vós viestes com a morte n'alma para voltardes como viestes! Sim, tendes as mesmas ambições, os mesmos desejos... Foragidos da peste, levais a peste convosco; vossos olhos me têm revelado grandes mistérios... Sei que há jovens desejosos de morrer, por já vergarem ao peso dos seus quinze anos; sei que há, entre vós, mulheres que choram, recordando grandes erros, e que vieram à *Fonte da Saúde* crentes de que a virtude de suas águas destruiria os frutos do adultério.

"Ah! quantas histórias me viestes revelar, sem me dizerdes uma só palavra! Ainda assim, quanta compaixão me mereceis... Como sois pobres, vós, com todos os vossos tesouros!...

"E dizer-se que ainda quereis aumentar vossas misérias profanando este sítio em que vivem doce, pacificamente, alguns pequeninos da Terra!

"Não intenteis perturbar nosso repouso, porque jamais consentirei na realização dos vossos planos. Enquanto eu viver, não se abusará aqui da credulidade religiosa; e, para que vos convençais de que a *Fonte da Saúde* a ninguém dá vida, devo dizer-vos que um dentre vós, aquele que mais bebeu dessa água, morrerá antes de reentrar no seu palácio."

Ao pronunciar palavras tais, foi indescritível a confusão da turba, que murmurou entre si: — "É um louco que não sabe o que diz" — enquanto outros se entreolhavam atarantados.

Nisto, o bispo Favônio aproximou-se de mim e disse com amarga ironia:

— Já que sois adivinho, dizei qual de nós há de morrer...

— Vós — lhe respondi com acento imperioso; e, abrandando a voz —, faço-vos esta advertência, porque conheço a vossa história e muito conviria vos confessásseis à mulher que perdestes, assenhoreando-vos do seu futuro. Aproveitai estes instantes que vos são preciosos. Alguém mo disse, alguém me inspira e minhas predições soem cumprir-se. Não estranheis minha linguagem, pois já sabeis, de antemão, que detesto as farsas religiosas.

A multidão foi-se retirando e uma preciosa menina, a angelical Eulina, filha dos condes de S. Félix, que, durante quase toda a tarde, estivera a meu lado, disse em tom angustioso:

— Padre, vou-me embora amanhã, e, no entanto, muito preciso falar-vos. Ide encontrar-me na *Fonte da Saúde*, onde minha aia me acompanhará.

— Não são horas de entrevistas, minha filha, mas, como sei que sofres, lá irei ouvir-te.

Retirei-me do meu quarto, seguido de *Sultão*, tomei algum alimento e deixei-me dominar pelo sono. *Sultão*, entretanto, cuja extraordinária inteligência sempre causava admiração, compreendeu, sem dúvida, as palavras de Eulina, como compreendeu, por seu gesto, que se tratava da *Fonte da Saúde*, e assim foi que me despertou, lambendo-me as mãos e ladrando de mansinho.

De fato, despertado, lembrei-me do compromisso, e, acompanhado do fiel companheiro, lá me fui à fonte onde Eulina já me esperava na companhia de sua aia.

Logo que me viu, disse:

— Padre, esta tarde dissestes grandes verdades, assegurando que aqui ninguém recupera a saúde. Tendes razão, Padre, porque doente vim eu, e doente volto... Meus pais e meu confessor querem casar-me com um homem a quem detesto, homem rico, sim, mas que é um miserável. Antes prefiro matar-me que ceder-lhe minha mão. Era isto, precisamente, o que vos queria dizer, isto é: que estou disposta a morrer, a fim de rogardes por mim nas vossas orações.

— Ora, aqui está, minha filha, como a *Fonte da Saúde* em vez de curar-te piorou o teu estado, porque a verdade é que aqui se te agravou a enfermidade. Bem o sei, e, se falei esta tarde, foi principalmente por teu respeito, tendo lido nos teus olhos que a água desta fonte poderia causar-te a morte, se a tempo te não ministrassem um antídoto.

— Que sabeis? — disse-me ela, fixando em mim os formosos olhos...

— Nada de particular, minha filha. Vai-te tranqüila, porque velarei por ti.

— Neste caso, melhor será me coloqueis debaixo da vossa proteção.

— Não, nada de violências. Amanhã direi a teu pai que espere para dar-te novo estado, e ele esperará, visto como, entre nós, há uma justa a decidir, que o levará a obedecer-me. Sei que nesta mesma fonte viste uns olhos que fizeram fremir teu coração, enquanto a tua esplêndida formosura despertava uma alma adormecida. Enfim, posso fazer tua felicidade e hei de fazê-la. Vai-te, portanto, em paz.

Eulina olhou-me com esse arroubo próprio das virgens que, apesar de estarem na Terra, lembram-nos o céu. E, enlaçando-me a cabeça nos seus braços, disse em tom vibrante:

— Padre, sede bendito! Vós, sim, é que me haveis restituído a saúde.

— A saúde das almas, filha, é o amor correspondido. Ama, se és amada; eu te prometo a realização dos teus sonhos. Minha promessa é água para o teu Espírito. Confia em Deus, no mancebo dos olhos negros, e em mim. Sorri, ditosa, porque terás na vida dias de sol!

Ela partiu e eu fiquei, longo tempo, na *Fonte da Saúde*, necessitado que estava de preparar-me para um novo sacrifício.

Certo, recordareis que, entre os seres a quem amparei na vida, estava um menino, filho de uma indigente que morreu ao dar-lhe à luz; lembrai-vos que o recolhi e deixei em poder de uns aldeãos, para procurá-lo três anos depois e entregá-lo aos pais de Maria, a fim de que tivesse uma família carinhosa.

Não havia um só dia que André não viesse ver-me; espírito simples e agradecido, cresceu tranqüilamente e completou dezessete anos, sem que uma nuvem de tristeza lhe sombreasse a fronte.

Várias vezes me dissera:

— Padre, quero ser sacerdote, e, quando deixardes de existir, vos substituirei, pois todos me estimam aqui.

— Não, filho; prefiro que te cases, que tenhas família, que teus filhos cresçam à minha vista, vendo-os eu fazerem cavalo da minha bengala... Quero que gozes do que não gozei.

— Mas, é que não amo nenhuma mulher — replicava simplesmente.

— Mas hás de amar, meu filho, porque ainda és muito jovem.

Quanto a mim, sempre nutri a ilusão de ligá-lo a qualquer jovem aldeã, para viverem a meu lado, e até já me via rodeado de netos. Netos, sim, porque André era meu filho: o olhar de sua mãe moribunda, a muda súplica daqueles olhos despertou-me no coração um paternal amor. Eu estimava André com toda a efusão de minh'alma.

E esse afeto, confesso-o, tinha o seu quê de egoísmo: queria que André fosse bem meu, e assim é que o eduquei sem despertar-lhe a inteligência, ensinando-lhe as noções mais precisas e guardando-me de profundá-lo nos estudos, para que seu Espírito não ambicionasse, um dia, abandonar aquela vida pacífica.

Eu tinha necessidade de guardar perto de mim algo que me pertencesse, que tudo me devesse e, para isso, ninguém melhor que esse André, vindo ao mundo nas mais tristes contingências, e que, graças à minha proteção, se fizera ditoso na abundância e de todos estimado.

Deixando-lhe adormecido o Espírito, monótona não lhe seria a vida da aldeia. Eis tudo.

Às vezes, olhava-o e dizia: — "Sou um criminoso, pois este menino, bem-educado, poderia dar alguma coisa na sociedade; mas, assim também se perderia para mim, muito longe, e Deus sabe se o tornaria a ver... Não, não; ele, que tudo ignora, nada sofre; e eu, tendo-o a meu lado, sou feliz."

E assim se iam passando os dias, até que apareceu Eulina com os foragidos da peste.

Uma tarde, essa mesma Eulina veio ver o meu jardim, que era o mais bem cultivado e afamado na aldeia, pela grande variedade e louçania de suas flores. André apressou-se a oferecer-lhe, não só as melhores dessas flores, mas também os frutos; os dois jovens quedaram--se, como extasiados, defronte um do outro...

Eu, oculto, observei essa mútua impressão: ouvi a conversação animada, vi como seus olhos diziam: — *amo-te!* — e sem poder conter as lágrimas, suspirando, levantei-me contrariado, vendo assim desfeito, em dois segundos, todos os meus planos.

André já não seria ditoso ali na aldeia; a saudade de Eulina o atormentaria, porque era formosíssima e seus olhos lhe haviam prometido um céu.

De resto, André seria muito infeliz se acaso não lograsse realizar seu sonho. Para melhor certificar--me, pus-me de observação e vi como aquela alma despertava do seu letargo.

Mudo, pensativo, deixava-se ficar longas horas no jardim, assentado à mesma pedra em que ela se sentara. Pouco dedicado à leitura, até então, procurou nos livros agradável passatempo, que lhe servia, às vezes, de pretexto para conversar com Eulina, quando esta, ao cair da tarde, vinha ver-me (segundo ela dizia).

Durante dois meses se criaram um paraíso, posto que ele, André, por completo se transfigurasse. Seu semblante risonho tornou-se melancólico; as maçãs do rosto empalideceram, a fronte franziu-se e os olhos ganharam nova expressão. O menino se fez homem e começou a sofrer; mediu o abismo profundo que o separava da bem-amada e tremeu. Ela era filha da mais alta nobreza, imensamente rica; ele, pobre, sem instrução e sem futuro.

Quando soube o dia em que partiriam da aldeia os nobres a ela vindos, vi-o entrar no meu quarto, sombrio e tristonho...

— Que tens?

Ele, por sua vez, fitou-me espantado e replicou:

— Não sei.

— Não mintas, que és ainda muito criança para mentires. Não me consideras um pai?

— Sim.

— Neste caso, por que não me confias tuas penas?

— Porque vou aumentar as vossas.

— Não importa: Deus me dará forças. Senta-te e fala... Mas André nada pôde dizer... Soluçante, voz entrecortada, apenas balbuciou:

— É amanhã a partida!

— Já sei; e, se não tivessem vindo, melhor seria...

— É verdade — disse-me André com tristeza.
— Eu vivia tão tranqüilo, e agora... não sei que será de mim...

— Agora, começarás a viver, porque começarás a lutar. Amanhã mesmo deixarás a aldeia.

— Eu?! — gritou o menino com mal dissimulada alegria.

— Sim. Por muito tempo tenho sido egoísta, e — confesso-te minha fraqueza — eu, árvore morta, para adquirir seiva, pretendi enxertar com as minhas secas raízes o tenro arbusto que és tu; fiz o propósito de te não instruir, deixar-te adormecido em calmo sono.

Por mim, casar-te-ia com uma jovem aldeã rica, e, juntos, viveríamos todos; teus filhos adormeceriam em meus braços e eu lhes ensinaria a andar. Parecia-me até já ver o jardim transformado em paraíso... Que formoso sonho! Hoje, entretanto, torna-se impossível realizá-lo, uma vez que já despertaste e amas como só se ama uma vez na vida.

Meu egoísmo tem agora o seu justo castigo. Sim, eu, desde logo, deveria ter pensado em fazer de ti um homem; ao encarregar-me da tua criação, antes devia atender, estudar as tuas que não as minhas aspirações; mas, ao invés de o fazer, eis que te fui entretendo como se entretém uma criança...

Perdoa-me, pois, meu filho. Nem um segundo mais permanecerás a meu lado; amanhã te porás a caminho, munido de cartas que te abram as portas do grande mundo.

Uma mulher nobre (que muito me estima) te acolherá de braços abertos e te servirá de mãe. Dize a essa jovem perturbadora da nossa alma que te espere, porque tu vais conquistar um nome para fazê-la tua esposa.

André atirou-se-me aos braços e não pôde manifestar sua gratidão, senão pelo olhar. A emoção embargava-lhe a voz, era demasiado feliz.

No dia seguinte, lá se foram todos, e eu, ao ver-me só no jardim, chorei... Chorei por André, mas logo fiquei tranqüilo, mais tranqüilo mesmo do que nunca, porque cumprira o meu dever.

Seis anos mais tarde, Miguel e Maria, atarefadíssimos, predispunham meu quarto para a chegada de hóspedes. É que Eulina escrevera, participando sua próxima vinda e suplicando que a fosse esperar na *Fonte da Saúde*.

André, durante esse tempo, e, graças às minhas recomendações, conseguira quanto podia desejar; em todas as cartas me patenteava sua gratidão.

Na tarde aprazada, dirigi-me à fonte, desejando, qual criança, que as horas corressem breves; ouvi, finalmente, tropel de cavalos ao longe e para logo vi surgirem Eulina e André, que me não deram tempo de os contemplar, tal a precipitação com que se me arrojaram aos braços.

Na vida, há momentos cujas múltiplas sensações não se podem descrever, e, assim, renuncio ao relato do inefável gozo por mim experimentado. Quanto tempo permanecemos abraçados, ignoro-o. Sei, apenas, que falávamos os três ao mesmo tempo, que me não cansava de contemplar André, um gentil cavalheiro, cujos olhos negros irradiavam o fogo da vida.

Vinham ali para que lhes abençoasse a união.

Eulina, de acordo com seu pai, deixava a casa paterna, visto como sua mãe e seu confessor de modo algum queriam anuir àquele casamento. O conde de S. Félix, porém, devia-me a vida e mostrou-se reconhecido, confiando-me a felicidade da filha.

Que formoso par! Eulina já não era a tímida menina, mas a mulher em toda a plenitude da sua beleza e atrativos. Alma apaixonada, fitava André de modo tal que faria enlouquecer os santos.

Jamais olvidarei essa noite. Que ventura a minha por vê-los tão felizes e sorridentes, acariciando-me, qual se fora uma criança! Ali mesmo, diante da fonte rústica, levantei a destra e disse:

— Sede abençoados, vós, por vossa juventude, como por vosso amor; perpetuai o matrimônio que contraístes no outro mundo e segui unidos por toda a eternidade! Sede como a luz e a sombra, que caminham juntas, sempre; como a árvore com as suas folhas, com a flor e o fruto; não tenhais senão um só pensamento, manifestado por uma só vontade. Amai-vos, porque dos que se amam é que o Senhor faz seus anjos.

Involuntariamente, caíram ambos de joelhos e eu continuei falando da felicidade do amor.

No auge do entusiasmo, emudeci, porém, vendo duas sombras diante de mim: eram, uma — a menina pálida dos cabelos negros, que depunha na fronte de Eulina a sua coroa de brancos jasmins; a outra — a mãe de André, que, apoiando a destra na cabeça do filho, fitou-me e disse: — "Bendito és tu, que serves de pai aos órfãozinhos!"

Tais palavras causaram-me tão profunda impressão, que me não contive, exclamando:

— André! tua mãe!

Ele ergueu-se, aturdido, e nada viu, enquanto Eulina afirmava distinguir um reflexo que se esvanecia...

Oito dias permaneceram na aldeia os jovens esposos; oito dias que me pareceram oito segundos, pois eu não me cansava de os fitar.

Necessitava ver-lhes a imensa e comum felicidade, para não sentir a ausência de André.

Depois, quando partiram, quando os vi se afastarem rodeados de numerosa criadagem que o Conde enviara para acompanhar a filha; quando os vi no seio da grandeza em plena mocidade; quando vi André, em todo o esplendor da sua juventude, guiando o seu fogoso corcel, voltei-me ao passado e contemplei ao longe um quadro miserável, qual o da mendiga dando à luz uma criança, que entrava no mundo causando a morte de sua mãe.

Ao vê-lo, depois, esse órfão tão jovem, tão guapo e tão feliz, não me contive que não dissesse de mim para mim com íntima satisfação: — "Essa felicidade é obra minha! Graças a Deus, minha existência não foi estéril! Quando me digo insulado, minto, porque jamais está só aquele que difunde o bem. André há de sempre lembrar-se de mim!"

E assim foi, de fato: ele caminhou impávido, futuro em fora, tornou-se célebre por seus feitos e por toda parte falou de mim com entusiasmo, a ponto de ser um dos que mais cooperaram para tornar patente a minha santidade.

Muitas e desencontradas opiniões me julgaram durante minha vida, e a ignorância deu valor aos meus atos mais simples.

Minha predição quanto ao bispo Favônio realizou-se, vindo ele a morrer em meio da viagem, de morte natural.

Eu entendia muito de Medicina e sabia a moléstia que o minava, os abusos que praticava, bebendo em demasia da água da *Fonte da Saúde*, para comprovar que essa água lhe dava alívio, quando a verdade era que, para o seu mal, constituía veneno toda espécie de líquidos.

Minha observação, aliás oriunda do estudo, tomou-a o vulgo por inspiração divina, uma vez que assim tudo se julga neste planeta. A ignorância é assaz grande para converter pigmeus em gigantes e condenar ao esquecimento verdadeiros gênios. Mas, ainda bem que hoje os Espíritos vos vêm esclarecer muitos mistérios. Aceitai as suas revelações, porque são as memórias do passado.

Os encarcerados

Meus irmãos, vamo-nos ocupar dos seres mais desgraçados da Terra. Sabeis quais são? — São os encarcerados.

O Espírito, só em baixar a este planeta, já vem condenado a saldar dívidas atrasadas, e, se por cúmulo de expiação e prova, dilata o cativeiro cometendo novas faltas que façam recair sobre ele o castigo legal, esse pobre Espírito pode dizer-se duplamente prisioneiro.

Se achava a Terra pequena para conter seus desejos presto se vê privado de ar e de luz; se pesado lhe parecia o corpo material, ei-lo que aumenta a indigência, uma vez que o alimento se torna escasso, e, além disso, mau. Se há, pois, no mundo, um máximo de dor, está ele, indubitavelmente, reservado aos presos.

Tudo quanto vos digo é pouco, pois é necessário ter estado encarcerado para medir o fundo do abismo no qual se lança o homem, já por sua vontade, às vezes, já impelido pela ignorância, ou dominado por adversas circunstâncias, oriundas de causas múltiplas, cujo resultado é sempre fatal.

Na Terra, entre os grandes problemas pendentes de solução, sobreleva-se, em primeiro lugar, a questão da subsistência. De todos os tempos, houve homens riquíssimos e homens extremamente pobres. Estes últimos, naturalmente, sempre odiaram aqueles e disseram, em todos os tons da escala musical, que a propriedade é um roubo.

Do homem que vive necessitado de tudo, é lícito esperar todos os crimes; e, como são muitos os que vivem sem fruir o mais pequeno gozo da vida, todos esses deserdados são outros tantos instrumentos do mal. Isto não quer dizer que os grandes potentados não tenham cometido crimes, e bem horríveis alguns deles, mas há que acrescentar aqui ao vosso adágio: *se a ociosidade é mãe de todos os vícios*, o desespero é o pior conselheiro do homem. A fome irrita, a sede enlouquece, e de um louco se pode esperar todas as loucuras.

Os furtos, os homicídios, que coisas são senão atos de verdadeira loucura? Os criminosos são dementes, infelizes alienados, cuja enfermidade jamais foi estudada, o que importa dizer — compreendida.

Das diversas vezes que habitei a Terra, sempre encontrei a criminalidade. Crimes são hoje cometidos, como se cometerão amanhã, e assim, sucessivamente, enquanto os ricos forem muito ricos e os pobres muito pobres. Os primeiros, demasiado felizes, enfarados de suas pingues fortunas, entregam-se à desordem das paixões, em busca de sensações novas, ao passo que os pobres, no seu desalento, sorrindo de amarga ironia, dizem: — "Já que Deus não se lembra de nós, vivamos como se Ele não existisse; esqueçamos suas leis, já que a sua Providência nos não sorriu."

Ah! essa desarmonia social, esse descontentamento íntimo em que vive o homem, é o berço de espinhos no qual se acalentam todos os desvarios. Vive-se mal na Terra; os Espíritos encarnados nesse planeta são, na sua maioria, inferiores, e por isso tiveram, iniludivelmente, tão notável inventiva para idealizar tormentos. Empregassem para o bem essa inventiva, e a Terra seria o paraíso da lenda bíblica.

Cruéis têm sido os homicidas, mas inclementes também foram os juízes que os julgaram, não poupando recursos para martirizar os culpados de modo inconcebível, e, o que é mais triste ainda, é que a religião se tenha intrometido em tais horrores.

Nos calabouços religiosos a crueldade foi tanta que se pode dizer: se o culpado era um assassino, duplamente assassino se fazia aquele que lhe impunha a pena. Em relação aos tempos em que aí estive, pode dizer-se que viveis agora na mais doce das harmonias; vossos presídios de hoje são casas de recreio, comparados àquelas sombrias fortalezas, em cujos ergástulos tanto gemiam os infiéis, os hereges, quanto os rebeldes contra o rei e os malfeitores de profissão.

Os tormentos da Inquisição, que tão grande assombro vos causam, não têm termo de comparação

435

com os flagícios impostos pelos *Penitentes Negros*, associação terrível, que ainda existe na Terra, embora totalmente modificada nos seu estatutos.

A primeira fase de tal associação é quase desconhecida da nossa História, que, do modo por que está escrita, bem se lhe pode chamar *uma conspiração contra a verdade*, na frase de Heródoto, cognominado o pai da História.

Pode afirmar-se que ignoras tudo, mas dia virá no qual com a mediunidade mais difundida, conhecereis episódios da História Universal, que mal podereis conceber. Sim, mal concebereis como tem havido homens para triturar corpos humanos, e seres que tenham podido suportar, anos e anos, um tormento superior a todas as conjeturas.

Eu que sou um Espírito muito velho, que muito tenho visto e sofrido, que passei por todas as fases de existências tenho em mente relatar-vos algo da história terrível dos *Penitentes Negros*, que enfaixaram em suas mãos todos os poderes da época. Seus membros tiveram assento na pseudo-cadeira de S. Pedro, nos tronos de todos os tempos. A política e a religião foram suas armas, na ofensiva como na defensiva, ao sabor das próprias conveniências, mas sempre ferozes e cruéis, a ponto de parecerem os encarregados de nos incutir a crença de que Satanás não era um mito, existindo para tormento e condenação da Humanidade.

Tal como a moderna Companhia de Jesus, foram eles odiados e temidos, dispersos e perseguidos hoje, para gozar amanhã dos carinhos da sorte: martirizados e santificados tudo sofreram e tudo gozaram, sempre fiéis, no entanto, ao seu juramento. Onde quer que se encontrassem dois *Penitentes* feita estava a associação. Assim houvessem empregado a sua constância e talentos para o bem, e a Terra seria um lugar de delícias.

Por ocasião da minha última encarnação, estavam eles numa das suas fases de poderio; quando adolescente, os monges que me educaram iniciaram-me em alguns de seus segredos e até, para lisonjear minha juvenil vaidade, fizeram-me assistir às suas sessões ordinárias e se propuseram — conforme diziam — fazer de mim um luminar da Ordem... Como, porém os abandonasse e apostrofasse, dizendo que mil vezes preferia morrer a secundar seus planos de iniquidade, eis que me constituí uma de suas vítimas.

Posso dizer que nunca me perdoaram a igualdade de forças com que lutamos, porque a verdade é que meu Espírito, inclinado ao bem, sentia-se constantemente favorecido e amparado pelos sábios conselhos de Espíritos protetores. Como tive mais tarde ocasião de verificar, eu era forte, muito forte: nas causas que me propunha defender, era tal minha firmeza, tão grande a força de vontade e tampouco me importavam os obstáculos; estava tão plenamente convencido de que o bem atrai o bem, que o meu arrojo atingia, às vezes, a temeridade.

Assim, arrostava toda a sorte de perigos, não por ser um destemido na acepção vulgar da palavra, mas porque me possuía do meu papel humanitário. E o supremo gozo do meu Espírito era poder dizer a uma família aflita: — "Aqui tens o consolo!"

Então... todo o meu ser vibrava de emoção tão doce, de tão grande alegria, de tão intenso júbilo, que deixava, naqueles momentos, de pertencer à Terra.

Dizer a um prisioneiro que lhe trazia a liberdade, era a minha suprema ventura; o primeiro olhar do cativo era de um júbilo tal que me deixava n'alma um gozo ainda incompreendido na Terra.

Sim, os presos sempre tiveram em mim um defensor decidido e ainda hoje meu trabalho favorito é inspirar resignação e esperança aos habitantes dos presídios, que são, incontestavelmente, os seres mais desgraçados desse planeta; uns por serem, às vezes, vítimas da torpeza, da ignorância; outros porque, no seu destino, influem o abandono, a sociedade, o desprezo social; outros, ainda, porque são Espíritos rebeldes com tendências para o mal, de instintos perversos tais, que, em torno deles, nem cresce a erva, envenenando o ambiente com seu hálito daninho.

De fato, quão grande é a perversidade de alguns homens! Mas esses, precisamente, são os que carecem da proteção e do conselho dos bons Espíritos. Se o Cristo baixou à Terra para salvar os pecadores, devemos imitá-lo, os que nos prezamos de seguir suas pegadas. Só os justos sabem o caminho do paraíso, ao passo que os ímpios necessitam de quem o guie. Os cegos, a caminharem sozinhos, podem tropeçar e cair...

E, quem mais cego que um criminoso?

Eis por que me constituí protetor de muitos culpados valendo-me essa atitude, por vezes, horríveis sofrimentos. Mas, a flor mais fina, aquela cujo aroma prima pela delicadeza, é a que tem mais espinhos; de todas as sensações agradabilíssimas que o meu Espírito pode gozar, nenhuma é maior, nem mais pura, do que a de poder dizer ao ente que chora: — "Alma triste e opressa, sorri, espera, confia, porque te trago a taça na qual beberás a água da vida."

Ver, então, uns olhos que, por inexpressivos que sejam nesses momentos falam sempre com a eloqüência do sentimento; ver a animação de um rosto esmaecido pela dúvida, ser por instantes um outro Pigmaleão por dar alento a uma estátua; dar esperança ao que duvida; assemelhar-se ao Sol que difunde calor e vida, é alcançar a suprema felicidade, é viver em luz perpétua. Demais, não apreciamos nós os resplendores da aurora, se não sentimos a melancólica influência das sombras espessas da noite.

Fui um Espírito combativo: na inação da vida normal tornava-me o que poderia chamar — um ser inofensivo, de poucas necessidades e de menos ambições; na luta, porém pelos desgraçados, eu, que pouco falava, tornava-me eloqüente como Péricles e Demóstenes, empreendedor como Alexandre, audaz como qualquer aventureiro. Mandava e suplicava ao mesmo tempo, empregava até o insulto e a violência, se com isso pudesse obter a chancela de um soberano; feria fundo a dignidade alheia, pouco me importando que os poderosos me odiassem, desde que pudesse ser o amparo dos fracos e humildes.

De uma feita, muito moço ainda, pedi aos meus superiores, como tese de estudo, deixassem-me ficar numa fortaleza que possuía uma biblioteca de importantes documentos, curiosíssimos anais e outros manuscritos de grande valor; meu intuito, porém, era visitar os subterrâneos do tétrico baluarte que serviam de prisão preventiva aos infratores, não só das leis políticas, como também religiosas e morais; sabia, ao demais, que estava em preparativos uma expedição ao Norte, para cujas regiões de neve perpétua seriam desterrados muitos dos desgraçados prisioneiros daquelas masmorras. Minh'alma se revoltava ante a perspectiva daqueles assassínios lentos. Eu queria o castigo do criminoso, mas queria, igualmente, que se lhe desse instrução, que o moralizassem, que lhe fizessem conhecer o remorso.

Nada, porém, de lhe triturar o corpo para maior desespero d'alma. Cometera-se um homicídio na pessoa de um magnata: dez indivíduos estavam implicados no crime e eu sabia que os dez indiciados sofriam igual condenação, o que aliás me exasperava, e dizia: — "É impossível que esses dez homens tenham delinqüido pela mesma ideia; cada qual teria tido o seu móvel distinto; nem há homem que se pareça com outro homem, pois cada ser constitui uma individualidade. Como, pois, é cega a lei? Por que não há de estudar a lei nesses seres, que ao estudo tanto se prestam?"

Conseguido meu intento, penetrei na fortaleza com a permissão de aí permanecer por espaço de quinze dias. Uma parte do castelo era habitada por cinqüenta *Penitentes* e a outra servia de classe preparatória a uma centena de noviços da Ordem.

Nos subterrâneos acumulavam-se todos os acusados das cercanias, sem que fosse permitido visitá-los. As respectivas famílias só os viam na véspera de saírem para cumprimento da sentença.

Pois que ainda não me teria dado a conhecer, fui muito bem acolhido pelos chefes da Ordem, crentes de que lhes serviria de instrumento aos seus satânicos desígnios. Pressurosos, levaram-me à biblioteca, entregando-me as notas sobre o que de mais curioso encerrava aquele templo da Ciência. Em cela próxima, deram-me confortável alojamento e por companheiro um *Penitente*, que era o chaveiro das prisões. Havia na ocasião poucos encarregados desse serviço, visto como os presos se encontravam de tal modo exaustos, que os poderiam deixar a sós, sem receio de evasão.

Nos imensos subterrâneos só aquele homem penetrava; nenhum outro poderia franquear aquela cripta, onde se enterravam homens em vida.

Sendo meu principal intuito visitar os presos, tratei de insinuar-me à confiança desse monge; mas, logo me convenci de que nada obteria, pois, conquanto seus olhos me fizessem revelações, os lábios ficavam mudos, selados pelo medo. Eu suma: distinguiu-me com seu afeto, mas, no melhor da festa colhia as velas e encerrava-se no mais profundo mutismo.

Uma noite, entregue à meditação, vi que meu companheiro se levantou vagarosamente para aproximar--se do meu leito, olhos desmesuradamente abertos, porém fixos, imóveis; depois, abriu um armário, emaçou alguns papéis, sentou-se, rezou em voz baixa diversas orações e voltou ao leito, permanecendo nele sentado por muito tempo, até que forte pancada, na porta da cela fê-lo estremecer com violência. Moveu os olhos, tomou de um relógio e vestiu-se à pressa, chamando-me com voz tremula.

— Estás doente? — perguntei-lhe.

— Não; apenas tenho a cabeça muito pesada e sonhei que estava na Palestina... Não sei o que tenho... uma grande confusão de ideias...

Tive a precaução, no dia seguinte, de não dizer o que havia observado e tratei de ler alguma coisa sobre o sonho duplo, ou seja a segunda vida dos sonâmbulos, que hoje conheceis com o nome de sonambulismo. Para logo me convenci de que o chaveiro tinha a faculdade de desdobrar, adormecido, as suas forças inteligentes, tornando-se assim precioso instrumento nas mãos de um homem que soubesse apreciar e dirigir aquelas manifestações misteriosas de uma vontade passiva.

Chegada a noite, deitamo-nos, e eu me pus de observação,

À mesma hora, mais ou menos, da noite anterior, meu companheiro manifestou-se num diálogo, comigo, de palavras indistintas:

— Que tem?
— Medo...
— De quê?
— Dos mortos-vivos.
— É aos prisioneiros que te referes?
— Sim; meu cargo é horrível!
— Pois renuncia a ele...
— Não posso, pois com isso lavraria minha sentença de morte. Menino, sai-te daqui...

A mesma pancada da véspera despertou o monge, que, ao ver-me junto de si, manifestou sua estranheza e me perguntou se estava enfermo...

Para abreviar, dir-vos-ei que todas as noites, enquanto o chaveiro dormia, eu me levantava, fazendo com ele meus primeiros ensaios de magnetismo. Assim é que adormecia à minha vontade, fazia-o falar quanto queria, e, para prosseguir nos meus trabalhos, solicitei a graça de permanecer mais quinze dias na biblioteca.

Uma noite, magnetizei-o e, por um caminho que ele próprio me havia indicado, fui visitar as prisões na sua companhia, admiravelmente guiado naquele labirinto de amplas galerias e corredores estreitos, até que chegamos a espaçoso salão, de cujo pavimento minava uma água pútrida. Aí, pelas paredes, havia cavidades intercaladas de espaço — nichos gradeados de fortes barras de ferro, encerrando cada qual um homem de pé, sem poder sentar-se, à falta de espaço para qualquer movimento. E, como se tal constrangimento não bastasse, ainda os prendiam à parede por argolas nos pés, na cintura, no peito.

Aqueles infelizes, por um requinte de horrível crueldade, eram superalimentados, dando-se-lhes vinhos tônicos. Assim excitados, sofriam horrorosamente com a inércia do corpo e a superexcitação dos sentidos.

Avalie-se a dolorosa impressão por mim recebida, principalmente ao deparar-se-me um homem jovem e robusto, que me disse:

— Quem quer que sejas, dize aos meus juízes que estou inocente; que tenho três filhos que são a vida de minha vida; que o homem que ama os filhos não pode ser criminoso. Tenho uma esposa que é um anjo; pois bem, vai dizer-lhes que jamais se envergonhem de usar meu nome, porque sou inocente.

E toda uma torrente de palavras jorrava daqueles lábios, repercutindo-me no coração.

Prometi voltar, ao mesmo tempo que me retirava daquele antro num estado de espírito indefinível, acreditando firmemente não só que existia o inferno, mas que também nele estivera.

Na noite seguinte, adormeci o chaveiro e fui sozinho, pois já conhecia os meandros. Falei aos dez infelizes indiciados.

Seja dito, em honra da verdade, que um apenas era inocente do imputado delito; os nove restantes eram mais ou menos culpados, conquanto não fizessem jus àqueles tormentos de uma crueldade inverossímil, fabulosa e, não obstante, verdadeira.

Tendo visto o que desejava, despedi-me dos *Penitentes* e, no momento da partida, declarei ao chaveiro quanto ocorrera, acrescentando:

— Se me fores aliado, ganharás em tranqüilidade e repouso; mas, se me denunciares, seremos dois a nos perdermos. Advirto-te, contudo, desde já, de que a mim não matarão. Certo, poderia ocultar-te o que se passou, dominando-te apenas pela minha força de vontade; mas não quero, em todos os meus atos, valer-me senão da verdade.

O chaveiro confessou-me, então, que, desde a minha chegada, sentira por mim carinhosa afeição, e, ao mesmo tempo, profunda repugnância pelo cargo que desempenhava.

Sofria, entretanto, calado, a tortura de horríveis remorsos, por saber que a renúncia lhe valeria a sentença de morte.

Confessou, finalmente, que todo o seu desejo era partir para a Índia como missionário.

Fi-lo ver que tudo conseguiria se me fosse fiel; e, obtida a sua aliança, afastei-me satisfeito da minha tarefa, convicto de que minha voz encontrara eco em seu coração.

Imediatamente procurei a família do inocente, para falar-lhe do desgraçado Lauro, cuja esposa se me rojou aos pés, dizendo:

— Senhor! Ele é inocente! Meu marido é incapaz de cometer um crime, porque adora os filhos e todo aquele que sabe amar, como ele, não pode ser um criminoso. Proclamasse ele próprio o seu crime e eu diria que enlouquecera, que mentia a si mesmo.

Tanta convicção daquela mulher deu-me novo alento. Vi as três crianças, três meninos que pareciam três anjos: alvos, rosados, olhos azuis a reterem na pupila o resplendor dos céus. As inocentes criancinhas fitaram-me a sorrir e o maior, que teria seus oito anos, disse em tom dulcíssimo:

— Ah! o papai é tão bom!... Tu também pareces bom... Não é verdade que o livrarás? Pobre do papai... dize-lhe que sonho com ele todas as noites...

Essa voz me comoveu tão profundamente, que lhe retorqui:

— Pobre anjinho desamparado, prometo salvar teu pai.

Ato contínuo, procurei o maioral dos *Penitentes* para lhe dizer por minha vez:

— Necessário se faz que entregueis aos tribunais civis os últimos dez acusados que deram entrada em vossos ergástulos, pois consta-me que há entre eles um inocente com mulher e três filhos. Deportando esse homem, cometereis cinco homicídios, o que é horrível. Quanto aos restantes, devem ser julgados separadamente, porque distinta é a culpabilidade de cada um. A história desta associação religiosa é escrita com sangue, e, dado que eu tenha de pertencer a ela, é preciso dar-lhe outra orientação, pois quero verdade e justiça.

Do modo que procedeis, sois piratas da Terra, isto é, condenais sem apelo nem agravo, a fim de confiscardes os bens dos condenados; se quereis que eu seja a águia da Ordem, haveis de ser, vós outros, os ministros de Deus, praticando sua lei de amor.

— Águia queríamos fazer-te, mas teremos de cortar-te as asas... Já sei o que vais ser no mundo — capa de criminosos, só para contrariar as leis, visto como em ti permanece encarnado o espírito da rebeldia. Menino e já audacioso, fica certo de que aos da tua têmpera sabemos pôr-lhes freios.

Por esta vez, deixo-te em liberdade, porque, a despeito de tudo, gosto dos homens como tu e acredito mesmo que, por fim, chegaremos a nos entender. Desde já, porém, te digo: desiste do teu plano... A *Ordem dos Penitentes*, dadas as revoltas políticas, necessita de fundos, sem os quais não poderia manter-se, e o fim justifica os meios; pois bem, os fins da *Ordem* são grandiosos, porque visam a impor a religião em todo o orbe. Associação tão poderosa carece de recursos...

Que vale a vida de dez homens comparada à salvação de milhões de criaturas? Este processo, julgado por nós, acarretará a proteção e simpatia da família da vítima, além de que os bens dos condenados nos ficarão pertencendo por direito, sem quaisquer dúvidas. Deixa-te, portanto, de generosidades juvenis, e, quando tiveres mais alguns anos, te convencerás de que a Humanidade é raça de víboras. Todas as víboras que se esmagam é em proveito da massa comum.

Nada repliquei, porque compreendi que seria inútil.

Demais, não queria provocar as iras de quem me tinha sob suas garras, além de que a minha prisão me anularia os planos.

Mal me despedi, eis-me em pleno campo, de joelhos sobre um barranco, olhos postos no céu, clamando: — "Senhor! inspira-me. Põe nos meus lábios a tua palavra divina. São dez famílias, Senhor, ameaçadas de sucumbir à fome, e um homem inocente vai ser imolado nas aras de uma associação que é o vampiro do Universo! Dá-me, Senhor, a magia da persuasão para comover um monarca da Terra! Senhor! à tua sombra a raça de Caim prossegue espalhando o terror e a morte: deixa, pois, que comece o meu sacerdócio por um ato digno e justo. Tenho sede de justiça, tenho fome de verdade e amo-te, Senhor, sobre todas as coisas da Terra! Em teu nome quero difundir a luz!"

Eis que o fogo da inspiração divina me inflama a imaginação, e, sem perda de um momento, me pus a caminho.

No dia seguinte, falava ao Rei, logrando convencê-lo de que deveria reclamar os dez acusados, os quais, na equitativa lei dos tribunais civis — não dos eclesiásticos, visto que o morto nada tinha a ver com a classe sacerdotal, deviam ser julgados.

Três horas foram-me precisas para convencê-lo, mesmo porque, nenhum soberano queria malquistar-se com os *Penitentes Negros*, sabendo muito bem o que daí lhe podia advir, isto é — a morte, mais cedo ou mais tarde.

Finalmente, sempre consegui que firmasse a ordem de entrega dos dez acusados, seguindo eu logo com o capitão da força.

Capitão e guardas tremiam ao penetrar naqueles subterrâneos, ao ver aqueles homens enjaulados como feras, mal podendo dar um passo, quando livres das suas cadeias.

Soldados houve que choraram diante de tanta iniqüidade e o próprio capitão rugia de cólera, dizendo:

— Deus não existe, não; pois, se existisse, não haveria tanta impiedade!

Nesse comenos, dominado por estranha força, eu me voltei para o chaveiro e lhe disse:

— Quero tudo ver e quero dirigir a esses desgraçados uma palavra de consolo: guia-me, pois, e eu prometo arrancar-te também deste antro.

E enquanto capitão e soldados retiravam os prisioneiros, internei-me naquele labirinto de galerias e corredores cheios de gemidos das vítimas agonizantes, enterradas naqueles sepulcros.

Impossível seria descrever os tormentos de uma parte daqueles infelizes, já julgados e condenados a perecer naquelas catacumbas, rodeados de reptis e de tudo quanto pode atormentar um homem! Foi tal o meu horror, a vertigem que de mim se apossou, que não me pude conter e disse ao companheiro:

— Oh! tira-me daqui... daqui onde sinto que o sangue se me transforma em chumbo derretido, a queimar-me as entranhas!... Nunca pensei que houvesse inferno, mas... agora, creio! Tira-me daqui, ou enlouqueço...

Ele, o companheiro, tomou-me aos ombros e enfiamos por um alçapão. Ao sentir na fronte as rajadas do ar puro, ao ver-me em pleno campo, caí de joelhos e, olhos fitos no céu, dei agudíssimo grito e tombei exausto, desfalecido.

Quando tornei a mim num aposento do real presídio, tendo a meu lado o chaveiro e o capitão, era como se houvesse perdido a memória; pouco depois, entretanto, recordava-me de quanto se havia passado e logo indaguei da sorte dos presos, respondendo-me o capitão que estavam na enfermaria.

O chaveiro aproveitou-se do incidente do meu desmaio para seguir-me, sem levantar suspeitas; demais, os *Penitentes* eram sempre humildes em se tratando de força armada e de ordens reais, embora afirmando sempre que tudo aquilo era feito em benefício dos pecadores, por isso que o castigo predispunha à regeneração. Tinham eles, de fato, nas mãos o governo de todos os Estados, mas timbravam em aparentar humildade e obediência às ordens do Soberano. Se acontecia a justiça civil incidir num dos seus membros, também jamais protestavam, mas tinham o cuidado de, logo em seguida, cautelosamente, tramarem terrível vingança.

Não admira, pois, que o chaveiro pedisse ao capitão para detê-lo a ele como prisioneiro, alegando que os maus-tratos aos prisioneiros era passível de severo corretivo.

Esse infeliz fez revelações que eu nem quero recordar, assegurando que preferia partir em missão, ser em longes terras devorado por selvagens, a ter de voltar ao jugo dos *Penitentes*. Graças à minha intervenção, tudo se arranjou, e, mais tarde, lá se foi ele para a Índia, onde passou pelo martírio que desejava — devorado pelos selvagens.

O processo dos dez acusados custou-me noites e noites de insônia, perseguições sem conto, ameaças terríveis, mas tive, enfim, a ventura de ver Lauro em liberdade.

Quando ele saiu do recinto do tribunal para abraçar a esposa e os filhinhos que o esperavam, caí de joelhos e exclamei:

— Bendito sejas, Senhor! Agora, já me não importa morrer, pois que, como Tu e graças à Tua bondade, pude ressuscitar os mortos! Glória a Ti, alma do Universo, por todos os séculos e gerações!

451

Lauro e sua família cobriram-me de bênçãos, enquanto o mais velho dos pequenitos me dizia:

— Fica conosco que te amaremos tanto quanto amamos o papai.

Os nove condenados restantes arrostaram com o castigo proporcional à sua enorme falta, isto é, foram reduzidos à servidão do Estado, trabalhando nas obras públicas, tal como agora se dá com os vossos presidiários; mas os bens ficaram na posse de suas respectivas famílias.

Comparando a sorte deles com a que os aguardava, se fossem julgados pelo tribunal eclesiástico, esses desgraçados se consideravam relativamente felizes. De resto, almas rudes, agradeceram minha intervenção, do melhor modo por que se podiam exprimir.

Os *Penitentes* não tardaram a demonstrar seu intuito de me fazerem pagar caro a ousadia: três anos estive expatriado, curtindo as agruras da miséria, dores de cruel enfermidade; a verdade, porém, é que, quanto mais sofria, lobrigrava como que — visão formosa — Lauro saindo do tribunal, rodeado da família e, então, dizia de mim para mim: — "Esse homem tem uma esposa que o adora, três anjos que lhe sorriem, e uma e outros teriam sucumbido de fome e frio, sem o calor da sua ternura e do seu amparo. A ter de morrer, antes eu — árvore seca cuja sombra a ninguém abriga — demais, era ele um inocente, e, como tal, não devia morrer. Comigo, o caso é outro, porque, enfim, me revoltei, neguei meu concurso aos que me serviam de pais, instruindo-me. Cumpra-se, pois, a vontade de Deus, que é sempre justa!"

Por fim, já estava mesmo tão resignado à minha sorte, que, ao receber a notificação do indulto, cheguei a contrariar-me.

Conforme já disse, na vida ordinária eu era um ser um tanto apático, e, como a luta pela vida me assustava, eis que, acariciando por tanto tempo a ideia da morte, quase que a amava. Um de vossos poetas mais cépticos cantou a Morte; pois bem, tomemos desse canto algumas estrofes, já que para mim, naquela quadra, a morte era qual a *Ilha do repouso*, na frase do referido poeta quando diz[1]:

Sou a ilha do repouso
No meio do mar da vida:
Em meu seio o nauta olvida
A tormenta que passou,
E é doce e calmo o seu sonho
Ao quebro de mansas vagas,
Que ao sonho convidam plagas
Que o tufão jamais roçou.

Sou a fronte amiga e boa
Que estende a sombra dolente
Sobre a fronte do descrente
Vincada do padecer,
E adormecido, as suas faces
De fresco orvalho rocia,

---
1 Espronceda.

Enquanto a noite sombria
Manda — ao que dorme — esquecer.

Sou a virgem misteriosa
Dos derradeiros amores,
E oferto um leito de flores
Isento de espinho e dor;
Amante — dos meus carinhos
Estremes de hipocrisia:
Nem prazer, nem alegria...
Mas, eterno é meu amor.

Em mim a Ciência emudece;
Toda a dúvida termina,
E árida, mas cristalina,
Venho a verdade ensinar:
Da vida, como da morte,
Ao sábio mostro os arcanos,
Se a eterna porta dos anos
Descerro de par em par.

Que as minhas mãos piedosas,
No sonho te fechem os olhos,
E enxuguem suaves refolhos
Teu pranto de agra aflição,
Que eu calmarei os queixumes,
As dores feras, gemidas,
Expungindo-te as feridas
Do ferido coração.

É que eu sofrera tanto... vivera tão isolado, que a ideia da velhice me horrorizava.

Foi, pois, com mágoa que disse adeus àquelas montanhas envoltas no branco sudário das neves perpétuas, para regressar quase moribundo à terra da minha pátria.

Aí chegando, meu primeiro pensamento foi visitar André, e, ao vê-lo, ao receber suas carícias inocentes, senti como que reviver em mim o desejo de viver. Envergonhei-me da minha fraqueza, do meu egoísmo; compreendi que havia sido injusto, porque jamais devemos desejar a morte, havendo na Terra tantos órfãos aos quais podemos servir de pai.

Pouco depois do meu regresso, retirei-me para a aldeia na qual residi mais de quarenta anos.

Já no último quartel da vida, aconteceu que, sentado à porta do cemitério, vi aproximar-se um velho coberto de andrajos, o qual me pediu uma esmola destinada a crianças cujos pais estivessem encarcerados.

Seu pedido calou-me de tal sorte, que não pude deixar de o interrogar sobre os motivos que lho determinavam.

— Senhor — respondeu —, é uma penitência que a mim mesmo impus. Na mocidade, fui prisioneiro dos *Penitentes Negros*, acusado de crime que não cometera; um homem — um santo — interessou-se por meus filhos e me restituiu aos carinhos da família, atraindo, porém, sobre si a perseguição dos ditos *Penitentes*, os quais conseguiram o seu desterro e quiçá a morte.

A atitude desse homem jamais se me apagou da memória, se bem que — e disso me acuso —, quando o deportaram, nada fiz em seu favor... Mas, a verdade é que tive medo de cair novamente nas garras dos tigres: e, não só emudeci como mudei de residência, expatriando-me.

Com os anos, meus remorsos foram aumentando, a ponto de me impor esta penitência. Vai para dez anos que peço esmola para filhos de presos, em homenagem à memória daquele que por mim se sacrificou.

Todos os anos, no dia 1º de janeiro, reparto minha coleta por vinte meninos orfanados pela morte ou pela reclusão dos pais, e, ao fazê-lo, lhes recomendo que orem pela alma do Padre Germano.

A narrativa de Lauro comoveu-me profundamente e foi mal disfarçando a emoção que repliquei:

— Pois tendes pedido por alma de um homem que ainda está na Terra.

— Padre Germano vive? — exclamou o pedinte com o rosto já inundado de júbilo. — Mas, onde está ele? Ah! que Deus sempre teve misericórdia de mim, uma vez que, sempre que me considerava perto da morte, dizia: — "Permiti que no meu derradeiro transe possa ver o Padre Germano, pois só assim me considerarei remido da minha ingratidão."

Não sei de que modo fitei Lauro, que o velho mendigo mais se acercou de mim a olhar-me, também ele, fixamente, lançando-se por fim nos meus braços e exclamando:

— Oh! como Deus é bom!

Pois que as boas ações têm sempre belas recompensas, enorme foi meu prazer encontrando Lauro. Todos os seus filhos estavam casados e viviam felizes; a esposa morrera abençoando meu nome, e ele praticava a caridade em homenagem à minha memória. Dos nove condenados, quatro morreram na servidão e os cinco restantes alcançaram a graça de um indulto geral, concedido pelo Rei para comemorar grandes vitórias alcançadas na *Terra Santa*. Esses, ao menos puderam voltar aos lares e sorrir aos seus netinhos.

No dia seguinte, Lauro despediu-se dizendo:

— Agora, sim, não temo a morte. Ela que venha quando quiser, pois todos os meus desejos se realizaram...

E parece que ela, a morte, apenas aguardava a nossa entrevista, pois Lauro mal dera alguns passos fora da aldeia. Tropeçando em falso, despenhou-se numa rampa e morreu incontinenti.

A retirada do cadáver do fundo despenhadeiro deu muito trabalho, mas eu sempre o consegui, para abrir-lhe a cova bem perto da outra — a da menina pálida dos cabelos negros.

A breve tempo o segui, para encontrar no Espaço vários presos, que o foram na Terra, que me demonstraram o seu reconhecimento.

Amai! amai muito os presos! Procurai instruí-los. Justo é, decerto, castigar o delinqüente, mas convém, por mais justo, fazê-lo abrindo-lhe as portas da regeneração.

Triturando, espezinhando o corpo do preso, apenas levais o desespero à sua alma, e ai! — não espereis ações generosas de Espíritos desesperados.

Não sonheis dias de liberdade, não blasoneis que o vosso esforço tem por escopo a união dos povos, nem que sois os iniciadores da fraternidade universal, se antes não procurardes melhorar a triste sorte dos criminosos.

Enquanto mantiverdes esses presídios que são outros tantos germens de corrupção, focos de criminalidade habitados por homens aos quais negais até o direito de raciocinar — infelizes de vós! — todos os planos de reforma social far-se-ão em pura perda.

Não podeis, sequer, imaginar o mal decorrente do vosso sistema penitenciário; um homem desesperado atrai influências fatais, e em vossos presídios a aglomeração dos Espíritos inferiores é tal, que sua influência perniciosa vos envolve e empolga, a ponto de me inspirardes compaixão.

A verdade é que os presos, sem que o percebais, vingam-se do abandono em que os tendes, saturando-vos dos fluidos de fel que lhes vão no coração.

Eu vo-lo repito e não me cansarei nunca de o repetir: os criminosos são dementes, nada mais.

Que fazeis aos alienados? Não os sujeitais a um regime curativo? Pois bem: sujeitai a um regime moral os infratores da lei. Não empregueis jamais a violência, porque nada conseguireis. Essas armas não vos pertencem, e tampouco sabeis manejá-las.

Se tendes a inteligência e o dom da palavra, se sois da raça dos Redentores, por que não seguis as suas pegadas?

Ah! pobre Humanidade! Como te afundas em lodo! Como infeccionas a atmosfera que te envolve! Como foges da luz buscando revolver o vasto âmbito das trevas!

Sim! Tu me inspiras compaixão! Dá acordo de ti, desperta!

Começa o teu trabalho de regeneração universal e não te envaideças abrindo Ateneus e Universidades, se antes não começares a instruir os criminosos, cuja ignorância os condena a perpétua servidão.

Amei muito os criminosos na minha última encarnação, e aos meus esforços em prol deles devo a liberdade que hoje desfruto.

Homens! Homens! Se compreendêsseis os vossos verdadeiros interesses, a Terra não seria uma penitenciária da Criação, mas um dos mundos regenerados, uma dessas moradas nas quais a alma pode sorrir. Que os meus conselhos não sejam esquecidos, filhos.

Muito amo os seres da Terra, porque foi entre eles que conheci a menina pálida dos cabelos negros.

Adeus, meus companheiros de infortúnio, trabalhemos, todos, para o bem universal, redobremos de esforços, aproximemo-nos dos presos e eles nos darão a liberdade.

Não esqueçais que os justos, só eles, sabem o caminho do progresso, e que os culpados são outros tantos cegos perdidos em meio às sombras da ignorância.

Guiemos, filhos, os pobres cegos...

Eles são tão dignos de compaixão...

Os votos religiosos

Por muito que a estudeis, por muito que tenhais lido a seu respeito, e ainda que a vossa imaginação se revista de toda a potência inventiva, jamais pintareis com exata forma e colorido a vida do claustro — esse quadro horrível de miséria e degradação humana.

Para isso, é necessário ter vivido num convento e num convento de religiosas. Já vos disse que minha infância e mocidade foram passadas entre monges. Triste e solitário, na verdade, ainda assim, poderia viver tranqüilo, se mais dócil fora o meu Espírito e menos cioso de progresso. Sim, porque foi o meu caráter revolucionário, reformador incorrigível, que me inimizou com os meus superiores. Obediente, minha existência teria sido até ditosa, dentro daquela esfera limitadíssima.

Mas, impossível, absolutamente, é viver tranqüilo dentro de qualquer comunidade de religiosos; nem vós podeis avaliar o que são as mulheres destituídas dos sentimentos naturais.

Já sabeis que a vós outros me apresentei tal como sou, o mundo chamou-me santo e eu repeti, inúmeras vezes, que longe estive de o ser e mais, que amei uma mulher, a cuja memória rendi culto, sendo a sua sepultura o meu altar predileto. De fato, era ali que elevava a Deus meu pensamento, rogando-lhe pelos pobres e pedindo a suprema inspiração para despertar o arrependimento dos pecadores. Sofri, amei, temi, tive todas as fraquezas comuns aos demais homens, e esta advertência vem de molde, porque, ao falar-vos das mulheres, descrevendo-as quais são, na realidade, não quero que me tomeis por santo em lhes ter aversão. O que eu quero, somente, é demonstrar que a mulher educada, a mulher-social, a mulher-mãe, em suma, é o anjo da Humanidade destinado a realizar todos os sonhos de felicidade que o homem possa conceber. Tampouco, acrediteis que, por mulher-mãe, pretenda definir exclusivamente a mulher que tem filhos. Não. Mulher-mãe é toda mulher que sabe amar. Desgraçadamente o sei, por experiência própria.

É que a mim também uma mulher me carregou no ventre, recebeu o meu primeiro sorriso, ouviu-me balbuciar as primeiras frases, e, apesar disso, enjeitou-me com apenas cinco anos.

Essas mães desnaturadas são Espíritos inferiores, de uma rebeldia tão radicada ao seu modo de ser, que a maternidade para elas não significa mais que um ato natural, fazendo o que fazem os animais, isto é, alimentando os filhos enquanto tenros, para logo depois repudiá-los. Algumas há que nem isso fazem, em absoluto dominadas pela perversidade: são estas as mães talhadas aos seres que vêm à Terra em cruéis expiações, pois tudo na vida se encadeia.

O Espírito não tem sexo: tomando o invólucro feminino, tem por missão educar o sentimento, aprender a sofrer o que bem se pode definir por um castigo, tanto assim que a vida da mulher, mesmo nos meios mais civilizados, tem o seu fundo de humilhações.

A mulher pode considerar-se, pois, um Espírito rebelde, e esse Espírito inculto é o animal mais daninho, posto neste mundo ao serviço do homem.

Estas mesmas palavras foram escritas há alguns séculos, depois de haver eu habitado largo tempo junto de um convento de religiosas, como confessor de numerosa comunidade.

Meu espírito aventureiro e minha sede de progresso fizeram-me viver depressa, na última encarnação, e isso num período em que a vida era, por assim dizer, vagarosa; antes de recolher-me à minha aldeia, sofri toda a sorte de perseguições e, ainda aí nesse refúgio, fui várias vezes requisitado pelo chefe do Estado e ameaçado de morte por meus superiores.

É que eu vivia numa época que se poderia classificar de criminosa. Profligando-a sempre, minha existência tornou-se uma luta incessante, uma batalha sem tréguas. Possuí-me do fanatismo do dever e fui religioso, não porque aceitasse os mistérios da minha religião, mas porque a moral universal me impunha seus direitos e deveres. Admirava o Cristo e quis imitá-lo, não no seu modo de viver e de morrer, porque não possuía a sua virtude, nem a minha missão era a sua; mas quis demonstrar o que devia ser um sacerdote racional, interessando-me vivamente pela instrução da mulher, para que outros não sofressem as consequências que sofri.

É que todos os meus tormentos e agonias eu os atribuí, então, à ignorância da minha pobre mãe. Profundamente infeliz, tendo por patrimônio único a contrariedade, eu queria educar a mulher, arrancá-la ao embrutecimento, despertando-lhe a sensibilidade. De uma mulher sensível é lícito esperar todos os sacrifícios e heroísmos.

E, se amando, ela é um anjo, transforma-se em demônio quando, fanatizada por qualquer credo religioso, a Humanidade lhe é indiferente. O demônio... Ah! se essa entidade existisse, se o Espírito do mal tivesse razão de ser, certo se encarnaria nas mulheres fanáticas.

Despojada do seu principal atrativo — o amor materno —, a mulher é um Espírito degradado, que baixa a esse mundo fazendo alarde da sua ignorância e inferioridade. Nem vos cause estranheza esta linguagem, visto como convivi intimamente com as religiosas.

Certa feita, comprometido em questão de política, forçoso me foi pedir hospitalidade à superiora de um convento que mantinha uma hospedaria destinada a peregrinos, aliás freqüentes naquela época. Fui bem recebido, cheguei oportunamente, porque a comunidade estava sem confessor. Vendo-me jovem e audacioso, a superiora acreditou que lhe poderia ser útil. Era ela uma mulher da nobreza, que fora ocultar no claustro um passo mau da mocidade. Fez-se ambiciosa, intrigou com acerto e tal foi a sua autoridade, tamanha sua nomeada, que fundou vários conventos, nos quais meninas das mais opulentas famílias eram colocadas sob a sua tutela, a fim de receberem educação. Muitas foram as que professaram por sua ordem.

Dava-se com essa mulher o que se dá com as mães egoístas, que, ao perderem um filho, se alegram com a dor de outras mães em caso idêntico, dizendo de si para si: — "Que chorem, porque também chorei." E era isto mesmo, nem mais nem menos, que ela repetia quando uma rapariga derramava lágrimas ao pronunciar os votos. Afirmo-o, porque seus olhos mo diziam. Sim, ao encarar uma jovem professanda, era a própria juventude, o próprio desvio amoroso que lhe assomavam à mente, para dizer com cruel satisfação: — "Mais uma vítima!... Já que não pude ser feliz, hei de fazer com que ninguém o seja."

Mulher inteligente e astuta, ambiciosa e vingativa, uma vez disposta ao serviço da religião, fazia numerosos prosélitos. De um rigorismo a raiar pela crueldade, sabia manter na sua comunidade a mais perfeita disciplina, entregando à Igreja grandes somas — dotes das suas alucinadas professandas.

Quanto a mim, ouvindo aquelas mulheres em confissão, chegava a ficar petrificado. Ignorância, servilismo profundo, e... no fundo de tudo isso, quanta imoralidade!

E como da imoralidade ao crime não medeia mais que um passo, aquelas infelizes chegavam ao infanticídio, tranqüila, serenamente, acreditando servir a Deus nos limites da obediência aos seus ministros. Eu as observava, assombrado, e dizia:

— Senhor! A mulher, ente que deve dar ao mundo os seus heróis; que é chamada à vida para companheira inseparável do homem, compartindo suas glórias e tomando parte ativa nos seus estudos e conquistas, nas suas penas e alegrias; a mulher, que pode embelezar a existência porque tem atrativos e requisitos para fazer-se amar; que é carne da nossa carne e osso dos nossos ossos; que sente as dores santas da maternidade realizando o ato maior da Natureza no momento sagrado do seu deslumbramento; a mulher... — que faz dela a religião, Senhor? — Embrutece-a, avilta-a, mutila-a, redu-la a mísera escrava, indigna até de ser mãe dos seus filhos.

Matando-lhe, assim, todo o sentimento, que lhe resta? — a mais espantosa deformidade moral e física.

Todos os vícios do passado surgem, então, e ela se torna astuta como a serpente, vingativa como o tigre. Faz o mal comprazendo-se nele, quando se não transforma num autômato inconsciente e submisso a estranhas vontades.

Foi para isso, para viver a mais humilhante e vergonhosa escravidão, que a criastes, Senhor?

Não, decerto. Mas, por que a religião, que é a base de todas as civilizações, em vez de remediar o mal, antes pode dizer-se que o acoroçoa?

Conquanto não as aprove, compreendo melhor essas associações de homens científicos, recolhendo-se aos claustros para melhor meditar e pedir à Ciência a solução dos problemas da vida. Entretanto, as comunidades femininas são, em absoluto, desnecessárias. As mulheres, pode-se dizer, fazem falta em qualquer parte, menos nos claustros e nos bordéis.

Suponhamos que se reúne — e só em supô-lo há grande dificuldade — uma congregação de mulheres puras, virtuosas, entregando-se de coração ao exercício da prece: — de que serviriam tais seres, profundamente egoístas, desde que não consolam a orfandade, não amparam a velhice, não socorrem os desgraçados em suas privações?

De qualquer forma que a encaremos, a vida monástica só pode acarretar à mulher atraso, estacionamento, ou mais ainda — retrocesso.

Considerada na sua mais pura acepção — a da virtude —, é egoística. Segregada do mundo, a freira, se professa em desespero de causa, torna-se tirânica, cruel; se a faz por alucinação, sugestão ou ignorância, logo se converte em coisa, em instrumento de que se valem homens perjuros; e, se o móvel da sua renúncia foram timidez e obediência a seus maiores, ei-la definhando, maldizendo e rezando ao mesmo tempo.

Ora, eu adorava a mulher, considerando-a glória única do homem, e, por isso, desesperava com o vê-la tão aviltada.

Aí, nessa comunidade, tive ensejo de observar a mulher em todas as gradações do embrutecimento, em todas as fases da degradação e do sofrimento moral e físico, já tremendo ante o martírio, já louca de terror.

Assisti à profissão de fé de uma infeliz noviça e fiquei horrorizado. Essa infeliz pouco tempo sobreviveu ao sacrifício e eu quase cheguei a me alegrar com a sua morte, pois era uma criatura grandemente sensível, afetiva, e sofria, a pobrezinha, rodeada de mulheres sem entranhas.

Outra rapariga, logo após, estava prestes a pronunciar esses mesmos votos, irrevogáveis e sinistros, e eu, impressionado por aquele fato, resolvi salvá-la daquele inferno, no qual a outra tanto penara antes de morrer.

Chamava-se Eloísa, e, enquanto a companheira de infortúnio agonizava, ela fitava-me, chorando silenciosamente.

Nesse olhar compreendi que mais chorava por si que pela morta.

Na véspera da solenidade, ao confessá-la, tomei de um crucifixo e lhe disse:

— Eloísa, é de todo o coração que renuncias à vida mundana?

— Sim — respondeu com voz trêmula, a olhar a imagem do Cristo.

— Estás mentindo.

— Eu?

— Sim. Entretanto, para sepultar-se em vida, necessário é que a mulher saiba a razão por que se sepulta e eu quero crer que, subjugada e sugestionada pelos conselhos paternos, como pelos da superiora, vais professar, crente de que renuncias voluntariamente aos prazeres e gozos mundanos... Mas olha esta imagem e figura-te que, em vez dela, contemplas um homem de trinta anos, de olhar fogoso e sorriso cativante, gentil e bem-disposto a conquistar todo o mundo para depositá-lo a teus pés... Renunciarias ao seu amor, à sua eterna fidelidade, à dita suprema de amar e ser amada?

— Sim — respondeu ainda, fronte banhada de suor.

— Pois mentes, menina, porque teus olhos afirmam o que negam os teus lábios. Vai meditar, perguntar a tua alma o que desejas e eu pedirei uma prorrogação de oito dias à superiora.

Durante esse tempo, sonda o coração e não te iludas a ti mesma nem temas, tampouco, o descontentamento de tua família, pois eu vim à Terra para algum fim — para ser padre de almas.

A noviça encarou-me, mas, receosa de que as paredes falassem, calou-se, enquanto eu me dirigia à superiora, em audiência logo concedida.

Fi-la ver que Eloísa não estava bem-disposta a professar e conviria deixar-lhe, ao menos, uns oito dias para refletir.

— Péssima resolução — respondeu asperamente —, pois essa rapariga há de professar, quer queira, quer não. Seu pai assim o quer, visto como, sendo filha do Rei, torna-se um fardo e um pesadelo para ele, lembrando-lhe o erro da esposa. Além disso, traz grande fortuna e a Igreja precisa de dinheiro. Dir-me-eis que chora... Eu também chorei e aquilo que sofri também as outras podem sofrer.

— Mas a religião serve para condenar, ou para salvar seus filhos? Concordo (e nisto já faço muito) que a mulher se retire à vida contemplativa para viver de orações ou meditações inúteis, desde que, para tanto, lhe sobre vocação; não, assim, a moça que sente palpitar-lhe o coração à lembrança de um ser amado.

De fato, a essa, por que sacrificá-la, impedir que entre no seio da família humana? Por que negar-lhe direitos e deveres outorgados pela própria Natureza? A mulher deve encontrar na religião um arrimo, um amparo, um leal conselho, nunca, porém, imposições em tirânicos mandados.

— Pois vais por muito mau caminho para obteres o barrete cardinalício — disse a superiora com amarga ironia.

— Aquele que trilha a senda da verdade e da justiça não precisa de barretes nem tiaras para viver feliz. Eu quero ser o derradeiro ministro de Jesus Cristo, quero amar o próximo como a mim mesmo; quero ser um mensageiro do seu amor e de sua eqüidade; quero que a mulher se regenere, quero vê-la, não nos santuários a estiolar a existência em quietismo improdutivo, mas tomando parte nas lutas dessa existência; quero, enfim, que a mulher seja esposa e mãe, consciente do seu valor. E encerrada num convento, como pode ela, a mulher, ter noção desse valor?

Por três horas discutimos e a superiora não me regateou todo o prestígio para que a coadjuvasse nos seus planos. Fosse eu ambicioso e teria tido, ali, o ensejo de tornar-me, dentro em breve, príncipe da Igreja. Entretanto, meu Espírito, já cansado das farsas humanas, se decidira a progredir, pois muitos séculos havia que ele perambulava pela Terra sem encontrar essa doce tranqüilidade que o homem sente, quando, ao deitar-se, ao entregar-se ao sono, diz: — "Cumpri fielmente o meu dever."

Bem a meu pesar tive, muitas vezes, de empregar a diplomacia para ganhar tempo; e assim foi que aparentei seguir os conselhos da superiora, ficando convencionado que aguardaríamos os oito dias para o voto de Eloísa, comprometendo-me eu, nesse tempo, a induzi-la à vida monástica.

Por sua vez, os pais da noviça vieram falar-me, desejosos todos de sacrificar a infeliz, cujos olhos dulcíssimos prometiam um céu, um mundo de célicos prazeres ao homem que lhe possuísse o sensível coração. Pobre menina! Quão próxima estava do abismo!...

Ah! quantos crimes se têm cometido à sombra da religião!

Expirado o prazo, de manhã bem cedo encaminhei-me para a igreja, onde Eloísa me aguardava. Era qual um fantasma, hábito branco, olhos fundos, de azuladas pálpebras, faces desbotadas de marfim velho, lábios descerrados num sorriso tão doloroso que, mudos, era como que se lhe ouviam gemidos.

Jamais vi tão comovedora imagem. Dir-se-ia a própria encarnação da Dor! A Virgem ao pé da Cruz, as *Dolorosas* dos mais afamados pintores se poderiam dizer bacantes, comparadas a Eloísa!

Impressão terrível, de fato, causava o olhar daquela infeliz.

Logo que me avistou, deixou-se cair a meus pés, e, com voz trêmula, disse:

— Graças a Deus que me compreendestes.

Seu olhar confessava o resto...

— Que fazer para salvar-me?

— Seguir-me. Deixar-te-ei entregue a um homem que velará por ti, e repara que não há tempo a perder. Para os grandes males, grandes remédios. Convém aproveitarmos todo este alvoroço da comunidade nos preparativos da festividade do teu voto. Vai orar na capela do Santo Sepulcro e espera-me lá. O resto corre por minha conta.

— Padre, não tardeis: parece-me que vou sucumbir e não quisera que tal sucedesse aqui, dentro desta tumba.

Assim era, de fato. Eloísa naquele momento não era só um cadáver na aparência — era a exata personificação da angústia, da amargura. Ao medir a fundo o abismo em que ia precipitar-se, sentira tal espanto, tão extraordinária comoção, que desfalecia, exânime.

Dei-me pressa em comunicar à superiora que a noviça se decidira a professar, pedindo, entretanto, duas horas de repouso espiritual na capela do Santo Sepulcro, o que me parecia conveniente.

E a superiora acedeu, sem suspeitar do meu intento, mesmo porque, acreditava haver-me comprado pela grossa quantia oferecida anteriormente, para que eu conseguisse o voto de Eloísa.

O cálculo dos indivíduos degradados é tão mesquinho, que não admite desprendimento nem abnegação de terceiros, das almas em via de progresso.

Quanto a mim, naqueles oito dias de expectativa, não perdera tempo; e, como sempre que me dispunha a praticar uma boa ação, encontrei, igualmente, seres amigos para me auxiliarem. Tão certo é que, em se propondo a gente uma boa ação, sempre encontra meios de a consumar.

A capela do Santo Sepulcro tinha largo corredor que dava acesso às prisões do convento, nas quais, também por sua vez, havia entrada para as catacumbas. Ao fim do corredor, duas portas abriam para o pátio do sacristão, cuja confiança tratei de adquirir logo e tão completamente que ele jamais me abandonou.

Era ele, nem mais nem menos, esse Miguel do qual aqui vos tenho falado tantas vezes — o bom do Miguel que me amou tanto quanto pode amar uma alma simples.

Foi ele, Miguel, que me proporcionou cavalhada e três hábitos de *Penitente*.

Assim, pois, enquanto o convento se alvoroçava, entrava eu na capela, e, trancando-a por dentro, arrebatava Eloísa, sem perda de minutos que corriam preciosos.

Ao dizer à pobre menina que me seguisse, ela pareceu que me não compreendia e foi preciso repetir-lhe o convite tentando, ao mesmo tempo, levantá-la, porquanto estava petrificada, inerte.

Difícil momento, quase comprometida a empresa!

Mas Miguel, pretextando moléstia, deixou de acudir à igreja; veio em meu auxílio e, sendo naquele tempo um homem robusto, tomou a rapariga nos braços, qual se o fizera a uma criança.

Chegados à casa do sacristão, dei a Eloísa as explicações que a carência de tempo comportava, enquanto ela, feliz por se ver salva, readquiria forças como por encanto. Presto nos metemos nos hábitos dos *Penitentes*, montamos a cavalo e a todo galope nos afastamos daqueles sítios.

Quando deram pela nossa ausência e nos vieram no encalço, estávamos já em lugar seguro.

Sobre a mesa do meu quarto, deixara uma carta à superiora, concebida nestes termos:

"Senhora, jamais esquecerei que, num momento verdadeiramente angustioso para mim, me destes generosa hospitalidade. Hoje pago os vossos favores com uma nobre ação, isto é, arrebatando uma vítima que haveria de morrer amaldiçoando o vosso nome, e, mais do que isso — negando a existência de Deus.

"A vós devo, também, um grande ensinamento: na comunidade que dirigis, apreciei toda a degradação e embrutecimento que podem atingir a mulher.

"Doravante, pois, hei de pôr toda a minha eloqüência na causa da libertação das mulheres condenadas por tão mal-entendido princípio religioso.

"A jovem a quem pretendeis imolar será entregue ao Rei.

"Não me persigais. Bem sabeis que, de posse dos vossos segredos e tramas, eu posso perder-vos, encaminhar-vos a uma fogueira."

Essa ameaça surtiu efeito. Tranqüilamente segui meu caminho, consegui falar ao monarca, entregando-lhe a filha. Esta, por sua vez, falou-lhe tão eloqüentemente, tão sentidamente, que ele, comovido e solene, disse:

— Menina, se amas alguém, confessa-o ao Padre Germano, para que ele se incumba do teu casamento.

Não me enganara: Eloísa amava, de fato, a um capitão de guardas do Rei. Tudo se arranjou a contento e foi esse o primeiro casamento por mim abençoado.

E qual não foi minha alegria ao despedir-me desse jovem par, a bordo do navio que o devia transportar à Inglaterra!

A menina já não era a mesma do convento: formosa, sorridente, radiante de felicidade, repetia:

— Ah! Padre Germano! Ainda penso que estou sonhando... Mas, se de fato estou dormindo, antes morrer que despertar. Pois será crível que não volte ao convento?

— Não, nunca — retorquia o marido. — Acreditai, Padre Germano, que conseguistes o que jamais poderíamos esperar, pois a verdade é que, amando Eloísa, jamais me atreveria a pedir-lhe a mão, tanto mais quanto, minha modesta fortuna não era para se comparar à dela. Meu suicídio estava resolvido para logo que tivesse notícia da sua profissão de fé. Ela, por sua vez, viveria desesperada... e tudo por quê?

— Porque a religião, mal-entendida, serve de facho incendiário, em vez de ser a imagem da Providência.

O navio suspendeu ferro, enquanto eu e Miguel nos ficávamos na praia, vendo-o mover-se lento, velas pandas, enfunadas ao vento.

Eloísa e Jorge, no tombadilho, agitavam os lenços em despedida.

Quando o barco sumiu no horizonte azul, estreitei Miguel nos braços, dizendo:

— Demos graças a Deus, meu amigo, por nos haver permitido contribuir para a felicidade dessas duas almas enamoradas.

É que as suas bênçãos, como as dos filhos que tiverem, atrairão para nós a calma dos justos. Louvado seja Deus, que nos permitiu fôssemos os mensageiros da sua justiça, enviados de paz e de amor.

De então para cá, trabalhei quanto pude para extirpar da mulher o fanatismo religioso.

Eloísa e Jorge não foram ingratos. Muitos anos depois, estive em perigo de vida e foi ela o meu anjo de salvação. Os filhos que teve foram educados nos preceitos da religião que eu lhes ensinara.

Confesso-o com profunda satisfação: a última vez que estive na Terra, evitei mais de quarenta suicídios, quero dizer — votos religiosos.

Sim, com meus conselhos, salvei muitas vítimas, e, ainda hoje, na medida das minhas forças, prossigo nessa tarefa, inspirando à uns, comunicando-me com outros, por despertar em todos o verdadeiro sentimento religioso.

Quero que a mulher ame a Deus, engrandecendo--se, instruindo-se, moralizando-se, humanizando--se, e não com essas virtudes tétricas e frias, que excluem o altruísmo e o perdão; quero que a mulher, ao ser das classes mais faustosas, não despreze de assistir a infeliz que, por ignorância ou fraqueza, tenha caído no lodaçal do mundo, mas que dela se compadeça e a guie e aconselhe; quero que ame, porque as que vivem em comunidade religiosa não se amam, nem se podem amar, uma vez que desdenham a educação do sentimento.

As religiões emancipam-se do carinho de pais, de irmãos, de parentes; renunciam ao amor conjugal, desdenham as carícias infantis e nada fazem de molde a exercitar o sentimento, que chega a insensibilizar-se nelas por completo. E a mulher sem coração — não a olvideis nunca — é víbora venenosa, reptil que rasteja na terra, Espírito carregado de vícios, que não dá um passo na senda do bem, quando todo Espírito tem por dever e por necessidade progredir.

Amo muito a mulher, mas, por isso mesmo que a amo de muito tempo, considerando-a o anjo tutelar do homem, na Terra, estudei todas as fases da sua vida, e, crede-me, quanto mais estaciona a mulher, adquirindo responsabilidades, tanto mais se entrega ao fanatismo religioso.

Aí, então, estancam-se-lhe as fontes da vida: deixa de ser mãe amorosa, filha obediente, esposa apaixonada, para tornar-se um Espírito inútil, porque o Espírito que não ama é o Satanás de todos os tempos.

Mulheres, Espíritos que encarnais na Terra para sofrer e progredir, para vos regenerardes pelo amor e pelo sacrifício, compreendei que, só amando, sereis livres.

Procurai ser úteis à Humanidade, para serdes gratas aos olhos de Deus.

Compartilhai, com o homem, das suas dores e alegrias, recordai-vos de que não baixastes à Terra para serdes árvores sem fruto, mas para sentirdes, lutardes com as vicissitudes, e, pela vossa abnegação, conquistardes outra existência mais proveitosa, na qual possais fruir as ditas e prazeres que ainda desconheceis por completo.

O fanatismo religioso sempre foi, é, e será o embrutecimento de Espíritos rebeldes, o estacionamento das almas mais adiantadas.

Mulheres! adorai a Deus embalando o berço dos vossos filhos, ajudando vossos pais, auxiliando vossos maridos, consolando os necessitados.

A terdes fanatismo, tende o fanatismo do bem, e, assim, de míseros desterrados que ainda sois, tornareis a ocupar vosso lugar nos mundos luminosos que denominais — céu.

Ouvi-me, pois que sou um Espírito experimentado de muitos séculos, tendo visto mulheres escravizadas em gineceus, vendidas e permutadas até por um boi, prova evidente da estima em que eram tidas, consideradas tão ou menos úteis que os animais domésticos!

Depois, contemplei-as no lamaçal do vício, já se cobrindo com o tosco capuz de *Penitente*, tendo por teto uma gruta, já encerradas em tétricos conventos. E, devo dizê-lo, nesta última condição, foi que elas, as mulheres, me inspiraram simultaneamente mais compaixão e mais desprezo, porque foi aí que as encontrei mais desprovidas de humanidade.

Nem é preciso descrever a metamorfose que a vida monástica opera nos Espíritos! Ela equivale a constante humilhação, a tão completa abdicação do arbítrio individual, que a religiosa chega a ser máquina.

Pergunto: — que vem a ser a mulher convertida em coisa? — um pouquinho menos que animal!

Pobres mulheres! Se pudésseis compreender quanto retardais vossa redenção, certo seria bem outro o vosso proceder.

Mas, assim o tenhais entendido: se quiserdes viver, se quiserdes progredir tomando o quinhão que vos cabe na grande família humana, racional, amai a Deus, amando a vossos pais.

Quem os não tiver, que ame os órfãos e os enfermos, que muitos são eles.

Estudai quanto vos rodeia e chegareis à conclusão de que o absurdo dos absurdos, o erro dos erros, a loucura das loucuras é pronunciar votos religiosos falseando as leis da Natureza em todos os sentidos, seja pela completa abstinência, seja pela prática de ilícitos prazeres. Sim, porque, de uma ou de outra forma, quem assim procede infringe as leis divinas e humanas.

Homens e mulheres só foram criados para se unirem debaixo das leis que regem a constituição da família, vivendo moralmente, sem violar os votos contraídos.

Tudo quanto se afasta das leis naturais há de produzir o que até agora se tem visto: sombras densas, obscurantismo fatal, superstição religiosa, negação do progresso e desconheci-mento de Deus.

A escola materialista deve sua origem ao abuso das religiões.

Sombras e sombras conduziriam a Humanidade ao caos, se algo de superior a todos os cálculos humanos não difundisse a luz sobre vós outros, dizendo-vos agora: — "Espíritos encarnados, na Terra, e que, grupados, formais os povos, se até o presente outra coisa não fizestes senão amontoar escombros, ficai sabendo que já soou a hora de os remover — esses escombros —, elevando sobre os destroços de todas as religiões o ensino racional do Cristianismo."

Isso vo-lo dizem os seres de além-túmulo, as almas dos mortos, demonstrando que, purgatórios e infernos, limbos e céus, são lugares inventados pela casta sacerdotal, não havendo nos limites da eternidade incalculável senão duas coisas — futuro e progresso.

Há de vir o tempo no qual os Espíritos se comunicarão facilmente convosco, e, então, ficai certos de que as mulheres não mais farão votos religiosos.

Nesses lugares em que hoje se erguem os conventos, outros edifícios se ostentarão majestosos —

os templos da Indústria — com os seus teares, suas escolas, suas granjas-modelo, e mais: laboratórios químicos, observatórios astronômicos, arsenais, bibliotecas, museus, casas de saúde, asilos para a orfandade e para a velhice.

Sim, porque tudo quanto conheceis hoje, na Terra, não passa de amarga irrisão da Caridade.

Adeus, meu amigo. Meditai nestas minhas palavras, não esqueçais que vos amo e, especialmente, as mulheres, porque mulher também foi a menina pálida dos cabelos negros — Espírito de luz que me espera e ao qual jamais cessarei de amar.

O INVEROSSÍMIL

Porventura supondes, meus amigos, que um homem não possa resistir à tentação da carne, lutar, dar batalha aos próprios defeitos, vencendo-os?

Escassos conhecimentos tendes da vida, quando negais fatos naturais, desenvolvidos dentro dos princípios lógicos, os mais sãos, no terreno firme da razão.

Acaso ignorais que o Espírito se enamora de uma virtude, ou, por melhor dizê-lo, de uma boa qualidade, visto que da virtude se pode dizer que é o conjunto dos bons sentimentos do homem?

Todo ser, ficai certos, rende culto a um ideal e chega a engrandecer-se, no sentido para o qual a sua aspiração, o seu desejo, o conduz.

Duvidareis, acaso, de que uma alma encarnada, na Terra, tenha o valor e o poder de lutar com todas as seduções da vaidade?

Nesse caso, que diríeis dos homens que sacrificam a própria vida nas aras de um ideal político ou religioso?

Entretanto, muitos mártires desses tem tido a Humanidade.

Antes do Cristo, em épocas pré-históricas, antes que os vossos historiadores houvessem recapitulado as memórias das gerações, já um número avultado de homens imolavam a vida em prol da pátria.

Depois, em épocas anteriores ao Cristianismo, filósofos e guerreiros houve, inúmeros, que combateram e morreram, crentes de que pelo seu sacrifício criavam uma nova civilização.

O Cristo — é bem sabida a sua história — também morreu convencido de que sua morte acarretaria revolução moral e religiosa no seio das sociedades.

Pois bem: depois de tantos heroísmos do passado, como duvidar da firmeza da vontade humana ao serviço do progresso individual e coletivo?

E quereis saber por que duvidais da veracidade dos meus feitos?

É porque vo-los referi com simplicidade, sem mescla de privilégios nem milagres, tal como se não fez com a história dos reformadores da Humanidade, convertidos na sua maioria, pelo vulgo, em enviados de Deus, em profetas inspirados pelo Espírito Santo.

A aberração humana foi ao ponto de deificar o Cristo, quando na verdade é que sua vida foi, toda ela, moldada às leis naturais — muitas desconhecidas então, e hoje combatidas — mas às quais nem a ignorância do passado, nem a petulância do presente, subtraem um átomo dessa eterna verdade da Natureza, que, invariavelmente harmônica, desenvolve a vida dos Espíritos dentro dos limites prescritos por seu próprio adiantamento intelectual e moral.

Lede a história de todos os reformadores; procurai escoimá-la de tudo quanto é fabuloso, milagroso, maravilhoso e que, como acessório necessário, lhe acrescentou, aumentando, exagerando, a tradição e a lenda, e vereis como, despojados do enxerto da ignorância dos povos, esses profetas, messias e redentores de todos os tempos ficarão reduzidos a simples revolucionários — homens, mais ou menos perfeitos e fortes, mas nem por isso perfeitos e sim perfectíveis.

Na verdade, partis de um princípio falso, falsíssimo: divinizando um reduzido número de homens, infamais o resto da Humanidade, negando virtudes quiçá por ela possuídas na maioria de seus membros.

Mas, diga-se a verdade, isto é, que essas virtudes estão em gérmen e esperam momento propício para deixar a sua acanhada célula, e, de larvas informes, converterem-se em douradas mariposas.

Entre os grandes prejuízos causados pelas religiões — sem lhes negar os benefícios que outorgaram às civilizações —, o maior é, sem dúvida, o de haver dado um cunho miraculoso aos efeitos naturais das causas motoras da vida.

A substituição dos deuses do Paganismo pelos santos do Catolicismo, eis a perdição da Humanidade, porque o justo e o razoável perderam a sua veracidade; e o erro, o absurdo, o que não tem senso comum, tomou foros de cidade numa sociedade que se supõe inferior à sua origem divina.

Já vo-lo disse uma vez e repeti-lo-ei sempre que tenha ocasião: quando a mediunidade estiver mais difundida, esses castelos de cartas levantados pela superstição e pelo fanatismo se desmoronarão, para deixar entrever os santos tal como são.

Eu também fui proclamado santo e ainda há na Terra altares para a minha *estátua*; a *Fonte da Saúde* ainda jorra a sua linfa por entre ruínas. Pastores simples, guiando rebanhos, quando se assentam nas pedras que, segundo a tradição, me serviram de assento, fazem o sinal da cruz e invocam o meu patrocínio, para que o gado, em beber da água milagrosa, fique isento de doenças.

Entretanto, eu, aproveitando a combinação de múltiplas circunstâncias, sempre pude vir revelar o erro em que vive a grei romana acreditando na minha santidade. Isto mesmo que agora consigo, será conseguido amanhã por outros Espíritos, e o céu católico, com toda a sua legião seráfica, acabará por ficar reduzido a coisa nenhuma.

Mas, muitos destes supostos santos hão de inspirar-vos a mais profunda compaixão, quando os virdes despojados, não só das suas vestes brilhantes e pomposas, como também errantes, frenéticos, sem bússola nem estrela polar que os guie ao porto da vida.

Em compensação, muitos seres que passaram pelo mundo despercebidos, vivendo na maior miséria e morrendo abandonados, virão dar-vos lições de moral, de resignação, de esperanças, de fé cristã. Serão vossos mentores, vossos guias, vossos amigos e protetores, e, com seus paternais conselhos, vos ajudarão a susterdes o peso da vossa cruz, tal como hoje acontece, felizmente, em relação a vós outros.

Não fui santo, não. Estive muito longe de o ser, mas tive a intuição do progresso e da moral, que resultam de minhas ações. Essa moral, crede, não foi por mim inventada, é antes a moral universal, a lei desse mesmo progresso.

Por que julgar inverossímeis os meus atos quando, entre vós, há Espíritos capazes de fazer muito mais do que fiz?

E note-se que não procedi por virtude, precisamente, mas por egoísmo. Egoísmo nobre, contudo; não esse mesquinho egoísmo terreno, que dá para entesourar riquezas e acumular honrarias, mas egoísmo de maior progresso, de melhor vida em mundos regenerados.

Viver, amar, sentir, compreender, penetrar os santuários da Ciência!

Tudo isto e muito mais ambiciona o Espírito, quando se propõe começar a sua regeneração.

Em tais circunstâncias me encontrava eu. Vivera muitos séculos perambulando pelas bibliotecas;

noites mil passara nos observatórios astronômicos, a pedir aos astros notícias de Deus; havia perguntado às camadas geológicas como se fizera o planeta habitável, pedira aos fósseis a árvore genealógica dos meus antepassados. Cheguei a ser um sábio, como vulgarmente se diz na Terra, e, contudo, quanto mais ignorante me reconhecia!

Assim, cheguei a compreender que devia empregar toda a minha sabedoria, não em enriquecer museus, nem no fazer adeptos desta ou daquela escola filosófica, a pronunciar discursos eloqüentes pelas academias científicas, mas em educar-me a mim mesmo, em moralizar-me para refrear minhas paixões, para compreender meus deveres e direitos, visto como de há muito me habituara a julgar sem julgar-me.

E aí está o segredo da proficuidade da minha existência.

Depois de uma grande jornada, prostrado de cansaço, morto de sede, que faz um homem ao se lhe deparar uma fonte cristalina? — Bebe, bebe sem conto, à saciedade, duvidoso ainda de haver encontrado a pura linfa.

Assim é o Espírito sequioso do progresso: na existência por ele consagrada à reabilitação, meio algum despreza para engrandecer-se, pois que lhe importa resgatar séculos perdidos, a fim de franquear os mundos de luz.

Nesta situação me vi eu, e como a vitória sem luta não é vitória, eis que me vi na Terra isolado, sem família, sem amigos, sem pessoa que me estimasse no mundo.

Na idade de cinco anos, contemplei o mar que gemia a meus pés, e, sozinho, senti-me bem. Estava no ambiente do qual necessitava, sem amparo de quem quer que fosse. Somente ao emprego da própria vontade, no sentido do bem, devo o haver criado uma família — a dos aflitos — e um nome perante o mundo, criando lembranças para o meu futuro.

Desenganai-vos: o de que o homem precisa é amar o bem e não a si mesmo; é interessar-se pelo progresso universal; e é tudo. Amar, mas sem egoísmo; respeitar todas as leis, medir as profundezas do abismo do pecado; ponderar todas as consequências resultantes dos seus extravios, somar as quantidades de benefícios que suas virtudes podem espargir, não em proveito próprio, mas da massa social.

Com isso, tendes perfeitamente explicado o meu modo de viver.

Quando o homem só pensa em si, se lembra que um dia de vida é vida, goza alguns instantes, é certo; mas, como as aventuras terrenas são flores de um dia, logo surgem as folhas secas — e são elas o patrimônio do egoísta, que só pensa na satisfação dos seus apetites.

Em compensação, aquele que cuida do futuro; que deseja calcar a felicidade em bases sólidas, sem esquecer um só dos seus deveres, não permitindo que aos seus faltem quantos lhe pedem conselhos;

aquele, enfim, que sabe crer e esperar, esse, não o duvideis, é o que obtém o melhor prêmio.

Saber esperar foi toda a minha ciência.

Não só por imprevidência, senão também pelo fato da minha orfandade aliada a outras circunstâncias, dediquei-me ao serviço da Igreja. Entretanto, ainda bem não acabara de pronunciar meus votos, já compreendia claramente que a vida me seria um inferno.

Não obstante, exclamei: — "Quiseste ser ministro do Senhor se-lo-ás, em regra. Não esperes, por agora, a felicidade, mas de futuro."

E convém vos diga que, Padre, meus costumes não se moldaram, precisamente, ao ascetismo. Fui, ao contrário, um admirador estrênuo da família, um adepto da vida sã. Os cilícios e outras que tais austeridades das comunidades religiosas sempre foram por mim encarados com horror. Frugal na minha alimentação, era-o, não só por princípio higiênico, como também por falta de recursos.

Amante da limpeza e do bom gosto, mesmo em criança, procurava cercar-me de coisas agradáveis.

De uma coisa tinha medo inexplicável: as mortes violentas.

De uma feita, no exercício do sagrado ministério, tive de acompanhar um réu ao cadafalso e, quando o vi expirar, senti percutir em todo o meu ser agudas dores; o peito arfou-me com tal violência, que, como a fugir de mim mesmo, deitei a correr vertiginosamente, por mais de duas horas, até cair desfalecido, fazendo crer que enlouquecera, a quantos me rodeavam.

Eu amava a vida como igualmente amava a morte, mas queria morrer tranqüilo no meu leito, rodeado de seres amigos; e isto, depois de haver trabalhado em prol da Humanidade, depois de me haver consagrado por largos anos ao progresso do meu Espírito.

Dado o caso que me fosse preciso conseguir, por morte voluntária, a salvação, o engrandecimento ou a criação de uma escola filosófica ou religiosa, séculos muitos me seriam precisos para persuadir-me dessa necessidade, entregando meu corpo à justiça humana; a decisão de Sócrates, a abnegação do Cristo e de tantos outros mártires que, com sangue, fecundaram a superfície da Terra, sempre me inspiraram o maior respeito e admiração, mas nunca senti o mais leve desejo de trilhar suas gloriosas pegadas.

Jamais, em minha última encarnação, como nas anteriores, experimentei esse desprendimento e eu vo-lo confesso como grande fraqueza do meu Espírito, para que não julgueis inverossímil o meu modo de ser.

Se tive fortaleza de ânimo para lutar com os reveses da fortuna, em compensação me faltaram energias e decisão, necessárias em certas crises sociais...

Um homem que sabe morrer, às vezes salva um mundo.

É no altar do sacrifício que se levantam os deuses da Civilização.

Não morressem violentamente os grandes reformadores, não lograriam impressionar a Humanidade.

Há certas personagens históricas que, se vivem, morrem; e, se morrem, vivem.

É com o batismo de sangue que se moralizam os povos. E, como Deus não tem eleitos, segue-se que os Espíritos vão realizando o seu trabalho, cada qual por distinto caminho.

Espíritos há que se desprendem do seu invólucro numa fogueira, centenas de vezes, em toda classe de patíbulos e de tormentos, ou, ainda, nos campos de batalha, e sempre com heroísmo digno de aplausos.

Mas, quem sabe se esses mesmos que assim sabem morrer não saberiam lutar vinte anos com a miséria, com a solidão, com a calúnia e ferocidade humanas?

Eu, confesso-o, nunca soube morrer por uma ideia, mas soube morrer consagrando-me ao bem universal. Amei quanto me rodeou na Terra, desde a humilde flor silvestre até o astro esplendoroso que com o seu calor me aquecia; desde o mísero criminoso até o infeliz inocente; desde a meretriz repudiada até a mulher pura e nobre, trazendo no semblante esse *quid* inexplicável que nos faz exclamar: — "Deus existe!"

Para todos tive amor, graduado, naturalmente, segundo seus méritos e as simpatias de cada qual.

Sonhei sempre com a harmonia universal e amei uma criatura com verdadeira adoração; esse amor, porém, soube respeitar as cadeias que me prendiam e as que, posteriormente, a prenderam.

Quando ela morreu, sim, amei-a com inteira liberdade, e, para tornar-me grato a seus olhos (sempre acreditei na sobrevivência do Espírito), para tornar-me digno dela, fiz o bem que pude à Humanidade.

Ela, em troca, protegeu-me, atraiu sobre mim a atenção dos Espíritos superiores, e, assim, ainda que só, na Terra, pobre e perseguido, como meu procedimento e desejos de progresso me outorgavam a inspiração de sábios conselheiros, pude lutar na adversidade e dominar os inimigos, que, muitos, eram superiores às minhas forças.

Não podeis imaginar o patrimônio do homem que sabe amar.

Eu vo-lo afirmo, no entanto, que esse homem é mais poderoso que todos os Crésus e Césares da Terra.

Na minha última encarnação eu soube amar e esperar, e nisto consistiu toda a minha sabedoria e virtude.

Por isso, também pratiquei a moral universal, a lei de Deus, que um dia há de ser compreendida por todos os homens.

Ao contemplardes um Espírito forte, ou quando seres de além-túmulo vos falarem de almas boas, não digais que tanta bondade é inverossímil! Insentatos cépticos! Pois não sabeis que os homens foram criados para o progresso infinito?

Por que reputar inverossímil o progresso de um Espírito?

Inverossímil é a crueldade de alguns homens, o estacionamento e a rebeldia de alguns Espíritos, os quais permanecem atolados, por séculos e séculos, no lodaçal do vício.

Isso é que vos deve causar assombro. Realmente, é impossível conceber-se que, no meio de tanta grandeza, possa haver seres tão mesquinhos.

Acreditai, firmemente, que todos fomos criados para o bem e que, quando um Espírito se coloca em boas condições, não faz mais que cumprir a lei primordial da Criação.

Quanto a mim, já comecei a cumpri-la e outro tanto vos recomendo que façais, pois o homem só é feliz quando tem cumprido todos os seus deveres.

Amor — complemento da vida!

Amor — sorriso da Providência!

Amor — alma eterna da Natureza!

Todo aquele que sente os teus eflúvios crê em Deus.

E ainda há iludidos que duvidam da força moral do meu Espírito...

Mas, então, não sabeis que eu amava?

Ignorais, então, que, antes de conhecer a menina pálida dos cabelos negros, já a antevia em sonhos e lhe aguardava a chegada?

E desde que a pressenti, amei-a; desde que pensei nela, esperei-a.

Depois que se foi, continuei a esperá-la, mas, para a eternidade.

Que são quarenta ou cinqüenta anos comparados a uma vida que não tem termo?

Adeus, meus filhos. A moral universal será a lei de todos os mundos.

Trabalhai para o seu advento e sereis felizes.

À BEIRA-MAR

Estamos no lugar mais adequado para ouvirdes o que vou relatar.

Há narrativas que só se podem fazer em determinados lugares, e assim é a comunicação desta noite.

Ouvi: o mar vos fala da história das gerações que passaram e eu vou falar-vos de um acontecimento que decidiu do meu futuro.

Num capítulo das minhas *memórias*, deixei consignado o nascimento de um menino, cuja mãe expirou ao dar-lhe à luz, em meio à maior miséria.

De fato, fiz referências à juventude de André, como à prosperidade da sua sorte; não vos disse, porém, que, durante o período da sua amamentação, dada a minha vida errante, tive necessidade de separá-lo da respectiva ama, quando ainda não contava um ano, para colocá-lo mais perto de mim, mesmo porque, tudo me fazia crer (como, afinal, sucedeu) que a minha peregrinação me arrastaria para bem longe do lugar do seu nascimento.

Uma vez em meu poder, dirigi-me a um povoado de pescadores onde esperava encontrar mãe adotiva para André, até que ele tivesse a idade suficiente para prescindir de cuidados femininos.

Tal sucedeu numa formosa tarde de primavera. O mar era calmo e calmo o meu Espírito. Dominado por doce emoção, aproveitei o sono plácido de André para pousá-lo alguns momentos sobre a areia.

O menino não acordou; as ondas docemente vinham depor-lhe aos pés a sua oferenda de espumas, aljofrando de pérolas líquidas a fímbria do seu vestidinho.

Sentei-me ao lado dele, e, ao vê-lo tão débil, sem outro amparo além de um sacerdote errante, sem lar nem pátria, a calma desertou do meu Espírito; tristes pressentimentos se me apossaram da mente e murmurei em tom magoado;

— "Pobre órfão! Frágil batel sem timoneiro nem bússola, destinado a cruzar o rábido pélago da vida, que será de ti?

"Tua mãe — mendiga; teu pai — ignoro o que fosse!... Arbusto sem raízes... E quis o destino enxertar-te em árvore seca, que a tal me assemelho eu neste momento.

"Que triste o teu porvir! E como rapidamente acabariam nossas mágoas se uma destas ondas, impelida pelo furacão, nos arrastasse ao fundo abismo das águas — imensa tumba, ou antes laboratório imenso —, no qual a vida deve manifestar-se de modo ainda para nós desconhecido!

"Que bom será morrer, isto é, desaparecer! A vida terrena é para os fortes; os fracos, quais parasitas, temos de enroscar-nos às árvores gigantescas, mas ai! nem sempre se encontram troncos seculares, cheios de vida, exuberantes de seiva.

Pobre criança! Como teu sono é tranqüilo! E por que não ser o último sono?"

Mal, porém, acabava de pronunciar essa horrível blasfêmia, não sei que súbita transformação se operou em mim, e já perdendo de vista rocas e plagas, encontrei-me em pleno mar.

Perto, as ondas impetuosas como as paixões da juventude, alterosas, começaram a entrechocar-se, transformando-se de líquidas e espumosas montanhas em humanas figuras, a reproduzirem-se tão prodigiosamente, que se diria haverem-se congregado ali todas as gerações a fim de me aniquilarem.

Havia homens de todas as raças e hierarquias; pontífices, chefes de Estado e chefes da Igreja, revestidos de púrpura e arminho, quais apoiando-se em báculos de ouro, quais empunhando cetros simbólicos do seu poderio.

E, após, eram turbas e turbas de maltrapilhos, exércitos formidáveis, os quais em dado momento se confundiam, trocavam-se os papéis, apoderando-se os oprimidos das armas dos opressores, em combate terrível, matando os seus verdugos. Vi os areópagos dos sábios, ouvi discussões de filósofos, assisti à agonia do mundo antigo, sucumbindo no meio da sua grandeza, ferido pelo excesso do próprio poderio...

E quando acreditei chegado o momento terrível no qual o anjo do extermínio deveria abrir suas asas mortíferas sobre as multidões agonizantes, envenenadas pela cicuta dos seus vícios horrendos; quando me parecia ouvir o clangor da trombeta, chamando ao juízo final a raça humana, não sei se descida das alturas ou surgida do abismo, se vinda do Oriente, se do Ocidente, eis que uma réstia luminosa se condensa e forma imagem formosíssima, de tal beleza que nada se lhe compara na Terra!

Sua fronte tinha a brancura da açucena e seus grandes olhos o reflexo dos céus; a cabeleira era qual cascata de ouro a rojar-se-lhe da cabeça em torrente de esplendores, e toda ela envolvida numa túnica de neve, brilhante como a luz da aurora! Trazia na mão direita um ramo de oliveira e, ao deter--se, passeou o olhar melancólico pelos âmbitos da Terra, enquanto as multidões em êxtase, ao fitá-la, gritavam: — "Hosana!" E rodeavam-na, pressentindo que era chegado, assim, o Salvador do mundo.

Os tiranos, convertidos em deuses, tremeram no alto dos seus sólios e viram, com espanto, rolarem as pedras dos seus altares.

Terrível o choque, geral a comoção, os poderes todos se congregavam num último esforço... e os servos sentiram-se mais oprimidos nos seus ergástulos. De fato, soara o momento decisivo, a civilização daquela época concluía sua tarefa e o novo Messias, o Prome-

tido do progresso, apresentou-se no planeta, dizendo:
— "Humanidade, segue-me, eu sou a luz e a vida, eu te conduzirei à casa de meu Pai que está nos céus! Sou Jesus, o Nazareno, o filho da casa de Davi, que vem trazer a paz ao mundo!"

E eu vi Jesus, sim, vi-o! Era ele a figura que se me deparava aos olhos, radiante e majestosa, que falava às multidões levando a luz às consciências. Diante dele, rugia a tempestade, sim, mas atrás dele eram ondas em calmaria, imenso espelho rutilante ao sol da Verdade!

E Jesus, avançando, acercou-se de mim. Seu dulcíssimo olhar inundou de luz os meus olhos, e, por fim, com voz maviosa e triste, falou assim:

— Que fazes aqui desterrado? No começo da jornada, dar-se-á o caso de já te faltarem forças para prosseguir no caminho?

"Dizes-te árvore seca... Ingrato! Pois não sabes que não há planta estéril, uma vez que em todas palpita a seiva divina e fecunda?

"Ergue os olhos ao céu e segue-me; sê apóstolo da única religião que deve imperar no mundo — a Caridade — que é amor! Ama e serás forte! Ama e serás grande! Ama e serás justo!"

E, ao dizê-lo, passou a destra por sobre minha cabeça.

Sentindo o calor da vida em todo o meu ser, despertei — posto não seja essa, precisamente, a frase gráfica a empregar, porque desperto estava eu — e pude experimentar a rajada das ondas encapeladas durante o êxtase, a despedaçarem-se de encontro aos rochedos.

Ouvi gemidos, lembrei-me do pobre menino que deixara sobre a areia, e, correndo a ele, tomei-o nos braços, anelante, pressuroso, e tratei de fugir ao perigo, já que súbita tempestade ameaçava de morte quantos se expusessem às suas iras.

Depois de muito caminhar, deparou-se-me aos olhos um quadro muito comovedor, ou, antes, desesperador: mulheres, velhos e crianças gesticulavam súplices ao mar, para que o mar acalmasse os seus furores!

Diziam os velhos:

— Não tragues nossos filhos, ó mar! pois morreremos de fome!

E as mulheres soluçavam e as criancinhas gritavam pelos pais!

Confusão, desolação, espanto!

Havia no grupo uma rapariga, que me despertou particularmente viva atenção, porque, muda e sombria, sem proferir uma queixa, olhava o céu e, vendo que o furacão persistia em fúria, abanava a cabeça, fitava os companheiros e dizia num gesto trágico:

— Não há esperança!

Então, aproximei-me e por minha vez lhe disse:

— Não duvides, mulher, porque os que tiverem de salvar-se, hão de ser salvos.

— Enganais-vos — replicou a jovem —, pois a verdade é que muitos pais de família hão de sucumbir hoje, apesar de serem a providência de seus lares. Com eles também sucumbirá o melhor homem desta terra, que se aventurou ao mar pela salvação do velho pai. Mas, se Adriano morrer, Deus não é bom, pois ele é o homem mais justo e nobre da Terra. Adriano! Adriano!

E fez um gesto para arremessar-se às ondas. Eu detive-a, porém, e, possuído de uma fé imensa, disse:

— Não chores, mulher! Chama por Jesus, como eu o chamo!

E de fato, por Jesus bradei, com essa voz d'alma que ecoa nos espaços.

Estendi a destra convencidíssimo (não sei como) de que Jesus me ouviria e comigo estaria para pacificar os mares.

Ei-lo que surge! Vi-o de novo, melancólico sorriso, olhar profundamente amoroso, trazendo na mão o ramo de oliveira e agitando-o sobre as vagas, que se amainavam como por encanto; vi-o, sim, vi-o, salvando os náufragos, enquanto eu, dominado pelo magnetismo do seu olhar — olhar divino, que só Jesus possui — me sentia avassalado por uma fé profunda, e, braços estendidos para o mar, exclamava:

— Jesus! salva os bons, que são a tua imagem na Terra; e salva também os maus, para que tenham tempo de arrepender-se e entrar no teu reino!

Desfez-se a nuvem... todos os pescadores volveram à praia para receber as carícias de suas famílias.

Coincidindo o termo da tormenta com a mi-

nha chegada, não faltaram vozes que dissessem:
— "Esse homem é um santo, ao qual as próprias ondas obedecem..."

A ignorância é sempre a mesma em todos os tempos: jamais compreendeu o *porquê* das coisas.

Na verdade, eu nada fizera; tudo fora obra do Espírito elevado, ao qual na Terra muitos homens chamam Deus — e seja dito que, até certo ponto, com razão, porque, relativamente aos homens, Jesus é um Deus — mas, que, ante a Causa Suprema, é um Espírito purificado pelo progresso, ainda mais longe de Deus que os próprios homens o estão dele, Jesus.

Ah! que claramente o vi, e, para convencer-me de que não sonhara, Adriano, quando tornou à terra, amparando seu velho pai, acercou-se de mim e disse:

— Padre, que milagre viestes fazer! Mas vós não estais só, por isso que vos acompanha um homem formosíssimo, Padre! Ele vos fita carinhosamente e aplaca a fúria das ondas, estendendo sobre elas o seu manto mais alvo que as espumas do mar! Quem sois?

— Um proscrito, um desterrado que consagra a vida a Jesus.

— É exato. Jesus mo disse; quando eu pensava que ia morrer, ouvi-lhe a voz, que dizia: — "Homens de pouca fé, não descreiais assim, quando ainda há bons trabalhadores na Terra." E, dizendo-o, aproximou-me de vós e eu vos vi sob o manto do Salvador do mundo. Bendito seja Jesus!

Ajoelhamo-nos, então, enquanto sua noiva vinha

compartilhar da nossa prece.

Eu, ao contemplar aqueles dois jovens que se entreolhavam extasiados, senti no coração a mais aguda das dores, aquela felicidade me causava inveja, nem eu sei por quê.

Ainda fiquei algum tempo naquele sítio.

Adriano e a noiva tomaram por mim grande afeição.

Na noite da minha despedida, lá nos fomos os três à orla do mar, e, enquanto os dois jovens se sentavam bem unidos, eu me afastava deles alguns passos, para ter uma visão magnífica e muito significativa. Vi uma rapariga belíssima, toda vestida de branco e envolta em amplo véu, coroada de jasmins. Essa visão me sorria tristemente, ao mesmo tempo que apontava para um sepulcro ao largo.

Compreendendo a alegoria, murmurei resignado: — "Graças, meu Jesus! morta é para mim a felicidade da Terra, mas, ainda bem que me resta o teu reino, que conquistarei com o meu esforço e a minha resignação."

Desde esse dia, consagrei-me a Jesus, tratei de imitar suas virtudes, e, ainda que me não pudesse assemelhar a ele, consegui maior progresso naquela encarnação do que em outras anteriores, nas quais me dedicara somente à Ciência, sem, no entanto, procurar reunir à minha sabedoria o sentimento do amor.

Não pode jamais ser bom sacerdote aquele que

não viu Jesus.

 Compreendei bem o que vos quero com isto dizer, pois ver Jesus não é, precisamente, vê-lo sob uma forma tangível, tal como o vi, mas sentir pelo Espírito a sua influência, ou, por melhor dizê-lo, atrair sua divina inspiração, o que é possível a todos quantos queiram amar e consagrar-se de corpo e alma aos semelhantes.

 Todo aquele que ama o próximo vê Jesus, porque com ele se identifica.

 Na religião do amor universal, todos os seres dedicados ao progresso podem ser grandes sacerdotes, que sacerdotes não são unicamente os que usam vestes distintas e cabeça tonsurada. Sacerdote é todo aquele que chora com o órfão, que assiste a desolada viúva, que partilha do desepero materno ante um berço vazio; é todo aquele que chora com o preso a sua liberdade, que busca, enfim, todos os meios de melhorar a sorte dos infelizes. Sacerdote é também todo aquele que, por suas faltas anteriores, tem que vir à Terra para viver completamente só, sem tomar parte nos gozos terrenos, e, dotado de claro entendimento, se consagra à difusão da luz, vivendo embora entre sombras, não entre as brumas do erro e as trevas do pecado, entenda-se, mas entre as sombras da própria solidão.

 Quando virem um desses seres tristes e resignados, de melancólico sorriso, desses que, não tendo filhos, contam por muitos os que lhe chamam — pai — porque lhes devem grandes consolações e sábios conselhos, ainda que esse Espírito tenha uma tosca aparência e se cubra de farrapos, crede que ele é um dos grandes pontífices chamados a iniciar os homens no cumprimento da lei de Deus.

Sim, o homem se engrandece quando ama, quando se sente tocado desse puro amor sentido por Jesus. As cerimônias da Terra nada valem para elevar o Espírito, por mim o sei.

Quando celebrei a primeira missa, vi-me rodeado de todas as más paixões que no mundo se agitavam: li — ódio — no olhar dos príncipes da Igreja, estremeci de espanto ao fitar o abismo no qual as contingências da orfandade me fizeram despenhar.

Entretanto, quando à beira-mar tive a dita de ver Jesus com o seu semblante formosíssimo, melancólico sorriso e magnético olhar... sua voz dulcíssima ecoou em meu coração, encontrei nele a personificação de quanto almejava.

Compreendi a grandeza da missão de Jesus, vi sua influência moralizadora derribando o império do terror, ao mesmo tempo que proclamava a fraternidade universal, e para logo me identifiquei com a sua causa, que é a causa de Deus.

Dominado por vontade potentíssima vi, ao mesmo tempo, a tumba da minha felicidade terrena e o berço do meu progresso indefinido; e desde então amei o sacerdócio, consagrei-me a Jesus, Espírito protetor da Terra, anjo tutelar desse planeta, grande sacerdote da verdadeira religião.

Foi na orla do mar que recebi o batismo da

vida e é esse o sítio no qual o homem deve, de preferência, genufletir para adorar a Deus, porque é ali que Ele se apresenta em toda a sua imponente majestade.

Quando as decepções da vida vos acabrunharem; quando a dúvida vos torturar a imaginação, ide-vos lestos à orla do mar e, se no vosso Espírito restar um átomo de sentimento, se as fibras do vosso coração ainda se comoverem diante de um espetáculo maravilhoso... então, sentai-vos na areia, contemplai o ondular das vagas com o seu manto de espumas, procurai ouvir o que dizem elas no seu eterno murmúrio e vereis como o vosso pensamento se eleva, insensivelmente, buscando ansioso a causa de tão eloqüente efeito.

Nos templos de pedra só podereis sentir o frio d'alma; ao passo que na orla do mar o calor da vida infinita reanimará vosso ser.

Adeus...

Uma noite de sol

Tendes razão em preferir a contemplação da imensidade às *tristes alegrias* da vossa Terra, na qual não há sorriso que não comporte a herança de uma lágrima, nem gozo satisfeito que não produza fastio. Mas o destino do Espírito não é enfastiar-se nem tombar exausto no abismo da saciedade. O corpo, esse poderá saciar-se, mas o Espírito sempre há de permanecer sedento de luz, faminto de justiça e de saber, na avidez do Infinito!

Ditosos vós, os que vindes a este lugar, onde a Criação ostenta as melhores galas com a sua imponente majestade!

Sim, que aqui a mentira não arroja sua baba peçonhenta.

Ditosos vós outros, que não celebrais a festa de um Espírito forte, acorrendo aos lugares nos quais se lhe mancha a memória, dado que a memória de um mártir pudesse manchar-se.

Ó Tu! Espírito de Verdade, que vieste à Terra para demonstrar aos homens o poder da tua irredutível vontade, se nesta noite te aproximasses do planeta em que perdeste a vida por dizer que Deus era a Verdade e a Vida, quanta compaixão te inspirariam seus habitantes, a cometerem desatinos à sombra de nomes ilustres!

Como são tristes as festas da Terra! Quantas responsabilidades contraem os que navegam sem bússola nos mares do gozo!

Quanta degradação! Quanta obcecação! Pobre Humanidade que busca flores onde só se podem encontrar espinhos!

Não acrediteis que eu abomine os gozos terrenos, não; já sabeis que nunca fui asceta, mas, ao contrário, sempre acreditei que o homem foi criado para gozar. Para gozar, porém, racionalmente, não se fundindo ao caos da concupiscência, não perdendo qualquer dos direitos que Deus lhe concedeu, e, finalmente, não faltando a nenhum dos deveres decorrentes desses mesmos direitos e por eles impostos.

Vós, almas enfermas que esperais a hora suprema de voltar ao mundo dos Espíritos, fixai o olhar na imensidade, como vindes fazendo, visto como na Terra a sede do infinito só se acalma na orla dos mares, onde tudo nos fala de Deus, onde a catarata da vida arroja eternas caudais!

Pudésseis descer à profundeza dos mares, encontraríeis tesouros de gemas preciosas, uma vegetação admirabilíssima, inúmeras espécies de seres que vivem de maneira inconcebível para vós.

Em tudo, porém, o selo da perfeição, a unidade na diversidade, o todo no átomo isolado, como no conjunto dos corpos orgânicos e inorgânicos; por toda parte, a vida germinando; no fundo dos mares, na cúpula altíssima dos céus, no simples infusório que não podeis apreender sem auxílio de microscópio, como no globo que necessita de vários sóis para que em seu firmamento se cruzem luminosas franjas de prismáticos matizes!

Almas que suspirais por uma vida melhor; almas que, arrependidas e submissas, volveis como o filho pródigo à casa de vosso Pai, implorando a divina clemência, preparai-vos para a eterna viagem, por um verdadeiro exame de consciência, não como vo-lo insinuam os vossos confessores, não encerrados nos vossos tugúrios sem que a Natureza vos fale de Deus, mas impressionando o vosso Espírito ante a grandeza do Onipotente!

Deixai, deixai vossas casas de pedra e correi ao grande templo, tal como fizestes esta noite; e, diante da imensidade, interrogai a consciência: — que virtude possuís? que caridade praticais? em quem confias? que quereis? que ambicionais? que juízo formais do vosso modo de ser?

Assim, certo, vos encontrareis pequenos, mas ao mesmo tempo grandes, porque não há nada pequeno na Criação, visto que em tudo palpita a onipotência divina do infinito Criador.

Se vos sentirdes emocionados ao contemplar as maravilhas da Natureza, alegrai-vos, regozijai-vos, sorride prazerosos, porque começais a preparar-vos para habitar melhores moradas.

Sim! o Espírito entra, de fato, na posse de um reino, quando sabe apreciar o lugar em que se acha.

A ninguém se dá mais alimento do que o estritamente necessário.

Não atireis pérolas a porcos, diz, com razão, a Escritura.

Muitos de vós vos queixais de viver na Terra... Insensatos! Se a uns tantos cegos se ordenasse fossem a um campo e dele copiassem uma paisagem, não vos riríeis de tal ordem? Tanto vale dizer que inútil seria passardes a um mundo melhor; a luz dele vos deslumbraria e cegaria.

Amai, amai essa Terra tão cheia de inumeráveis belezas. Muito vos resta a explorar; ainda há bosques virgens nos quais ressoa a voz de Deus, que lhes disse: — "Crescei e formai uma tenda hospitaleira para as gerações futuras!"

Mares há, também, cujas águas não foram sulcadas por vossas naves; ainda ignorais se há vida nos vossos pólos. Tanta coisa por fazer ainda...

Trabalhai, trabalhai, tornai o planeta habitável em todas as suas latitudes; colonizai, rasgai a terra endurecida, nela deixando o sulco dos arados. Deitai a essa terra a semente fecunda e promissora de abundantes colheitas, que muitos são, dentre vós, os famintos, e poucos os saciados e fartos.

Preparai, preparai o reinado da Justiça, que tem de inaugurar-se aí, em soberba apoteose.

Todos os planetas têm o seu dia de glória, a Terra tê-lo-á também...

Trabalhai, trabalhai com afinco, porque amigos invisíveis vos ajudam. Congregai as vossas forças, fraternizai-vos, uni-vos, amai-vos, convencei-vos de que de nós depende apressar o dia faustoso no qual o mesmo Jesus Cristo baixará à Terra, não cingindo a coroa do martírio, não com o manto do penitente, seguido de uma turba ignara e fanática, mas feliz, formoso, transfigurado, rodeado de seus discípulos e de grande multidão sensata, que o aclamará — não Deus — mas sacerdote do progresso, que há de consolidar as bases do progresso universal!

A obra que Jesus se propôs não está concluída, mas unicamente iniciada, e o período de iniciação há de ter seu termo quando os homens praticarem a lei de Deus.

E ficai certos de que a praticarão; já começais, já buscais o apoio dos Espíritos, já vos quereis relacionar com a vossa família espiritual, já procurais saber donde viestes e para onde ides. Pois bem; a todo aquele que bate às portas do Céu, elas se lhe abrem de par em par; a todo aquele que interroga se lhe responde, como se dá a todo aquele que pede.

Almas enfermas! sorride prazerosas, porque haveis de recuperar a salvação, como haveis de tornar à Terra para desfrutar vossa obra; e o que mais é — não tornareis sós, perdidas, errantes, quais folhas levadas de roldão pelos ventos úmidos do outono, como agora — não, porque o vosso progresso permitirá voltardes ao seio de famílias amorosas, nas quais criareis afeições duradouras, tornando-se a vida uma agradável primavera.

Nós, os que hoje vos aconselhamos e guiamos do Espaço, estaremos, então, mais próximo de vós, porque seremos membros da vossa família, viveremos na vossa atmosfera.

Mestre e discípulos volverão à Terra para formarem uma associação verdadeiramente fraterna.

Trabalhai, obreiros do progresso, trabalhai! Sóis esplendentes vos rodeiam! Humanidades regeneradas vos aguardam! Caminhai, pois, ao seu encontro!

Os filhos do progresso hão de perguntar-vos: — "Que quereis?" e vós deveis responder: — "Queremos luz, ciência e verdade!"

Adeus, meus amados, guardai em vossa mente uma lembrança da noite poética de São João.

Quarenta e cinco anos

Tudo tem uma causa. Vossa tristeza e abatimento tem-na também no fato de, com seus densos fluidos, envolver-vos um Espírito sofredor, recentemente desencarnado nessa imensa tumba — o mar — sobre a qual as religiões não puderam acender círios, nem o orgulho humano erigir pirâmides e mausoléus.

O mar é a grande vala comum, na qual se confundem o suicida, que negou a onipotência do Eterno, e o náufrago, que espirou clamando por Deus.

O Espírito que por vós pretende manifestar-se, não teve, na sua última encarnação, tempo de ser crente ou ateu, pois, com seis horas apenas de nascido, sua genitora, infeliz mãe desesperada, louca, a fugir de si mesma, relegou-o para bem longe de si, e, para melhor assegurar-se da sua morte, o arrojou ao mar.

Quando este lhe estendeu nas ondas compassivas o sudário da morte, adormecendo-o ao ritmo do seu canto, a filicida respirou melhor, e olhando ao redor de si exclamou: — "Ninguém me viu, ninguém!... Mas, eu mesmo o vi..."

E, já horrorizada de espanto, pedia, em delírio, às ondas revoltas a restituição daquele pobre ser entregue à sua voragem!

Elas porém, as ondas, semelhantes à calúnia, que, de posse da presa jamais a solta, rugiram de desespero, levantaram um turbilhão de espumas e, fugitivas e pressurosas, envolveram nas suas dobras uma vítima dos preconceitos sociais.

O Espírito desse menino vaga constantemente por estes sítios, aos quais ocorre sua mãe para rezar, desfeita em amargurado pranto.

Ah! se vísseis quantas histórias tristes têm o seu epílogo no mar! Quantos crimes cometidos ante o espelho imenso dos céus!

— Parece impossível! — retorquimos — porque a simples vida do mar sugere-nos a crença em Deus!

— Acreditais vós que não haja outros cegos, senão os que têm os olhos fechados?

Pois esses não são os piores; os piores são os que fitam as estrelas sem compreenderem que nesses mundos longínquos agitam-se outras humanidades, sentindo, pensando, amando.

Há muitos séculos que os reduzem a vida ao círculo estreito das suas paixões, e para satisfazê--las cometem toda sorte de desatinos — cegos de entendimento que são —, aliados à categoria dos legisladores escreveram uns códigos nos quais, em nome da Lei, se postergam as leis naturais, que são as leis divinas.

Pobre, pobre Humanidade!

O Espírito que agora reclama nossa atenção foi um desses cegos, que tropeçou e caiu repetidas vezes, mas chegou, finalmente, a reconhecer os próprios erros, e, se foi valoroso e pertinaz no mal, também não pode ser acusado de covarde na expiação.

Encarou de ânimo sereno o painel da sua vida, viu na primeira plana as legiões que formavam as suas vítimas; além, um lago imenso, feito das lágrimas de quantos, por causa dele, sofreram perseguições de morte, ou desonra e miséria; pesou, uma por uma, as dores todas que produzira a sua ferocidade; analisou todo o mal que, por sua causa, se assenhoreara desse mundo; compreendeu todas as consequências fatais do seu iníquo procedimento; procurou no mar — teatro de suas horrendas façanhas — todos os seus atos de barbaria; viu-se senhor desse mar, sendo-lhe o terror, como o foi também da terra; contemplou crianças sacrificadas, virgens violadas, velhos atormentados, e... ante tantos horrores, não tremeu, antes começou a padecer, sem murmurar a sua condenação.

Muito tem ele pago, mas muito mais deve pagar ainda, e eu vou referir-vos uma das existências nas quais, indubitavelmente, revelou valor a toda prova.

Assim é que, nascido na maior das misérias, cresceu crivado de toda a classe de privações e mendigou o alimento até a idade em que pôde entregar-se a trabalhos mais rudes, entrando, então, como grumete de uma galera, que foi aprisionada em águas da Índia, precisamente nas paragens onde, em outras *encarnações*, ele, como pirata, semeara o terror e a morte, dizendo-se Senhor do mundo.

A tripulação da nave foi toda passada pelas armas, ao passo que a ele concederam a vida, mas, para o internar na Índia e submetê-lo aos mais horrendos tratos.

Quarenta e cinco anos durou a sua penitência, sofrendo, alternativamente, os suplícios da água e do fogo, o corpo picado de flechas, quando não arrastado à cauda de fogosos corcéis.

E não havia tortura que lhe causasse a morte, pois que todas as feridas se lhe curavam naturalmente.

Seu aspecto era o de uma múmia evadida do túmulo!

Ninguém o amou, ninguém o quis, ninguém teve compaixão desse desgraçado, ao qual nem sequer restava, por compensação, a lembrança de um beijo de mãe ou da assistência de um pai, nada!

Nascido entre abrolhos, cresceu entre espinhos e morreu entre dores.

Ser mau... ah! que desgraça!

Ser bom... ah! que ventura!

Nosso herói, a que chamaremos Vilfredo, depois desses *quarenta e cinco anos* de crudelíssimos tormentos, teve, ainda, várias encarnações e em todas elas veio a perecer no mar — cenário dos seus crimes, lugar no qual contraiu as maiores responsabilidades.

Agora tem ele, por uma lei natural, de escolher paternidade desnaturada, casais sujeitos à adversidade — circunstâncias que influam no seu também adverso destino. Entretanto, propondo-se sempre lutar e vencer, nem sempre pode consegui-lo e esta contrariedade faz parte da sua expiação, visto como o Espírito, disposto a sofrer, quase goza no martírio e esse gozo não lhe pode ser outorgado em todas as existências.

Eis a razão por que a vida se lhe frustra aos primeiros anos, e, ainda agora, nem um dia lhe foi dado permanecer na Terra. É um contratempo que o seu Espírito lamenta hoje, visto querer e não poder progredir quanto deseja.

Tantas crianças deitou ao mar quando estorvavam as suas viagens, que justo é sucumbir do mesmo modo. Surdo aos lamentos de tantas mães desoladas, justo é que as ondas fiquem surdas aos lamentos de sua mãe arrependida.

— Mas — perguntamos —, se assim é, grande não deverá ser a responsabilidade dessa mãe que às ondas o arremessa, visto que, se as coisas têm fatalmente de acontecer, preciso é que haja seres que as executem?

— Não é tal. Essa conclusão constitui gravíssimo erro: nunca o mal foi necessário, pois que ele não é a lei da vida. A lei eterna é o bem, e para que um ser morra não é indispensável que haja assassinos.

O homem morre, naturalmente, quando lhe chega a hora, e salva-se quando tem de salvar-se, ainda que se veja assediado dos maiores perigos. E é quando dizem que a salvação é milagrosa, providencial ou casual. Subentenda-se, no entanto, que não há milagre, providencial, casualidade: o que há e haverá, eternamente, é justiça, e justiça infalível!

Há um rifão popular que diz: *Não há folha de árvore que se mova sem a vontade de Deus*, e, na verdade, assim é; mas há que explicar o que seja a vontade de Deus, que não é isso que entre os homens se chama vontade, caracterizada pelo *querer e não querer*, a faculdade de admitir ou negar qualquer coisa.

Supor que Deus podia *querer ou deixar de querer*, seria atribuir-lhe dualidade de sentimentos, luta de ideias, quando em Deus só pode coexistir imutabilidade, infalibilidade, suprema perfeição!

Sua vontade é a lei de gravidade que regulariza o movimento e a força centrífuga e centrípeta; é o efeito correspondendo à causa, é lógica, é justiça, é dar a cada qual segundo suas obras.

Deus fez as leis eternas e imutáveis e elas funcionam inalteráveis na imensidade da Criação!

Para todas as estações há flores e frutos, chuva e ventos, dias de Sol e noites de tormenta, como há para todas as espécies de seres o seu idílio de amor.

Sim! amam os leões, nos desertos abrasados, ao sol dos trópicos; os pássaros alados, na alfombra tépida dos ninhos; os peixes, no seu leito de cristal! Amam as esbeltas palmeiras, os arbustos rasteiros, todos os vegetais!

Ama o homem, nos braços de sua mãe ou prosternado ante o anjo de seus sonhos! Os planetas amam o Sol que os fecunda, e os sóis amam os corpos celestes que lhes circulam em torno, a pedir-lhes, também a eles, um ósculo de amor.

Tudo ama, tudo se encadeia na vida; não há fato isolado nem homem solitário, tudo forma família; o crime cria a sua atmosfera asfixiante e a virtude o seu puríssimo ambiente.

Deus não *quer* que o homem sucumba ao peso do próprio infortúnio.

O homem cai, degrada-se e morre no meio de atrozes dores, cumprindo estritamente a lei.

Todo aquele que se regozijou com as dores alheias, não tem o direito de ser ditoso; a ventura não se usurpa, mas obtém-se por direito divino, quando se tem cumprido todos os deveres humanos.

Eis por que Vilfredo não pôde ser feliz. Homem, não amou a Humanidade; forte, oprimiu os fracos; talentoso, só utilizou o talento para o mal. Nada mais justo, pois, que a vida lhe seja peregrinação penosíssima e que a Natureza só lhe proporcione pungentes espinhos.

Detenho-me nas digressões, porque necessário é vos convençais de que todo aquele que comete um crime, não o comete secundando planos divinos, para castigo do culpado, o que seria acumular crimes sobre crimes, quando as leis divinas só acumulam amor.

Tenha um homem de sucumbir à prova do fogo para sentir as mesmas dores que a outrem propinara na chama das fogueiras e morrerá num incêndio, sem que alguém aí o arroje; nem lhe valerão extremos recursos de salvação, tudo será baldado.

A lei da vida é a lei de progresso, não de destruição; amar a todo ser criado, desde a flor mimosa do campo até o recém-nascido que chora para despertar compaixão, é obedecer ao mandato divino.

Amar é viver, viver é sentir e querer; e todo aquele que destrói, todo aquele que mata, ainda que a isso seja induzido por fortuitas circunstâncias, é criminoso, porque se opõe às leis de Deus.

Vilfredo desperdiçou tantos séculos de vida, que agora tem sede de existências terrenas; mas tantas foram as existências por ele interrompidas, que agora se hão de interromper as suas.

Ainda agora, o trágico episódio de sua última encarnação o entristeceu profundamente.

Contempla a genitora, e, ao mesmo tempo que a odeia, dela se compadece; fora-lhe possível e inspiraria a cem médiuns, simultaneamente, para narrar suas múltiplas histórias. Tem muita pressa de trabalhar, acredita que a hora tarda no caminho da vida, deseja recuperar os séculos perdidos; mas, como nem sempre querer é poder, ele não pode, ou antes, não merece o gosto da expansão.

Não o merece e não o tem; bate a distintas portas e ninguém lhe responde, é um dos muitos anacoretas do Espaço; acercou-se de vós; e como a vossa sensibilidade está em pleno desenvolvimento, dado o ativo trabalho do vosso plano de vida, necessariamente sentistes a dolorosa influência, e eu, em benefício de ambos, apressei-me a desvanecer vossos sombrios pressentimentos, transmitindo-vos algo do que se passa na mente de Vilfredo, a qual, semelhante ao rio que transborda, destrói as searas adjacentes, em vez de fertilizá-las.

A água gotejada vivifica as plantas; mas, quando invade os vales em chuva torrencial, mata-as.

A inspiração de Vilfredo é qual chuva torrencial, por enquanto, e a comunicação dos Espíritos não pode, logicamente, prejudicar o médium, nem de leve, pois isso seria permutar o mal pelo bem, quando devemos fazer o bem pelo mal.

Para ser útil, a comunicação há de instruir e moralizar; e ao Espírito que a dá, importa que o médium não sofra qualquer alteração, mas, ao contrário, que se reanime ao contato dos seus fluidos e adquira força para trabalhar no tear do progresso.

O médium, por sua vez, deve estar sempre alerta, disposto ao trabalho, embora reservando-se a prerrogativa da onímoda vontade, como senhor absoluto dos seus atos.

E é assim que, entre nós, os desencarnados, se estabelecem relações de mútuo consolo.

Ao Espírito, sempre é grato o comunicar-se com os homens, desde que tenha na Terra seres amados e deveres sagrados a cumprir; quanto a vós, que viveis como infusórios numa gota d'água, encontrais em nós as fontes do Infinito; adquiris verdadeiras noções da vida, e, posto que vos não ministremos a ciência infusa, vos animamos a buscar na Ciência o princípio de todas as coisas, tanto quanto no amor universal a imensa fonte do sentimento, que é verdadeiramente o que engrandece o Espírito.

Como acima vos disse, fui o intermediário entre Vilfredo e vós, para benefício de ambos, pois muito necessitam de consolo os anacoretas do Espaço e os solitários da Terra.

Pobres irmãos, não desanimeis! Vilfredo! alma perdida no mar tempestuoso das paixões, náufrago que, numa rocha solitária — qual castelo formado pela Natureza — contemplas do alto das almenaras o abismo no qual tantas vezes sucumbistes, sem saberes se hás de bendizer a vida ou desejar o abismo na eternidade!

Também para ti haverá uma família, também te chegará o dia no qual encontres mãe amorosa que viva a espreitar os teus sorrisos, esperando, ansiosa, o balbucio primeiro dos teus lábios!

Sim, não há inverno que não tenha primavera, como não há outono que não tenha estio! Também para ti despontará a aurora!

Viveste *quarenta e cinco anos* entregues a hórridos tormentos e te revelaste tão forte, tão enérgico, tão decidido ao sofrimento, que pagaste grandes dívidas nessa encarnação.

A energia é poderoso auxiliar ao rápido progresso do Espírito; não desfaleças, não deplores essa existência de seis horas apenas, quando podes viver eternamente.

Não encares o presente, mas o porvir; não te apresses demasiado, porque a carreira só produz cansaço e fadiga; procura nortear-te gradualmente, espaçadamente, pois a natureza, a índole de um Espírito, não se corrige em fugitivos segundos. Nem o homem se despoja, senão lentamente, dos seus vícios, como também se não perdem num dia os hábitos de cem séculos.

Espera, pois, reflete e confia numa era nova, não muito longínqua, na qual, ao encarnares na Terra, aí terás família amorosa.

Os *quarenta e cinco anos* de martírio na Índia bem merecem uma trégua, o repouso de algumas horas e tu o terás. Vilfredo!

Quanto a ti, boêmio envolto em vestes femininas, poeta de outros tempos, cantor aventureiro que fugiste do lar do mestiço, alheio aos direitos e deveres dos grandes sacerdotes do progresso — mendiga hoje um olhar carinhoso, olha em torno de ti como nascem as gerações, ao passo que tu, planta daninha, não podes beijar uma fronte infantil, murmurando; — "meu filho!"

Trabalha na profundeza da tua soledade, busca na contemplação da Natureza o complemento da tua vida miserável, já que te não é dado contemplar um ente querido.

Contudo, digo-te o mesmo que a Vilfredo, isto é, não desanimes.

Pobre, qual folha mirrada e seca, podes, entretanto, trabalhar e conseguir riqueza fabulosa, pois ninguém, na verdade, pode chamar-se pobre, tendo o patrimônio do infinito.

Tu o tens, esse patrimônio; pois bem, caminha, porque Espíritos progressistas te cercam solícitos.

Nauta, singra o mar da vida sem temores, porque a vitória será tua, como, de resto, o é de todos quantos trabalhamos na vida da civilização universal.

Procura ler o que as ondas escrevem na areia branca das praias... Sabes o que dizem? — Isto:

"Humanidade! toma-nos por exemplo, a nós que trabalhamos incessantemente, e serás ditosa!"

Não esqueças este conselho das ondas, pois no trabalho está a liberdade.

É Ele, de fato, quem diz em todas as épocas: — "Faça-se a luz!" — e a luz se faz! E quem vive na luz, vive na verdade!

Os mantos de espuma

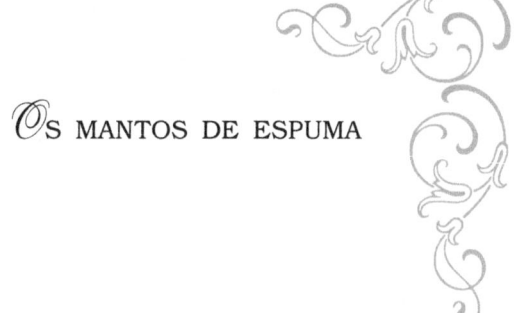

Dizes bem — (fala-nos um Espírito) —, a praia coberta de espuma é de um efeito surpreendente, grandioso, indescritível!

Não há salão de rico potentado que tenha tapeçarias mais bem lavoradas, nem teto mais esplendoroso.

Ontem, acompanhei-te no passeio que fizeste, associei-me à tua contemplação, orei contigo e não te deixei um segundo, porque desejava contar-te um episódio da minha última encarnação, intimamente ligado aos *mantos de espuma* que tanto te impressionaram; mantos que nenhum César ostentou jamais tão formoso, visto que, mantos de Deus, são eles superiores em beleza a quantos de púrpura e arminho se exibem na Terra.

Na minha última encarnação pertenci ao teu sexo, e, à semelhança de Moisés, fui arrojada ao mar numa cestinha de vime, em formosa manhã de primavera.

Um menino dos seus doze anos, que brincava na praia, viu o berço à flor das águas e, dominado pela curiosidade própria da idade, lançou-se ao mar para voltar logo à terra, todo ébrio de felicidade, tudo porque, quase sem esforço, conseguira colher o cobiçado objeto — a cestinha de vime cor-de-rosa.

Qual não foi sua surpresa, quando, ao abri-la, encontrou dentro uma tenra criatura toda envolta em faixas de peles e de arminho!

E ei-lo a correr, pressuroso, para comunicar aos pais a nova de tão precioso achado. Estes, colonos de rico proprietário, ao verem-me, afagaram-me e a boa Ernestina se deu pressa em ministrar-me os mais solícitos cuidados.

Nesse mesmo dia fui batizada com o nome de Maria do Milagre, pois milagrosa fora a minha salvação, no conceito daquela boa gente, que ignorava se ali mesmo naquele sítio, se em longínquas paragens, fora o meu berço entregue ao estendal das vagas.

Longe estavam eles de supor que eu era filha do seu opulento amo e de nobilíssima dama, que houve de ocultar a desonra dentro das paredes e muralhas de um convento!

Fui acolhida por meus benfeitores como verdadeiro presente do céu, ao passo que meu salvador me amou com delírio; cresci nos braços de Augusto, que compartilhava dos meus brinquedos infantis.

Ao completar quinze anos, ele mesmo colocou em minha fronte a simbólica grinalda, jurando aos pés do altar que me consagraria toda a sua vida e todo o seu amor.

Aos dezesseis anos, dei à luz um menino formosíssimo; o qual tornou completa a minha felicidade. Rafael — assim se chamava — era o meu encanto, e, tão meigo quanto o pai, vivia em meus braços, sempre risonho e carinhoso; forte robusto, ao completar um ano, já corria pela praia, brincando com a areia e a espuma das vagas.

Uma tarde, à beira-mar com o meu Rafael, vendo-o brincar como de costume... Ah! Parece-me que ainda o vejo com a sua camisolinha cor-de-rosa, os cabelos louros, os olhos azuis, a fronte branca de açucena...

Era seu costume deitar-se na areia, pois gostava que a espuma das ondas o cobrisse, e, quando lhe sentia as carícias, ria, alegremente, levantava-se, corria, gritava, beijava-me amoroso e continuava as correrias.

Eu corria, após ele; e até o meu Augusto tomava parte, por vezes, em nossos brinquedos.

Naquela tarde estávamos a sós, eu e meu filho, pois Augusto tinha ido à cidade. Negras nuvens ensombravam o horizonte, mas eu, acostumada a viver nessa praia — onde brincara em menina, onde recebera os primeiros beijos de meu filho e onde se me despertou o primeiro amor — não me atemorizava de nuvens nem de ondas, estas por altas que se ostentassem, antes nelas depositava profunda confiança, como que grata por me haverem embalado o berço.

Rafael, como de costume, brincava, ora fugindo, ora buscando as espumas; nisto, acercou-se mais e mais das ondas, até que uma delas, mais violenta, o arrebatou de roldão para o abismo das águas.

Ao vê-lo desaparecer, atirei-me no seu encalço, e, sem medir o perigo, perdi a razão, para só recuperá-la depois de dois anos.

Alguns pescadores que presenciaram a cena, vieram em nosso auxílio, com tanta felicidade, que nos salvaram.

Eu, porém, não murmurei uma queixa; e Augusto, ao regressar, encontrou os pais desesperados, enquanto eu, idiotizada, olhava para meu filho inexpressivamente, sem um riso, sem uma lágrima.

O menino chamava por mim, mas sua voz não me despertava a menor emoção.

Desse estado de apatia, passei ao de loucura violentíssima. Meu adorado Augusto não consentiu, porém, que me seqüestrassem à sua companhia; e assim viveu ele a penar dois anos, sem perder, contudo, a esperança da minha cura.

Meu pai também contribuiu grandemente para minorar a tristeza de minha atribulada família, e, conquanto nunca dissesse a meu marido que ele era o autor dos meus dias, demonstrou a meu respeito um interesse verdadeiramente paternal.

Este interesse foi a ponto de despender quantiosas somas, com uma notabilidade médica, para que estivesse sempre a meu lado.

Dois anos vivi assim, passando alternativamente da calma estúpida ao furor terrível, até que, por uma tarde tempestuosa, o doutor se resolveu a tentar a última prova.

Enquanto Augusto e meu filho demandavam a praia, meu pai, o médico e dois fâmulos me forçavam a segui-los... As ondas lambiam a fímbria do meu vestido sem me despertarem a mínima impressão, e eis, senão quando, uma onda mais forte nos envolveu a mim e a meu filho.

Este se me atirou aos braços, gritando:

— Mamãe! Mamãe!

A comoção foi violentíssima, mas Deus se amerceou de nós; lágrimas dulcíssimas afluíram-me aos olhos e eu me abracei ao filho querido, chorando... chorando, enquanto o médico dizia:

— Chora! pobre mãe, chora de alegria... Pois que um manto de espuma envolveu teu filho; ele aí viveu dois anos esperando que o viesses arrancar da sua nevada clausura; aconchega-o bem ao seio para que ele não mais te fuja.

Nem era preciso que mo recomendassem; pois que o tinha bem junto do coração, e por sinal que o não deixei, antes de chegarmos a casa.

De então por diante, minha cura acentuou-se rapidamente e o melhor dos remédios era ver meu filho, mais formoso que os anjos, com seus cabelos de ouro, seu alegre sorriso, correndo daqui, dali, para refugiar-se em meus braços.

Cedo deixei a Terra e justo era que assim fosse, porque minha completa felicidade truncava as leis desse planeta.

E foi a sorrir que me desprendi do meu invólucro, olhando os flocos de espuma que as ondas deixavam na praia.

Meu marido, obediente à minha última vontade, deixou meu ataúde três dias exposto na orla do mar, para que as ondas o acariciassem, elas que, também, embalaram meu berço.

Meus descendentes, nas longas noites de inverno, ainda contam aos filhinhos as histórias avitas, figurando em primeiro plano a lenda de Maria do Milagre, que muitos supõem fabulosa, mas é verdadeira.

Augusto e Rafael têm voltado à Terra e eu os acompanho daqui, do Espaço, com amoroso olhar, comprazendo-me, ainda, em aproximar-me das praias, dessas praias que me lembram o último idílio do meu amor terreal.

Certo, esse mundo é bem triste, comparado a outros planetas; mas vivendo-se como eu vivi, amada de esposo, filhos e quantos me rodeavam, pode dizer-se dele que é um pequeno paraíso, oásis bendito, porto de bonança no qual vive ditosa uma alma que ama e é amada.

Tu admiras, como eu os admirava — os mantos de espuma que ufanos se espalham sobre as plagas em flocos de neve; pois bem: é que eles também te falam de uma história que não recordas e nem me deixam que ta recorde.

Agradeço a amabilidade que tiveste aceitando minha comunicação e peço-te que, sempre que busques a orla dos mares, consagres uma lembrança a

Maria do Milagre.

Vinde a mim os que choram

O desenvolvimento de forças é a vida; a atividade é para o crescimento do homem o que o Sol é para a fecundação da Terra.

Um dos vossos sábios contemporâneos afirmou que *quem trabalha ora.*

Pois bem; o trabalho constante sempre foi a minha oração. Não obstante ficar muitas vezes absorto ante o túmulo da menina pálida dos cabelos negros, e, também, elevar meu pensamento a Deus no cimo dos montes, eu nunca me sentia tão forte, nem tão inspirado como quando me era dado enxugar o pranto das inúmeras vítimas da miséria, ou quando podia evitar qualquer ação vergonhosa, e, mais, que algum potentado comprasse a peso de ouro o futuro martírio de sua vítima.

Ah! como o Espírito se me engrandecia na luta! O organismo, enfraquecido pelo sofrimento e até pela fome — visto que a excessiva pobreza nunca me facultou excelentes manjares —, como que recobrava exuberante vigor.

E eu me sentia tão forte, tão animoso, tão convencido de que Deus estava comigo, que aceitava empresas superiores aos meus conhecimentos e meios de ação, obrando como que obediente a estranha vontade, mais potente que a minha.

Compreendia, sem a mínima dúvida, que em mim coexistiam dois seres funcionando alternativamente e que, se num momento de crise, meu Espírito vacilava, alguém lhe dizia: — "Caminha, não recues nunca no caminho do bem, não te pesem nunca os sacrifícios."

E a verdade é que eu amava, então, o sacrifício.

A soledade, a desgraça, o abandono em que me deixou minha mãe, fizeram de mim um profundo filósofo.

Desde a mais tenra idade, considerei o sacerdote católico romano como árvore seca.

Compreendi que todas as cerimônias religiosas eram insuficientes para engrandecer a alma; admirava e invejava o chefe de família que consagrava a existência à manutenção dos filhos.

Nessa tarefa, via utilidade, ao passo que na minha solitária existência apenas encontrava um fundo de egoísmo; e, como não estava disposto a ser egoísta, convencido de que o maior de todos os vícios é o viver para si mesmo, mas, decidido a engrandecer a existência e já cansado de nada haver feito de útil, era tal a minha predisposição para compartilhar os sofrimentos alheios, que quase saía à cata de aventuras, quando em minha aldeia nada ocorria de extraordinário.

Era bastante ouvir falar de uma calamidade, para acudir, solícito, a consolar os que sofriam.

De uma feita, chegou à aldeia um pobre mascate, que, depois de expor e vender na praça uma parte das suas quinquilharias, contou, a quem quis ouvi-lo, que lhe haviam proibido a entrada em Santa Eugênia, aldeia assaz afastada, por se ter ali propagado a peste.

Disse mais que a maioria dos habitantes fugira, espavorida, tendo à frente o pároco, e que este fato causava penosíssima impressão no povo, o qual clamava que o ministro de Deus abandonava à perdição as ovelhas moribundas, sem terem quem as confessasse e assistisse nos últimos momentos.

A narração daquele homem comoveu-me profundamente. Para logo chamei Miguel e lhe disse que fosse procurar meus dois melhores amigos, dizendo-lhes que necessitava dos seus préstimos.

Não tardou me aparecessem eles: Antônio e André, dois honrados proprietários que, a meu conselho, empregavam parte da pequena fortuna em obras de caridade.

Ao vê-los, exclamei:

— Necessito de vós para me acompanhardes a um lugar no qual há lágrimas de moribundos que lastimam a falta de confessor. Trazei vossas melhores montarias, porque amanhã, a marchas forçadas, poderemos chegar ao lugar empestado. Vós ficareis na granja que ali existe à entrada, enquanto eu fizer minha tarefa, e no dia imediato voltareis a esta, para que eu esteja completamente tranqüilo.

O mascate contou-me que uma família do meu conhecimento, composta de sete pessoas, estava toda ela enferma.

E a autoridade só teve um criminoso para deixar no povoado, como enfermeiro!

Mas... isso é horrível, por desumano! Eu, porém, ainda posso ter-me em pé... Quero, pois, dizer por meus atos — *vinde a mim os que choram* —, mesmo porque, se Deus me recusou filhos, foi para que dilatasse mais a minha família no seio da Humanidade, família cujos membros são todos os infortunados que sofrem, que sucumbem ao peso de uma dor.

É fato inconstestável que, na minha última encarnação, possuía uma força magnética de primeira ordem, pois minha vontade se impunha a quantos se acercavam de mim, sem que alguém se atrevesse a fazer-me a mais leve objeção.

Logo que montamos a cavalo, meus companheiros mal podiam seguir-me, tal a carreira vertiginosa do meu corcel, que afoitamente transpunha valados e barrancos.

Esconde-se o Sol atrás das montanhas, a luz estende em seguida o prateado manto pelo mar dormente, tranqüilo, e nós, caminhando sempre, chegamos ao termo da viagem.

Daquele lugar empestado, não existe hoje uma pedra; as guerras e os incêndios encarregaram-se de destruir essa povoação agrícola, rica de mananciais, de quintas lavradas, de frutos deliciosos.

A certa distância, encontramos, estendido, o cordão sanitário e o Burgomestre, que andava de um lado para outro, deixando transparecer no semblante a mais profunda inquietação.

Ao ver-nos chegar, interceptou-nos o passo, dizendo com amargura:

— Passem de largo porque o diabo se homiziou nestes sítios.

— Pois a cruz deve ser alçada justamente onde estiver o diabo. Deixai-me passar, uma vez que venho consolar os enfermos.

— Mas, quem sois vós?

— Padre Germano.

— O Padre Germano! O bruxo, o feiticeiro, o endemoninhado! Ide, ide de minha presença...

— Serei tudo o que quiserdes, mas deixai-me passar. Além, há sete criaturas abandonadas pelos homens e a mim me importa dizer-lhes que não estão abandonadas de Deus. Sei que a viúva do moleiro de Torrente foi vitimada por horrível desastre; deixai, portanto, que corra em seu auxílio; quanto a vós é partir já, caminho de casa, porque, indubitavelmente, vossa família também necessita de socorro.

Dei de esporas ao cavalo, enquanto o Burgomestre, ao que me disseram os companheiros, benzia-se em cruz, resmungando: — "Têm razão os que dizem que esse homem fez pacto com Satã."

A Humanidade sempre me julgou injustamente: na Terra sempre me supuseram comparsa do diabo, e, sem embargo, depois de a deixar, apelidaram-me santo...

Ah! como o vulgo permanece afastado sempre da verdade!

Na realidade, não fui mais que um homem ávido de progresso e que já havia perdido séculos buscando na Ciência o que jamais poderia encontrar, isto é, esse gozo íntimo, essa satisfação imensa, essa alegria indizível, que só a prática do bem proporciona.

Que importa haja ingratos na Terra, se eles com a sua ingratidão não nos podem arrebatar essa puríssima lembrança, que, qual luz misteriosa, nunca se extingue, iluminando a senda do nosso percurso!

Ditoso aquele que, ao entregar-se ao repouso, pode dizer: "hoje enxuguei uma lágrima".

O povoado de Santa Eugênia não me era desconhecido; eu sabia onde ficava a casa da viúva do moleiro de Torrente, um teto meio arruinado, quase fora do povoado.

O marido dessa senhora falecera em meus braços, havia seis anos, e suas últimas palavras ainda ressoam a meus ouvidos: — "Vou tranqüilo — disse —, porque meus filhos não ficam na orfandade."

E essas palavras foram acompanhadas de um desses olhares que nos fazem crer na existência de Deus.

Há olhares assim, olhares de fogo, luminosos, que descobrem os arcanos da eternidade!

Quando cheguei à casa empestada, um homem alto e robusto, de catadura feroz e repulsiva, embargou-me a passagem, dizendo com voz iracunda:

— Alto! Tenho ordem de não deixar entrar ninguém; a morte está lá dentro.

— Pois é onde está a morte que devem acudir os vivos; deixai-me passar, pois venho dividir contigo as fadigas; leva-me ao quarto de Cecília, acompanha-me.

O desgraçado olhou-me com assombro e replicou com mais doçura:

— Padre, com certeza não sabeis que se trata de peste...

— Sei e é por isso que aqui estou; sei mais que há vários seres agonizantes... Não percamos tempo.

Ao penetrar, em seguida, no interior da casa, deparou-se-me um quadro dos mais horríveis que jamais vira: num aposento desmantelado, mal alumiado por triste candeia, seis vultos jaziam sobre um montão de palhas, com as vestes esfarrapadas e revoltas!

A respiração penosíssima dessa gente causou-me dolorosa impressão e tratei logo de esquadrinhar todos os cantos, procurando Cecília, que era um modelo de mãe.

Lá estava ela a um canto, sentada no chão, petrificada, imóvel!

Ao tornar-lhe brandamente uma das mãos, chamei:

— Cecília!

Abriu os olhos, fitou-me como quem desperta de profundo sono, e eu repeti:

539

— Cecília, levanta-te! Deus ouviu tua prece, Cecília...

— É verdade, pois que viestes...

E, fazendo um esforço sobre-humano, aquela pobre mártir contou-me, entre soluços e lágrimas, que lutava há vinte e seis dias com a moléstia dos filhos, sem tréguas nem descanso, a não ser uma pequena parte do dia, pois à noite sempre se agravava a situação, até que, naquela tarde, as forças lhe faltaram completamente, razão pela qual, pensando em mim, chamara-me com insistência, estranhando a demora do meu socorro, visto que, em todas as preces, rogava a Deus pela minha existência.

Eu havia levado minha caixinha de medicamentos, simplíssimos preparados, todos vegetais; porém, mais que todas as minhas faculdades curativas, sobrepujava a força magnética, a fama do feiticeiro.

Às vezes, um simples olhar operava curas maravilhosas, o que não deixava de ser um fato natural, dentro das leis físicas que as multidões ignorantes desconhecem...

Um dos dons que eu também possuía, era o de aproveitar o tempo, e, assim, depois de uma permanência de seis horas naquele lugar de tormentos, os enfermos dormiam mais ou menos tranqüilamente, enquanto Cecília e o enfermeiro que lhe haviam dado, aproveitavam meus conselhos, preparavam tisanas e calmantes.

Sem perda de tempo, corri à casa do Burgomestre a solicitar um pouco de clemência para aqueles infelizes, baldos dos mais comezinhos recursos.

Ao vê-lo, compreendi no seu olhar o espanto que a minha presença lhe inspirava, cego, crente que era do meu pacto com o demônio, tanto mais quanto, ao regressar ao lar, preocupado com o que lhe dissera, encontrara as três filhas presas de horríveis convulsões, aliás, oriundas de uma causa simples e natural.

De fato, ao saírem a passeio naquela tarde, as raparigas passaram perto da casa infeccionada, justamente quando um dos enfermos, dominado pelo delírio da febre e iludindo a vigilância materna, saía para o campo, dando gritos horríveis.

Ao vê-lo, as moças impressionaram-se profundamente, e, possuídas de terror, voltaram para casa, tremendo convulsivamente.

Tudo isso eu ignorava, mas a verdade é que, muitas vezes, adivinhava o que deveria acontecer.

Sem dar importância aos olhares desconfiados do Burgomestre, pedi à mulher dele me secundasse com suas preces, a fim de aliviar as enfermas; e, como as súplicas maternas são as mais fervorosas de quantas pode fazer um Espírito, pois nelas palpita o amor da alma, seus rogos, aliados à minha boa vontade, originaram o desejado alívio e a cura das raparigas.

O pai, esse via operar-se o milagre sem saber quem o fazia; mas, como adorasse as filhas, fitou-me quase com gratidão, dizendo um tanto receoso:

541

— Afirmam que sois um emissário de Satanás; cumpre, contudo, dizer que vossas obras não o demonstram.

— Tendes razão; jamais o gênio do mal se comprazerá na prática do bem.

Em mim o que há é apenas ardente desejo de converter a fracionada Humanidade numa só família, pois, quando todos se amarem, a Terra será o paraíso da Bíblia.

Deus não criou os homens para viverem como feras, mas para se amarem: eu compreendi a Lei e daí toda a minha ciência, todas as minhas façanhas! Onde quer que surja uma lágrima, aí acudo pressuroso.

Sim, porque só o amor universal pode redimir o homem.

Estive em Santa Eugênia mais de um mês.

A Cecília, permitiu Deus a ventura imensa de ver curados os seis filhos e indescritível foi o júbilo dessa mãe exemplar, cujos olhares e demonstrações de reconhecimento amplamente compensaram meus trabalhos e canseiras.

Quando me dispunha a voltar à minha aldeia, fui assaltado pela ideia de que Cecília e os filhos eram Espíritos adiantados, e que, por conseguinte, estavam fora do seu meio, naquele lugar de supersticiosos e egoístas.

A prova do asserto estava no próprio fato de serem quase absolutamente abandonados, negando-se-lhes os recursos mais comezinhos, justamente quando mais necessitavam de auxílio, havidos por amaldiçoamento de Deus, só por haverem contraído uma enfermidade contagiosa, trazida de longe, ao que se supunha, por uns boêmios que ali pernoitaram.

Depois, se minha presença lhes fora benéfica, meu afastamento poderia acarretar-lhes novos dissabores, até perseguições, quem sabe, a pretexto de haverem ficado por mim enfeitiçados.

Conhecendo tão a fundo o vulgo ignaro, não quis, portanto, expor aqueles amigos à cólera imbecil e lhes propus mudarem-se para minha aldeia, onde, com o seu trabalho, talvez pudessem viver mais folgados.

Cecília respondeu-me logo que também tencionava propor-me a mesma coisa, pois previa que as perseguições não tardariam, a começar pelo cura do lugar, que não me perdoaria nunca o haver posto em destaque a sua impiedade.

Ao despedir-me do Burgomestre, ofereci-lhe a minha humilde morada, dizendo:

— Levo comigo os pestosos, e, se acaso a peste reaparecer aqui, podeis enviar-me a vossa família, visto como as suas meninas são muito nervosas e o medo é o veículo do contágio.

— Acreditais que a peste volte?

— Quem sabe?! E se tal acontecer, a primeira vítima deve ser o pastor que abandonou o rebanho.

Ao sair de Santa Eugênia, com Cecília e os filhos, um só homem se despediu de mim, chorando — o pobre criminoso que servia de enfermeiro aos pestosos.

O infeliz abraçou-me pelos joelhos, chamando-
-me — seu Deus!

Na verdade, minha voz encontrara um eco na sua consciência; ele começou a ver a luz naquela mesma encarnação, e hoje está na Terra, entre vós, como apóstolo da verdadeira religião.

Em toda a minha última encarnação não tive, talvez, momentos mais ditosos do que esses que transcorreram durante o meu regresso à aldeia, em companhia de Cecília e seus filhos.

Estes, eram Espíritos tão preparados, tão inteligentes e amantes do progresso; sabiam amar com tanto sentimento, que me rejubilei com a ideia de levar para minha aldeia seis bons chefes de família.

Vendo-os tão lestos e robustos, desbordando vigor e juventude, lembrava-me da situação em que os fora encontrar, combalidos, desfigurados, cabelos eriçados, olhar sem brilho, lábios cobertos de sangüinosa espuma, inteligência hebetada, a ponto de não reconhecerem a própria mãe, que adoravam como uma santa!

E santa era, na realidade, a boa criatura, que foi na Terra uma das melhores mães!

Mais satisfeito de mim mesmo do que qualquer conquistador do mundo, entrei na minha aldeia e disse, emocionado, aos meus paroquianos:

— Eis que no seio da morte fui buscar o princípio da vida, por isso que vos trago uma família modelo; pois bem: imitai suas virtudes e sereis mais ricos que todos os potentados da Terra.

Um mês mais tarde, a peste reapareceu em Santa Eugênia e eu soube, pela família do Burgomestre, foragida em minha aldeia, que o cura foi a primeira vítima da moléstia, cujo horror lhe fizera, antes, esquecer os sagrados deveres do seu sagrado ministério.

Na vida normal o sacerdote católico é planta parasitária, dispensável à sociedade, visto como o homem, para salvar-se, não precisa desse autômato a mover-se sem paixão nem sentimento.

Nem passa de autômato o homem sem família, sem vontade própria e que, se chega a criar afeições, é com a característica do crime, que busca a sombra e o mistério.

Entretanto, se do ponto de vista comum o sacerdote celibatário é absolutamente inútil, nos momentos de angústias, nas catástrofes que fazem época na história dos povos, essa figura passiva do sacerdote pode atingir tal altura, que se transforma e converte, pelo sacrifício, na imagem viva da Providência, tanto quanto não lhe assiste o direito de egoísmo, desculpável no chefe de família que diz: — "De mim, vivem meus filhos."

Do sacerdote celibatário ninguém vive; e assim, ele, nas crises supremas, pode dizer como eu dizia: — *"Vinde a mim os que choram."*

E as lágrimas dos que choram enchiam o vácuo imenso do meu coração.

Compreendia que a felicidade não era para mim, por isso jamais me acerquei dos homens felizes, senão nos momentos em que podia assegurar-lhes essa mesma felicidade. Depois... depois me afastava deles e buscava o sofrimento, que é o amigo íntimo da soledade.

Resta dizer-vos, para terminar este capítulo das minhas *memórias*, que os seis filhos de Cecília foram o tronco de várias outras famílias amantes da verdade e do progresso.

Todos se casaram e a maior parte dos seus filhinhos foi por mim educada.

Oh! Vós inspirais compaixão, sempre que vos vejo languescer, suspirando na solidão criada por vosso próprio egoísmo.

Dizeis que não tendes família... Ingratos! Pois os desvalidos e os enfermos não são vossos irmãos mais moços? Parente é todo ser fraco que necessita de amparo. E há tantos desgraçados no mundo, é tão numerosa a família dos anacoretas, há tantos cenobitas a morrerem de frio nos desertos desse planeta!...

Oh! Dizei como eu dizia: — *Vinde a mim os que choram...* e tereis uma família numerosíssima.

Sim, meus amigos, há tantas criancinhas sem pai, tantos cegos sem guia, tantas vítimas das misérias humanas!

Enxugai vossas lágrimas, pois o pranto vertido na inação é qual água do mar que não fecunda a terra!

Não choreis sozinhos, mas com os aflitos, porque só assim o vosso pranto se converterá no orvalho benéfico que faz brotar flores dentre pedras.

Um adeus

Em regra, o homem ama os lugares nos quais foi ditoso e tem aversão aos sítios nos quais caiu, derreado ao peso enorme da sua cruz.

Ainda que o raciocínio nos faça considerar que o que tem de se dar dará, em qualquer parte o homem não aliena de si essa preocupação, sujeitando-se ao seu influxo tanto o sábio quanto o ignorante.

Nós, confessamo-lo ingenuamente, recordamos com horror alguns lugares nos quais sentimos essas agudíssimas dores, esses profundos acessos de desespero, essa agonia que põe termo a todas as esperanças, para deixar-nos submersos no fundo do abismo do abatimento.

Ah! quanto sofremos, quanto a alma se nos abate, quanto o desânimo nos cobre com seu manto de neve ou com sua capa de frias cinzas, quando vemos tudo morto... quando o *nada*, o aniquilamento, se nos afigura a sorte da Humanidade!

Não é muito de admirar, portanto, que se encare com tal ou qual temor as paragens nas quais sofremos, recordando cheios de prazer os pontos nos quais tenhamos repousado, por um momento embora, das nossas habituais fadigas.

Nesta existência, tivemos poucos dias de sol; percorrendo várias cidades, ao deixá-las não teve o coração de bater com mais violência que a do costume, por isso que por toda parte nos seguia essa muda sombra, esse fatídico fantasma da nossa expiação.

Naturalmente, porque ontem semeáramos ventos, colhíamos hoje abundantes messes de tempestades.

Quem vive em constante naufrágio, poucos instantes tem de alegria; mas, como ninguém se vai da Terra sem haver sorrido, sem haver repousado alguns instantes, a fim de prosseguir mais animoso a sua penosa jornada, nós outros, obedientes a essa lei, também tivemos alguns momentos de repouso e doce contemplação, na orla do mar.

— Sim! ali, quer a sós, diante da imensidade, quer acompanhado de formosa menina de cinco anos ou de um pequeno de três, perguntamos às ondas: — "Onde está a felicidade?"

E elas, levantando montanhas de nevada espuma, pareciam responder: — "Na luta incessante do trabalho. Vede o nosso exemplo..."

E nós seguíamos, olhar ansioso, esse movimento das ondas, admirando sua esplêndida e variada beleza de forma e de cores.

Belas sempre, jamais deixam de comover os corações sensíveis, contando-lhes uma história interminável! Traçam na areia misteriosa hieróglifos e fogem, e volvem, para deixar na praia um estendal de líquidas pérolas!

O mar é a fotografia da Criação. Todo ele se pode dizer renovação e vida, tendo em si duas forças em contínuo trabalho — a da atração e a da repulsão, que se completam na eterna luta, pois, se faltasse uma, nulo estaria o trabalho da outra.

O mar é qual manto de Deus! Como é belo, quando recebe do Sol a chuva dourada dos seus raios luminosos! Belo, ainda, quando a Lua o envolve na sua túnica de prata, ou quando se espelham em suas águas as nuvens dos crepúsculos purpurinos!

E é sempre grandioso, sempre admirável, surpreendente de novos encantos, como que oferecendo ao pensador um livro imenso, no qual pode estudar as maravilhas da Criação.

Durante um ano, quase semanalmente, temos ido à beira-mar buscar um lenitivo às nossas aflições; e sempre, graças às ondas coroadas de branca espuma, às auras úmidas e frescas e, especialmente, às comunicações de um Espírito amigo, que conosco se comunicou sob o nome de Padre Germano; sempre, dizíamos, conseguimos alevantar nosso ânimo e fortalecer o corpo, a ponto de nos parecer inverossímil que um organismo tão enfraquecido por contínuos sofrimentos recobrasse, por alguns instantes, tanta força e tanta atividade!

Horas de gozo! Nem a dulcíssima recordação de as haver fruído se apagará jamais da nossa mente. E ingrata seríamos, de fato, esquecendo instantes de felicidade que passaram, quem sabe, para jamais voltar àquele sítio, porquanto a bondosa família que ali nos concede carinhosa e franca hospitalidade vai mudar de residência, e, antes da sua partida, fomos dizer um adeus àquela humilde casita, à plaga, às penhas e às ondas, que tanto nos seduzem quanto inspiram.

O mar — à semelhança da mulher enamorada, que, diante do bem-amado ostenta todas as graças e atrativos — apresentou-se-nos, o mar, soberbo em todas as suas galas: as ondas havia muito não se espreguiçavam na areia, formando mantos de espuma, mas ontem era como se se detivessem até, para que lhes admirássemos os contornos, a esplêndida formosura!

O Sol, esse, à semelhança dos antigos templários, estava envolto em manto de brancas nuvens, que, por sua vez, entreabriam amiúde as cambiantes dobras, para que um luminoso reflexo inundasse o mar.

E a água, em movimento continuo, veio produzir matizes de mil colorações, quais mais belas e fulgurantes...

Quanto a nós, dominada por indizível emoção, ainda de pé, inclinamos o Espírito ante a majestade desse quadro, exclamando:

— "Graças, meu Deus, que tanto dás vida aos simples infusórios como sabes gerar infinitos mundos que proclamam tua glória e onipotência, infinitas também.

"Adoro-te, Senhor! Adoro-te e meu culto eu to rendo no mais magnífico dos templos, nesta grandiosa basílica levantada em a noite dos séculos, na fecunda Natureza, que entoa o hosana das tuas leis eternas e imutáveis!

"Como és grande, ó meu Deus! E como a Ti me sinto atraída por misterioso magnetismo!

"Sim, eu te amo com todas as veras do coração humano e com essa paixão divina que inflama o Espírito ávido de progresso, faminto de verdade, sedento de luz!

"Quero ser grande, também eu, para penetrar nessas moradas onde os Espíritos mais se acercam de Ti! Quero amar, mas com esse amor sublime dos Redentores! Quero possuir, também, essa sabedoria que devassa os arcanos da Ciência!

"Átomo que sou, tenho em mim, contudo, o gérmen da imortalidade, visto como a luz espiritual penetra a câmara escura do meu pensamento! E eu sinto em meu ser a irradiação do Infinito!

"Bendito, Tu que criaste o infinitamente grande e o infinitamente pequeno! Bendito, sim, bendito!"

Nisto, a voz da menina Rosita, inseparável companheira de passeios à beira-mar, veio arrancar-nos do nosso devaneio, despertando-nos para a realidade.

Mas, também se pode ver Deus no rosto de uma criança, porque dos olhos de uma criança também se irradiam célicos esplendores!

Continuando o passado, foram os nossos olhares atraídos para um casal de jovens, que, a brincar com as ondas, se riam alacremente, sempre que a branca espuma lhes salpicava as vestes de cambiantes pérolas líquidas.

Como é risonha a mocidade!

Refletindo alguns momentos sobre os seres que nos cercavam, veio-nos à mente o esboço de uma página da vida humana.

Rosita e o irmão brincavam na areia, alegres e confiantes, enquanto a boa *mamã* os fitava venturosa. Para esta mãe o casalzito composto dos filhos era o mais formoso da Terra...

Célia e Henrique, o outro par que não contava cumulativamente meio século, olhavam-se amorosos... Para eles, o todo estava no seu amor!

Quanto a nós, sem a alegria das crianças, sem a bendita ventura de sua mãe e sem a doce esperança de Célia e Henrique, olhávamos o mar, contemplando na mobilidade de suas vagas algo que nos falava de Deus, fazendo-nos pensar na eternidade!

A dor é o agente do progresso, que diz a muitos Espíritos: — "Levanta-te e caminha!"

E há quanto tempo essa voz ressoa em nossos ouvidos!

Antes de deixar a plaga tranqüila, entramos na humilde casinha, onde tantas vezes nos fora dado ouvir o médium sonâmbulo pelo qual falava o Espírito Padre Germano.

Detivemo-nos na saleta onde ouvíramos frases tão consoladoras; mentalmente agradecemos àquelas paredes o seu abrigo; àquelas cadeiras o repouso que então nos proporcionaram.

E como não ser assim, se ali recebemos tão instrutivas lições, conselhos tão prudentes, dados umas e outros com tanto amor e paciência?

Um Espírito amigo jamais se cansa de aconselhar e instruir!

Ah! como é grande o amor do Espírito!

Mas, eis que chega o momento de partir, abandonando casa, praias, penhas, ondas... Tudo, tudo ali se ficava!

Certo, quando deixarmos a Terra, nosso Espírito irá ter a esse lugar, deter-se-á naquelas penhas, e, sendo verdade (como diz Draper) — que, sempre que se projeta sombra em uma parede, a mancha aí se conserva permanentemente... provado que as imagens do passado se acham gravadas no éter, tanto quanto nele vibram passadas vozes e trescalam perfume as murchas flores, desde o tempo em que o homem nem sequer ensaiava o voo do pensamento — aí, nesse sítio, nos contemplaremos a nós mesma, nos veremos abatida e triste, lamentando a eternidade da vida, que acreditávamos ser a perpetuidade da dor.

Aí tornaremos a ouvir a voz do Padre Germano, que tanto nos impele hoje ao progresso, como nos alenta e inspira!

Oh! sim, ao deixar este mundo, havemos de ir ao sítio em que ontem estivemos, para dizer-lhe um adeus! Ingrata seríamos, com efeito, se esquecêramos o consolo inefável que aí teve o nosso Espírito.

Quantas vezes aí chegáramos lamentando as misérias humanas, para deixá-lo, lábios entreabertos em venturoso sorriso, murmurando com íntima satisfação: — "A vida é bela, quando se confia no progresso infinito e se ama a verdade suprema, a eterna luz!"

....

Adeus, humilde casinha, plagas tranqüilas, ondas envoltas em nevada espuma; rocas tapizadas de musgo virente, de virentes algas, adeus... adeus...

Grácia, 12 de março de 1884
AMALIA DOMINGO SOLER

Recordações*

Formosas recordações das noites de minha aldeia longínqua!... Ainda hoje, revolvo a cinza dos séculos, para buscar as tuas lembranças, que me enchem a alma de encantamento e poesia! Noites de primavera, de luar alvíssimo, em que eu rociava com o meu pranto as flores do jardim modesto do presbitério, quando confiava a Deus as minhas orações de sacerdote católico, alma exilada dentro da vida, ramo fenecido nos vergéis ditosos dos homens da Terra. Dolorosas meditações, em que meu coração, ávido de carinho e de afeto, interrogava a abóbada celeste sobre os porquês do seu magoado destino.

---

* N.E.: Esta página, aqui colocada em *apêndice* aos *Fragmentos das Memórias do Padre Germano* — 12ª edição, 1976, FEB, tradução de Manuel Quintão —, foi ditada ao médium Francisco Cândido Xavier, há quase meio século, e estampada em *Reformador*, edições de 16 de fevereiro, 1º e 16 de março de 1932.

    Acolhendo sugestão de entregá-la aos leitores de Amalia Domingo Soler, a notável pioneira do Espiritismo de Espanha, fazemo-lo convictos de que, como bem frisou o redator da revista *Reformador*, *esta página de recordações da Terra, prenhe de emoções vivíssimas e de profundos ensinamentos*, será devidamente apreciada por quantos se familiarizaram com os escritos do formoso Espírito que foi entre os homens o *Padre Germano*.

Por que o sacerdote não poderia amar como as outras criaturas? Por que todos possuiriam a ventura de um lar ridente, onde brilhassem os sorrisos da esposa e o amor dos filhos, e o homem que se consagrasse aos labores da igreja haveria de viver isolado, quando o seu coração desejava viver?

Chorava então, copiosamente, ouvindo, no silêncio das flores e das estrelas, vozes apagadas que apenas ecoavam no íntimo do meu ser: — "Ingrato! ao sacerdote foi confiada a mais sublime missão de amor. Não tens esposa? Ama à pobreza desvalida, ao teu irmão sofredor da Humanidade. Não tens filhos? Consagra-te aos infelizes! Sê-lhes o pai amoroso e compassivo, lenindo-lhes os padecimentos, confortando-os na desgraça. Tens sede de amor e existe uma infinidade de seres que se sentem abrasados nessa sede devoradora: orfãozinhos abandonados, mendigos sem pão e sem lar, olhos sem luz, multidões de desprezados que imploram, com a alma toda nos lábios, uma esmola de amor! Procura-os e reparte com eles o teu coração. Amar é plantar a felicidade na Terra! Ama e seguirás fielmente os luminosos passos de Jesus."

Lastimava então, longamente, os meus minutos de fraqueza na árdua tarefa a que me devotara voluntariamente e consolava-me, sonhando um canto estrelado, depois da existência terrena, ao lado de uma jovem pálida, de cabelos negros, que sorria divinamente.

Foi numa dessas noites enluaradas, repletas de variegados perfumes da primavera, quando, após as minhas meditações, acariciava a cabeça de *Sultão*, que fui surpreendido por insistentes chamados.

Era um antigo criado do castelo de M... que eu muito bem conhecia, a exclamar lacrimosamente: — "Padre, vinde comigo, que o conde de M... quer entregar-vos os seus derradeiros pensamentos..."

— Como? o conde Henoch, que vi ontem gozando de uma invejável saúde?

— Sim, Padre. Foi acometido de um mal súbito e ninguém espera pela vida do Sr. Conde, que já se acha agonizante.

Sultão me dirigia o seu olhar inteligente como a dizer: — "Vamos!" E eu lá me fui, seguindo as passadas do mensageiro, mergulhado nos mais atrozes pensamentos.

Se houve na minha vida de padre católico algo que me repugnasse, era por certo o trabalho penosíssimo de ocupar o tribunal da confissão, devassando as consciências alheias, o que sempre considerava um crime. Apavoravam-me os segredos que todos guardavam avaramente e que não se vexavam de trazer-me, quando somente a Deus deveriam confiá-los. Que me poderia dizer na hora extrema o conde Henoch? Conhecia-o desde rapaz, como homem honesto e bom, justo e generoso. Desposara, havia pouco tempo, uma rapariga das cercanias, de nome Margarida, muito garrida e bela, um tanto frívola e vaidosa.

Sabia que viviam felizes, amando-se com a mesma afeição dos primeiros dias do matrimônio, que eu abençoara ao pé do altar modesto da capela da aldeia.

Mas, ia eu, vagarosamente, com um véu de tristeza infinita a me cobrir o Espírito, que se sentia absorvido por amargos pressentimentos. Implorei o amparo das forças invisíveis naquele transe e senti-me reanimado para levar avante a tarefa que adivinhava penosa.

Nessa disposição de Espírito penetrei nos aposentos luxuosos do conde Henoch, que se achava com os olhos semicerrados, parecendo dormir. A Condessa ali estava, agitada, com um aspecto de grande aflição. Pedi-lhe que se afastasse por momentos, para que eu permanecesse a sós com o agonizante, em quem já rareavam os movimentos da respiração.

Chamei-o, de mansinho, como quem receia despertar uma criança.

Henoch abriu os grandes olhos tristes. Uma grossa lágrima lhe deslizou pelas faces descoradas, ao ver-me, e murmurou em voz quase imperceptível: — "Padre Germano... morro com a consciência tranqüila... e com a certeza... de que Margarida me envenenou. Descobri a sua traição ao juramento conjugal e algumas gotas de um tóxico infalível... me levam para o túmulo!... O médico..."

Não terminou, porém, o infeliz. Prolongado soluço lhe rebentou do peito e a voz se lhe extinguiu. Um suave palor cobriu-lhe a fronte, gotas álgidas de suor lhe inundaram as faces, ensopando os travesseiros. Compreendi que era chegada a hora do seu desprendimento. Com a alma fundamente sensibilizada, falei-lhe aos ouvidos, abraçando-o:

"Filho, não guardes ressentimento de quem quer que seja. É preferível, mil vezes, sermos a vítima, do que os algozes! Tua alma, limpa das máculas do delito, partirá para as mansões de Deus, buscando o quinhão de felicidade que lhe pertence com justiça, enquanto os teus assassinos carregarão as algemas do remorso durante séculos!... Parte, filho amado! Que Jesus receba em seus braços amorosos e tutelares o teu Espírito bondoso!..."

Um sorriso divino pairou nos lábios do cadáver.

Intensa emoção fazia vibrar todas as fibras do meu coração; não pude reter as lágrimas. Parecia-me que aquela alcova enfeitada se iluminava de outras luzes mais formosas e sutis; afigurava-se-me divisar entidades radiosas, deslizando sobre os tapetes doirados, algumas em atitude de prece ao Criador, outras estendendo as mãos compassivas e ternas a alma do esposo traído, ungindo-a de consolações.

Após orar com fervor ao Senhor do Universo, abri a porta do aposento. A Condessa então se precipitou sobre aquele cadáver pálido e triste, que parecia sorrir.

Beijou-o e abraçou-o, freneticamente, pedindo-me angustiada que lhe repetisse as suas últimas vontades. Oh! a miséria humana!... Uma dor mais profunda dominou-me totalmente. Sem coragem para lhe reproduzir as derradeiras palavras do Conde, murmurei contristado: "Adeus, senhora. Julgo haver cumprido os meus deveres sacerdotais, junto do vosso nobre esposo, que expirou nos meus braços, sem poder dirigir-me, porém, uma única frase. Essa alma bondosa levou consigo para o túmulo os seus últimos desejos."

A condessa de M... ao ouvir-me mudou de semblante, parecendo que lhe haviam arrancado muitas toneladas de sobre o peito. Despedi-me do castelo com a morte na alma, comovido com o sofrimento daquele homem justo, que sucumbira aos golpes das perfídias mundanas.

Nunca mais regressei àqueles sítios e durante muitas noites consecutivas orei pela alma do seu proprietário, pensando no mistério daquela morte repentina, que a todos impressionara profundamente. O segredo, que permanecia em meu peito, dolorosamente oculto no meu coração, fazia-me quase enlouquecer de angústia; jamais conhecê-lo-ia o mundo.

O que mais me penalizava, porém, era o endurecimento e a hipocrisia do espírito de Margarida, que após um ano de formalidades em luxos espetaculosos e pomposas exéquias, saiu a campo, desposando dai a dois anos o médico que diagnosticara a "enfermidade" do desventurado Henoch.

O novo esposo da Condessa assenhoreou-se de toda a imensa fortuna do condado de M..., esbanjando grandes haveres em prazeres fáceis, acompanhado da fútil e cruel Margarida, que ia descendo de abismo em abismo.

Muitos anos tinham decorrido sobre os fatos relatados, quando, um dia, os dois esposos apareceram na aldeia, após longo tempo de permanência nas ruidosas capitais do Velho Mundo, onde se entregavam a todas as dissipações, com a fortuna totalmente reduzida.

A Condessa, já na idade madura, buscou a sombra da árvore da religião para abafar o fogo devorador dos remorsos que a acabrunhavam. Assim era que, todos os dias, comparecia pontualmente ao sacrifício da missa humilde da minha Igreja modestíssima; jamais, porém, se dirigiu ao confessionário, onde eu também não a desejava, porque, se a muitos pecadores acolhera com benevolência e carinho, receava usar de aspereza para com aquela mulher sem entranhas, que não trepidara em manchar as suas mãos em horrorosos delitos!

Nas minhas práticas aos fiéis, escolhia sempre assuntos que pudessem tocar-lhe o coração empedernido no crime e várias vezes, durante o tempo em que, já no fim dos seus dias terrenos, expandia, tarde, a sua fé, vi-a prosternada diante do Senhor Crucificado, a derramar pranto doloroso, da mais funda contrição.

Eu gozava intimamente, ao vê-la em tal atitude, pois reconhecia o regresso de uma ovelha tresmalhada ao rebanho de Jesus!

Alguns anos assim se passaram, até que, uma manhã, vieram buscar-me, a seu pedido, para confessá-la, sentindo que se lhe aproximava o instante da morte.

Era a primeira vez que eu voltava à sua casa senhorial, após o falecimento do inesquecível Henoch. Lá, porém, encontrei somente o cadáver da Condessa. A ruptura dos vasos sanguíneos do coração ocasionara-lhe a morte, depois de alguns dias de padecimentos físicos. Seus olhos ficaram desmesuradamente abertos, fixos, talvez, nalguma visão fatídica e horrorosa! Ah! Por certo aquela alma se confessaria a Deus; pedir-lhe-ia perdão para os seus grandes pecados.

Uma boa porção de tempo ainda vivi na minha aldeia querida, em meio das crianças que eu adorava, a quem amava como pai, adornando de flores uma campa no cemitério, enfeitando os altares modestos do meu templo carcomido e quase em ruínas, com os primores da Natureza, cercado pelo respeito dos meus paroquianos afetuosos, amado mais particularmente por alguns seres que me eram profundamente queridos ao coração, desde as épocas remotas de outras existências, já transcorridas, elevando hosanas ao Senhor, que se dignava bondosamente conceder tantas alegrias ao seu servo imperfeito.

Inúmeras vezes, quando me dirigia com os meninos à *Fonte da Saúde*, situada no caminho que conduzia ao antigo castelo de M..., recordava-me de Henoch e Margarida e rogava a Deus por aqueles dois Espíritos que, certamente, já se haviam defrontado no limiar da Eternidade. Afinal, com o organismo combalido pelas lutas da Terra, também parti, em demanda do firmamento luminoso, que povoava de encantadoras esperanças os meus sonhos de alma exilada.

Quando me vi rodeado de amigos caros, que me haviam precedido no Além, notei que Henoch era um dos primeiros que vinham sorridentes ao meu encontro.

Reavivou-se então no meu Espírito o doloroso drama da sua existência e abracei-o emocionado; agradeceu-me comovido o interesse que eu sempre manifestara por ele, durante os meus dias planetários, e, junto a outros desvelados mentores e amigos espirituais, sentindo-nos todos envolvidos nos santos eflúvios do amor divino, gozamos intensamente a realização dos mais belos sonhos, que os sofredores da Terra apenas vislumbram, em meio dos seus agros padecimentos.

Deslumbrado por tantas e tão imensas maravilhas, que o Pai concede a todos os seus filhos que o queiram buscar pelo cumprimento dos deveres, esqueci por grande lapso de tempo as coisas terrenais, para meditar somente em Deus e em Deus viver.

Mais tarde, porém, vim a saber, por intermédio de Henoch, a situação angustiosa do Espírito infeliz de Margarida. Sofria atrozmente com os remorsos que a perseguiam como chicotes de chamas, fazendo-lhe viver num horroroso inferno, onde imperavam todas as trevas e todas as dores reunidas. Em meio dos seus padecimentos, não conseguia ouvir a voz consoladora dos seus amigos redimidos, escutando apenas os gemidos, as clamorosas blasfêmias, os soluços prolongados, dos seus companheiros de tormentos.

Um quarto de século passou, antes que a alma da ex-condessa de M..., conseguisse escutar os nossos conselhos que a incitavam a suplicar ao Criador uma nova existência de lutas.

Margarida havia derramado muitos prantos remissores, filhos de sincero e fundo arrependimento; mas, era preciso voltar à Terra e conquistar no sofrimento a sua felicidade futura. Afinal, sem que nunca se houvesse encontrado com Henoch, seu antigo companheiro de existência planetária, reencarnou numa aldeia paupérrima da Ístria, localizada na região triestina.

Deixemos correr alguns anos!...

Acompanhemos uma pobre mulher, vagabunda e andrajosa, que se aproxima da velhíssima aldeia de A..., no litoral do Adriático. As crianças se espantam, ao vê-la, apesar de ser moça ainda. Todos se riem, impiedosamente, ao contemplar aquele rosto monstruoso. Cabelos curtos, em revoada na cabeça, pele terrivelmente grossa, nariz horripilante, olhos vesgos, voz ininteligível, corpo hediondo, lá vai caminhando ao acaso, triste e pensativa.

Onde nasceu? Ninguém o sabia.

Como se chamava? Ninguém a entendia pois que a sua voz era um composto de sons guturais, indecifráveis. Os populares divertidos e brincalhões a cognominaram de *Fera*, nome pelo qual a conheciam todos agora.

Naquela aldeia, a mulher misteriosa entrou pacificamente numa cabana humílima, que ela própria construíra sob um frondoso olmeiro. Era aí que sempre a viam com as mãos no rosto, de olhos fitos na abóbada celeste, como se no espaço infinito estivesse toda a grandeza dos seus ideais.

Era nesse pobre e medonho corpo deformado que habitava agora, para a remissão das suas culpas, a alma da vaidosa Margarida de antanho. O generoso Henoch, condoído profundamente da sorte amarga da sua ex-companheira, pediu fervorosamente ao Senhor dos séculos que lhe permitisse voltar ao planeta terráqueo, para se associar aos padecimentos daquele Espírito mergulhado em ásperas expiações.

Foi-lhe concedida essa graça pelo Eterno e Henoch regressou ao mundo como filho da *Fera*. Quando a infeliz recebeu nos seus braços de monstro aquela dádiva celeste, os populares a perseguiram a pedradas, amaldiçoando o pequenino ser, como rebento imundo do hálito dos ébrios.

A mãe desditosa correu muitas milhas, com o pequenino a gemer em seus braços, trazendo o coração ululando de dor selvagem.

Vagando por aldeias desconhecidas, foi como o menino se desenvolveu. Tudo nele era diferente da sua genitora. Seus cabelos eram quase loiros, graciosamente encaracolados, lindos traços fisionômicos, belos olhos, revelando inteligência profunda e extraordinária vivacidade.

Fera o tomava nos braços e lhe dava muitos beijos, pois aquela criança, que mais se assemelhava a um anjo do céu corporificado na Terra, era o único tesouro da sua desventurada vida. Ao atingir os quatro anos, o pequenino era tão formoso, que toda gente se admirava de que uma mulher-monstro tivesse um filho em quem fulguravam tantas perfeições.

Mas, ah! por esse tempo revelou-se no organismo daquela criatura nômade, sem pátria e sem lar, uma moléstia terrível, a morféia.

Todos começaram a escorraçá-la e o pequeno, como por uma secreta intuição, qual a que recebem os seres evoluídos, compreendeu a dor imensa de sua mãe, a quem amava verdadeiramente.

Vendo de dia para dia o progresso que a horrível enfermidade realizava, naquele corpo tão defeituoso, fez-se o seu guia de povoação em povoação, implorando o pão cotidiano às almas caridosas, pois a *Fera*, além do mal que lhe cobria o corpo de feridas tremendas, se achava quase cega.

Suas amarguras culminavam nos extremos de todas as angústias humanas. Não conhecera pais, não sabia onde nascera, não podia transmitir seus pensamentos e agora se lhe fechavam os olhos também e não mais veria o rosto adorado do seu anjo formoso, a quem idolatrava com todas as ternuras e arroubos dos corações maternos. Seus semelhantes lhe fugiam, com receio do contágio da perigosa moléstia, que a minava.

O filho tudo compreendia, com os seus sentimentos de alma acrisolada nos embates dos grandes sacrifícios.

Aquela mulher sofredora, porém, aprendeu a chorar na oração; e era assim que, quando olhava o céu azul, se sentia pungida de intensa dor, mas ignorava donde poderia vir-lhe; eram ainda os resquícios do remorso dos erros perpetrados em sua existência anterior, eivada de numerosas faltas e longos desvios.

Recordava-se vagamente de que havia infringido de maneira grave as Leis Divinas e sentia que todas as punições eram necessárias ao cinzelamento de seu Espírito maculado. Nesses momentos, a falange dos desvelados amigos espirituais de Henoch dirigia mais fervorosas preces ao Senhor dos mundos, implorando misericórdia para aquelas duas almas abandonadas na Terra, batidas pelo furacão indomável de todas as desgraças.

Um bem-estar indefinível banhava então aqueles dois companheiros expatriados nas sombras terrenas; o pequenito se sentia mergulhado em sonhos e visões angélicas e sua mãe mais confortada para conduzir a pesada cruz das provações redentoras.

Nos dias em que mais penoso se tornava o seu abatimento, a criança acercava-se da mãe desditosa, passava-lhe os braços com ternura pelo pescoço chagado, osculava-lhe as faces que se desfaziam aos pedaços, dizendo-lhe, influenciado pelos bafejos imperceptíveis que lhe vinham de entidades lúcidas: — "Mãezinha querida, não desanimes! Todas as noites sonho com uma aldeia muito linda, onde existem aves de luz cantando nos ramos verdes das árvores, que são muito belas, carregadas de frutos e de flores! Às vezes, vejo que essa aldeia formosa está cheia de anjos que sorriem, de mães que amam e de velhos que abençoam! Os homens me estendem os braços e nos chamam para esse canto luminoso e sempre, ao despertar, ainda lhes ouço os cânticos, cheios de beleza e de luz!... Ah! minha mãe, andemos um pouco mais e havemos de encontrá-la. Acho que está para ali. Vamos!"

E lá se iam ambos, abraçados um ao outro, buscando esse recanto divino que o pequeno entrevia nas suas aspirações.

A *Fera* se sentia mais encorajada para caminhar, seguindo aquela criancinha idolatrada, o único ser que lhe ofertara amor neste mundo, o único afeto pelo qual ela podia saber que Deus existe e se lembra de seus filhos mais humildes e mais desgraçados.

Mas, até na existência dos seres mais ínfimos, há dores incontáveis. O vendaval do sofrimento campeia na Terra em todas as direções. Numa tarde de rigoroso inverno em que se sentia frio intensíssimo em toda a península da Ístria, o pequenino deixou sua mãe sob um velho olmeiro próximo de uma povoação que ele não conhecia, a fim de mendigar um pedaço de pão para ambos. As ruas todas estavam desertas, todas as portas cerradas. Uma tempestade de neve começava a cair impiedosamente. Flocos brancos, alvíssimos, batiam sobre a terra, formando camadas superpostas.

O menino foi colhido por essa avalancha apavorante. No dia seguinte, a pobre mãe, como louca, bradava furiosamente, numa dolorosa algaravia, a todos os transeuntes e, após algumas horas de procura, veio-lhe aos braços, já roídos pelas chagas, um cadaverzinho pálido, da cor da neve que o guardara.

Fera gritou, angustiosamente, como leoa ferida; estreitou ao coração aquele alvo corpo minúsculo, que lhe não era dado ver na sua cegueira. Cobriu-o de lágrimas dolorosas, até o momento em que mãos caridosas o entregaram à terra benfazeja.

A *Fera* foi reconhecida. Aquela aldeia era a mesma onde vira a luz, pela vez primeira, o seu anjo adorado. Deram-lhe, generosamente, a cabana arruinada em que outrora vivera, para passar o resto dos seus dias.

Ninguém se associou à sua dor íntima; ninguém buscou consolá-la em seus pesares e raras foram as mãos bondosas que lhe mitigaram a fome atroz com uma côdea de pão. A infeliz, desgraçada e só, tinha por companhia, unicamente, o pranto e os mais acerbos padecimentos.

Nas suas orações, parecia ver a figura angélica do filhinho, que lhe vinha trazer pão, água para lhe saciar a sede e gotas aromatizadas de bálsamos puros para atenuar a dor cruciante das feridas pustulentas que lhe dilaceravam as carnes, a se partirem entumescidas. Sim! via-o aproximar-se e oscular-lhe ternamente a fronte; sentia que seus braços carinhosos a abraçavam e lhe ouvia a voz suave dizendo: — "Mãezinha querida! não desanimes! Caminha pela dor e me encontrarás, aqui na aldeia formosa que eu via nos meus sonhos, onde existem rouxinóis de luz, cantando nas frondes de árvores maravilhosas, repletas de frutos e flores!

"Aqui há anjinhos que sorriem, mães que amam e anciãos que abençoam!... Hás de vir também para ouvires comigo as harmonias celestes que os artistas do Céu sabem compor. São preces formosas, que se elevam como hosanas de glória ao Senhor, o Pai Celestial! Vem, adorada mãe, para orares também conosco!..."

Era Henoch que confortava aquela alma sofredora, nos últimos tempos de provas ríspidas e agudas. A *Fera* chorava comovida, presa de intensa emotividade, quando ouvia essas doces advertências, que lhe caíam na alma como perfumes celestes de flores resplandecentes. Não experimentava os tormentos físicos nesses instantes. Sua alma parecia eterizar-se, elevando-se aos páramos de luz do firmamento constelado.

Certa noite, chegaram ao auge as suas profundas dores. Achava-se abandonada, sentindo que ia morrer. Reviu toda a sua acidentada existência, fértil de amarguras e dissabores. Lembrou-se da alma querida do seu filho idolatrado e sentiu que mãos vigorosas pareciam querer apartá-la daquele monte de carnes putrefatas.

Sofrimentos rudes azorragavam todo o seu corpo, quando lobrigou uma entidade lúcida, com uma auréola fúlgida a lhe brilhar na fronte impoluta, dirigindo-se até onde ela se achava, colocando-lhe as mãos benévolas sobre o corpo asqueroso, erguendo ao Pai uma oração vibrante a seu favor:

"Senhor do Universo, apiedai-vos desta pobre alma que necessita do vosso auxílio sacrossanto! Permiti possa libertar-se dos últimos liames que a prendem à matéria apodrecida e alar-se às regiões de luz sublime, onde a aguardam os seus dedicados amigos espirituais! Ela já não é, Senhor, aquela criatura perversa e assassina, mas um Espírito acendrado em inenarráveis torturas!... Dignai-vos de olhá-la compassiva e misericordiosamente, concedendo-lhe, segundo os seus méritos, a liberdade, a fim de que possa evadir-se do negro cárcere das sombras terrenas!..."

Fera nada mais ouviu. Seu pobre Espírito se viu numa região feliz, de repouso e venturas. Afigurava-se-lhe que o sono viera abrandar-lhe os sofrimentos corporais, mergulhando-a num ambiente de sonhos maravilhosos. Lágrimas de emoção banhavam-lhe a alma toda e um só pensamento dominou-a: buscar o consolo em Deus, que tem para todas as suas criaturas o bálsamo do amor e do perdão.

Rompeu-se, afinal, o último grilhão que a retinha na Terra, e a alma da ex-Condessa, redimida pela dor, partiu, amparada por uns braços de névoa esplendorosa, em demanda da aldeia formosíssima, onde existem pássaros brilhantes, árvores encantadas, anjos que sorriem, mães que amam e anciãos que abençoam!...

LITERATURA ESPÍRITA

Em qualquer parte do mundo, é comum encontrar pessoas que se interessem por assuntos como imortalidade, comunicação com Espíritos, vida após a morte e reencarnação. A crescente popularidade desses temas pode ser avaliada com o sucesso de vários filmes, seriados, novelas e peças teatrais que incluem em seus roteiros conceitos ligados à Espiritualidade e à alma.

Cada vez mais, a imprensa evidencia a literatura espírita, cujas obras impressionam até mesmo grandes veículos de comunicação devido ao seu grande número de vendas. O principal motivo pela busca dos filmes e livros do gênero é simples: o Espiritismo consegue responder, de forma clara, perguntas que pairam sobre a Humanidade desde o princípio dos tempos. Quem somos nós? De onde viemos? Para onde vamos?

A literatura espírita apresenta argumentos fundamentados na razão, que acabam atraindo leitores de todas as idades. Os textos são trabalhados com afinco, apresentam boas histórias e informações coerentes, pois se baseiam em fatos reais.

Os ensinamentos espíritas trazem a mensagem consoladora de que existe vida após a morte, e essa é uma das melhores notícias que podemos receber quando temos entes queridos que já não habitam mais a Terra. As conquistas e os aprendizados adquiridos em vida sempre farão parte do nosso futuro e prosseguirão de forma ininterrupta por toda a jornada pessoal de cada um.

Divulgar o Espiritismo por meio da literatura é a principal missão da FEB, que, há mais de cem anos, seleciona conteúdos doutrinários de qualidade para espalhar a palavra e o ideal do Cristo por todo o mundo, rumo ao caminho da felicidade e plenitude.

FEB editora
Livro espírita para um novo mundo
www.febeditora.com.br
@febeditoraoficial
@febeditora

Conselho Editorial:
Carlos Roberto Campetti
Cirne Ferreira de Araújo
Evandro Noleto Bezerra
Geraldo Campetti Sobrinho – Coord. Editorial
Jorge Godinho Barreto Nery – Presidente
Maria de Lourdes Pereira de Oliveira
Miriam Lúcia Herrera Masotti Dusi

Produção Editorial:
Elizabete de Jesus Moreira

Projeto Gráfico, Capa e Diagramção:
Dimmer Comunicações Integradas

Normalização Técnica:
Biblioteca de Obras Raras e Documentos Patrimoniais do Livro

Esta edição foi impressa no sistema de Impressão pequenas tiragens, em formato fechado de 140x210 mm e com mancha de 100x165 mm. Os papéis utilizados foram o Off white 80 g/m² para o miolo e o Cartão 250 g/m² para a capa. O texto principal foi composto em fonte Bookman ITC Lt BT 11/16 e os títulos em Bookman ITC Lt BT 11/16,8. Impresso no Brasil. *Presita en Brazilo.*